松下希和
Kiwa Matsushita

住宅・インテリアの解剖図鑑

名作家具が教えてくれる住まいの整えかた

第2版

X-Knowledge

はじめに

『住宅・インテリアの解剖図鑑』を出版してから、はや13年が経ちました。これまで、多くの方に本を手に取っていただき、大変嬉しく思っています。13年の間にいろいろなことが起きましたが、やはり新型コロナウイルス感染症の流行のインパクトはかなり大きかったのではないでしょうか。テレワークなど家で過ごす時間が増え、家族との関係、家のしつらえ、居心地を改めて見直した方も多かったと思います。

一方で、パンデミックの影響で住まいのあり方が根本的に変わるのでは、という見方もありましたが、結局自粛期間が過ぎてからは、多くの方が以前の暮らし方に戻りました。テクノロジーが発達し、家族のカタチが変化していても、「住まいに求めるもの」は大きく変わっていないようです。この本が紹介する住宅・インテリアは、今から100年から50年くらい前のものですが、そのころは建築家たちがかつてないほど「住宅」というテーマに真正面から向き合った時代でした。その名作インテリアには、今でもハッとさせられる知恵が詰まっています。著者も、自宅のリビングやキッチンを設計した際、この本の事例から多くのヒントを得ました。そこで、初版をアップデートし、いくつかの内容を加えた第2版を作ることにしました。

現代の居心地のよい住まいをつくるために、名作インテリアを参考にして、要素をどのように設計し、また、どう組み合わせて使ったらよいかを紹介したいという思いで書いたこの本ですが、20世紀中ごろの女性デザイナーの仕事にフォーカスを当てるという裏テーマもあります。その方針に関しては、読者の方からデザイナーが男性か女性かなど気にしなくて良いはず、などごもっともなご意見もいただきました。私もデザインの仕事に性別による向き不向きはないと思っていますが、やはり第2版でもその裏テーマを踏襲することにしました。20世紀前半から中ごろは、インテリア・デザインの分野に女性が進出した時代です。さまざまな困難に向き合いながらも、能力を発揮できるようになった喜びが彼女たちのデザインに込められています。そして、当時は女性デザイナーが活躍できる領域が、ほぼキッチンや子どもスペースなど家庭に関することに限られていたので、彼女たちは持てる力すべてをそのデザインに注いだのです。この圧倒的なパワーは、6・7ページの相関図に挙げられたような、錚々たる近代建築の巨匠たちをも刺激しました。

13年間の間にアイリーン・グレイの名作「E．1027」が修復・公開されるなど、特に西欧諸国で女性デザイナーの仕事に注目が集まるようになりました。日本でも、素晴らしいデザイナーやデザインの存在がこれまで以上に知られるようになってほしいと願い、著者もチームで研究を進めています。この本が、彼女たちが夢見た「居心地のよい住まい」を再発見し、そこから得たアイデアを応用することによって現代の私たちの生活を豊かにする一助になれば本当に嬉しいです。

第2版も中山繁信先生にご協力いただき、新たにノエミ・P．レーモンドのポートレートを描いていただきました。

私にとって思い入れのあるこの本が、多くの方々のご協力により、新たに生まれ変わることを深く感謝しつつ

2025年1月　松下希和

この本に出てくるデザイナー相関図

本書では、住宅のインテリアや家具について12人の女性デザイナーの作品をモチーフに紹介しています。近代建築の四大巨匠を中心とした関係図がこちらです。

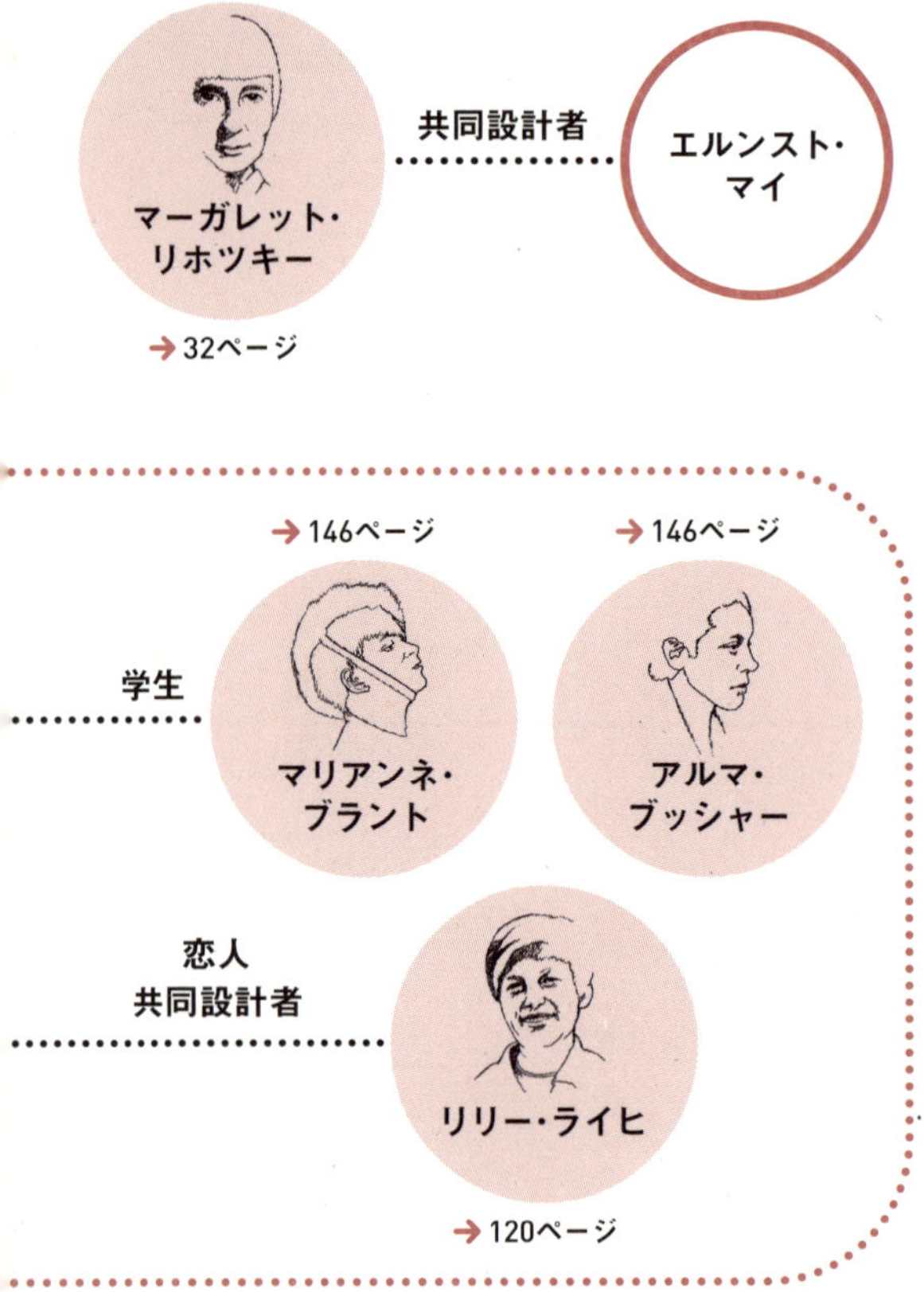

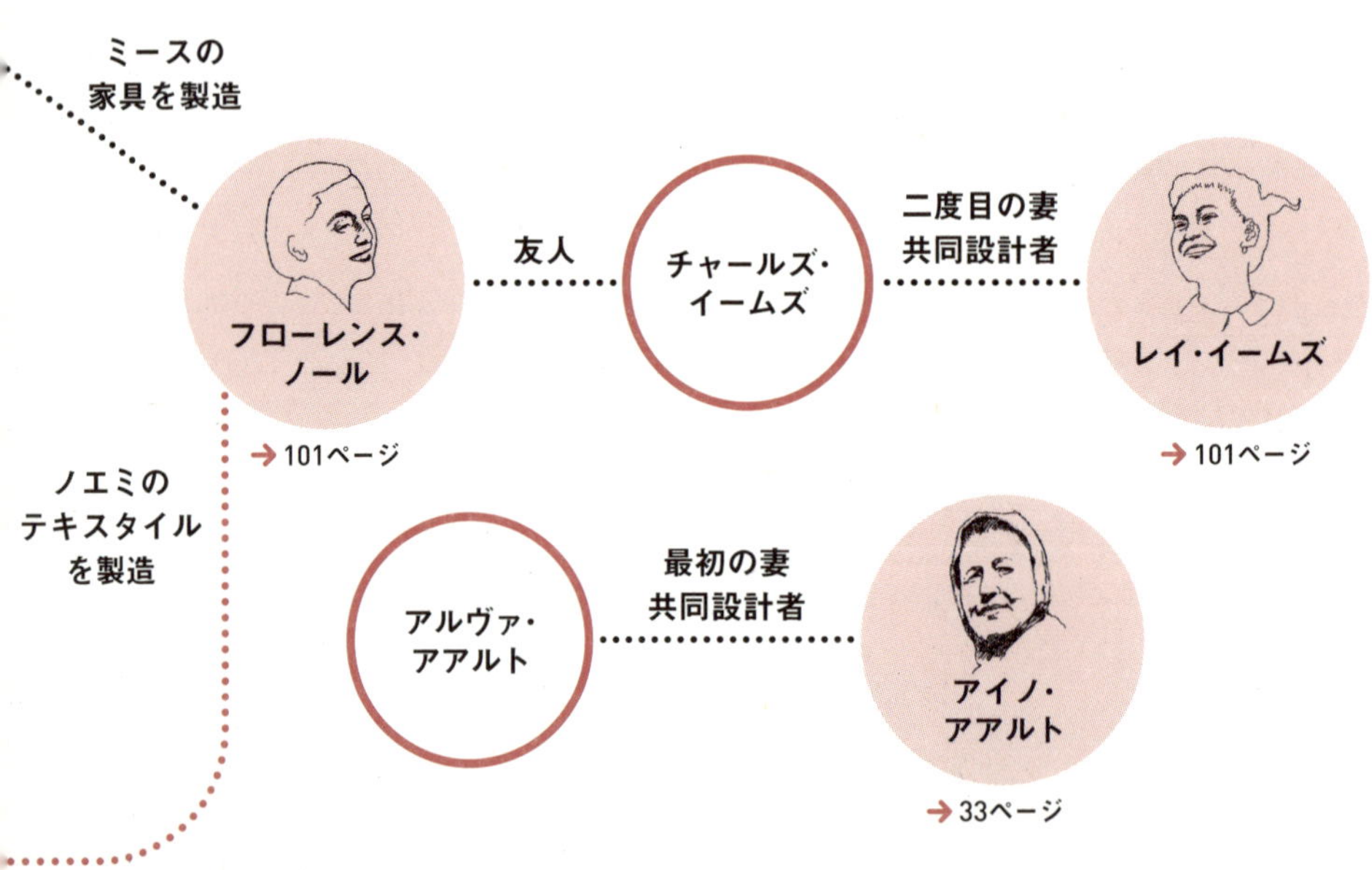

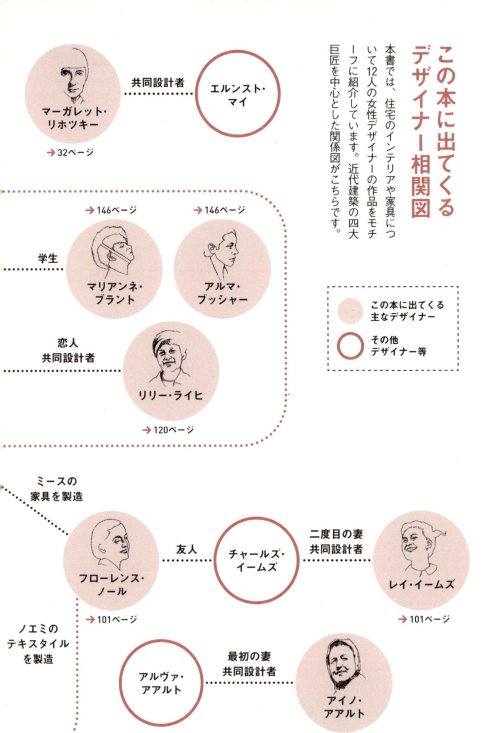

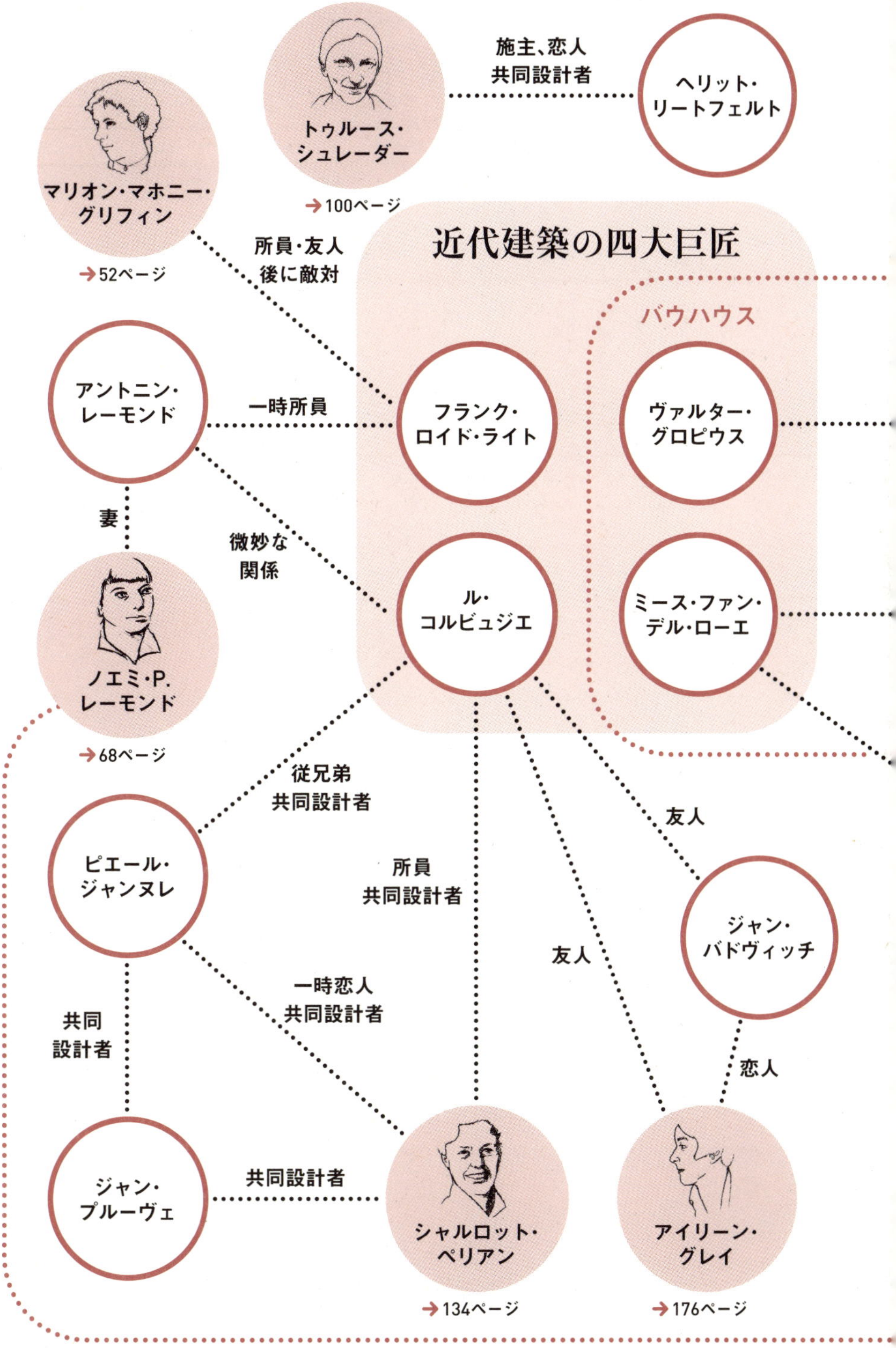

トゥルース・シュレーダー
→100ページ
施主、恋人
共同設計者
ヘリット・リートフェルト
マリオン・マホニー・グリフィン
→52ページ
所員・友人
後に敵対
近代建築の四大巨匠
バウハウス
アントニン・レーモンド
一時所員
フランク・ロイド・ライト
ヴァルター・グロピウス
妻
微妙な
関係
ル・コルビュジエ
ミース・ファン・デル・ローエ
ノエミ・P.レーモンド
→68ページ
従兄弟
共同設計者
友人
ピエール・ジャンヌレ
所員
共同設計者
ジャン・バドヴィッチ
友人
一時恋人
共同設計者
共同
設計者
恋人
ジャン・プルーヴェ
共同設計者
シャルロット・ペリアン
アイリーン・グレイ
→134ページ
→176ページ

目次

1章 住まいを「食」から考えよう

キッチン、ダイニング

キッチン

ダイニング

2章

人が集まる「しかけ」をつくる

リビング、椅子がつくる空間

リビング

椅子がつくる空間

3章

「ただの部屋」にはしない

寝室・書斎、子ども部屋

4章

小さな空間は「ひと味」きかせて

玄関、水廻り、収納、間仕切

コラム

本書は2011年12月にエクスナレッジより刊行された『住宅・インテリアの解剖図鑑』を加筆・修正したものです。

ブックデザイン：米倉英弘（米倉デザイン室）
DTP：天龍社
ポートレート：中山繁信
トレース：中川展代（64〜68頁）
印刷・製本：シナノ書籍印刷株式会社

1章

住まいを「食」から考えよう

キッチン、ダイニング

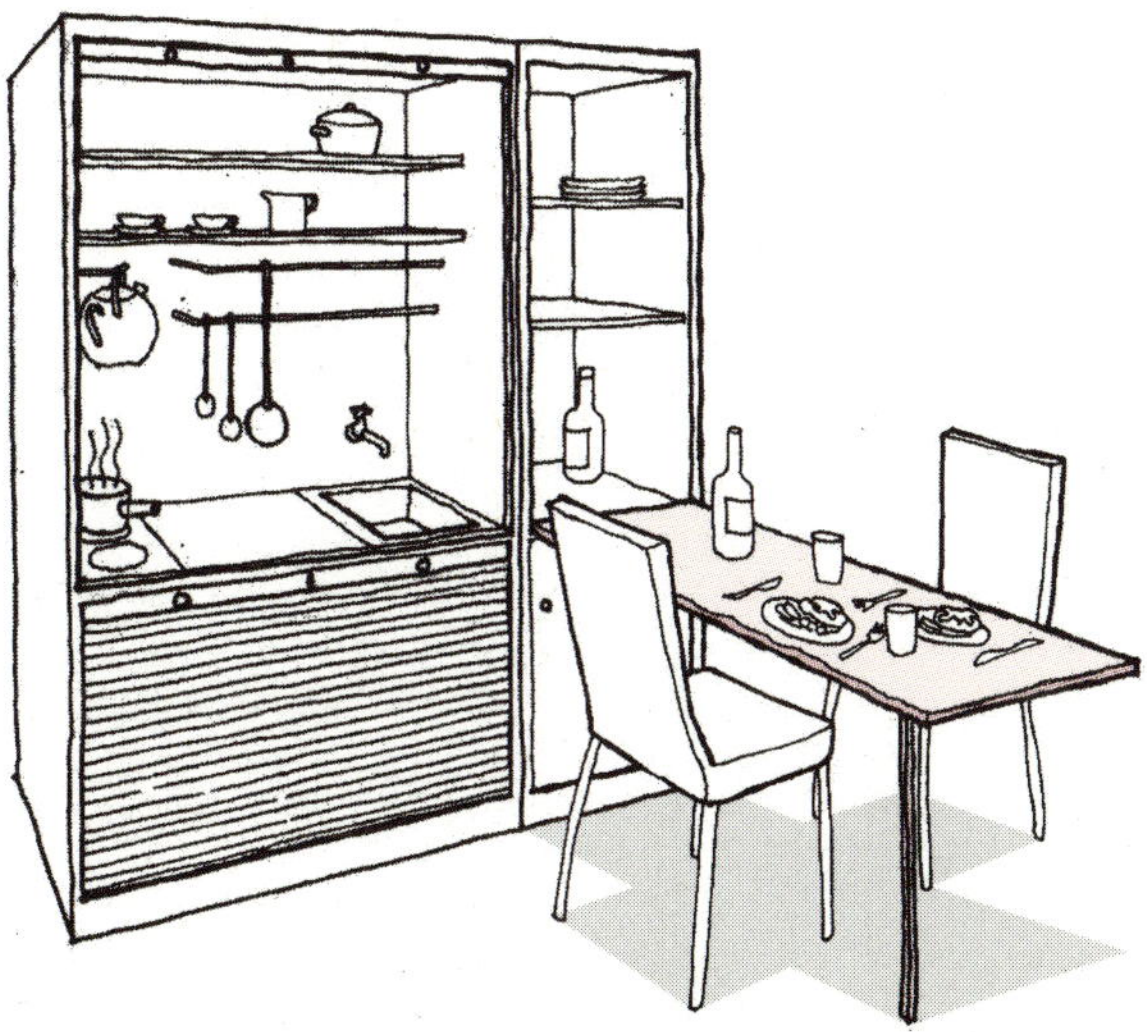

基本のはなし

キッチンのかたちは「つくる」と「食べる」の関係

もともとキッチンは完全に「裏方」の存在で、別室に置かれるのが普通でしたが、時代とともにダイニングに接近し、そして、リビング・ダイニングに溶け込むオープンなものまで出てくるようになりました。でも、以前からある「分離型（クローズド）」が旧式で、リビングにキッチンがある「アイランド型」が進化型というわけではありません。

キッチンのかたちは、各家庭ごとのつくる所と食べる所の関係や、食事に対する考え方、そしてその使い方から生み出されるもの。形式には収まらない多様性があります。見掛けだけで安易に流行の形式を選ぶのではなく、住まう人の生活に合ったタイプを選ぶのがベストです。

時代の流れとしては、キッチンはどんどんオープンになり、分散化していく方向にあります。キッチン家電や中食《なかしょく》の発達により調理がどんどん簡略化されていることや、調理をする人が主婦とは限らなくなってきていること、また、家族が同じ時間に集まって食事をするという習慣が薄らぎ、個人がそれぞれ食べたい時に食べるという傾向にあることが、その原因の1つです。

キッチンは究極的には部屋である必要はなく、給排水・換気設備と厨房機器があれば成立します。そのため、将来的には左ページ下にあるように移動可能な「モバイル・キッチン」になることも、すべての部屋にキッチンが付くこともあるかもしれません。

多様な形式の中から、自分にとってベストなかたちを選びたいものです。

キッチンのいろいろな形式

分離型

キッチンが別室になっている。つくる人が孤立してしまいがちだが、臭いや汚れがほかの部屋に漏れないので、使いやすいという考え方もある。

➔ 16・18ページ(フランクフルト・キッチン)

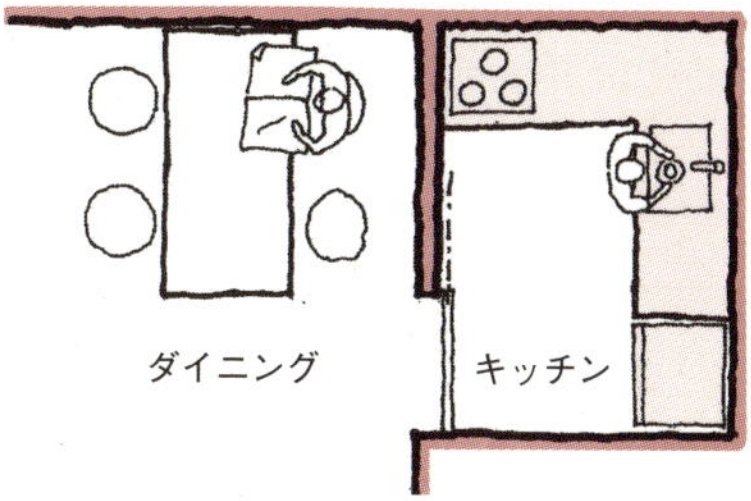

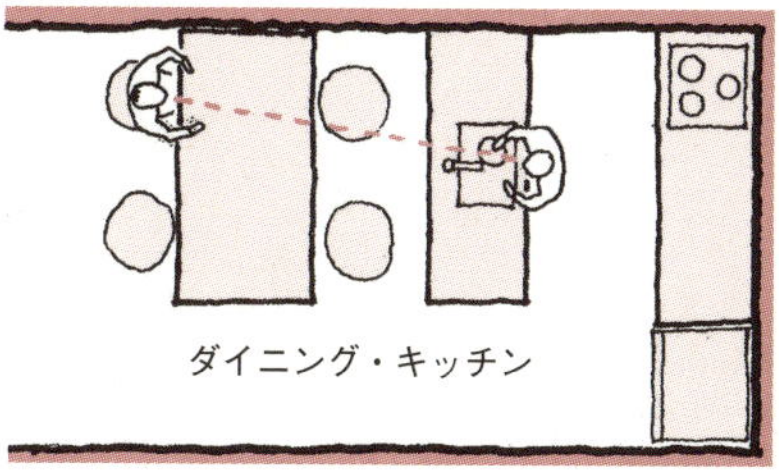

対面型

キッチンがダイニングと同じ部屋に。カウンターで仕切られているが、カウンター越しにつくる人の顔が見え、会話も楽しめるようになった。

➔ 26ページ(ユニテのキッチン・カウンター)

アイランド型

キッチンとリビング・ダイニングがほぼ一体に。ダイニングをカウンター形式にすれば、つくる人との距離もぐっと近づく。

➔ 30ページ(サハラのキッチン)

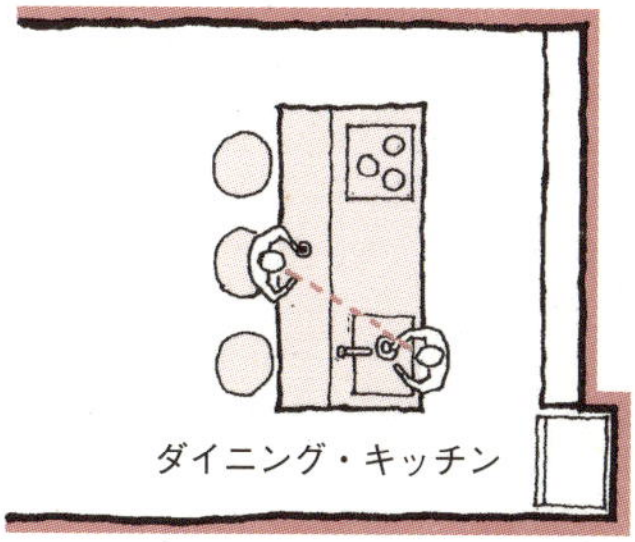

ダイニングと一体になったキッチンはこれからどうなっていくのでしょう……

モバイル・キッチン

ジョエ・コロンボの動くキッチンなら、コンセントにつなげばどこでもキッチンになる。

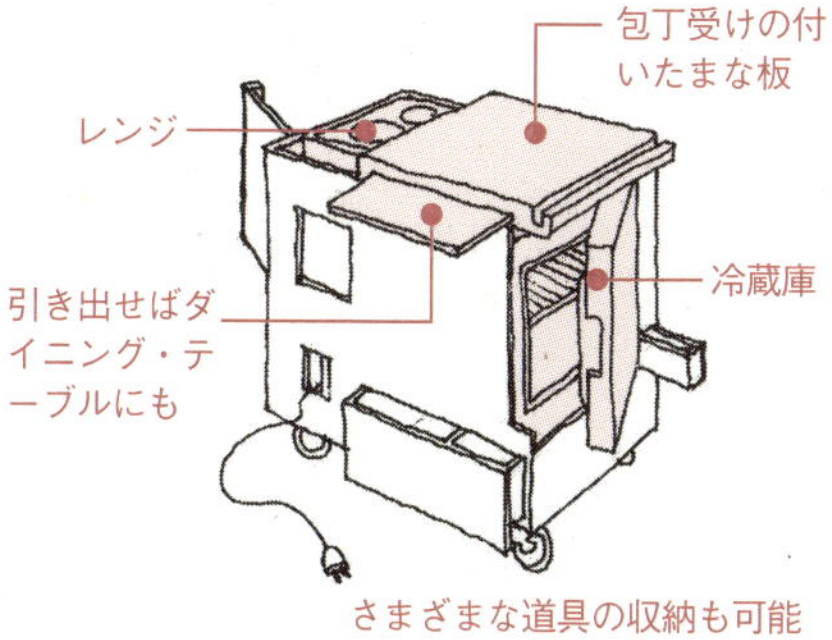

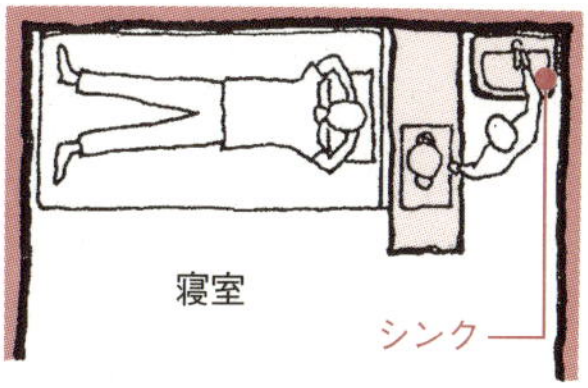

ダイニングに限らずどこでもキッチンに

トゥルース・シュレーダーは「将来はキッチンを1カ所に置くのではなく、家のどこでも調理するようになる」と考え、シュレーダー邸のほとんどの部屋にシンクを付けた。電気調理器ができ、料理が簡略化され、シュレーダーの考えは実現可能に。起きたらすぐ寝室で朝ごはんを用意するなど、想像してみると素敵。

フランクフルト・キッチン／マーガレット・リホツキー

狭くすると家事は楽になる

できるだけ手間や時間をかけずにおいしい料理をつくりたい！　でも、キッチンが狭いせいで、手際よく料理ができない……。そう思う方は少なくないのではないでしょうか？　実は、機能と動線がきちんと整理されていれば、キッチンは適度にコンパクトなほうがよいのです【→MEMO】。

キッチンに今のような効率性や実用性が求められるようになったのは、中産階級の主婦が家事全般を担うようになった近代以降のこと。当時の西欧では、日が当たらない悪条件の大きめの部屋にキッチンが置かれ、シンクやガスレンジが部屋の条件に応じて配置されていたものでした。

リホツキーが世界初のシステム・キッチンを設計したときに参考にしたのは、フォード・システムに代表される流れ作業の仕組み。彼女は調理の作業を分析して、できるだけ移動や動きを減らす効率的な動線を考えました。その結果、キッチンはそれまでの半分のサイズになり、主婦の労働も軽減されたのです。

広いキッチンは動線が複雑

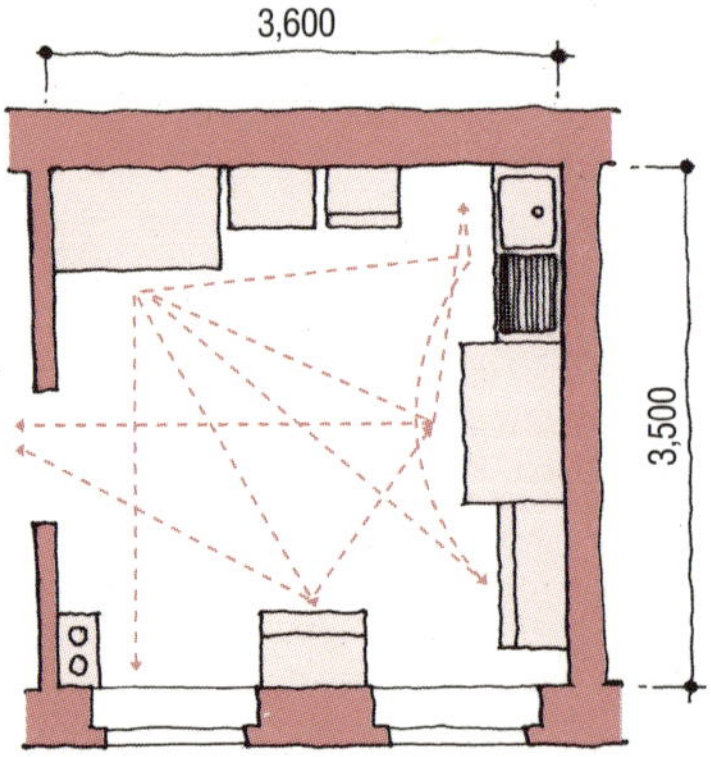

動線が複雑だった近代以前の広すぎるキッチン

動線を分析して家事を効率的に

現在のシステム・キッチンの原型である「フランクフルト・キッチン」。右ページの近代以前のプランと比べ動線が整理されコンパクトになっている。

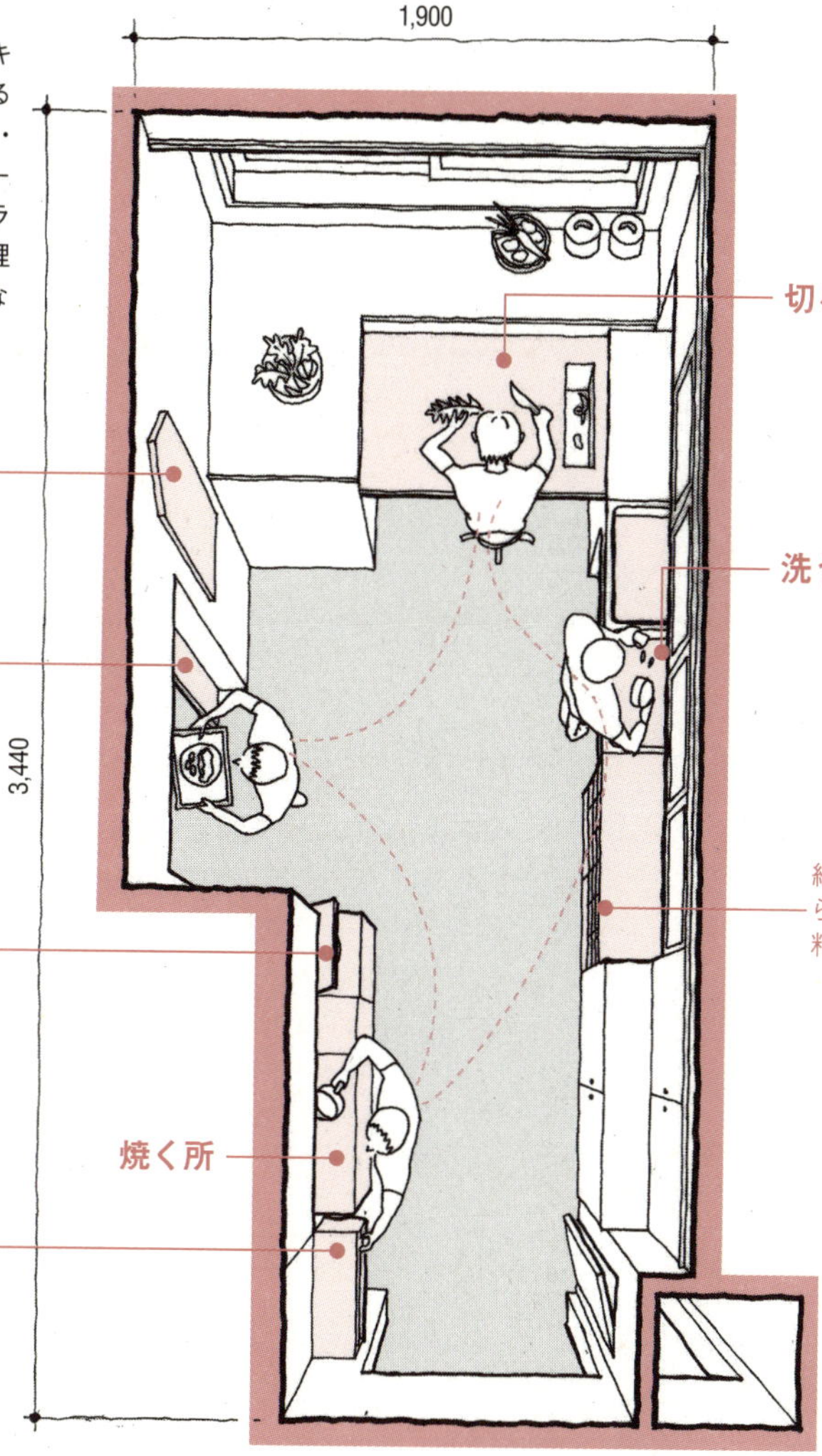
切る所
倒せばすぐ使えるアイロン台
洗う所
引戸のすぐ向こうにはダイニング
細かく仕切られた調味料入れ
出来上がった料理をすぐ食べないときに入れておく保温器
レンジの隣に調味料用の棚

日本の場合は……

実は日本の同時期のキッチンはもっと狭かった。右図は川喜田煉七郎による効率的なキッチンの提案（1934年頃）。通常の借家ではキッチンが900㎜四方という場合すらあり、日本では狭すぎることのほうが問題だった。

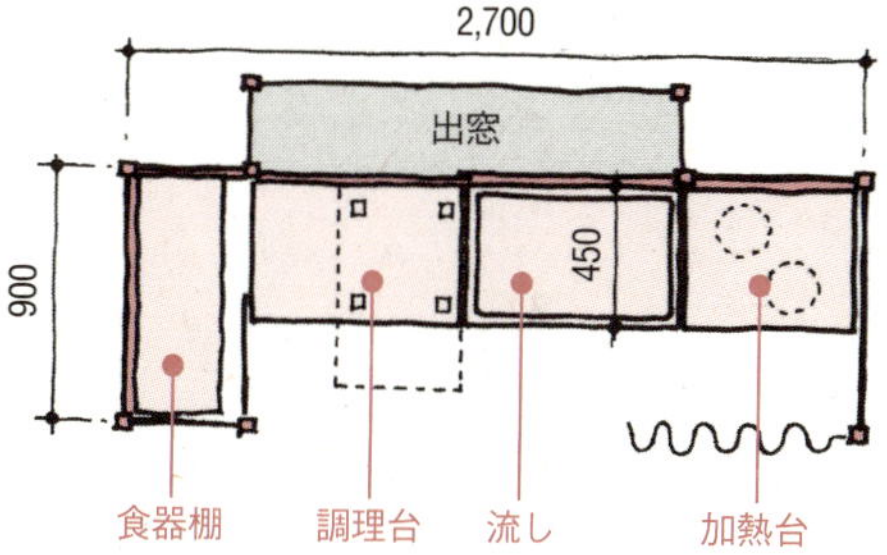

【MEMO】 たとえば、2列型キッチンの場合のカウンター間の距離は、作業する人が1人の場合は750㎜、2人の場合は900㎜程度が適当。これよりも広すぎると無駄な動きが増える。

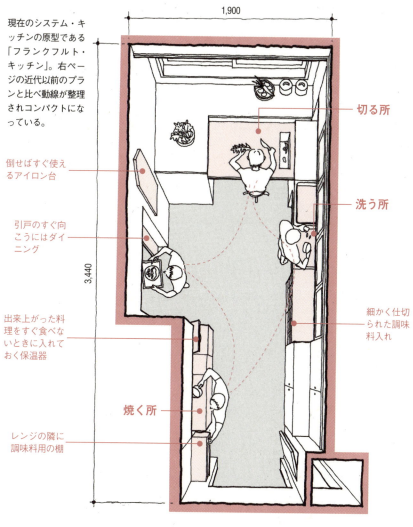

フランクフルト・キッチン／マーガレット・リホツキー

省労力でエコなキッチン

ここで紹介するキッチンは効率性と実用性を第一に考えた、いわばシステム・キッチン第1号。1926年に設計されたものですが、今も参考になる省労力な工夫が詰まっています。

たとえば、野菜を切るなど時間がかかる作業は、座ってできるように作業台が低く設置されています。さらに作業台自体がまな板を兼ねており、小さくあけた穴から野菜の皮などを捨てられる仕組み。生ゴミを溜める容器は取り外し可能で、中身を捨てやすいように先が細くなっています。

電気が貴重で冷蔵庫のない時代ならではのエコな工夫もあります。涼しい窓際に置いた食品が直射日光に当たらないように、カウンターに立ち上がりを設けているほか、作業台の横にも外気に面した冷暗食品庫を設置。また、一灯の明かりを有効に利用するため、天井の照明の紐を引っ張るとレール上を滑ってちょうどよい位置に移動するようにもなっていました【↓MEMO】。

作業をもう一度見直せば、省労力化やエコのヒントを見つけられるかもしれません。

省労力なシンク廻り

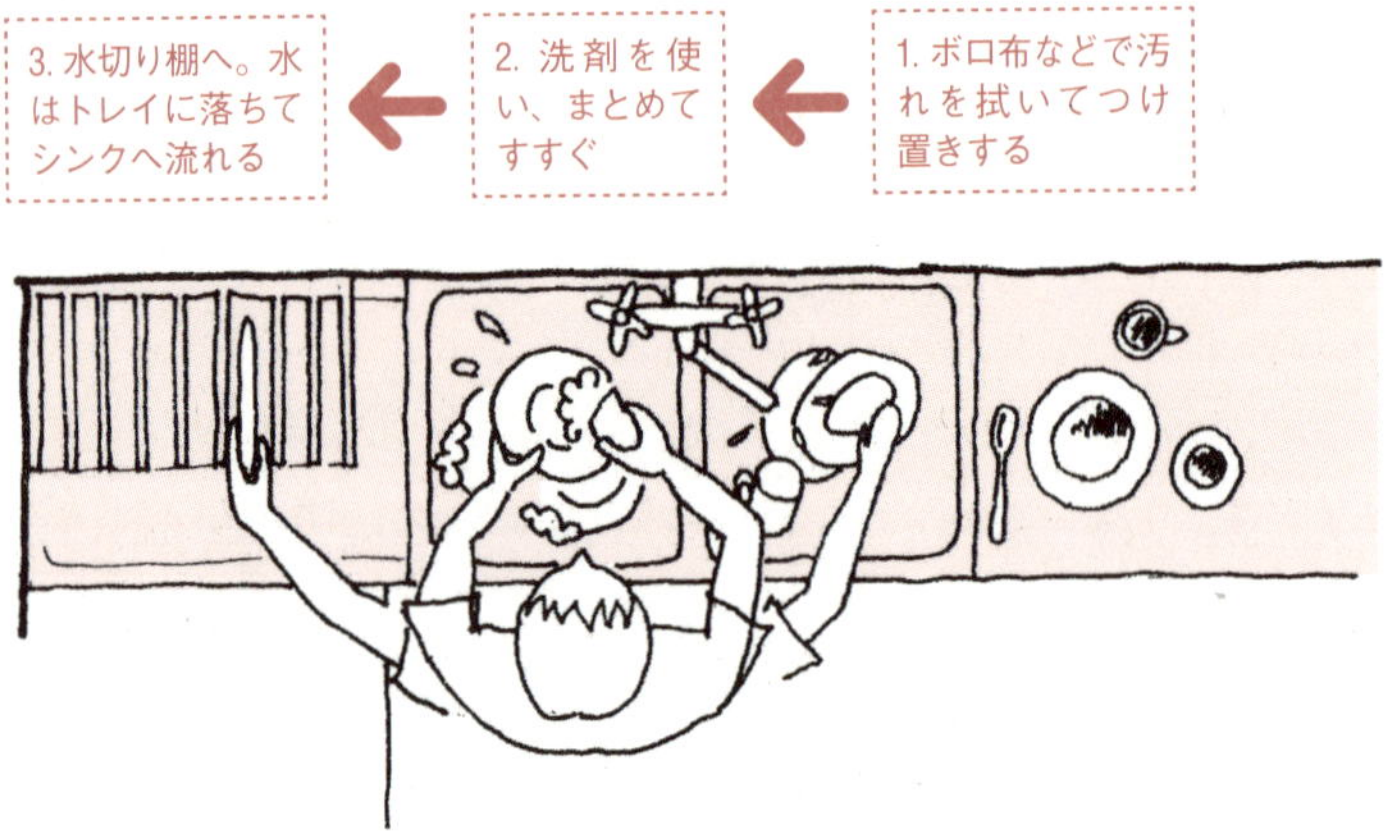
1. ボロ布などで汚れを拭いてつけ置きする
2. 洗剤を使い、まとめてすすぐ
3. 水切り棚へ。水はトレイに落ちてシンクへ流れる

システム・キッチン第1号におけるエコな食器手洗いの方法。右から左に流れ作業で進んでいく。

システム・キッチン第1号には今も使える工夫がいっぱい

作業工程の多い水廻り。それぞれの工程に合った工夫があると、使い勝手もアップする(水廻りと火廻りは当時の設備状況からか分けて設けられた)。(➔ 17ページ)

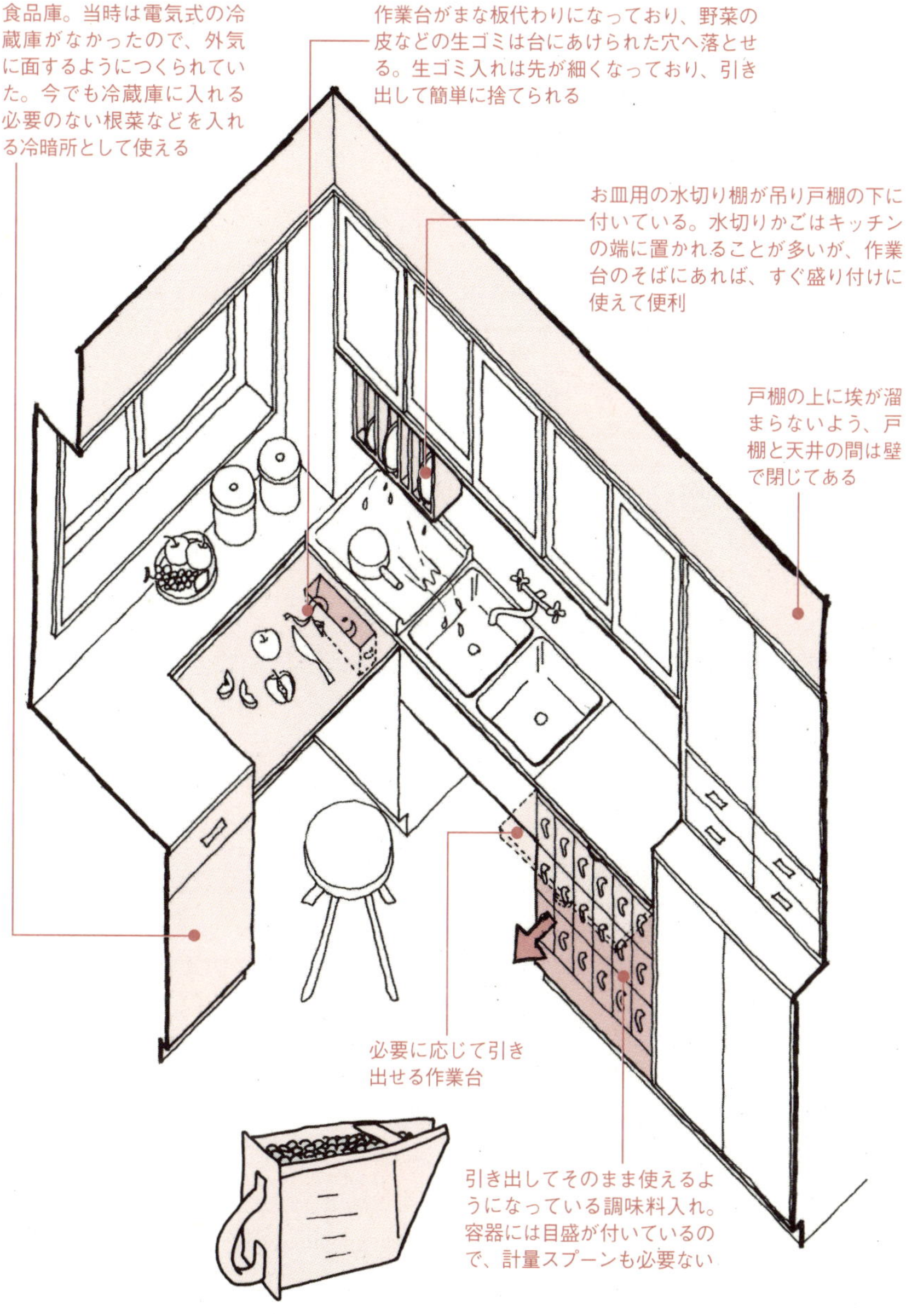
食品庫。当時は電気式の冷蔵庫がなかったので、外気に面するようにつくられていた。今でも冷蔵庫に入れる必要のない根菜などを入れる冷暗所として使える
作業台がまな板代わりになっており、野菜の皮などの生ゴミは台にあけられた穴へ落とせる。生ゴミ入れは先が細くなっており、引き出して簡単に捨てられる
お皿用の水切り棚が吊り戸棚の下に付いている。水切りかごはキッチンの端に置かれることが多いが、作業台のそばにあれば、すぐ盛り付けに使えて便利
戸棚の上に埃が溜まらないよう、戸棚と天井の間は壁で閉じてある
必要に応じて引き出せる作業台
引き出してそのまま使えるようになっている調味料入れ。容器には目盛が付いているので、計量スプーンも必要ない

【MEMO】 キッチンの照明は清潔感があり、味覚を敏感にするといわれている白色光がお薦め。ランプにはLEDを使うと消費電力も抑えられ、エコでもある。

アアルト家のキッチン／アイノ・アアルト

使いやすいキッチンの黄金寸法

使いやすいキッチンの大きさ、カウンターや吊り戸棚の寸法とはどれくらいなのでしょう？　システム・キッチン第1号【↓16・18ページ】が考案されてから現在まで、実はその寸法に大きな変化はないのです。

ここでは、1935年に建てられた、アアルト家のキッチンを参考に見てみましょう。自らも仕事をもつ母だったアイノは、当時最新の効率的なキッチンを研究し、デザインしました。そのカウンター幅は2850㎜で、現在でも標準的な大きさです。また、左ページ下のアアルト家のキッチンと現在の標準的なキッチンの断面を比べても、調理方法や食品の保存方法が変わっているにもかかわらず、寸法には変わりがないことに驚かされます【↓MEMO】。

キッチンカウンターや吊り戸棚の寸法は、基本的な人体寸法や動作に合わせて試行錯誤され、考え抜かれた結果だということが分かります。使い勝手のよいキッチンの目安の1つとして、覚えておきたい寸法です。

収納がたくさん、アアルト家のキッチンプラン

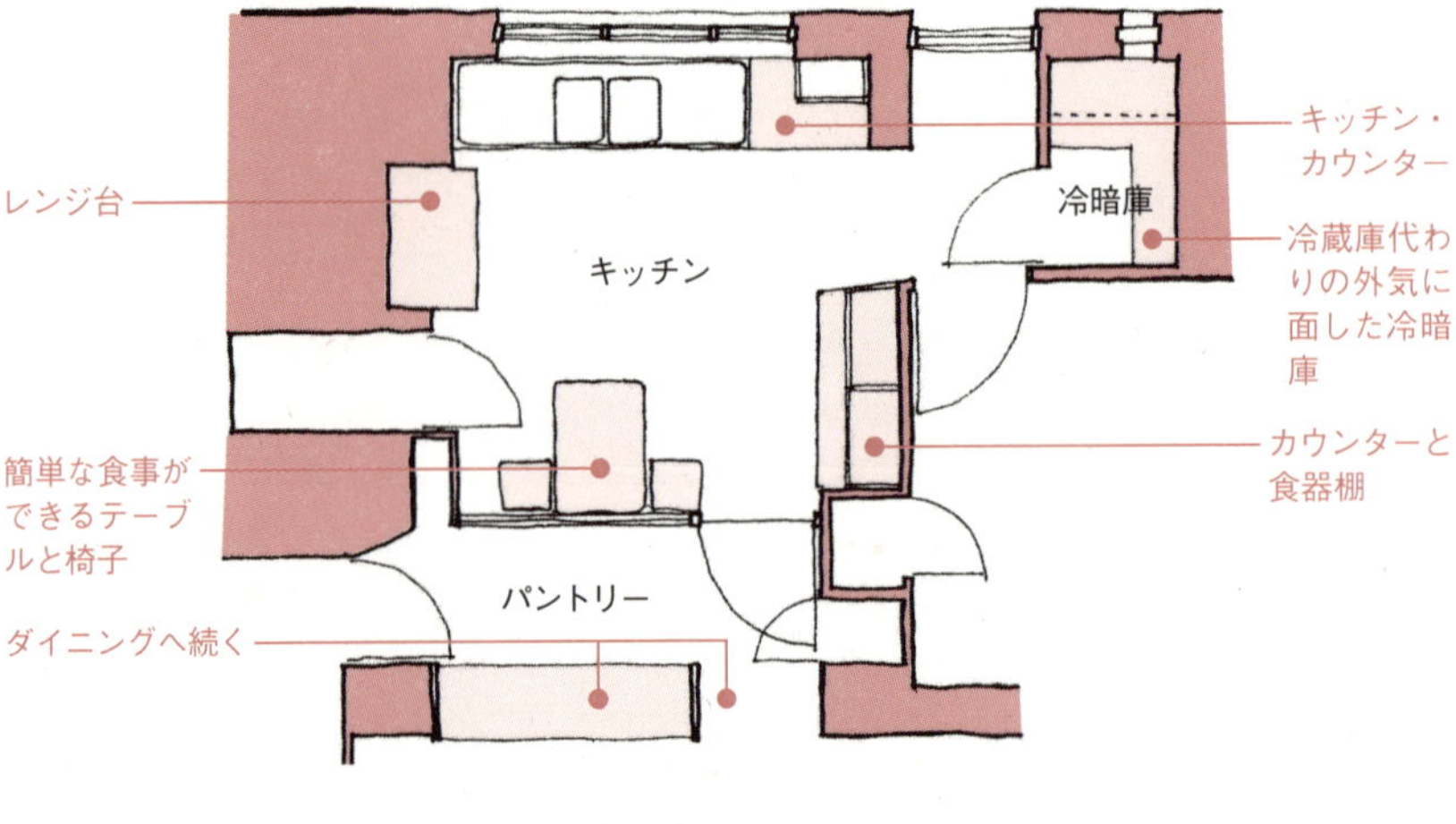

キッチンの寸法図

アアルト家のキッチン平面

「フランクフルト・キッチン」の影響を受けた効率的なキッチン。

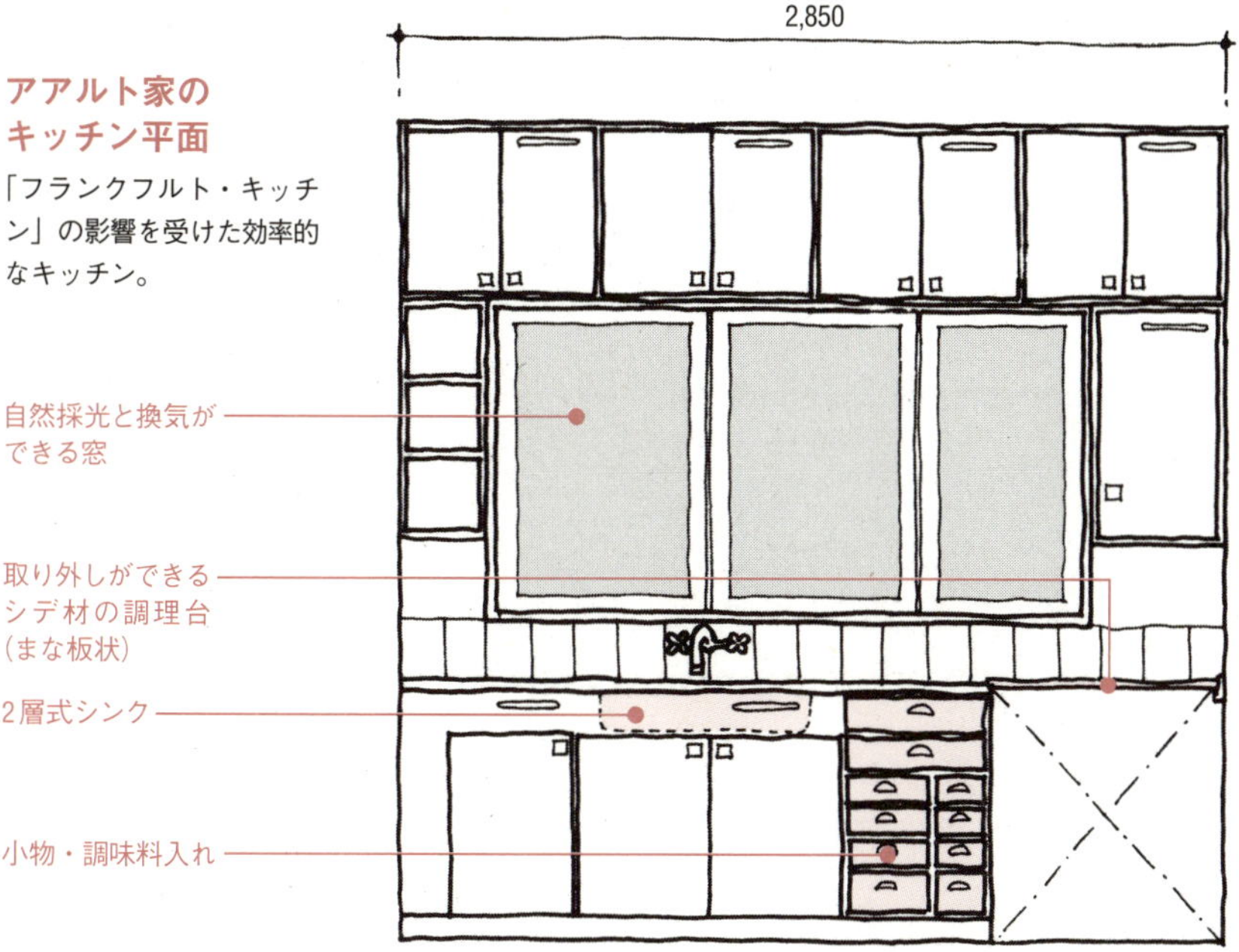

現代の標準的なキッチン断面

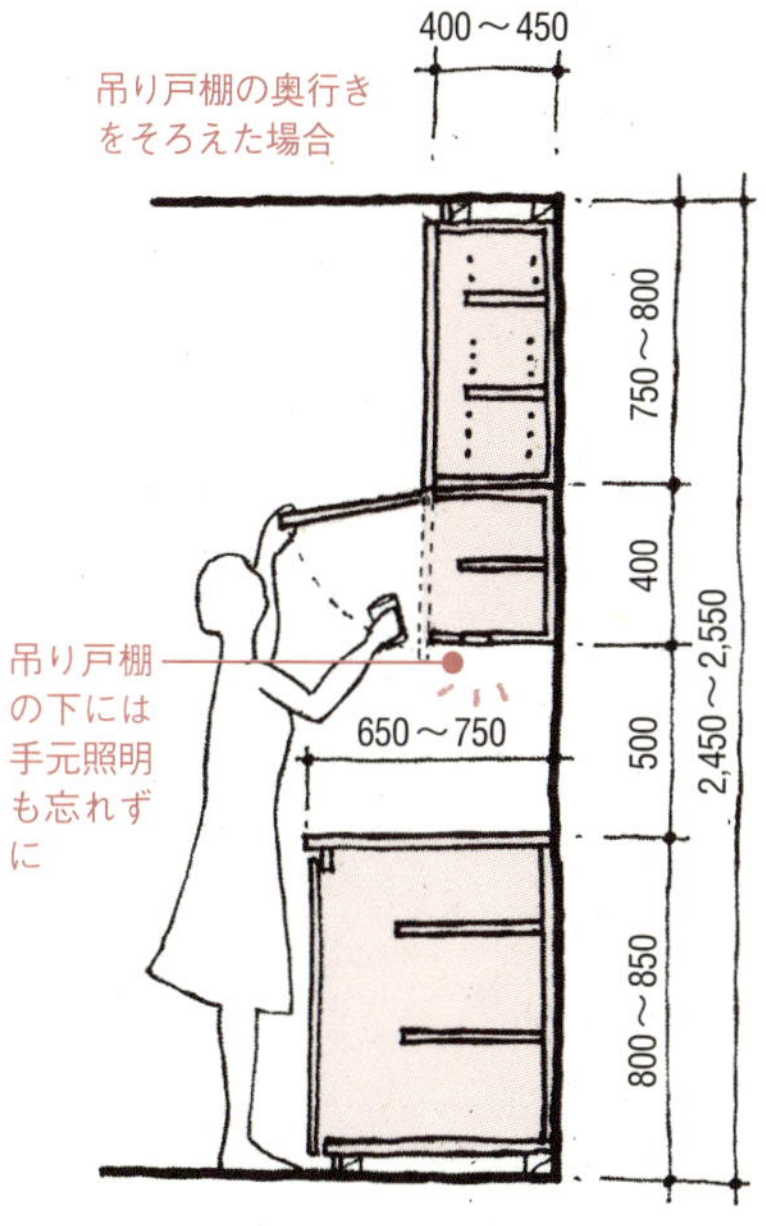

アアルト家のキッチン断面

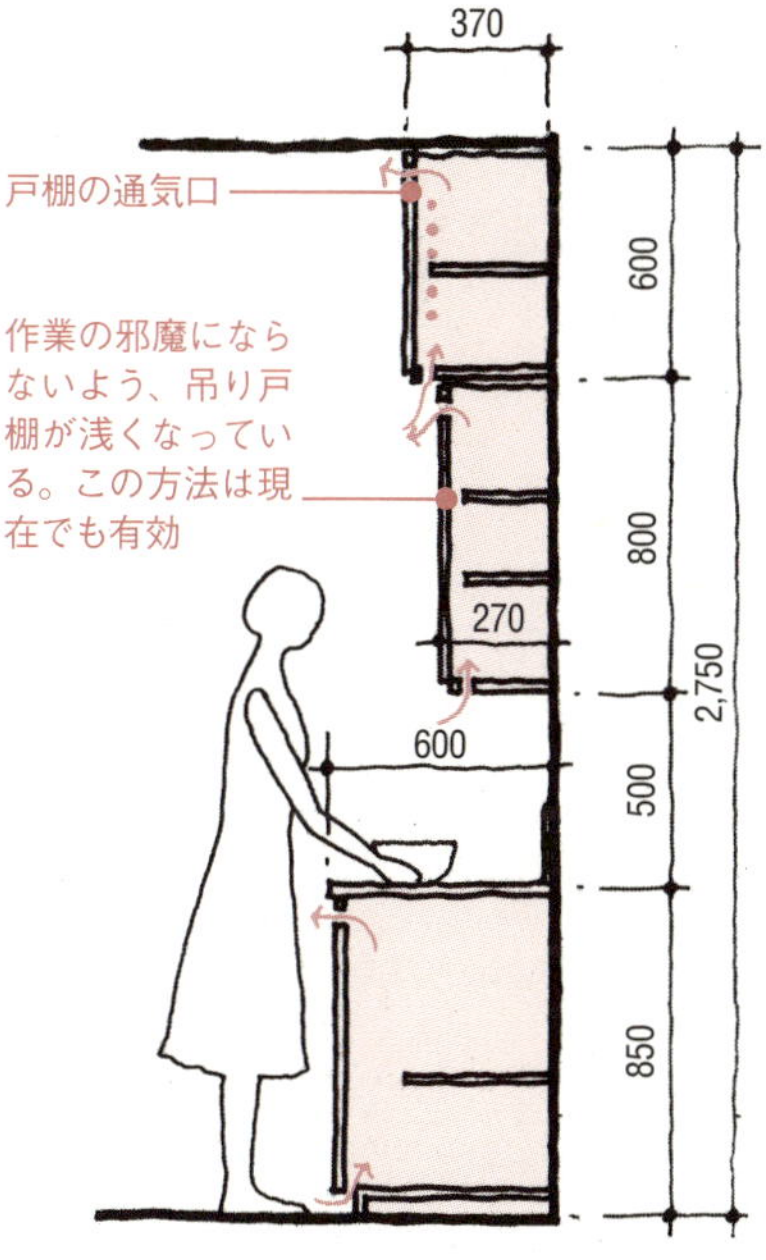

【MEMO】 利便性からいえば、レンジ台は作業台カウンターより50㎜くらい低いほうが鍋の中を見やすい。また、使う人の身長や、スリッパを履いて作業するかどうかなども考慮して決める必要がある。

最小限住宅用キッチン／アイノ・アアルト

人に優しいキッチン

誰でも使いやすい、がユニバーサルデザインの基本。スイッチは見やすく、肘でも押せるよう大きく。ペンは握りやすく、また口や足でも持てるように

文化、言語、年齢、性別、能力などが異なる多様な人々が生活するなかで、できるだけ多くの人が使いやすい設計をすることがユニバーサルデザインの基本。家族構成や生活スタイルの多様化により、かつて「女の城」と呼ばれていたキッチンも、子どもや夫、またはヘルパーさんのような外部の人が使う機会が増えてきました。誰にとっても安全で使いやすく、収納してあるモノが一目で分かりやすい……ユニバーサルデザインのキッチンとはどのようなものでしょうか？

　ワーキングマザーであったアアルトが提案したのは、調理の負担を軽減できる「座って作業するキッチン」。当時の設備や機器との関係上、シンクやレンジの作業は立って行ったものの、調味料や食器は座ったまま手が届く範囲に配置され、切る、味付けをする、盛り付ける作業が1カ所で効率的にできます【→MEMO】。

　当時は女性のために考えられたこのキッチン。今見直してみると、誰にとっても優しいユニバーサルデザインのアイデアを豊富に含んでいます。

誰でも使いやすいユニバーサルデザイン

座ったまま 切る・味付ける・盛り付ける の作業ができる

アイノ・アアルトのつくったキッチンは主婦目線が行き届いたデザイン。

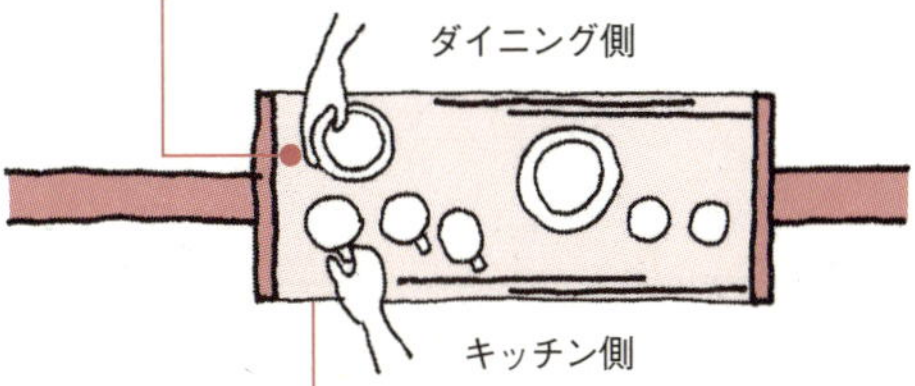
キッチンからもダイニングからも食器を取り出せるようになっている食器棚

リホツキーのデザインに影響を受けた調味料入れ。見やすく分類され、座ったまま届く範囲にある
➔ 16・18ページ（フランクフルト・キッチン）

誰へも優しいキッチンに

アイノ・アアルトのアイデアに現代のシンクとレンジをプラスすれば、車椅子の人はもちろん、誰でも楽に調理ができるキッチンがつくれそう。

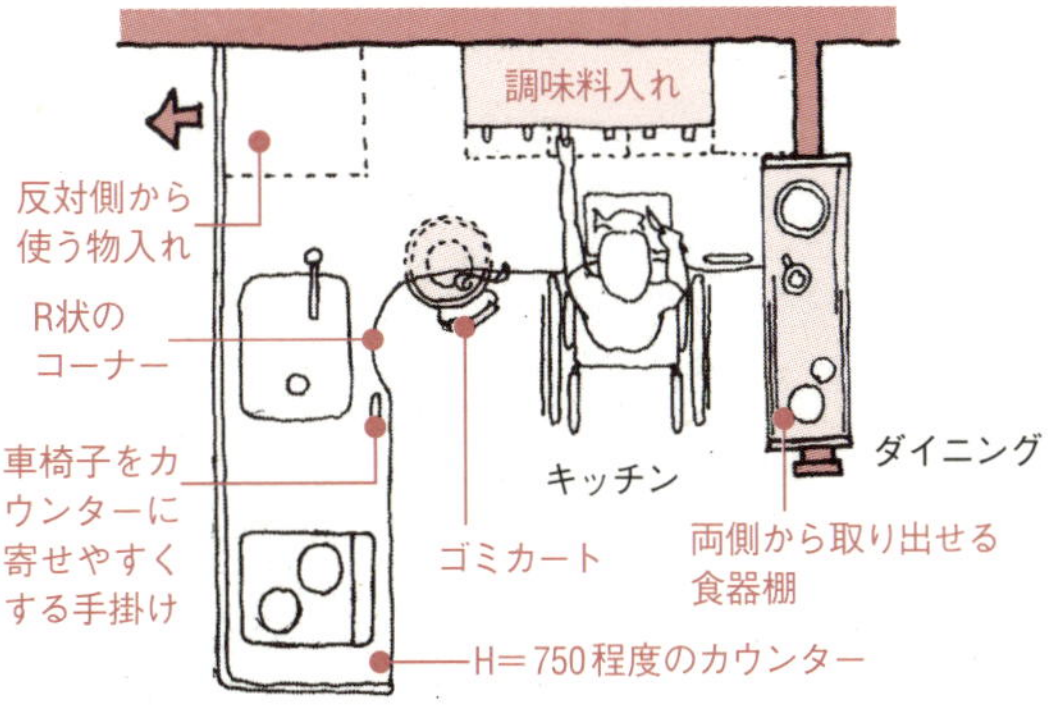

【MEMO】 車椅子や椅子に座ってシンクを使う場合は、シンク下をオープンにして、脚を入れられるスペースをつくり、排水のトラップを膝に当たらない位置に設置する。シンクは浅型のほうが使いやすい。

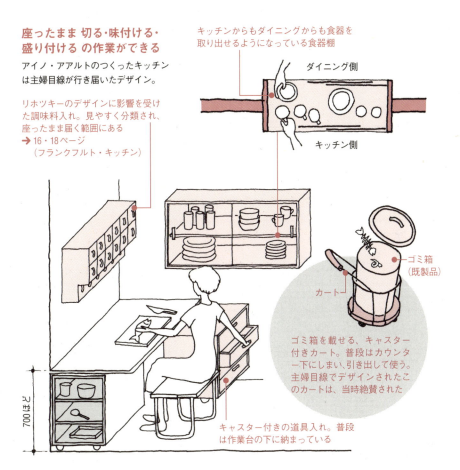

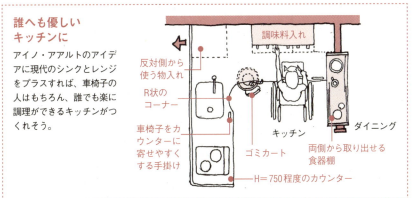

ユニテのキッチン小物入れ／シャルロット・ペリアン

シンク廻りの小物はどこへ……

シンク廻りにはモノがあふれがち。最近、仲間入りしたモノの1つは食器洗い機【↓MEMO】。開きタイプと引き出しタイプがありますが、どちらもシンクの横や下に設置するのが基本です。グラスなどゆすぐ必要がないものもあるので、食卓に近い側にあったほうが便利でしょう。お皿を洗った後の濡れたスポンジの置き場所も悩ましい問題。吸盤でシンクに張り付けた入れ物に置くのが定番ですが、吸盤が弱くなったり、入れ物が汚れたりします。もっと簡単に手入れできて便利な方法は？　ペリアンはステンレスシンクと一体型の、スポンジや洗剤用のポケットをつくりました。水切りも付いていて、垂れた水がシンクへ流れていきます。シンク廻りにごちゃごちゃモノが並ばず、拭き掃除も簡単です。

もう1つ、シンク廻りで要望が多いのがPETボトルや牛乳パックなどのリサイクル品を一時収納する場所。市販のラックなどが販売されていますが、洗って乾かす必要があるので、シンクの下に専用置場を確保することも1つの手です。

スポンジや洗剤の収納

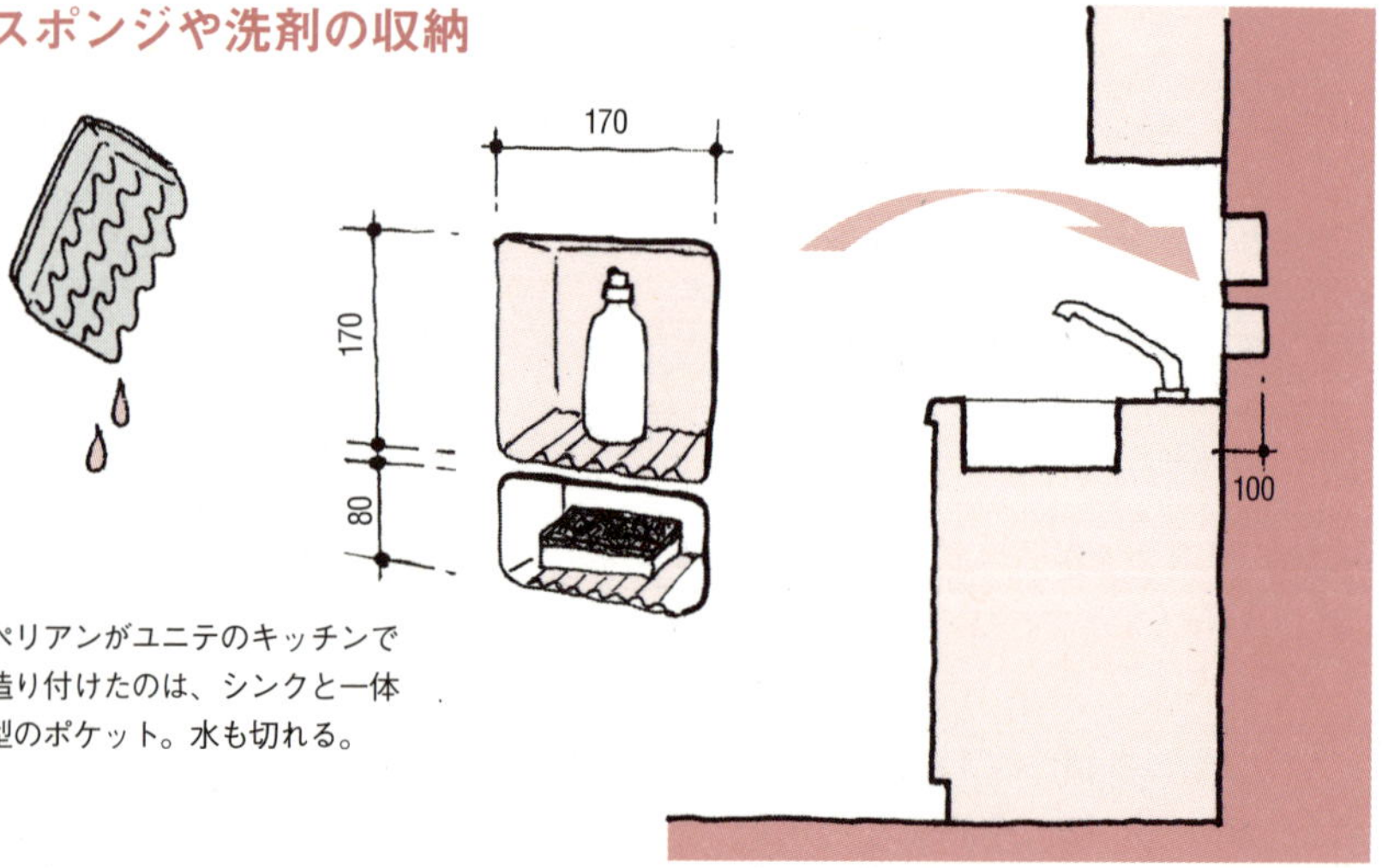

ペリアンがユニテのキッチンで造り付けたのは、シンクと一体型のポケット。水も切れる。

かさばるモノの収納

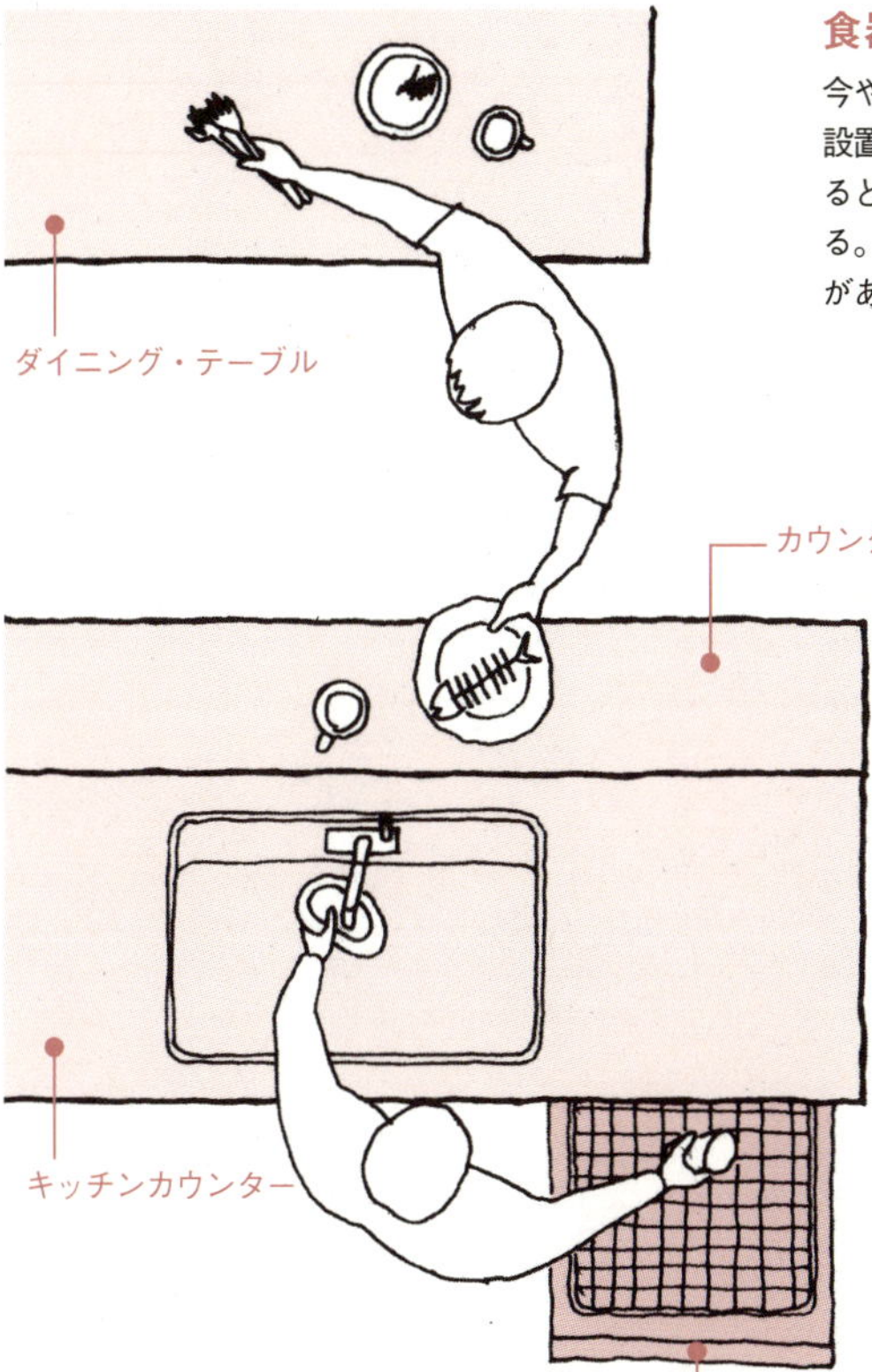

食器洗い機の収納

今や普及しつつある食洗機も、シンク廻りに設置したい。シンクがダイニングに面していると、左図のように流れ作業で片付けができる。食洗機には開きタイプと引き出しタイプがあるが、設置位置の基本は同じ。

1. 食器を下げる

↓

2. すすぐ

↓

3. 食洗機に入れる

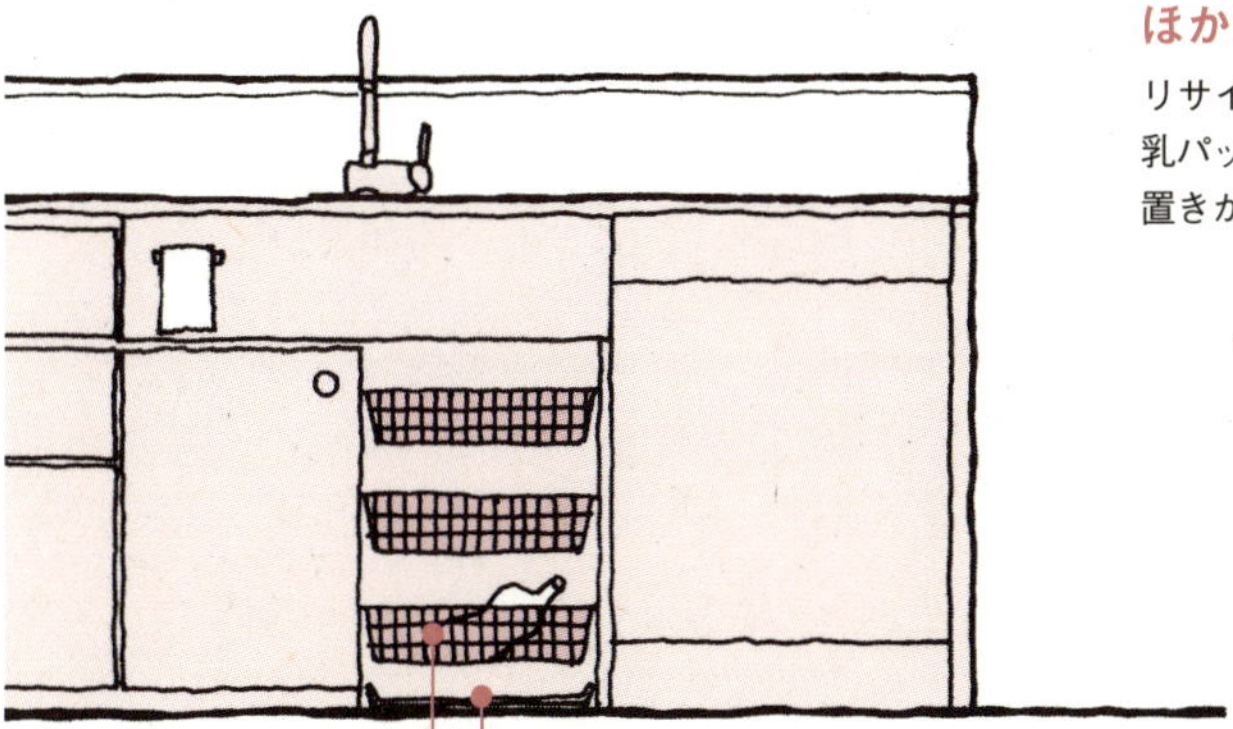

ほかには……

リサイクルするPETボトルや牛乳パック用に、シンクの下に仮置きかごがあると便利。

洗ったらかごへ

【MEMO】 ビルトイン食洗機は幅450㎜か600㎜のものがほとんど。国内メーカーに比べて海外メーカーの機器は容量が大きい場合があるが、多くが単相200Vなので、単相100Vしかない場合は切り替え工事が必要になる。

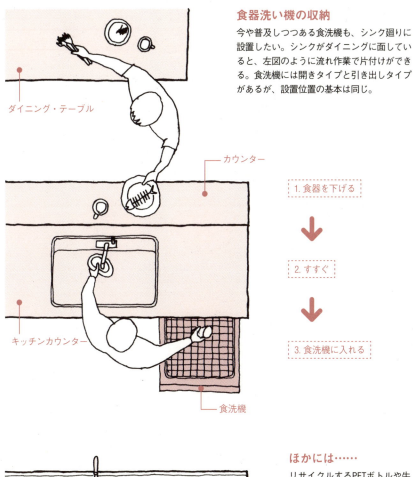

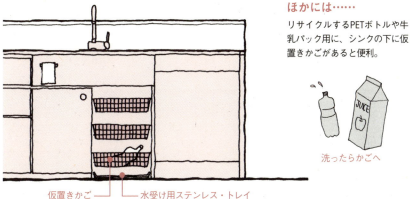

ユニテのキッチン・カウンター
シャルロット・ペリアン

見たい、見せたくないを操作する

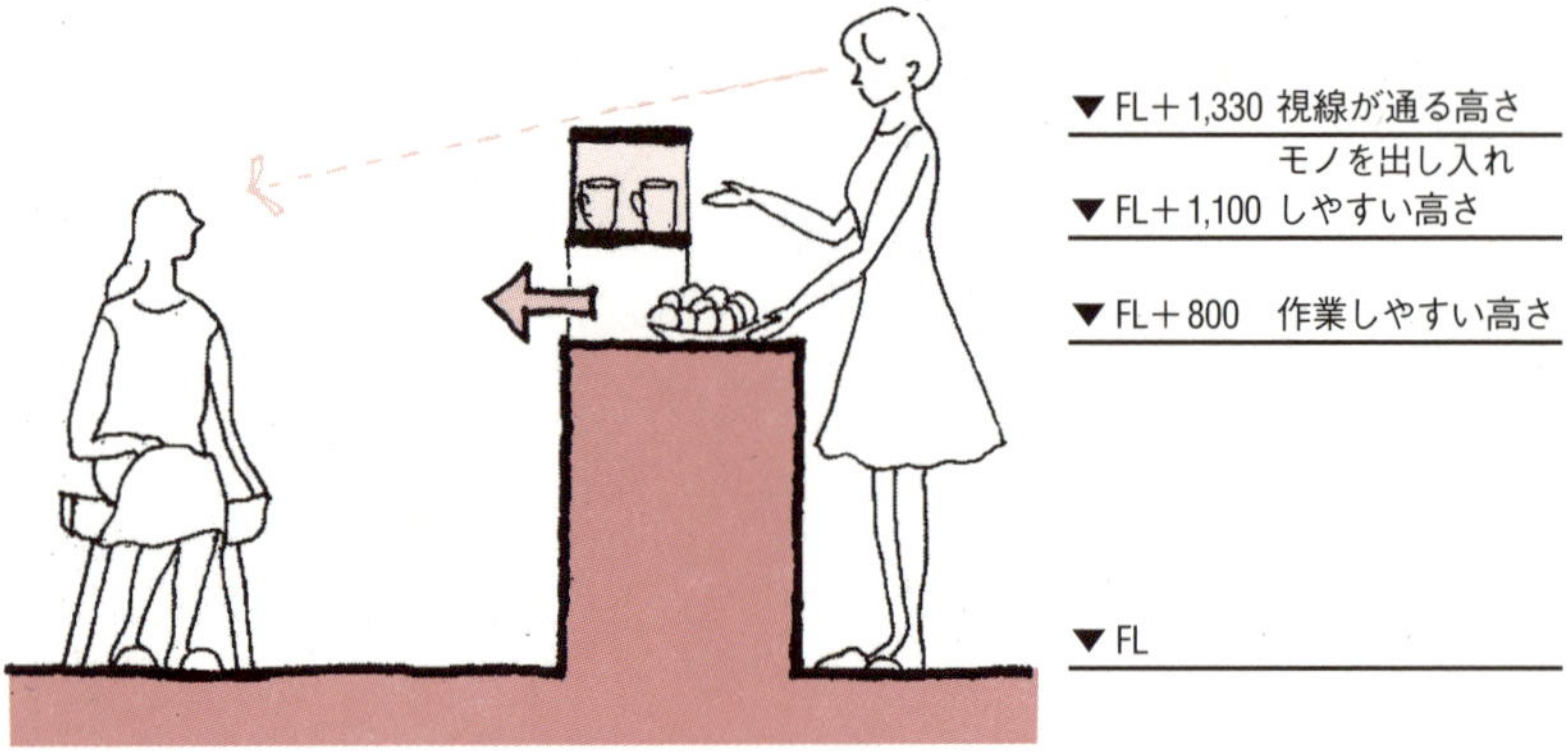

キッチンとリビング・ダイニングは微妙な関係。オープン・キッチンがリビングに近すぎる場合は、常にきれいに保つのが面倒だし、リビングにいてもキッチンの中で暮らしているような雰囲気になってしまいがち。かといって、キッチンを完全に別室にすると、つくる人はほかの部屋の様子が分からず配膳にも不便……。要は、キッチンからはリビング・ダイニングを「見たい」のに、ほかの部屋からはキッチンをある程度「見せたくない」という複雑な状況なのです。

　キッチンとリビング・ダイニングを適度に仕切るためにペリアンが考えたのが、高さ1330㎜のカウンター。目線の高さよりほんの少し下で、立って調理している人からはリビングがのぞきやすく、リビングで座っている人からは、調理している人は見えてもキッチンの中までは見えない高さです。ただし、食器の受け渡しには不便な高さなので、真ん中に開閉可能な開口を設けました。

　通したい視線やモノは通し、見せたくないものは隠す、絶妙な「高さの設計」です【→MEMO】。

「見せすぎない」キッチンのポイント

隅々まで使い勝手が考えられた セミ・オープン・キッチン

天井付けの吊り戸棚を利用したセミ・オープン・キッチンはよく見掛けるが、意外とキッチン内が丸見えになるのが欠点。一方、ペリアンは小さな戸棚を絶妙な高さに配置した。このキッチンにはそのほかにも、収納に関する工夫が多くなされている。

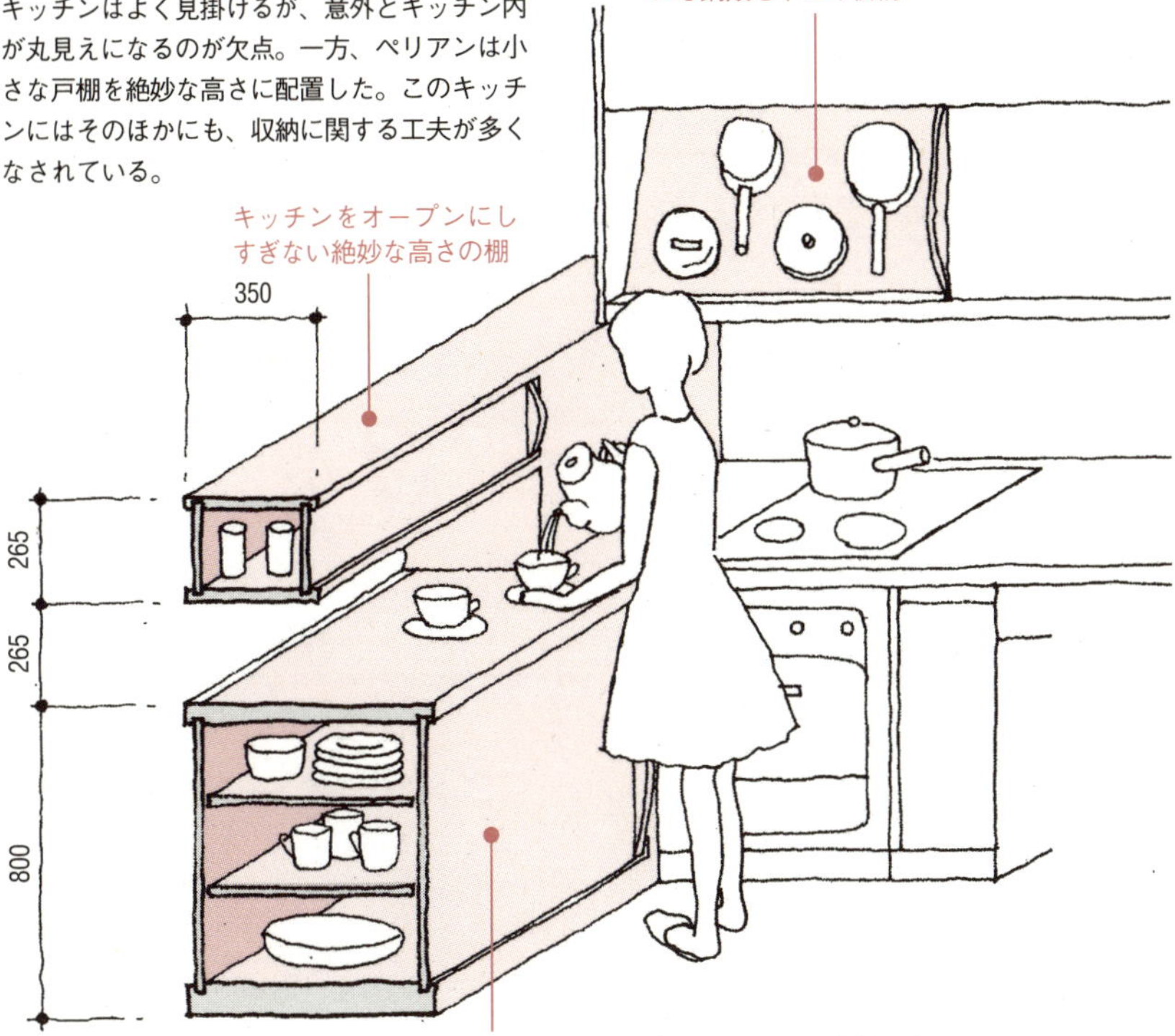
換気扇の手前の薄いスペースにも鍋類を平たく収納
引戸の食器棚には食器をたっぷり収納でき、ダイニング側からも開けることができる

見せ方の調整

リビングからの視線を完全に遮断したいときのために、調整が可能な棚にするのも1つのアイデア。固定式の吊り戸棚の上に箱のような戸棚をぽんと置く方法。

【MEMO】 ペリアンの作業カウンターはステンレス製だが、殺風景になりがちなので、一部をカラフルなタイルで仕上げている。カウンター材としては、メラミンや人造大理石などもよく使われる。

独身者用アパートのキッチン／リリー・ライヒ

リビングの真ん中にあってもいい

かつて水廻りとして北側に押しやられていたキッチン。今ではすっかり市民権を得て、リビング・ダイニングに面した日当たりも居住性もよいポジションを占めています。とはいえ、「見せるキッチン」になっても、水や熱を使ったり、臭いや煙が発生したりする「裏方」仕事は付きもの。キッチン外観をほかのインテリアに合わせるのはもちろん、この「裏方っぽさ」を見せない設計が重要になります。特に換気には気をつけたいもの【→MEMO】。また、汚れた食器や生ゴミなど、見せたくないものもうまく処理できるように考えておかなければなりません。

このキッチンは、リビングの真ん中にありながら、必要のないときは「見せない」工夫がなされています。シャッターの開け閉めで「使う（見せる）」「隠す」が自由自在。幅が2m程度でありながら、「つくる」「食べる」「片付ける」が可能な家具のようなこのキッチンは、ダイニングの機能ももち、狭い空間をうまく使った仕組みの1つとなっています。

リビングの中心にあるキッチン

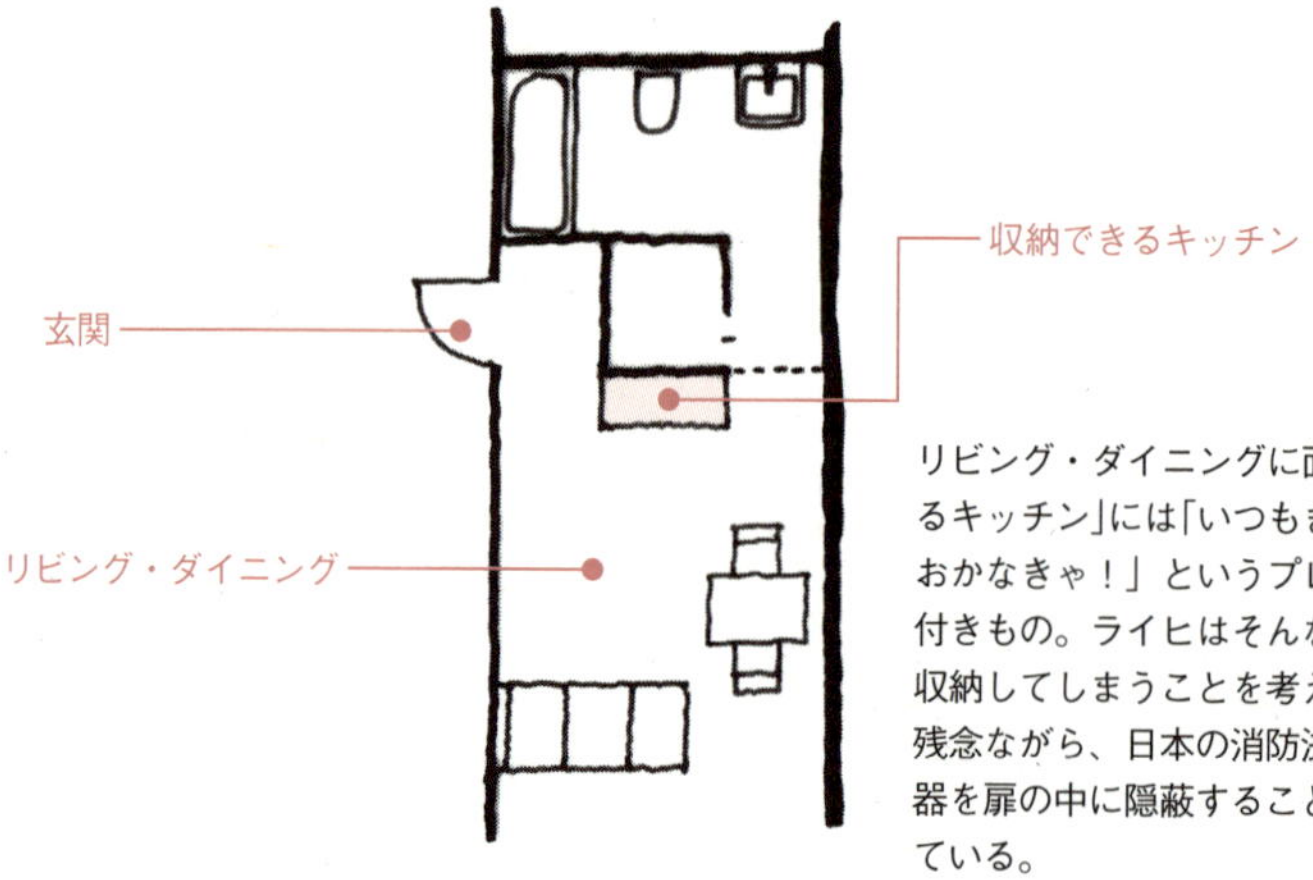

リビング・ダイニングに面した「見せるキッチン」には「いつもきれいにしておかなきゃ！」というプレッシャーが付きもの。ライヒはそんなキッチンを収納してしまうことを考えた。しかし残念ながら、日本の消防法では加熱機器を扉の中に隠蔽することは禁止されている。

つくる・食べる・片付ける、3 in 1の収納キッチン

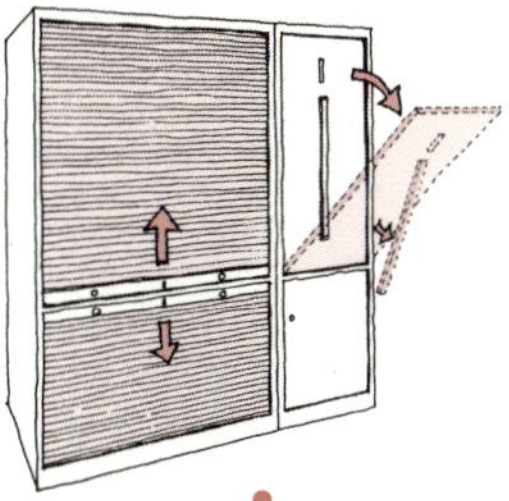

ライヒのつくった収納キッチン

シャッターを上下に開けると実用的なキッチンが姿を現す。右の扉は、下げると脚付きの作業カウンターになる。

つくる

料理に必要なのは厨房機器だけではない。現代の計画でも忘れずに取り入れたいのが、ゴミのスペースや作業台スペース。

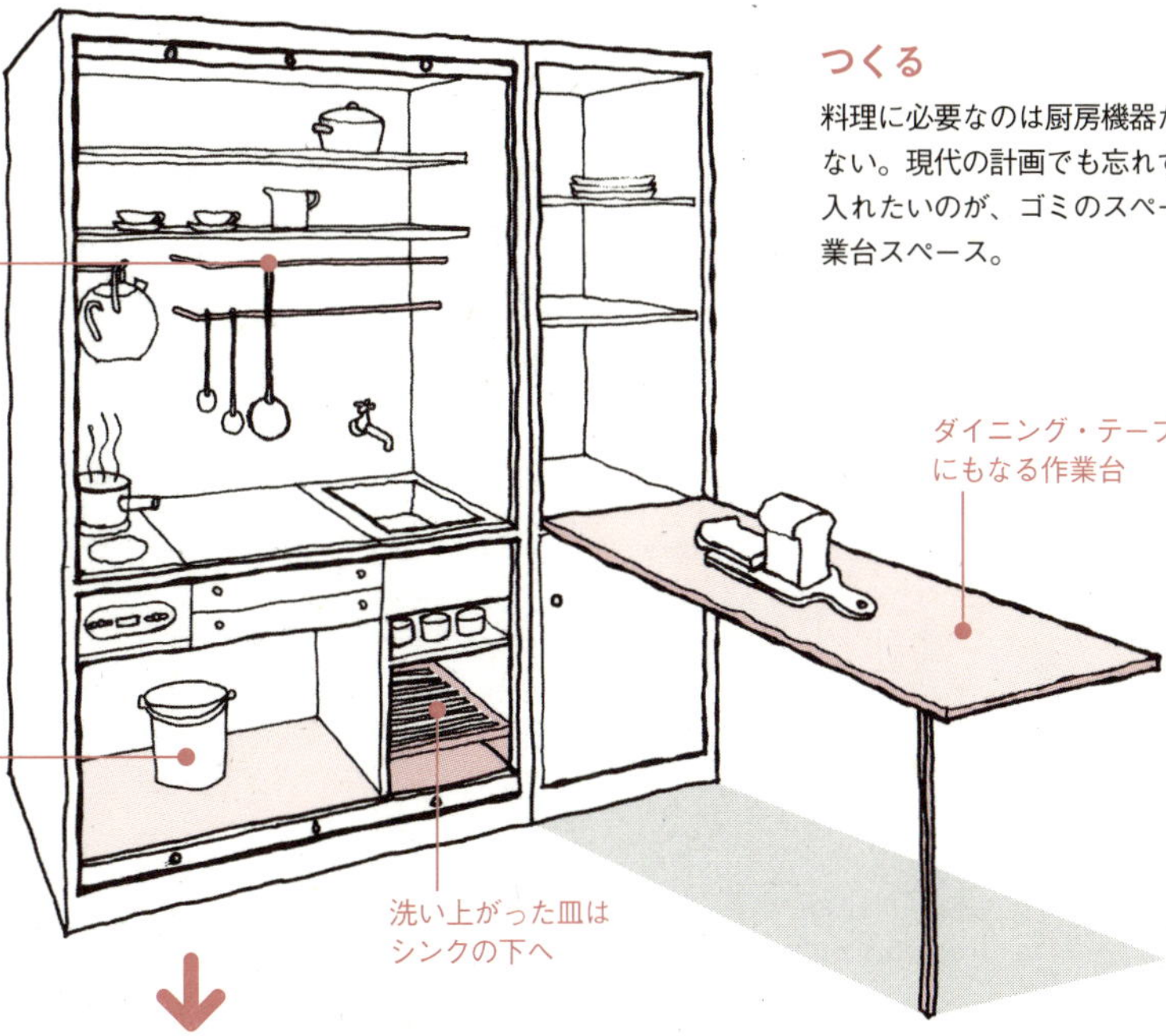

食べる

作業台を片付ければ食卓に。

片付ける

シャッターを閉めればすっきりした家具に。

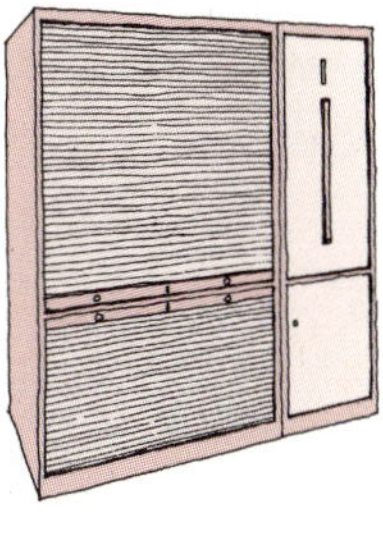

【MEMO】 キッチン用の換気扇の選定には換気量だけでなく、空気の流れに対する排気ダクトや給気孔の抵抗値（静圧）の確認が必要。また、レンジフードはコンロの近くのほうが有効なので、火源から800㎜以上という消防法の規定の範囲でできるだけ火源に近い位置に設けたい。

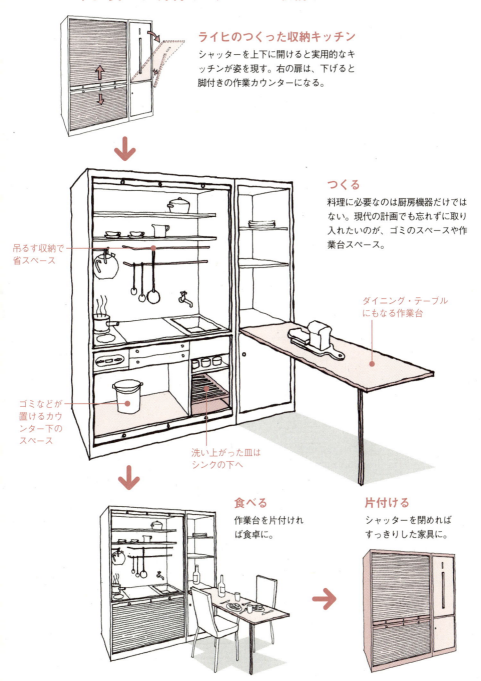

サハラのキッチン／シャルロット・ペリアン

調理を魅せる アイランド型キッチン

人気が高いアイランド型キッチン。でもオープンなつくりのため、見た目の美しさと使い勝手を両立させるのは至難の業。水や火を使い、臭いや音も出るキッチンには、表に出したくない部分が多く、なかでもレンジからまき散らされる煙や油は、4面が開放されたアイランド型では換気扇に吸い込まれる前に飛散してしまいがち。特に注意が必要です【→MEMO】。

ペリアンがサハラ砂漠の油田開発技術者用住居につくったのは、L字形のキッチン兼家事設備。外壁が薄いため、機能を部屋の中央にまとめたアイランド型にせざるを得なかったのですが、飛散する煙や油の問題をどうするか……その答えは天ぷら屋さんを参考にすることでした。つまり、レンジとカウンターの間に油はね防止の低い壁を立て、換気扇のほうへ誘導したのです。

そしてもう1つ天ぷら屋さんから取り入れたこと、それはカウンター越しに調理のプロセスを見る楽しさ。これはアイランド＋カウンター形式ならではです。

天ぷら屋さんのカウンター

食べている人からは、調理している人の顔は見えても手元は見えず、天ぷらを揚げてもダイニングに油がはねない。

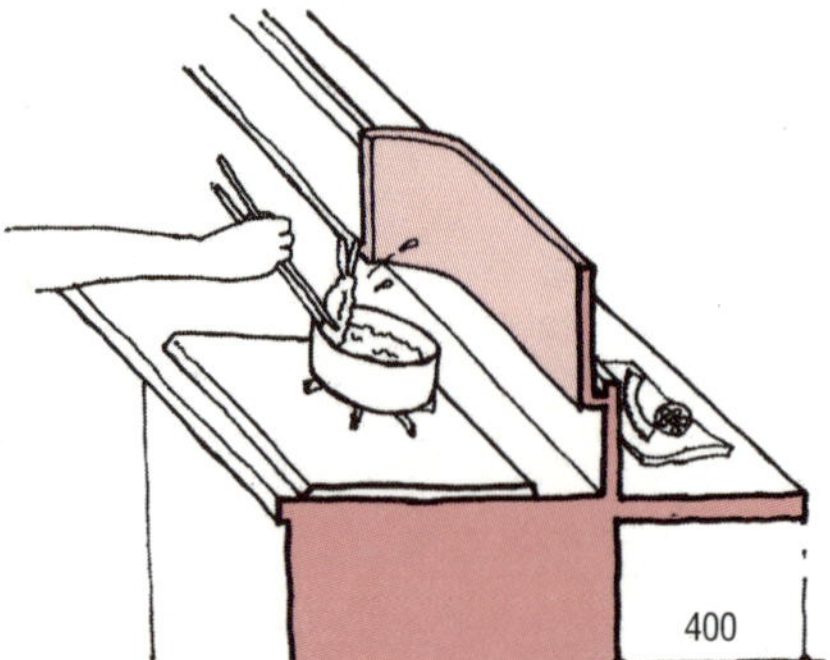

サハラのキッチンに学ぶ「隠す」アイデア

狭いスペースをキッチンでゾーニング

L字形のアイランドキッチン兼家事設備を部屋の中央に配置することで、17.5畳ほどのスペースに、10人ほどが食事ができる広いダイニングと、その食事を用意するキッチン、そして調理の合間に家事ができる洗濯ゾーンをつくった。

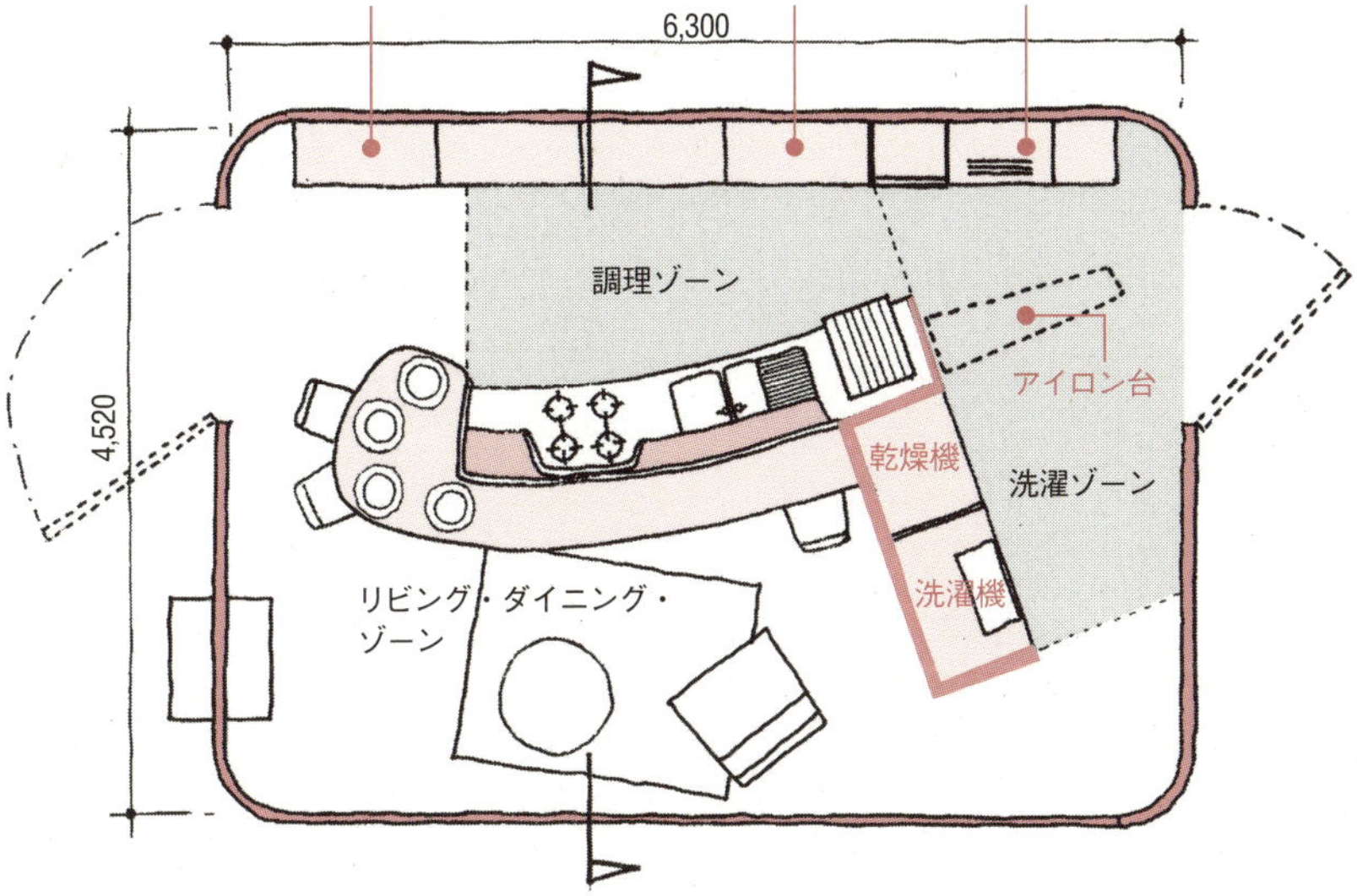

断面もアイデアの宝庫

配置や寸法を見ると、その工夫がよく分かる。

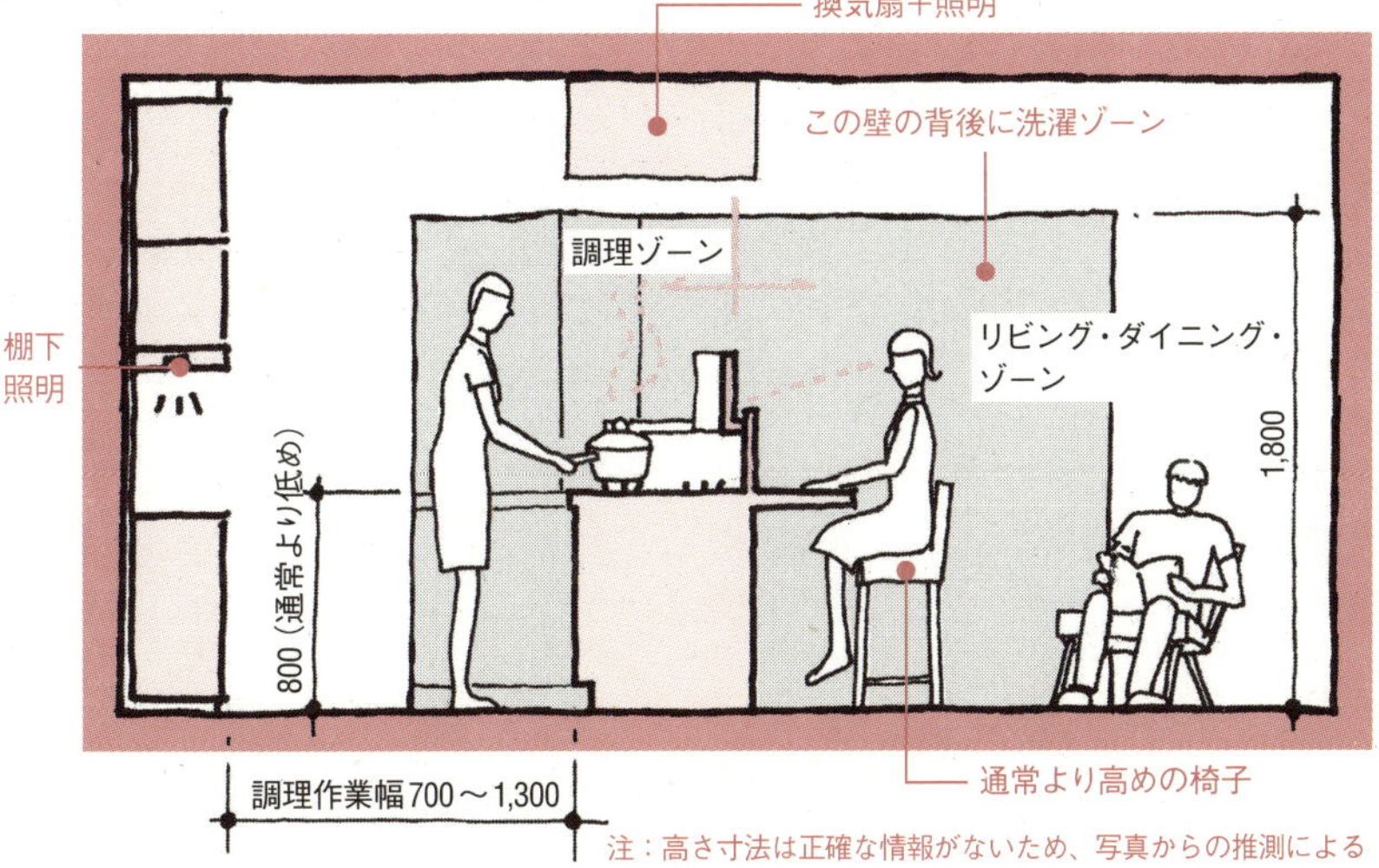

注：高さ寸法は正確な情報がないため、写真からの推測による

【MEMO】　4面開放のアイランドキッチンのレンジフードが通常のものと同じ捕集効率を得るためには、風速を2割程度上げる必要がある。また、フードのサイズはコンロの寸法より大きいものを選ぶと効率が上がる。

1

Column

波乱万丈の人生を生き抜いた不屈の精神

マーガレット・リホツキー
Margarete Schütte-Lihotzky
(1897-2000)

関連する作品

16・18ページ

女性解放の信念を貫いて

マーガレット・リホツキーがデザインした「フランクフルト・キッチン」は、エルンスト・マイが全体を計画したジードルングの一部として設計され、4年間でなんと1万戸の住宅に採用されました。彼女は女性を家事労働の負担から解放するという信念のもと、キッチンを徹底的に効率化・合理化したのです。メディアにこぞって称賛されたこの時、彼女は30歳。キャリアの絶頂でした。

しかし、この信念の強さがあだとなり、彼女は苦難の道を歩むことになります。その後、ソビエト連邦を経てトルコで働いていた彼女は、ナチスに対する抵抗運動に参加。オーストリア共産党の任務中に逮捕され、悪名高いアイヒャッハの女囚刑務所に収監されてしまいます。死の恐怖におびえる牢獄での生活は4年間続きました。

戦後、祖国オーストリアに戻った彼女は、その前歴により公共の仕事から干されるなど、憂き目を見ますが、女性や子どものために建築をつくり続けます。その生涯は後に舞台化されるほど波乱に満ちたものでした。

デザイン用語集

エルンスト・マイ (Ernst May : 1886-1970)
ドイツ人の都市計画家。フランクフルトのジードルングのほか、ソビエト連邦の都市計画が有名。

ジードルング
第一次世界大戦後のドイツの計画的な住宅地のことで、共同住宅や戸建住宅で形成されている。本来はドイツ語で「集落」の意味。

2
Column

良妻賢母とデザイナー、心の葛藤

アイノ・アアルト
Aino Aalto
(1894-1949)

関連する作品

20・22・44・46・78・82・88・90・96・144ページ

連名の作品群が示す夫婦の絆

「アルヴァ&アイノ・アアルト」。アイノの存命中、アアルト夫妻は連名で作品を発表し続けました。アイノはアルヴァの事務所の初期スタッフであり、いわゆる糟糠《そうこう》の妻。54歳の早すぎた死まで、影のように夫に寄り添い、建築に寄せる彼の情熱を支え続けました。とはいえ、彼女はただ従順だったわけではありません。強い独立心をもっていました。単独でコンペに参加し、彼女のデザインのみが入選したこともあります【→44ページ】。

しかし、自分が優秀だったからこそ、アイノはアルヴァの類いまれなる才能を理解していました。自己表現と夫の補佐という葛藤を心に抱え、次第に彼女は自分の個性を生かせるアルテックの運営やインテリア・家具の設計に活動を移行。特に学生時代から興味があった、子どものためのインテリアや家具のデザインに情熱を注ぎました。

そんな気持ちを知ってか知らずか、アルヴァは設計の過程を逐一彼女に見せて、アドバイスを求めていたとか。互いの役割は違っても、やはりアアルトの建築は夫婦の共同作品なのです。

デザイン用語集

アルヴァ・アアルト(Alvar Aalto：1898-1976)
フィンランドの建築家。代表作はパイミオのサナトリウムやマイレア邸など。建築のほか、家具や日用品などのデザインも数多く手掛けた。

アルテック(Artek)
アアルト夫妻が友人と1935年に設立した、モダンライフを啓蒙する家具メーカー。

1

ダイニング

基本のはなし

テーブルは置く場所と座る人数で決まる

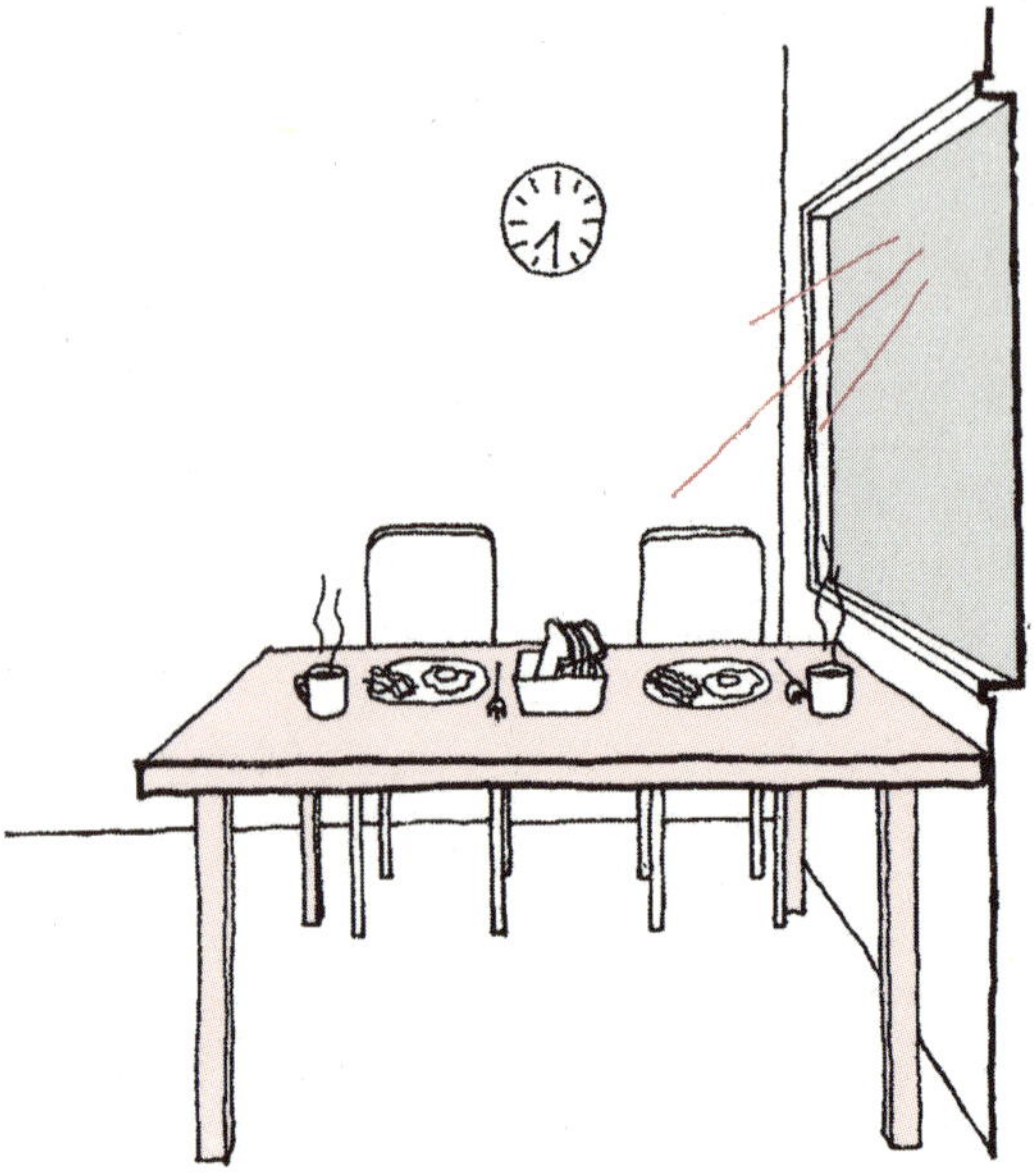

朝日を浴びて朝食がとれるように、ダイニング・テーブルは東向きの窓のそばにレイアウトするとよい

ダイニング・テーブルの配置は、できるだけ東向きの窓のそばに。朝食をとるときに差し込む朝の光が、脳内ホルモンの分泌を促し、身体を目覚めさせます。

さて、ダイニング・テーブルは普段家族が食事をする場ですが、来客時にはそれ以上の席数が必要です。テーブルには一体何人座れるのでしょう？　長方形のテーブルは長辺に向かい合って座り、椅子の間隔は600㎜以上必要です。短辺にも座れば2人分席が増えますが、テーブル幅によっては食事スペースが狭くなるので要注意。円卓はきちんとテーブルセットされた食事だとあまり多く座れませんが、小皿に取り分けるようなメニューなら、椅子間隔は狭くても肘がぶつからず、座れる人数が増えます。

ダイニング・テーブルは座る人数で決まる

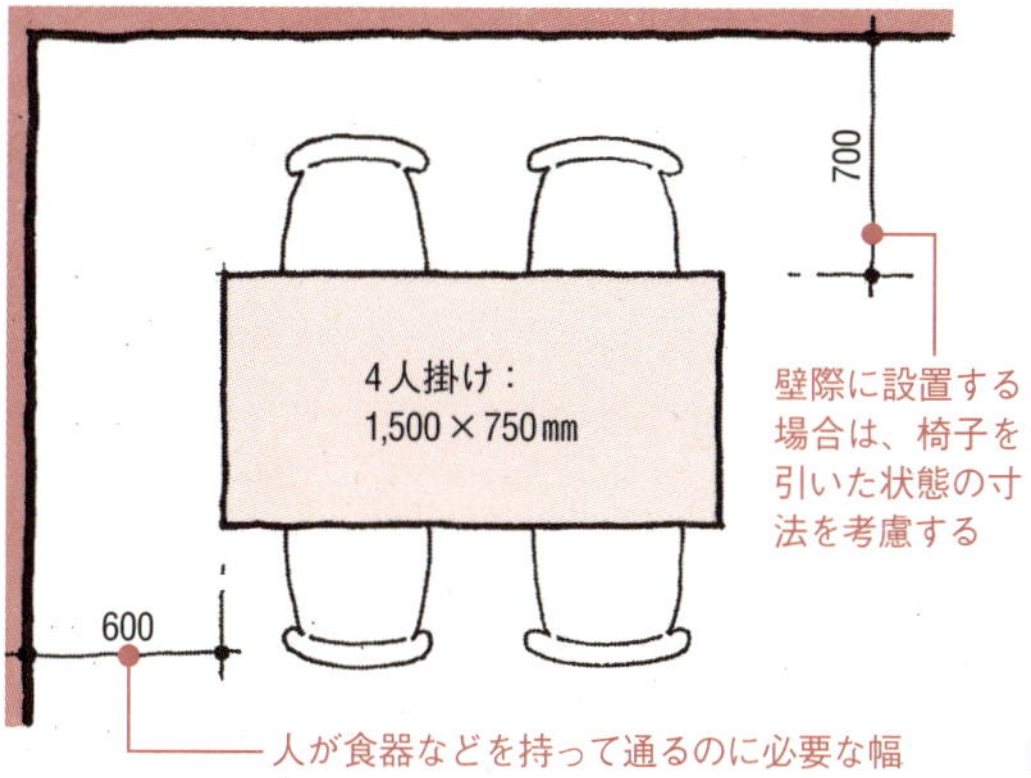

標準的な4人掛けテーブル

テーブルの長辺に2人ずつ座るタイプ。テーブルの長さが1,200㎜のものでも4人座ることはできるが、その場合はテーブルの脚が邪魔にならないように、中央に寄っているものを選んだほうがよい。

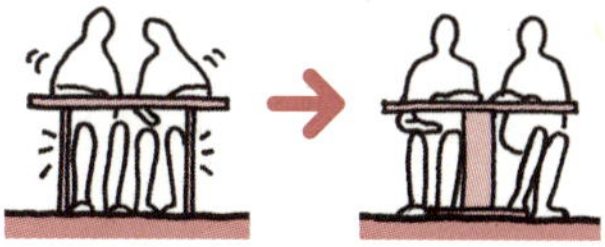

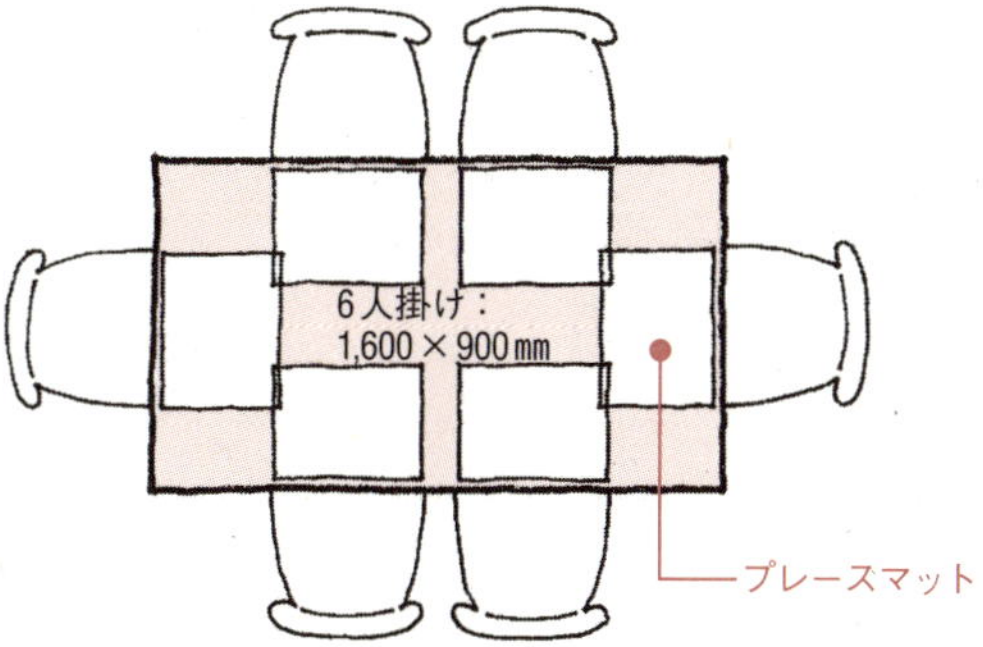

お誕生日席に座る場合

食事に十分なスペースが確保できるかはプレースマットを置けばすぐ分かる。プレースマットはだいたい420×320㎜くらいの大きさ。並べてみると、テーブルの短辺＝通称「お誕生日席」に座るためには長辺が1,600㎜程度あればよいことが分かる。

円卓に座れる人数はメニューによる

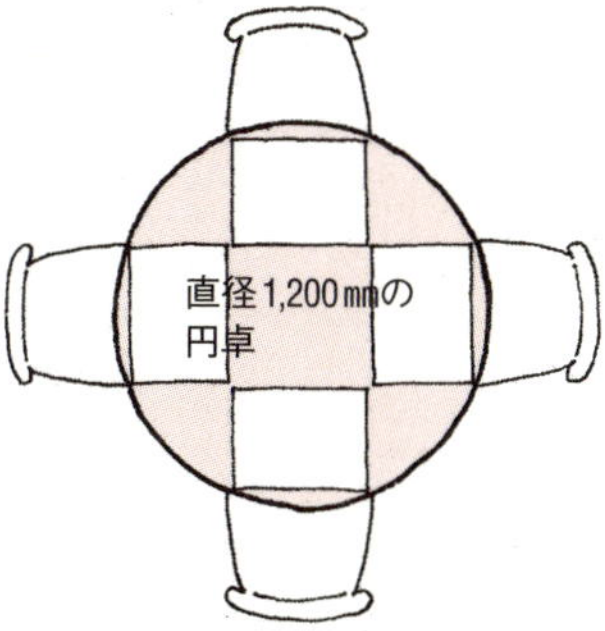

きちんとテーブルセットした食事だとスペース上4人が限度

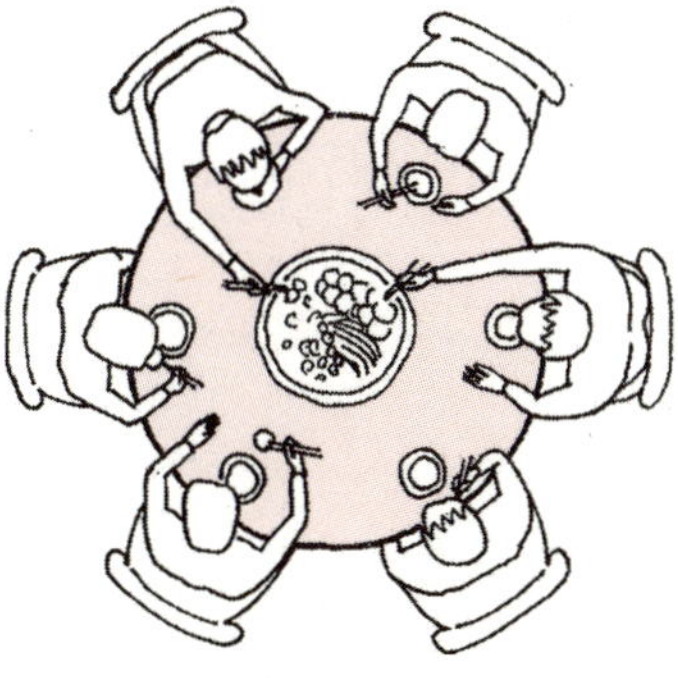

中華やピザ、鍋料理など小皿に取り分けるメニューなら6人でも【→MEMO】

【MEMO】 円卓のサイズが大きすぎると真ん中に置いたものが取りづらく手入れもしにくい。中華料理店などにある回転式盆を使わない場合は直径1,400㎜が限度。なお、円卓には上座下座の区別がないと思われがちだが、中華料理では入り口に遠い席が上座、入り口に近づくにつれて下座になる。

フリーフォーム・テーブル／シャルロット・ペリアン

四角や丸でなくてもいい

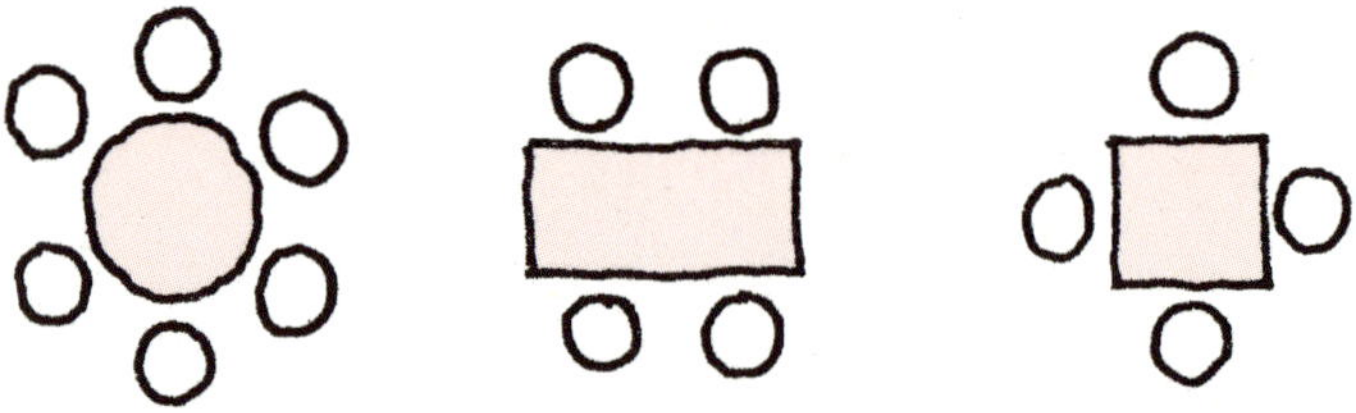

部屋の隅も有効に使える丸テーブル。どんな部屋にも置きやすいが、壁際には寄せられない

一番一般的な長方形のテーブルは部屋がかっちりとした印象になる

正方形はあまり大きくできず、4人掛けが最大。コンパクトにまとまり、狭い部屋に向く

テーブルの天板のかたちは、置いてある部屋の印象や座る人の関係に影響する重要な要素です。たとえば、一般的な長方形でも、角を取るとソフトな印象に。円形は座っている人の顔が一度に見やすく、会話も弾みますが、大きすぎると真ん中に回転する台がほしくなることも……【→34ページ】。

使い勝手に影響するのは、脚の本数と位置。テーブルの4隅に4脚が一般的ですが、天板の中央に脚を寄せた2脚のものであれば、テーブルの脚を気にせずに椅子を配置できます【→MEMO】。

以上は基本的なお話。実はテーブルのかたちは何でもアリなのです。ペリアンが提案したのは、部屋の状況や寸法に合わせて考えられた、フリーフォームなテーブル。1人暮らしの狭い部屋には一見大きすぎるようですが、友人が何人来ても掛けられるし、片方の端でご飯を食べている時に、反対側で仕事をしていても気にならない。何より、1人の時でも、この大きくて自由なかたちが部屋を寂しくさせない存在感を発揮するのです。

個性的なテーブルが部屋に性格を与える

小空間に置かれた大テーブル

ペリアンは、狭くて天井も低い空間にあえて右図のような大きなテーブル（フリーフォーム・テーブル）を配置した。自由なかたちの分厚い天板と3本の脚が個性的。

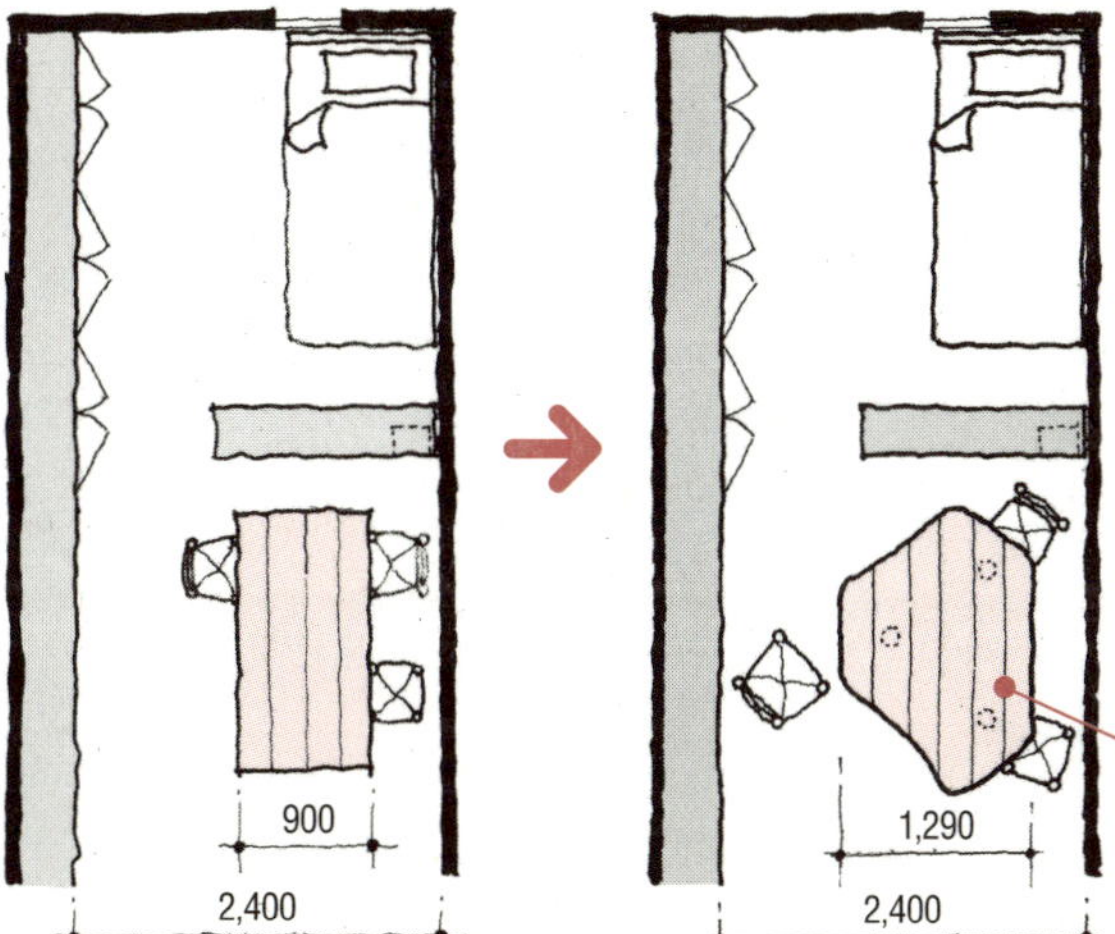
やりたいことによって座る位置を変えられる。大きなテーブルが狭い空間の自由度を高める

どちらのほうが使い勝手がよい？

テーブルは食事、読書、仕事などさまざまな用途に使われる。左は一般的な長方形のテーブル、右はペリアンのフリーフォーム・テーブル。

【MEMO】 4脚テーブルは安定感が高いが、脚が邪魔にならないように椅子を配置する必要がある。3脚テーブルは天板のかたちによってはかなり不安定に。天板の中心を支えるかたちのテーブルは椅子の出し入れが楽なので、重い椅子を使う場合に◎。

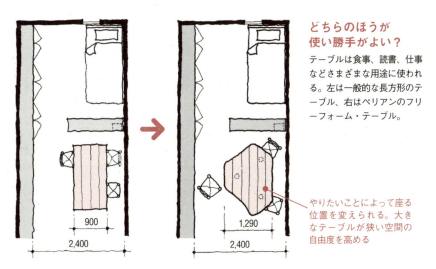

High & Low Table ／アイリーン・グレイ

リバーシブルなテーブル

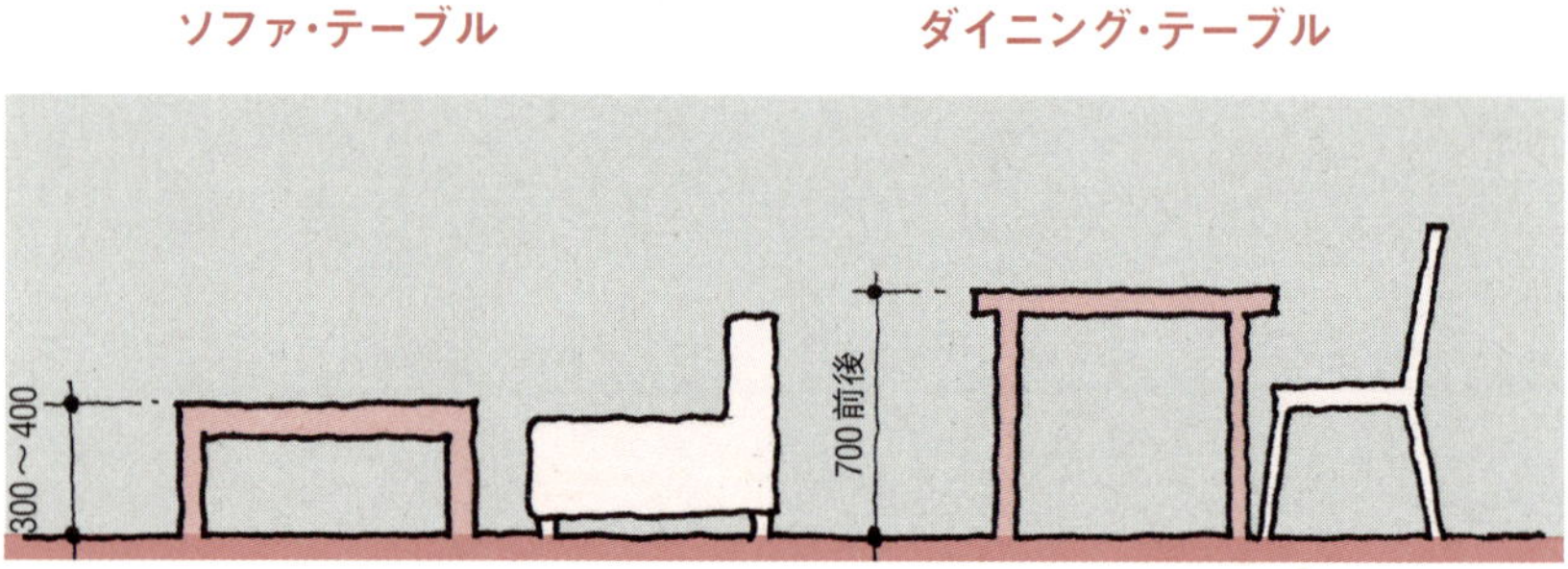

テーブルの高さも椅子の高さやシチュエーションによって変わる

椅子は、用途やシチュエーションによって高さが違うものですが【→102ページ】、その場合、テーブルの高さも状況に合わせて変える必要があります。でも限られたスペースの中で、使い道に合わせたいくつものテーブルを用意するのは難しい……。そんなとき1つのテーブルが高さを変えて、いろいろな用途に使えたら便利ですよね。

グレイがデザインしたのはダイニングとラウンジ両方に使えるテーブル。一見、天板とスチールパイプの脚でできた普通のダイニング・テーブルですが、天板を裏返し、フレームを横に倒すと、簡単に400㎜程度の高さのラウンジ・テーブルに変身するのです。さらに天板にもひと工夫。ダイニング・テーブル用の天板には、食器が滑りにくく音を立てないようにコルクを張り【→MEMO】、ラウンジ・テーブルとして使う裏面は、屋外でも使いやすい鉛のシート張りにしました。

高さだけでなく、天板の素材も替えたことで、1つでも雰囲気の違う2役を演じられるテーブルが完成したのです。

1テーブル2役 変身するテーブル

グレイの「High & Low Table」は、一見普通の1人用ダイニング・テーブル。

ダイニング・テーブルの天板は食器が滑りにくいようにコルク張り

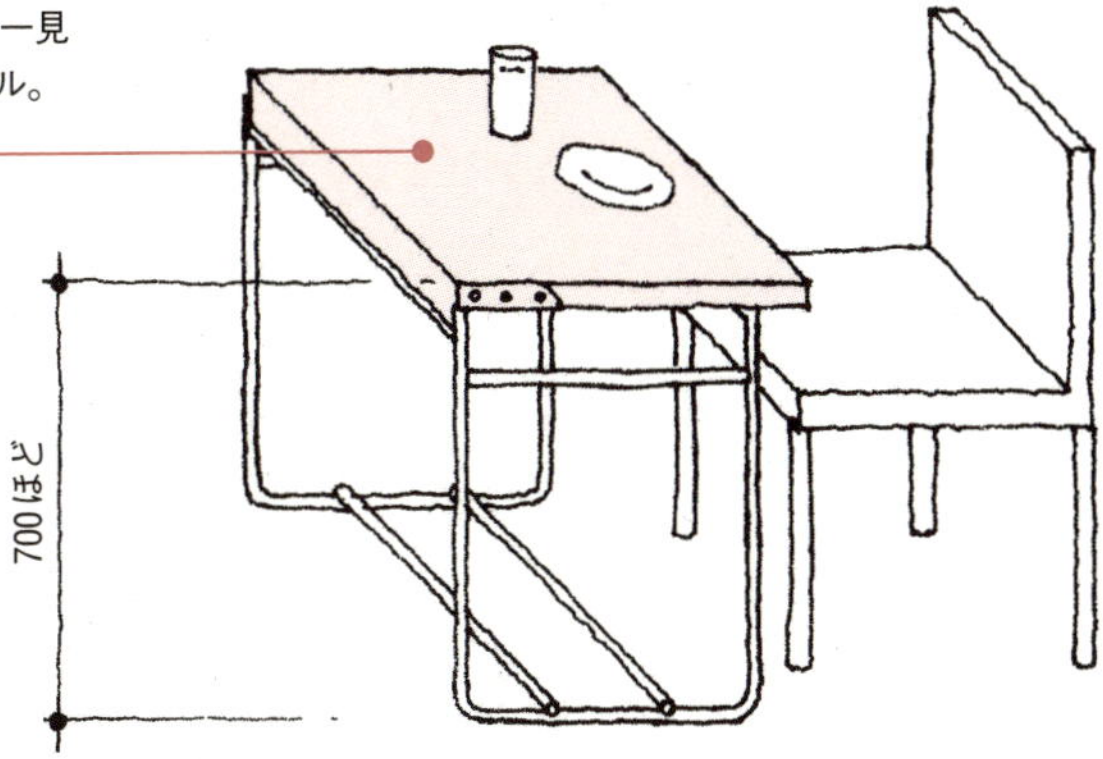

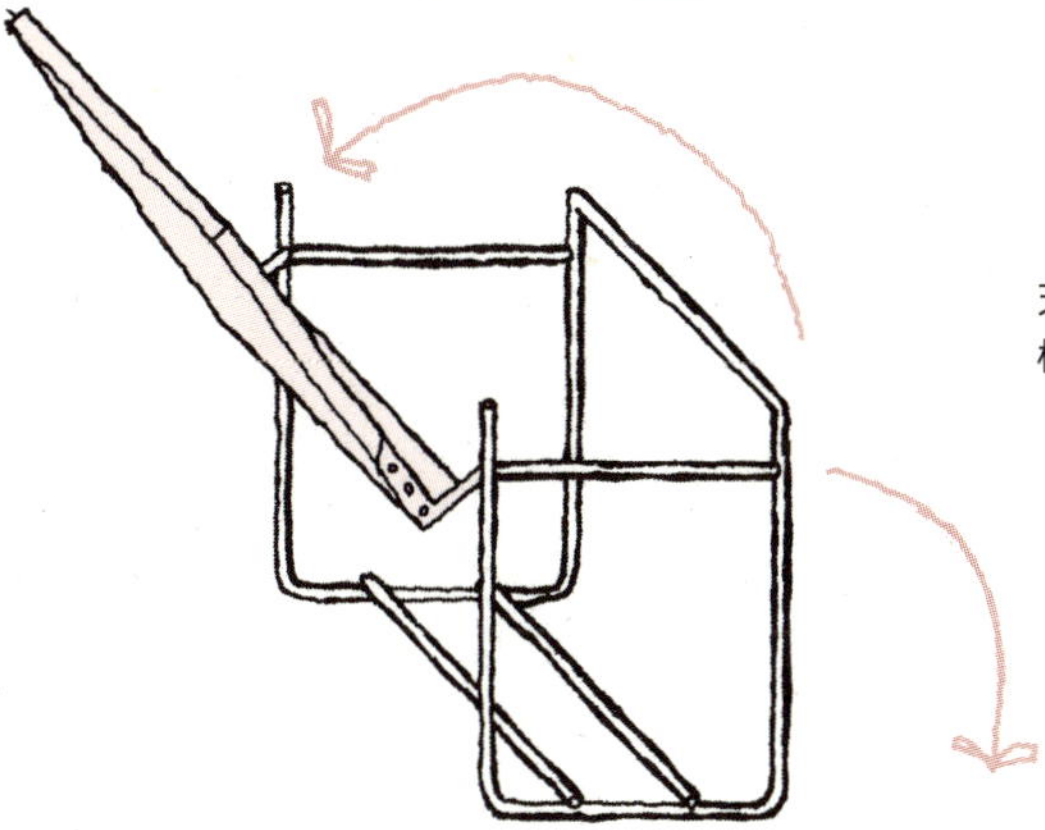

天板をひっくり返し、フレームを横に倒すと……。

ラウンジ・チェアや、床に置いたクッションに座ってくつろぐのにちょうどよいテーブルに変身。

ラウンジ・テーブルのテーブルトップは外でも使える鉛のシート張り

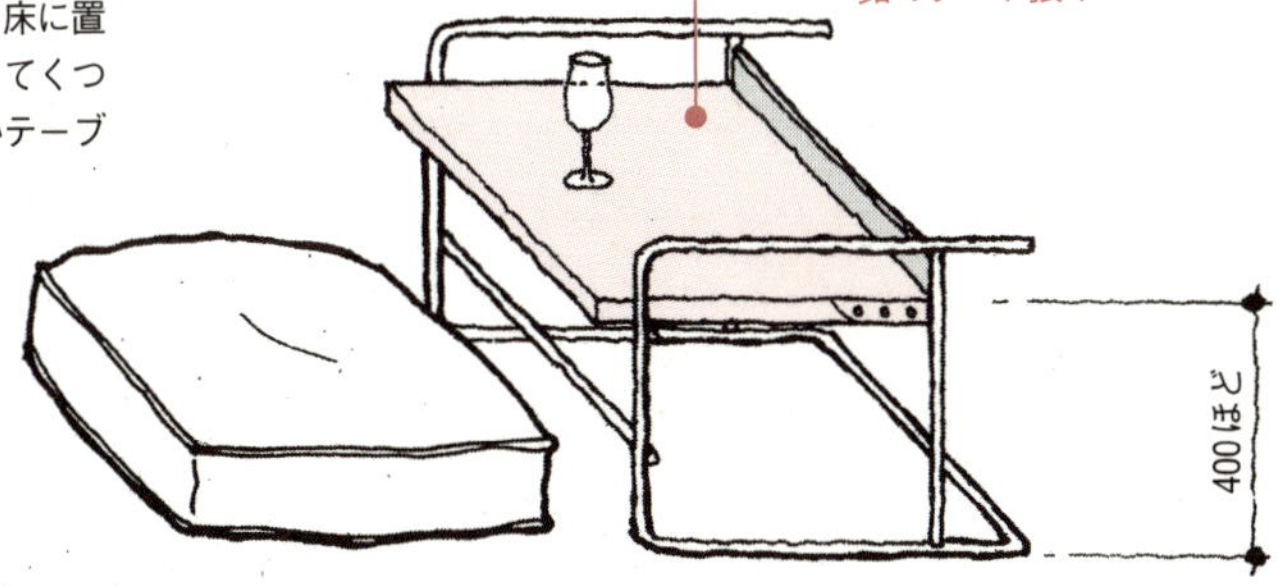

【MEMO】 コルクは断熱性や吸音・遮音性に優れている。また、クッション性があるため、特に小さい子どもや高齢者の使う部屋の床材に適している。手入れのしやすさを考えると、素材感のよいワックス仕上げより、強化ウレタン塗装仕上げ、セラミック仕上げがお薦め。

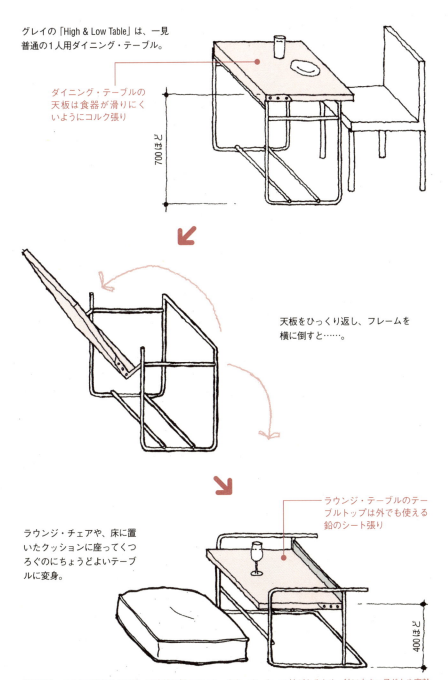

Ospite ／シャルロット・ペリアン

フレキシブルなのは部屋？ 家具？

1つの空間に必要な広さは、その用途次第、利用する人の数次第。和室が便利なのはその点で、少人数でくつろぐときは6畳間に、大人数で集まるときは隣室との間の襖を取り払って大広間にと、必要に応じて空間が伸び縮みします。

では、部屋の広さが固定されている場合はどうすればよいのでしょうか？ そこで、逆転の発想。家具を伸び縮みさせることで、空間の使い方をフレキシブルにするのです。伸縮する家具として代表的なものはエクステンションテーブル。限られた面積の部屋に常に大きなテーブルを置くのではなく、必要なときだけ大きくして使えます。

通常のエクステンションテーブルは、延長時に使う天板の長さに応じ段階的にしか伸ばせず、なかには、伸縮時の操作が煩雑なものも。でもペリアンのデザインしたこの"Ospite"は、テーブルの片側を引っ張れば1750～3000㎜の範囲で自由な長さにすることができるのです。これだけフレキシブルであれば、ダイニング・テーブルとしてだけではなく、多様な使い方が考えられますね。

和室は便利な「伸びる部屋」

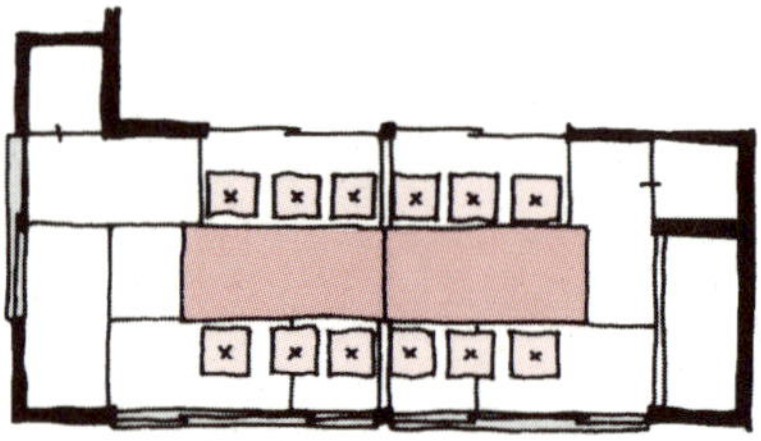

襖を取り払えば部屋が延長され、宴会もできる

少人数でくつろぐときは6畳間で

「伸びるテーブル」でフレキシブルに

ペリアンのエクステンションテーブル。天板が奥の箱に入っていくことで自由に伸縮が可能になっている。一般的なエクステンションテーブルと違い、ミリ単位で長さの調節ができる。

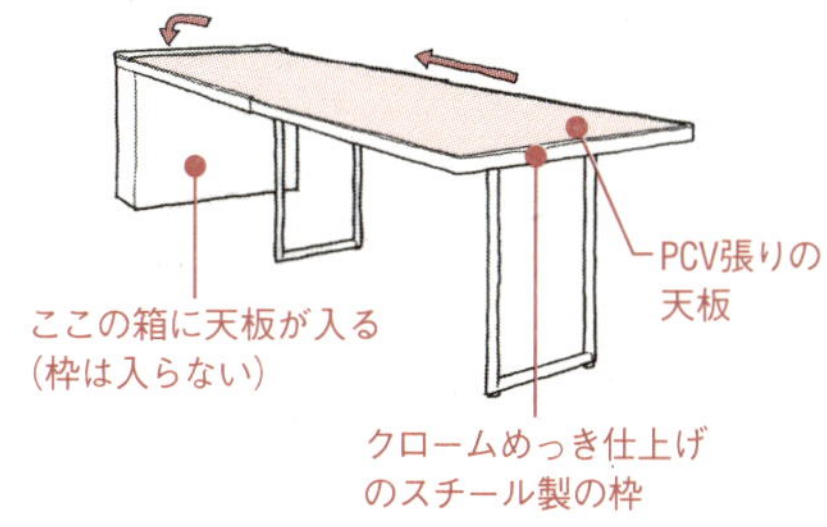

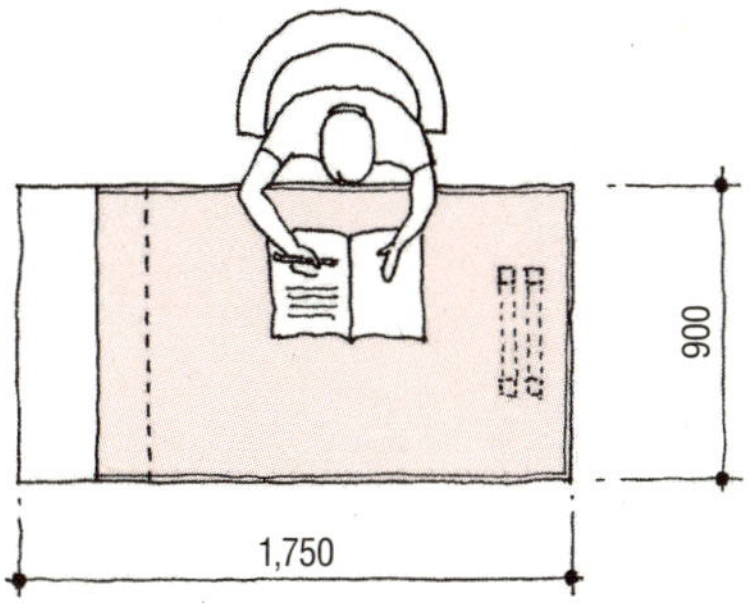

一番小さいサイズ。天板を納める箱があるため、実際に座れる部分は少し狭くなる。広めのデスクとして使っても可

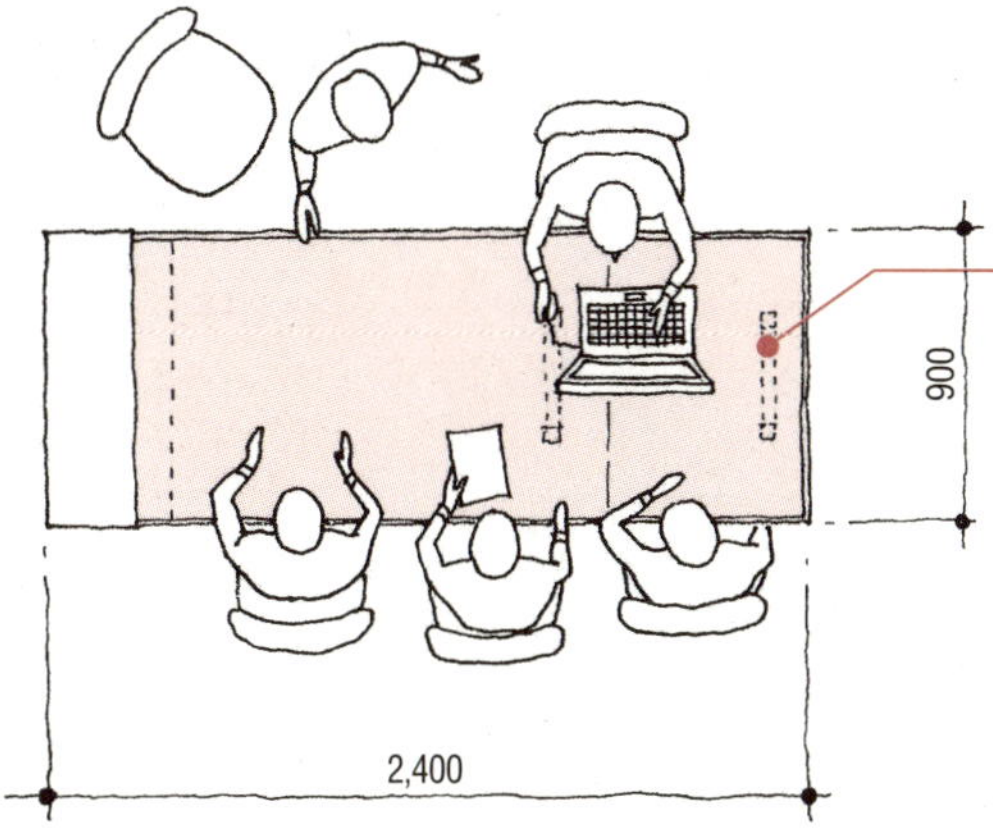
脚は枠とともに移動する

6人用なら2,400㎜で十分、ちょっと伸ばせばミーティングにも使える

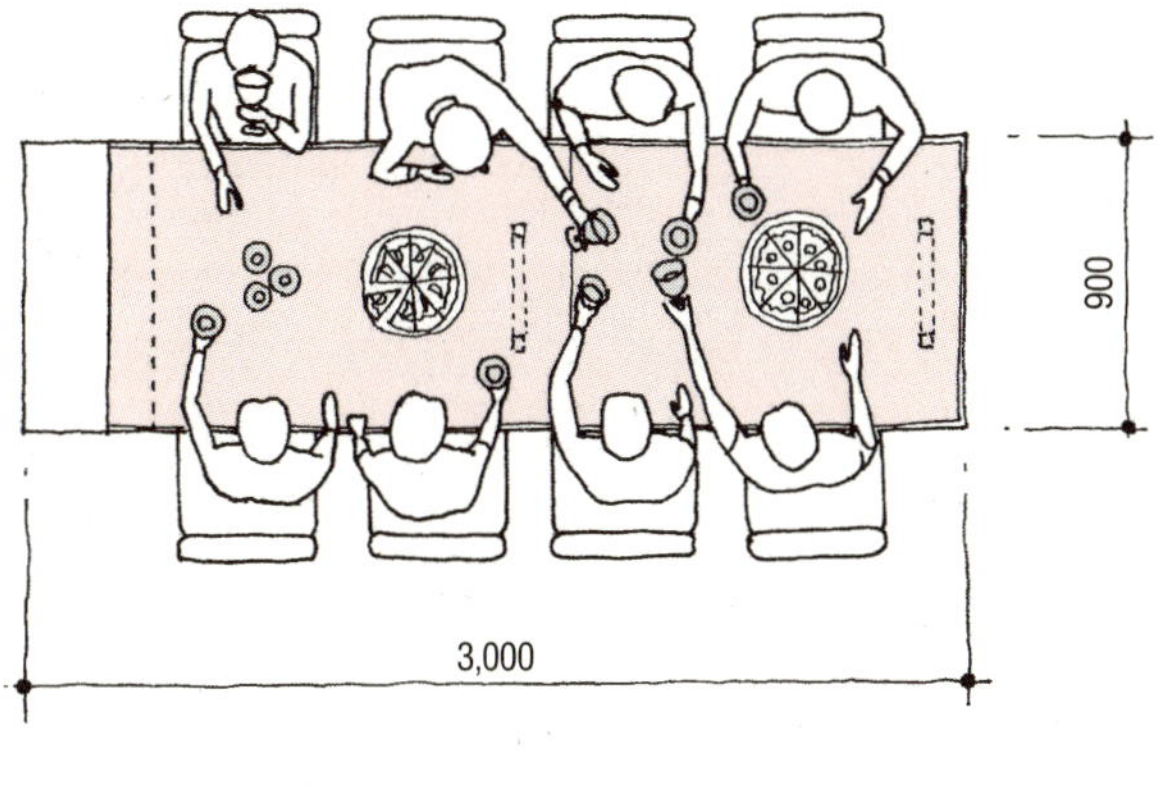

来客時は8人掛けテーブルに早変わり。これが最大の大きさ

LC7
ル・コルビュジエ、ピエール・ジャンヌレ、シャルロット・ペリアン

回るダイニング・チェア

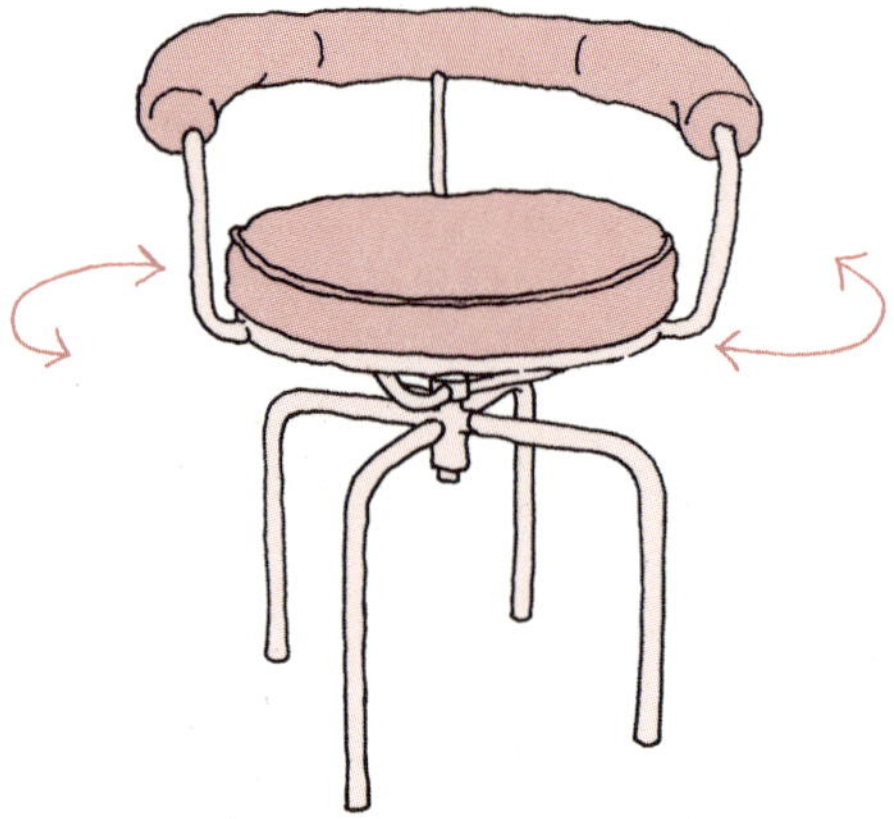

オフィス・チェアのように回転するダイニング・チェア

ダイニング・チェアは通常動きません。基本的に椅子に座っている人が前を向いて食事をするために設計されているからです。でも、ダイニング・チェアですることは、本当にじっと前を向いて食事するだけだったでしょうか？　横のソファに座っている人に話し掛けたり、後ろを向いてモノを取ったり、席を立ったり座ったり。結構じっとしていないことも多いはず。

この回るダイニング・チェアは、通常のダイニング・チェアではやりにくいような動きを楽にします。発想のもとはオフィスの椅子。オフィスのデスク・ワークでは、電話に手を伸ばしたり、後ろの棚のファイルを整理したりと、さまざまな動きをします。だから椅子もそれに合わせて回転したり、キャスターで移動したりできるようになっているのです。

回転することで、座る人の動きがより自由になったダイニング・チェア。おまけに椅子自体の動きは少なくて済むので、置くスペースは狭くてもよくなるのです。

人の動きを自由にするチェア

椅子が回転すれば狭いスペースでも平気

普通のダイニング・チェアはお行儀よく食事をするのには向いているが、動きづらい。椅子が回転すれば移動が楽にできる。

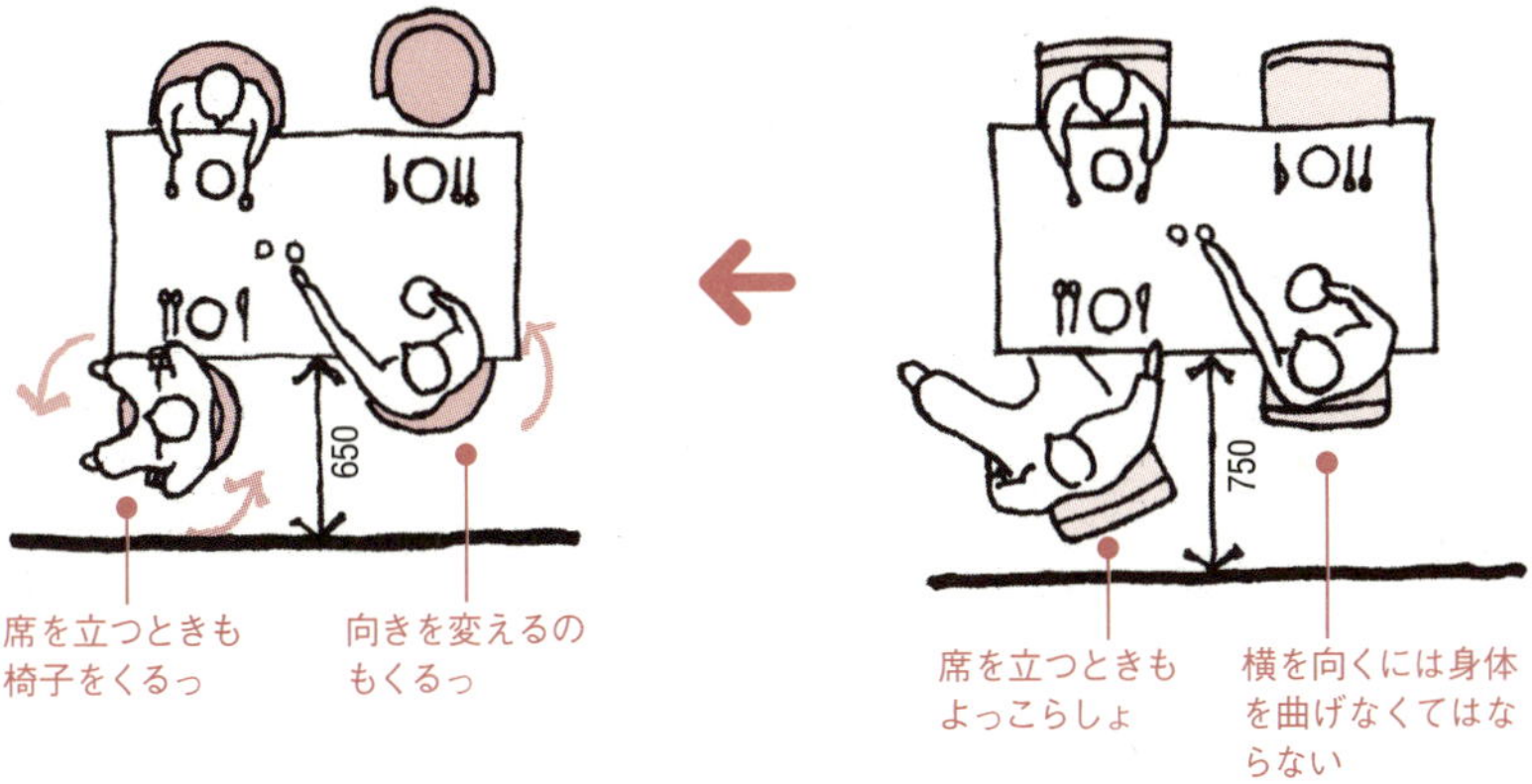

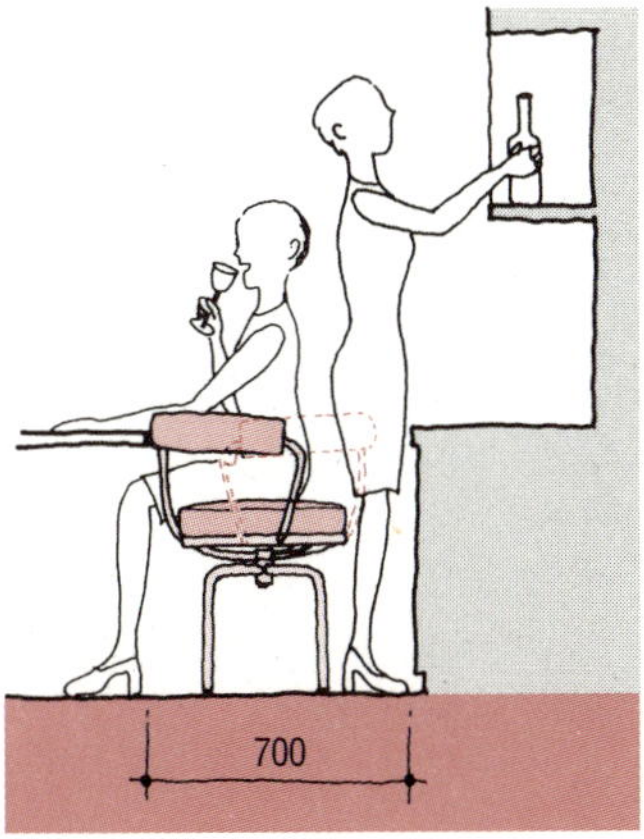

振り向いて後ろのモノを
すぐに取ることもできる

より自由度が高い？
背もたれのないタイプ

「LC7」は背もたれがゆったりとしているのでその分場所を取る。背もたれがなければより省スペースで軽快。

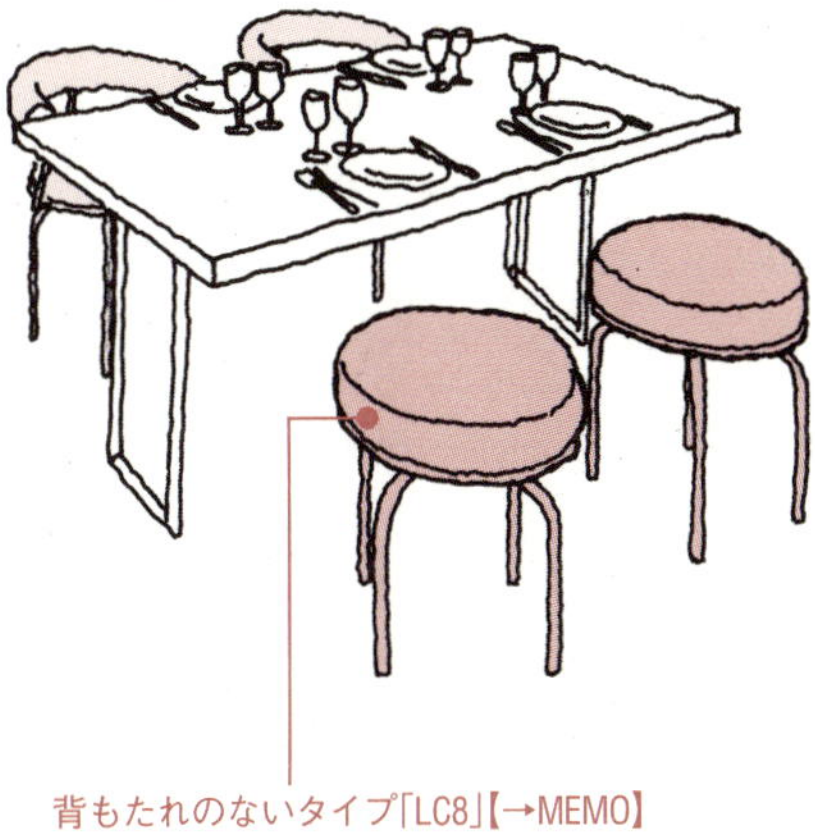

【MEMO】「LC」はル・コルビュジエ（Le Corbusier）がデザインした家具のシリーズ。その多くはコルビュジエ、ピエール・ジャンヌレ、シャルロット・ペリアンの3人で共同設計したもの。

Bolgeblick ／アイノ・アアルト

ゆらめく水紋のタンブラー

アイノ・アアルトの代名詞ともなったガラスのタンブラーは、1932年のガラスのデザイン・コンペの2等案でした。夫のアルヴァ・アアルトも応募していましたが、アイノの作品のみが選ばれたのです。以降、ガラスの食器があまたあるなか、根強い人気を保ち、さまざまなタイプがつくられました。現在はフィンランドのイッタラ社から2サイズのタンブラー、ピッチャー、プレート、ボウルが販売されています。

ガラスの強さや美しさを存分に引き出したこのデザインの本来の名"Bolgeblick"は、古いノルウェー語で「水紋」という意味。小石を投げ入れたときにできる水面の波紋のようなシンプルなデザインは、水面と同様、光が当たるとさらにきれいに見えます。

タンブラーには透明だけでなく、青、緑、グレーなどさまざまな色があります。入れる飲み物の色によっても変わる印象を楽しむことに加え、中にろうそくを入れたり、水を張って花を浮かべたりしても、炎の光がデザインを引き立てます。

さまざまなバリエーション

初期には丸みを帯びたボウルやふた付き容器など、さまざまなかたちがつくられていた。

使いやすさと美しさを楽しむ

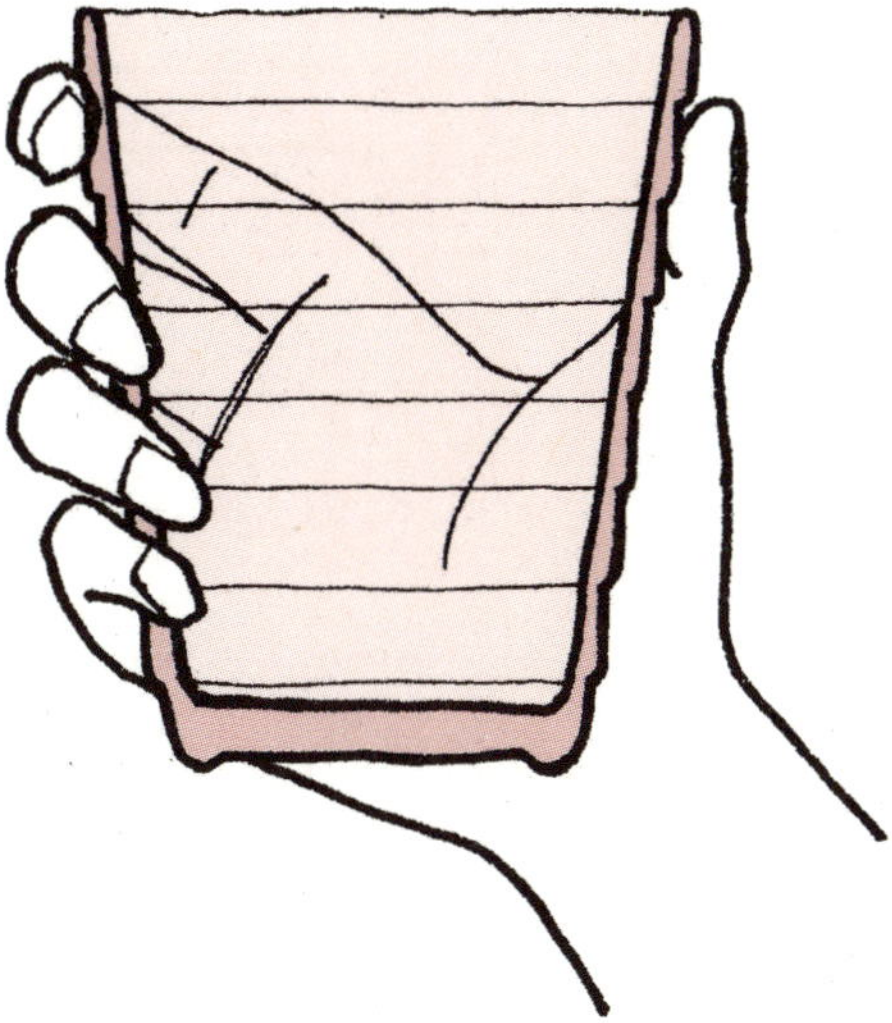

手になじむかたち

水紋のデザインは美しいだけでなく、実用的でもある。表面がリブ状になっていることでガラスの強度が増す。手で握ったときに引っ掛かるので、表面がつるっとした通常のタンブラーより滑りにくく、持ちやすい。高さは110㎜と90㎜の2種類ある。

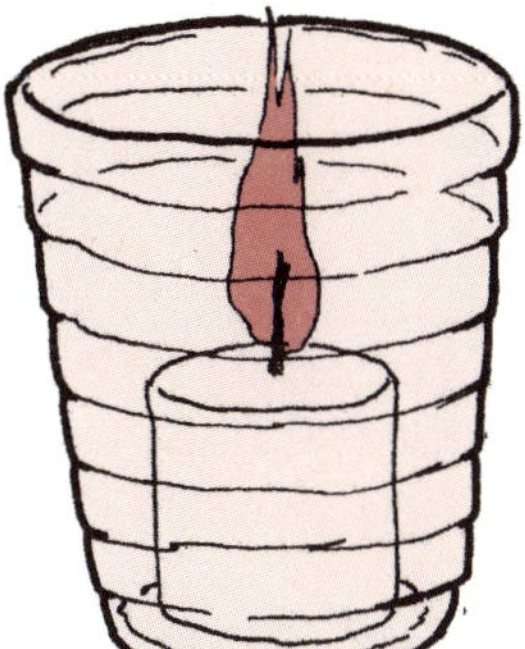

光がガラスを引き立てる

水紋のデザインの美しさを引き立てるためには、光を当てることがお薦め。たとえば、中にろうそくを入れたり、照明の前に置いたりするとよい。ボウルに水を張って、ろうそくを浮かべることもできる。

ペンダントライト／アイノ・アアルト

食欲をそそる照明

色や光は食欲に関係するといわれています。食事をとるダイニングにふさわしい照明とはどんなものでしょうか？　部屋全体は明るくしすぎず、テーブル面を集中的に暖色系の光源で照らすのが効果的です【↓MEMO】。

ペンダントライトは、その名のごとく天井から吊り下げるタイプの照明。対象物を近くから照らすことができるので、食事を明るく浮かび上がらせるのに最適です。ペンダントライトだけでは部屋が暗くなってしまうときは、間接照明を併用すると雰囲気のあるダイニングになります。

アイノ・アアルトもマイレア邸のダイニングにペンダントライトを使いました。ダイニング・テーブルが10人掛けの長いものだったので、通常の照明器具なら複数必要。そこで彼女は、テーブルの長さに合うように、通常のペンダントライトを横に引き伸ばしたような照明をデザインしたのです。シンプルですが、1つの照明の下に集まって食事をしてほしいとの思いが感じられるデザインですね。

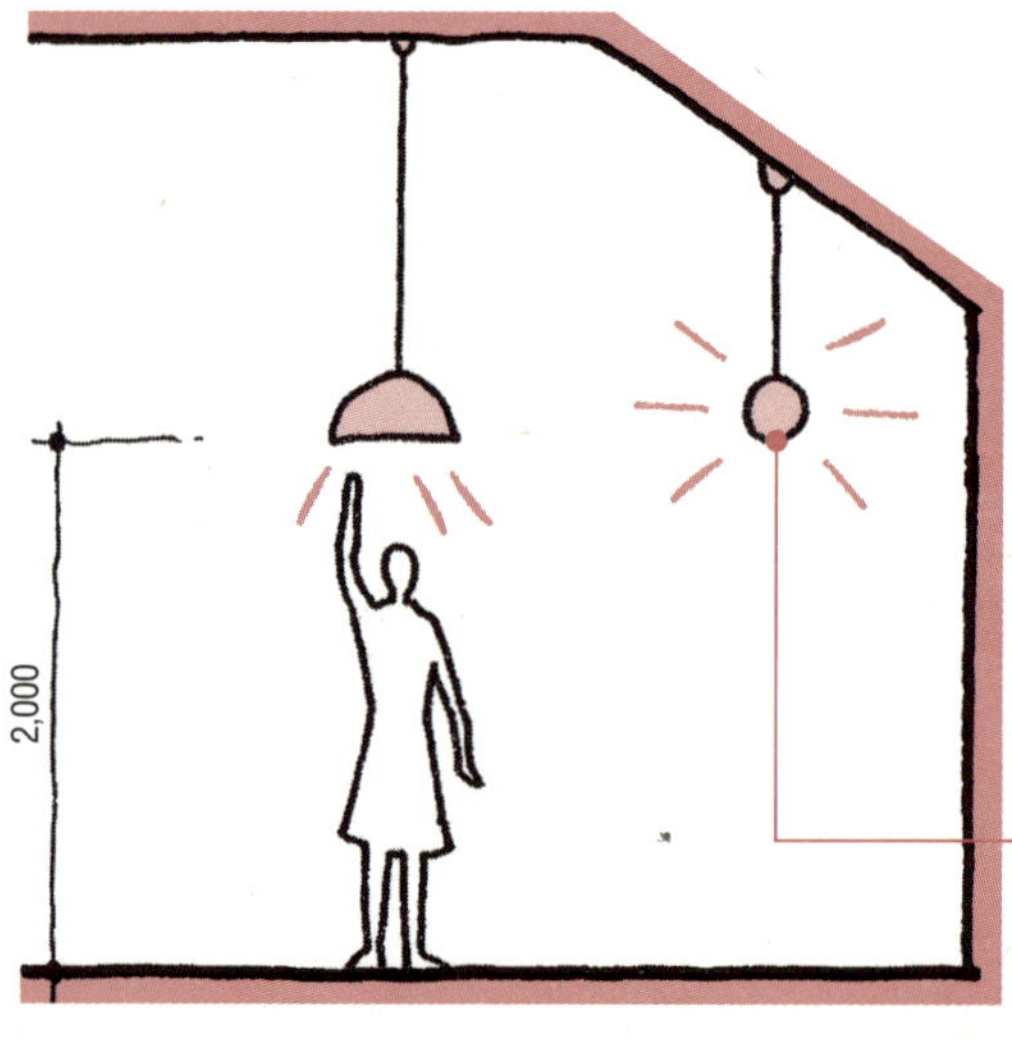

ペンダントライトの基本

ペンダントライトは、高い天井や勾配天井の部屋でもランプの交換などのメンテナンスがしやすいので便利。吊り下げる高さは、立った人の邪魔にならない2,000㎜くらいがよい。また、見上げたときに光源が目に入らないような器具を選びたい。

ライトの高さは高くても3,000㎜まで（脚立を使ってランプを交換できる高さ）。それ以上なら電動昇降装置を付ける

ダイニング用照明のポイント

食事だけでなく顔も美しく照らして

ダイニングでペンダントライトを使うときは、テーブル面から700㎜前後で顔にきれいに光が当たる高さに。光源が目に入りにくく、まぶしさを直接感じさせない器具がよい。

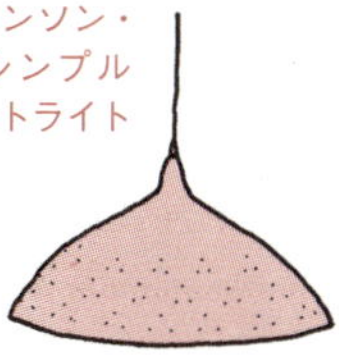
リサ・ヨハンソン・ペッパのシンプルなペンダントライトもお薦め

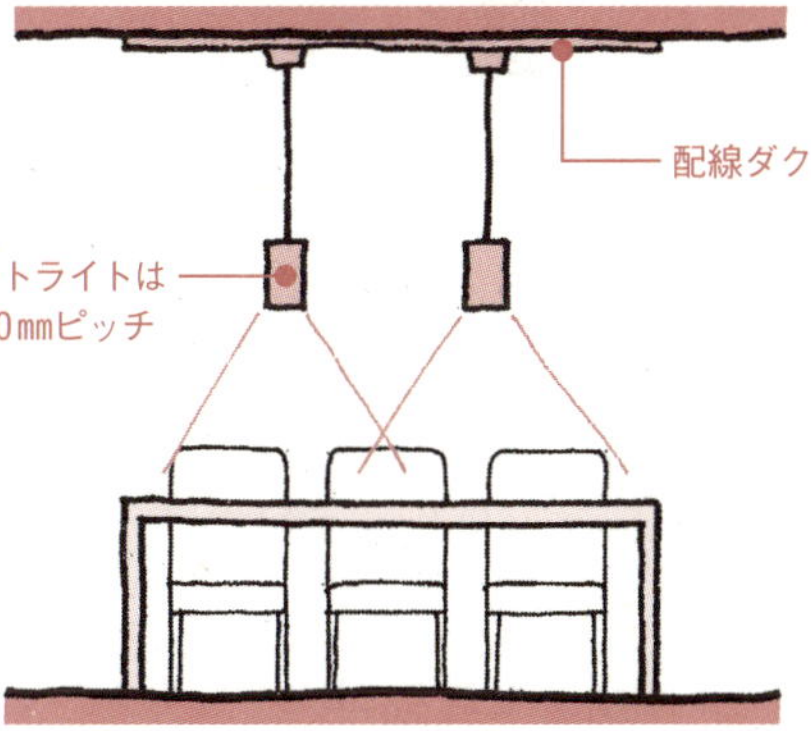

エクステンションテーブルなどテーブルの長さが変わるときは、配線ダクトを使って照明を付け足せるようにするか、または間隔を調整できるようにしておくとよい。

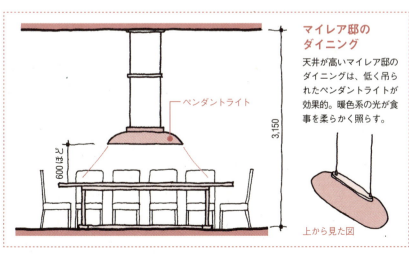

マイレア邸のダイニング

天井が高いマイレア邸のダイニングは、低く吊られたペンダントライトが効果的。暖色系の光が食事を柔らかく照らす。

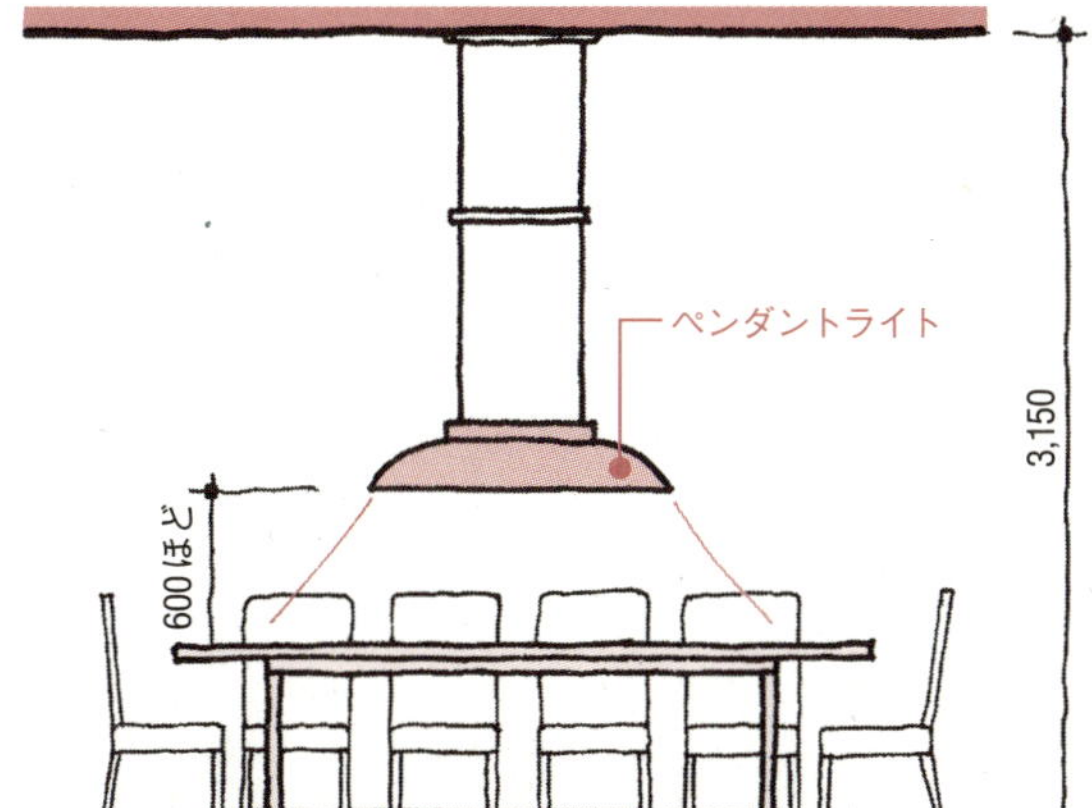

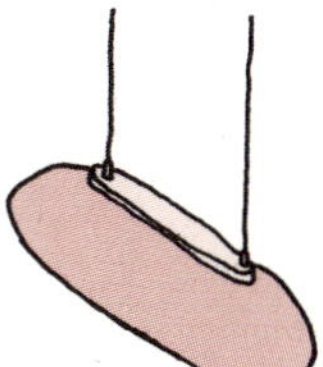

上から見た図

【MEMO】 リラックスして食事を楽しむには暖色系の照明が適している。光源には蛍光ランプやLEDの電球色、白熱ランプなどがある。

サーバー／マリオン・マホニー・グリフィン

ダイニング・テーブルの助っ人

ダイニング・テーブルにはいろいろなモノが集まってくる

大きなダイニング・テーブルは、家族が集まる所にあるので、新聞やメモ用紙、ＤＭなど、こまごましたモノまでもがついつい集まりがちです。ダイニング・テーブルにはモノを置かないのが理想ですが、モノの一時置き場も必要。そこでサイドボードに登場してもらいましょう。

サイドボードとは食器棚だと思う方もいるかもしれません。でも、サイドボードの高さがテーブルと同じくらいに低く抑えられているのは、本来はごちそうを並べて取り分ける台という、テーブルの延長としての役割があったからです。実際にはそのように優雅に食事をする機会は少ないかもしれませんが、ダイニング・テーブルの役割が食事だけに限らなくなってきた今の時代は、あらためてサイドボードの出番なのではないでしょうか？　カウンター状なので、モノの一時置き場として使いやすく、引出しにはカトラリーだけでなく、ちょっとした文房具をしまうこともできます。

助っ人の手を借りてすっきりとしたダイニング・テーブルで、気持ちよく食事をしたいですね。

サイドボードを有効利用

通常のサイドボード

サイドボードがあれば、テーブルに代えてモノの一時置き場として使える。
テーブルの上はすっきり。

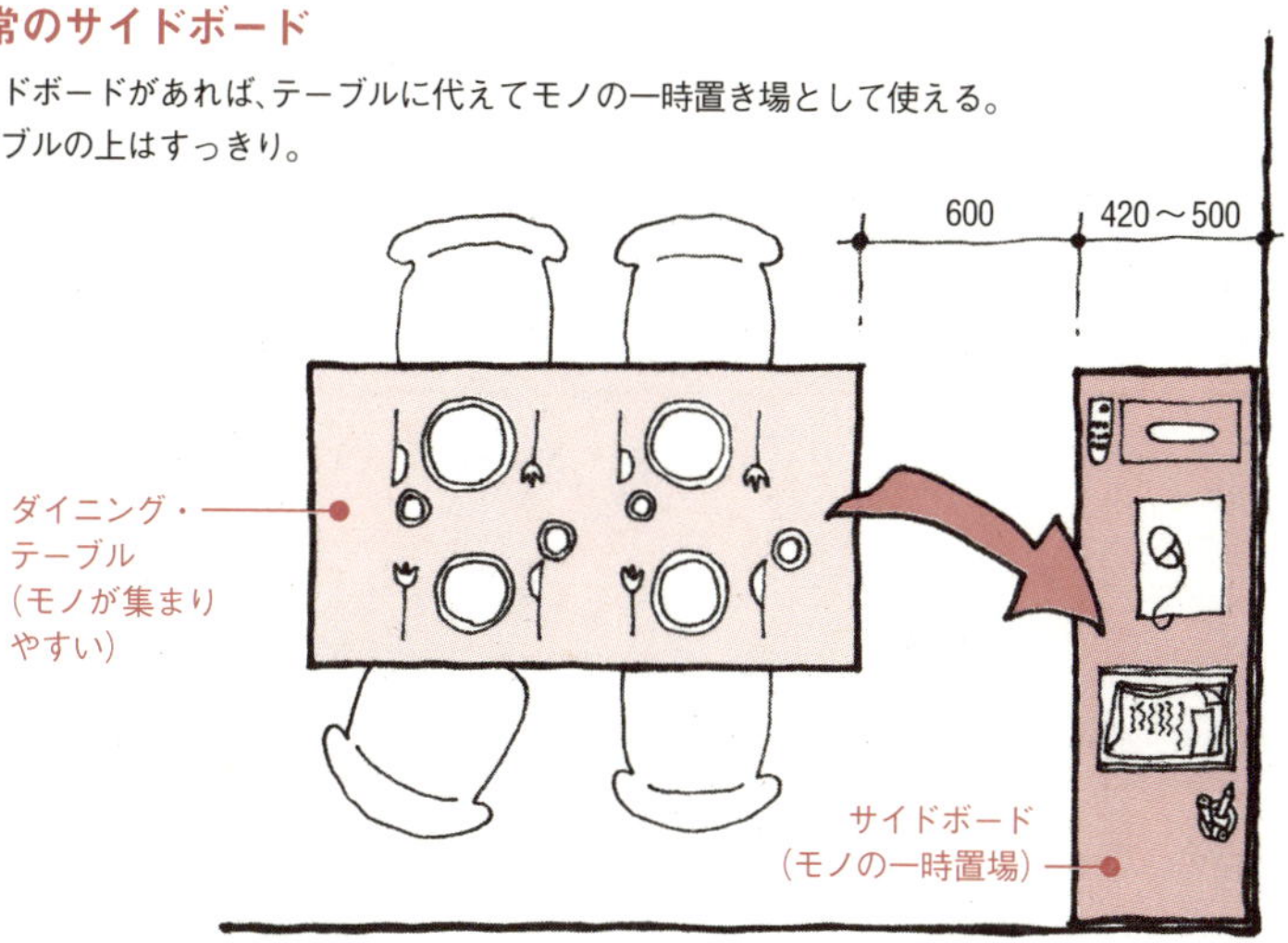

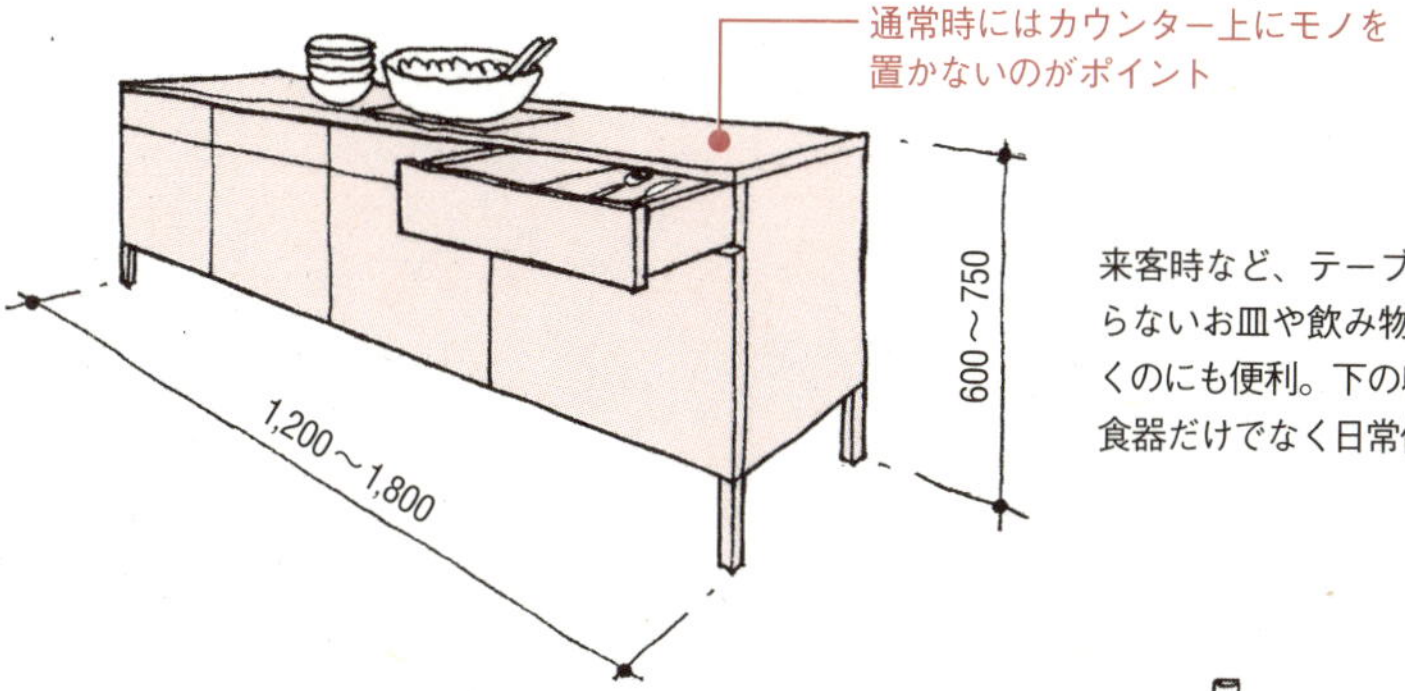

来客時など、テーブルに載り切らないお皿や飲み物を置いておくのにも便利。下の収納部には、食器だけでなく日常使うモノを。

マホニーのサイドボード

サーバーと名付けられたこのサイドボードは、テーブル型の特殊なかたちをしている。通常は壁に寄せて置かれているが、来客時などダイニング・テーブルが足りないときには、代用品として使われたらしい。

テーブル型のサイド
ボードは木製

シャドー・チェア／シャルロット・ペリアン

影のように ひそやかに

左からライト、リートフェルト、アアルト、マルト・スタムのダイニング・チェア。それぞれに美しく存在感がある

さまざまなデザインのものがあるダイニング・チェア。有名デザイナーの手によるものはいずれも美しいのですが、実際に使うとなると、主役のテーブル・ウェアや食事を押しのけて、ちょっと目立ちすぎる気もします。

ペリアンは、日本で観た文楽の黒子《くろこ》――実際には存在するのに、いないものとして扱われる抽象的な存在――に感銘を受け、影のようなダイニング・チェアをデザインしました。通常、椅子のフレームと、座面や背もたれの部分は別素材でつくられていますが、この椅子は1枚の積層合板をカットして曲げ成型しただけの構成。できるだけ薄く軽くするため、当初は10㎜厚の合板が使われました。さらに目立たないよう黒く塗り、テーブルの上に出ないよう背を低く抑え、使わないときは積み重ねられるよう工夫されています。

後に「ペリアン・チェア」とも呼ばれるようになったこの椅子は、単独だと繊細に美しく、ダイニング・テーブルの廻りに並べると奥ゆかしく、影に徹して主役を引き立てる――そんな椅子です。

繊細で存在を主張しない美しさ

文楽の黒子のように

できるだけ存在を意識させないよう、黒く、薄く、軽くデザインされている。

1枚の積層合板からつくられている

横から見ると本当に薄く、存在感がない
テーブルの上から背もたれが出ない高さ

合板を折り紙のように曲げた椅子

通常、椅子は脚の上に別の部材の座面を水平に載せ、座面から伝わる重量を脚が支えるつくりだが、シャドー・チェアは右図のような合板を曲げて製作する。よって、合板が薄く、曲げの加工が弱いと、脚が前後に広がってつぶれてしまう。

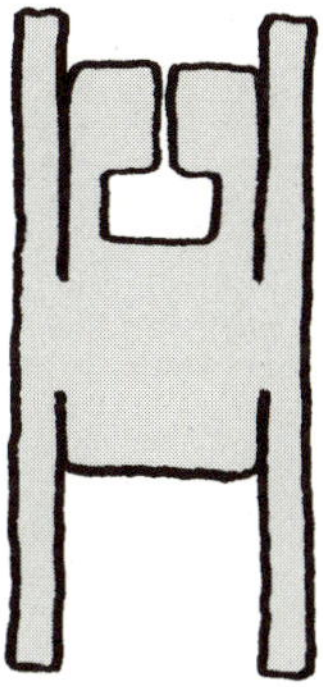

広げたところ

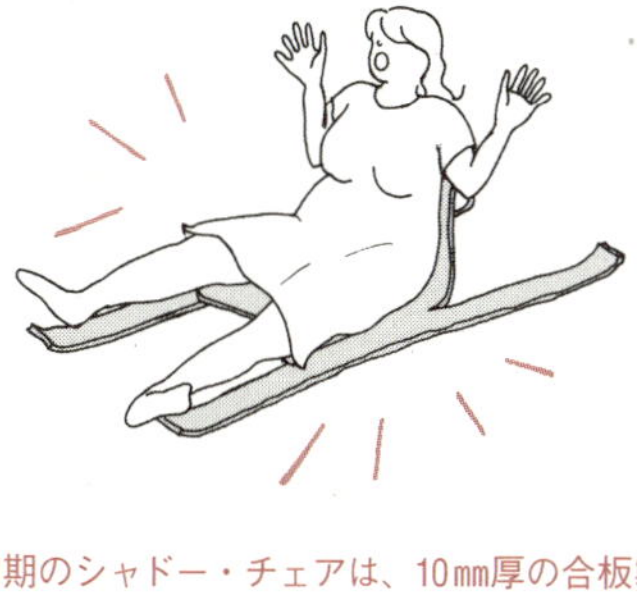

初期のシャドー・チェアは、10㎜厚の合板製のため強度が足りず、つぶれてしまうことがあった。後に天童木工から販売された復刻版は17㎜厚にして強度を上げたもの

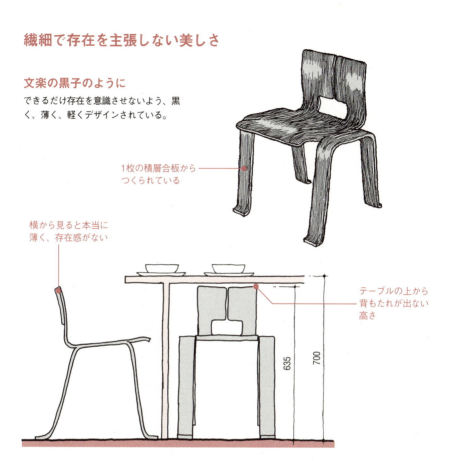

3
Column

ライトの片腕として働いた建築家

マリオン・マホニー・グリフィン
Marion Mahony Griffin
(1871-1961)

関連する作品

48・86・96ページ

信頼されて、疎まれて

マリオン・マホニー・グリフィンの名前は知らなくても、彼女の図面を見たことがある人は多いはず。なぜなら、フランク・ロイド・ライトが衝撃的なヨーロッパデビューを飾ったヴァスムート・ポートフォリオの図面のうち、最も有名なものを含む半数以上はマホニーが描いたのです。このポートフォリオがライトにとっていかに重要なものだったかを考えると、当時の彼女への信任ぶりが分かるでしょう。

マホニーはMITで建築を学んだ後、ライトの事務所で10年以上働き、家族ぐるみの親密な関係を築いた特別な存在だったといいます。しかし、ライトがすべてを捨ててヨーロッパに駆け落ちしてしまうと、マホニーは彼の後始末を引き受けるはめに。この本で家具を紹介したアーヴィング邸【→86ページ】は、この時期の作品です。

可愛さ余って憎さ百倍。裏切られた失望から、生涯ライトを許すことはなく、ライトも彼女を軽んじる発言を続けました。そのことが、彼女の功績を埋もれさせてしまったことは否めません。

デザイン用語集

フランク・ロイド・ライト (Frank Lloyd Wright：1867-1959)
近代建築の四大巨匠のうちの1人。アメリカ出身。落水荘、帝国ホテルなど多くの作品を残した。

ヴァスムート・ポートフォリオ (Wasmuth Portfolio)
1910年にドイツで出版されたライトの作品集。建物のパースや図面100枚がリトグラフで印刷されている。ヨーロッパの建築界に衝撃を与え、近代建築運動に大きく影響した。

2章

人が集まる「しかけ」をつくる

リビング、椅子がつくる空間

基本のはなし

ブラインド・カーテンは屋内外の調整役

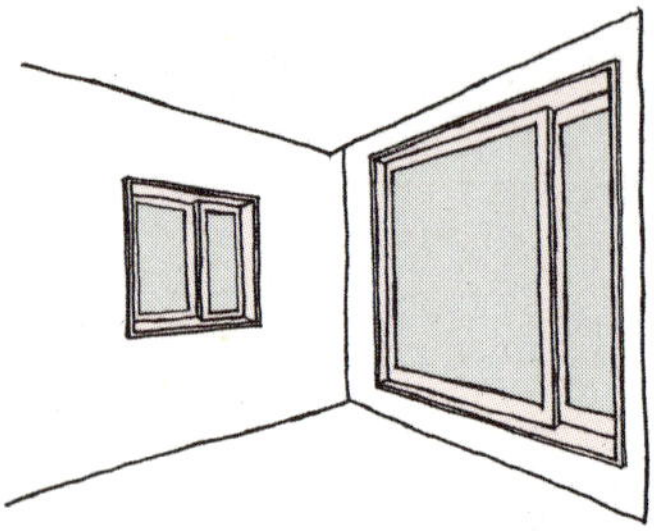

部屋に窓が2つ。どのようにして光を遮りますか？

屋内と屋外は壁によって隔てられますが、それをつなぐものが窓。窓を通して外から光が入り、中からは外の景色が眺められます。でも、内と外を分けたいときもあるもの。そんなときには「分け方」を調整するものが必要です。

屋内に設ける調整役は、カーテンやブラインドが一般的。選ぶときは、コストや見た目のほか、設置する窓の面している方角などを確認しておき、それぞれの窓にふさわしいものを選びましょう。太陽高度が高い夏、南面から差し込む昼間の日射を遮るには横型のベネチアン・ブラインドが効果的。でも、日射がほぼ水平に差し込む西面ではほとんど役に立ちません【→MEMO】。また、外からの寒気を遮るには、隙間があくブラインドより、厚手のカーテンがお薦めです。

カーテン 最も一般的な方法。カーテン生地は面積が大きく、部屋の印象を左右するので、ほかのインテリアとのバランスを考える必要がある。

2つの窓それぞれにカーテンを掛ける一般的な方法

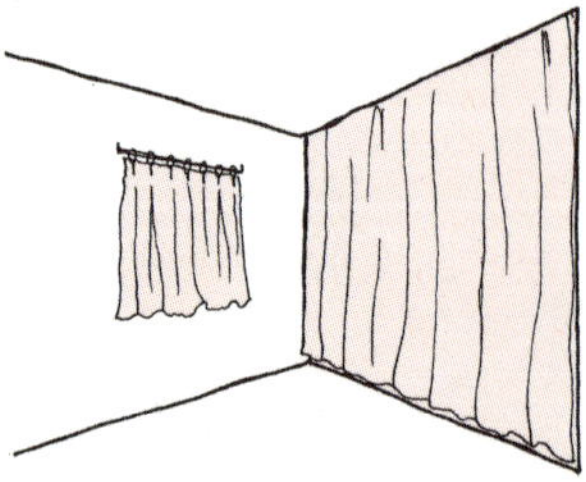

2つの窓に1本のカーテンを掛けるとまとまりが出る

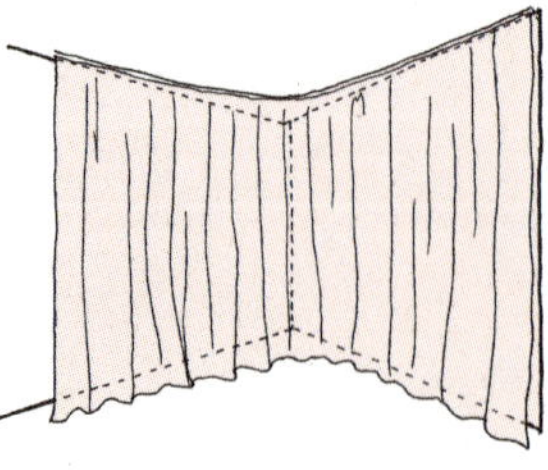

屋内外を隔てるモノ

横型ブラインド

開けたときにカーテンのように引き残しがなく、すっきりとするメリットがある。ベネチアン・ブラインドは羽根の角度を変えることで、日射を調節することができ、風も通すことができる。

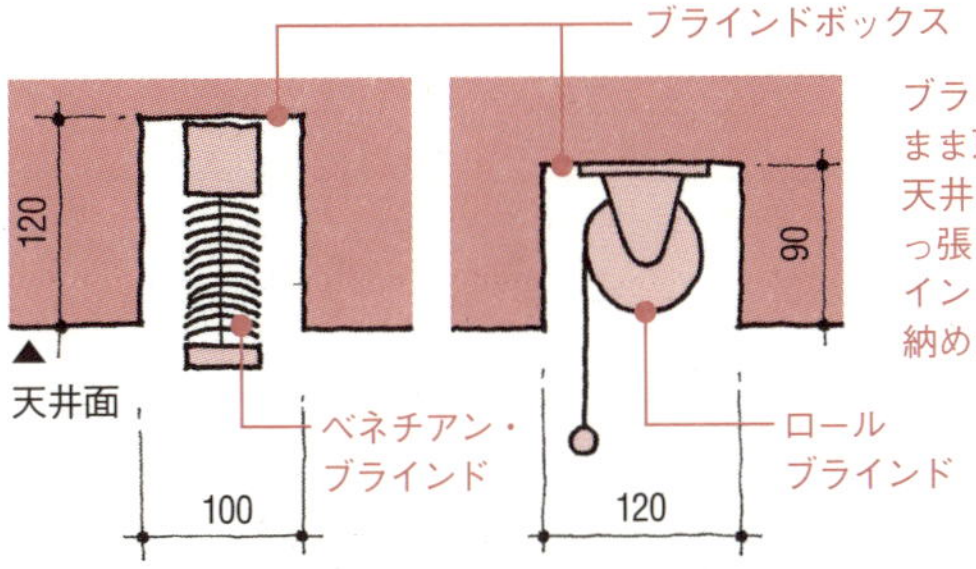

ブラインドはそのまま取り付けると天井からかなり出っ張るので、ブラインドボックスに納めたほうがよい

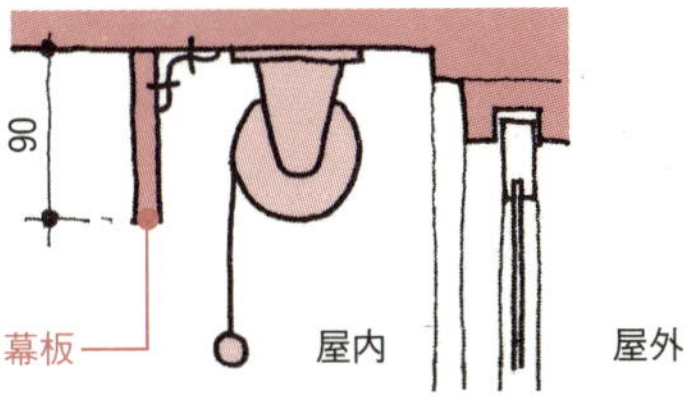

天井フトコロに余裕がなく、ブラインドボックスがつくれないときは、天井と同色の目隠し（幕板）を付ける手もある

縦型ブラインド

横型ブラインドと同様、羽根の角度を変えることで日射を調整したり、風を通したりできる。開けたときの引き残しはカーテンよりボリュームが少なく、すっきりとする。

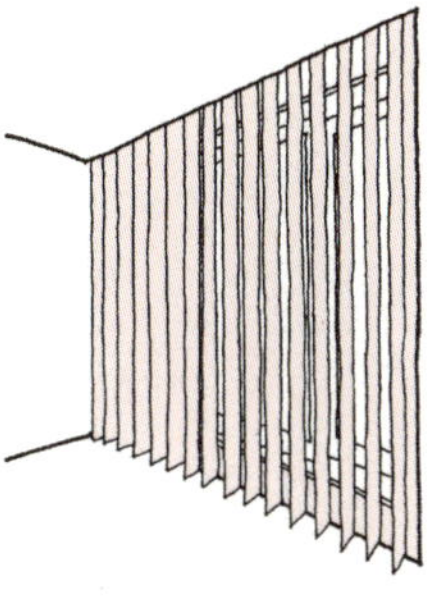

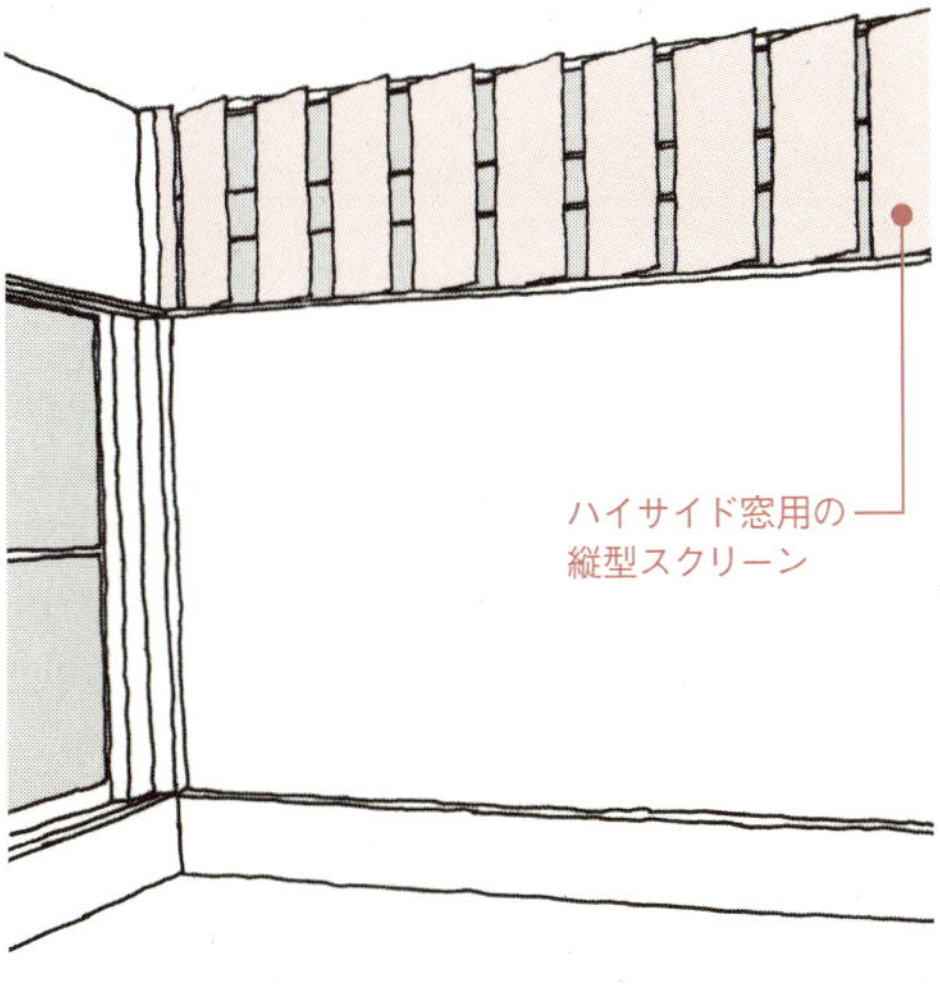

右図はアイリーン・グレイがデザインしたハイサイド窓用の縦型スクリーン。羽根の角度は調整できる。幅広の羽根は縦型ブラインドならでは。彼女は窓の外にもさまざまな日除けシステムを設計した

【MEMO】 一般的に日射の遮蔽効果があるのは、ブラインド＞ロールブラインド＞レースカーテンである。明色でツヤのある材料を使ったほうが効果が上がる。

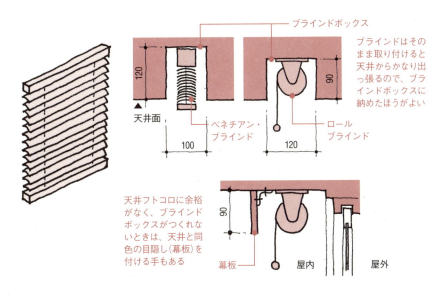

シュレーダー邸のリビング
トゥルース・シュレーダー&ヘリット・リートフェルト

2階にリビング 今や常識

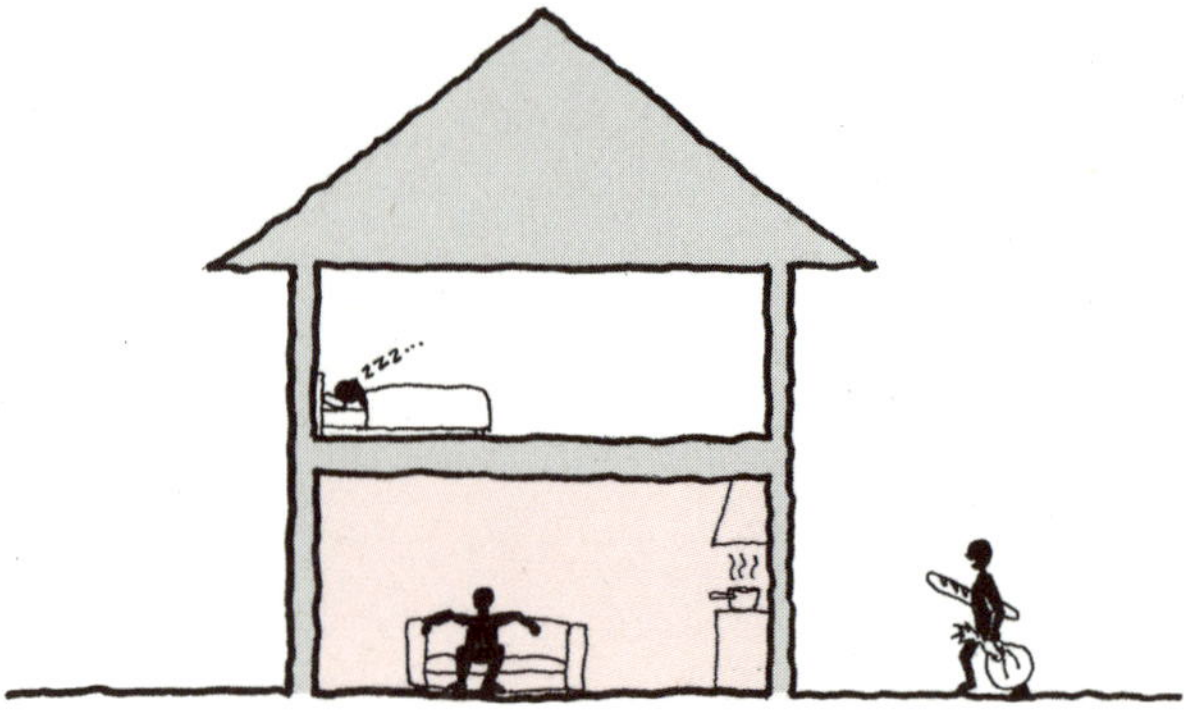

リビングとキッチンが1階にあると、家事は楽だが……

2階建ての住宅の場合、1階にリビングやダイニング、2階に寝室という配置が一般的。玄関を入ってすぐリビングなら家族と顔を合わせてくつろぎやすいし、買ってきた食料品をしまうのにもキッチンが1階なら便利だからです。

でも、リビングが2階にあると、違うメリットがあります。シュレーダーは家を建てたとき、敷地が狭かったので見晴らしのよい2階に居間を置くことを考えました。しかし当時のオランダではリビングは1階にあるのが当然だったので、申請図ではリビングを「屋根裏部屋」としなければなりませんでした。

そのかいあって、道路からのぞかれる心配がない2階ならではのリビング・ダイニングをつくることができました。ガラスを多用し、開放感にあふれ、日当たりも見晴らしも文句なし。ダイニングには特別なコーナー窓を設けて、裏の田園の借景を満喫できるように工夫されていました。

通常の1・2階プランを反転することで生まれた、特別なリビングです。

開放的なリビングのポイント

使い勝手により部屋を配置

ダイニングを2階にするのと同時に、キッチンも2階にしてしまうと、場所を取るだけでなく、食料の運び込みに不便になる。そこで、シュレーダーは、キッチンは1階に置いておき、1階のキッチンと2階のダイニングをダム・ウェーター（小型昇降機）でつなぐことを考えた。

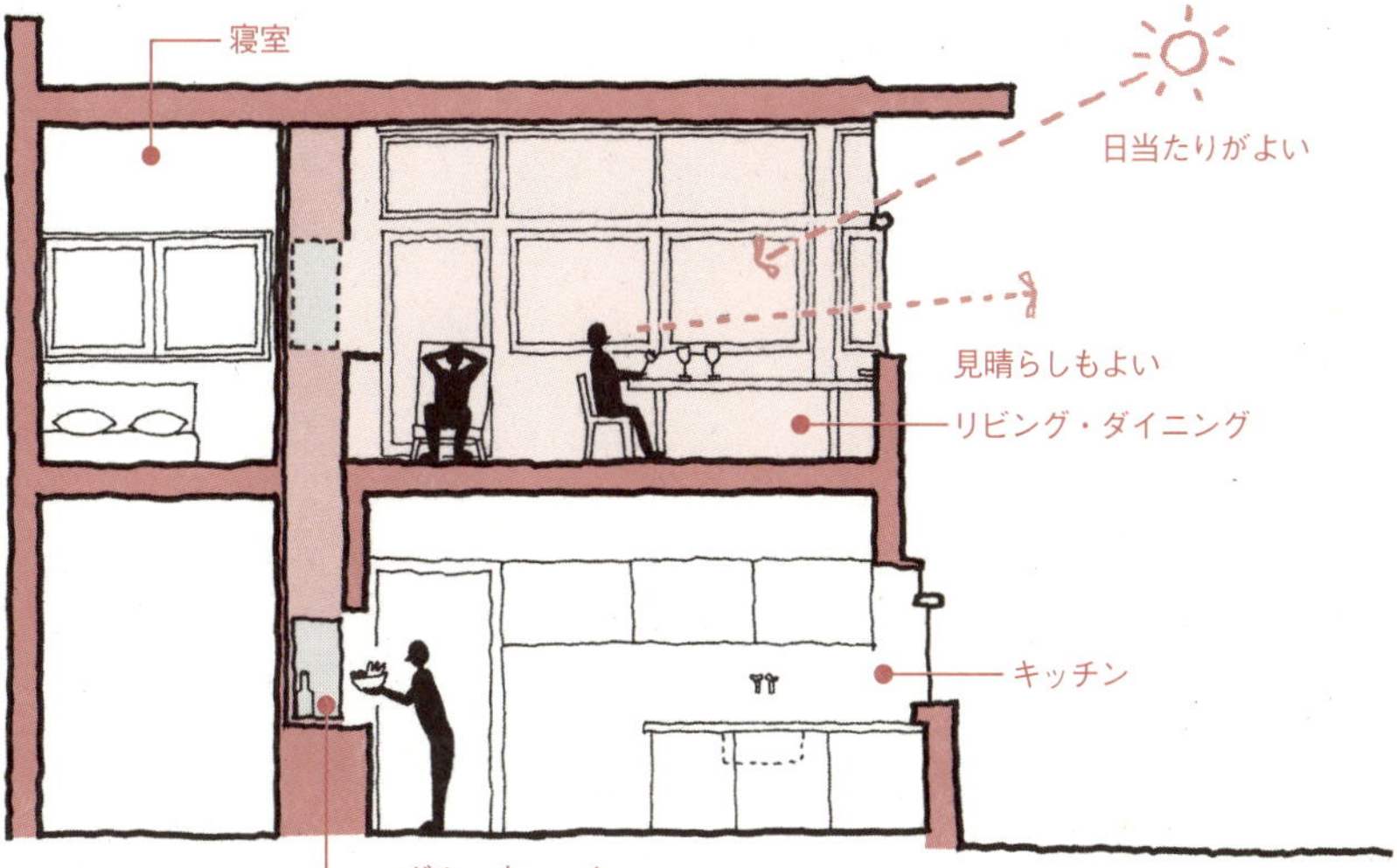

窓を工夫して開放感を出す

リビング・ダイニングのコーナー窓。開け放つと部屋の角が消えて、外の自然と一体となる。

シュレーダー邸のリビング・ダイニング

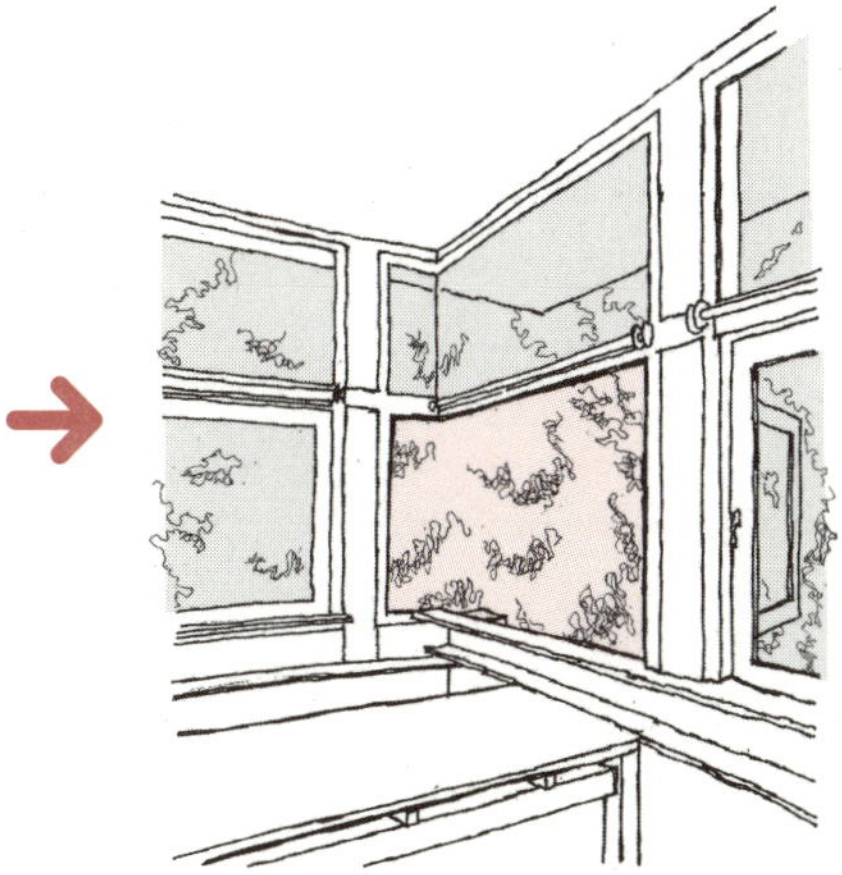

コーナー窓を開けたところ

ブリック・スクリーン／アイリーン・グレイ

ゆるく間仕切る

最近では一室にまとめられることが多いリビングとダイニング。でも、家族の誰それごとに食事の時間が異なるなど、住まい方によっては少し居心地が悪い……。また、机とベッドが並ぶ子ども部屋も、年齢が上がると、一部を仕切って使いたくなることがあります。空間をゆるく間仕切るにはどういう方法があるのでしょうか？

簡単なのが左ページの4つの方法。そのほかベネチアン・ブラインドも便利です。上げ下げはもちろん、羽根の角度で視線の抜けを調整できるので、間仕切られる部屋どうしの関係の変化にも対応可能。ただ、天井に取り付けるため、せっかくのワンルームの広い天井が区切られてしまうのが残念です。

グレイがデザインしたついたては光沢のある漆塗りのパネルが連なったもの。角度によって視線が遮られたり通ったり、2つの空間を付かず離れずの関係に間仕切ることができます。美しいだけでなく、それぞれの空間の微妙な関係を調停するしつらえなのです。

部屋を間仕切る方法を考える

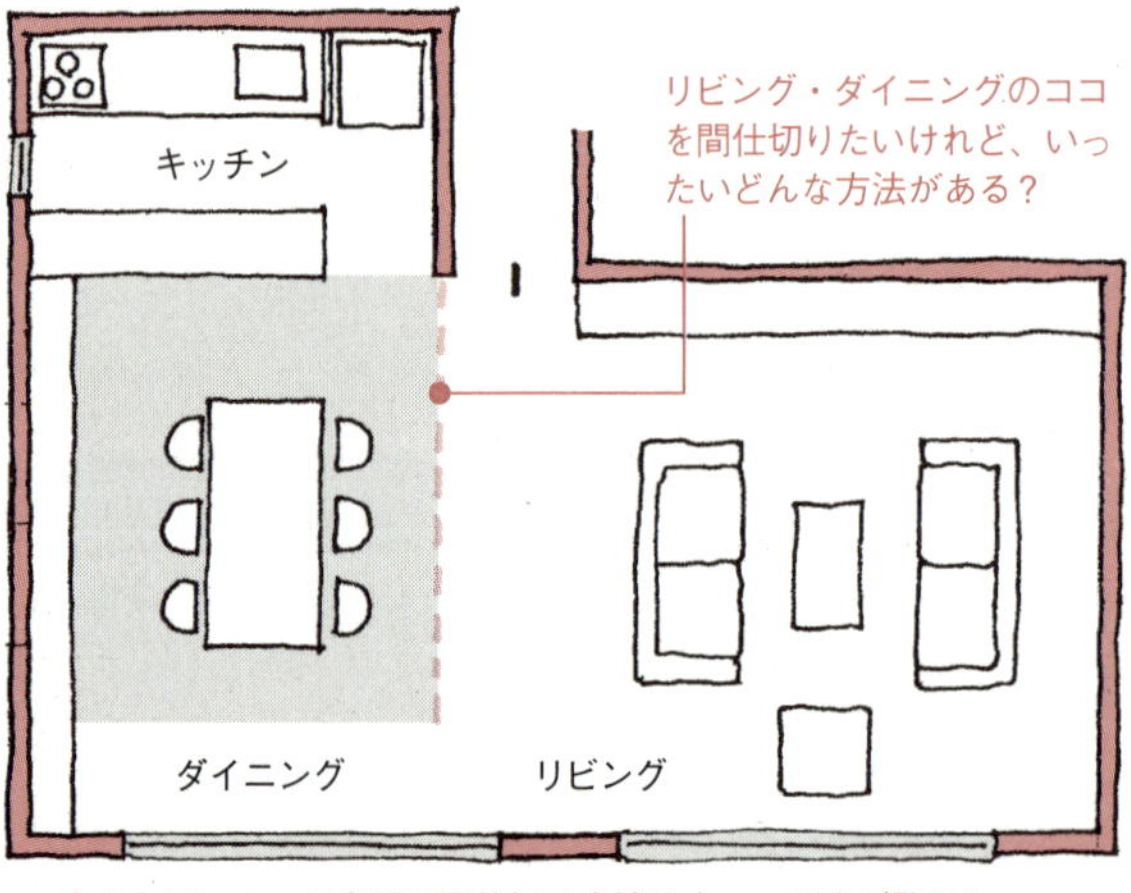

大きなワンルーム空間を間仕切る方法は左ページをご覧あれ……

間仕切で部屋を分ける

ゆるい間仕切4タイプ

天井から床までの壁で間仕切るとかっちりするので、透過性のあるガラスの壁にするとよい。

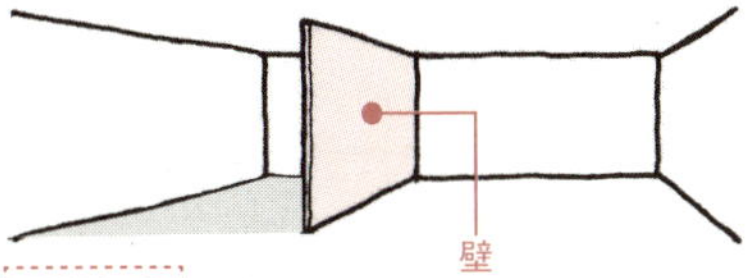

カーテンなどの布で柔らかく間仕切る。安価で開閉も容易だが、せっかくの広い天井が区切られてしまう。

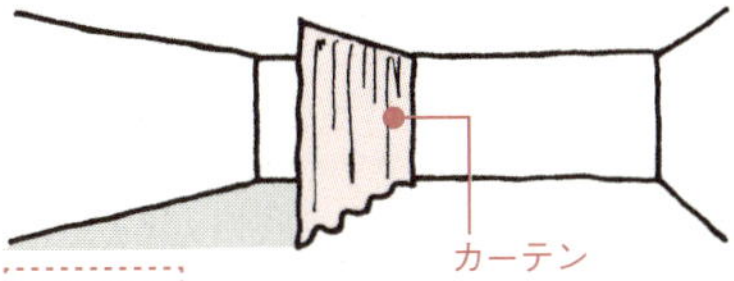

ついたて、屏風などのしつらえを置いて間仕切る。案外目立って部屋の印象を決めてしまうので、選択は慎重に。

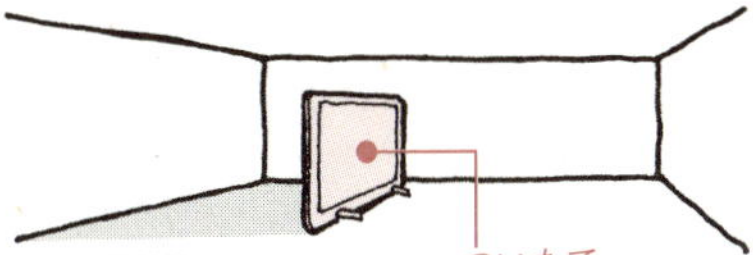

ただ、さりげなく境界線を示すなら、家具を置くという手も。その場合、裏表のない家具を選ぶこと。

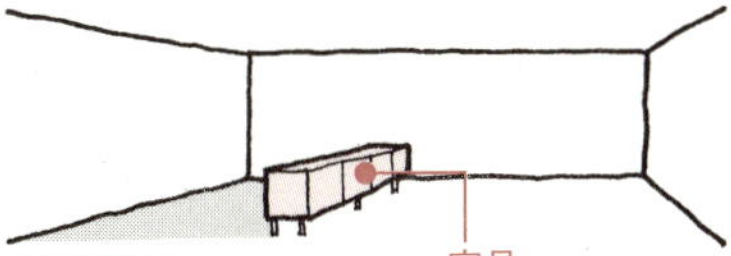

間仕切のデザインが部屋の性格を決める

グレイのデザインしたブリック・スクリーンという名のついたては、漆塗りの光沢のあるパネルがそれぞれ別の面を見せながら積み重なっているもの。パネルどうしの隙間から向こう側が見え隠れする。方向によって見え方が異なる、ニュアンスのある間仕切。

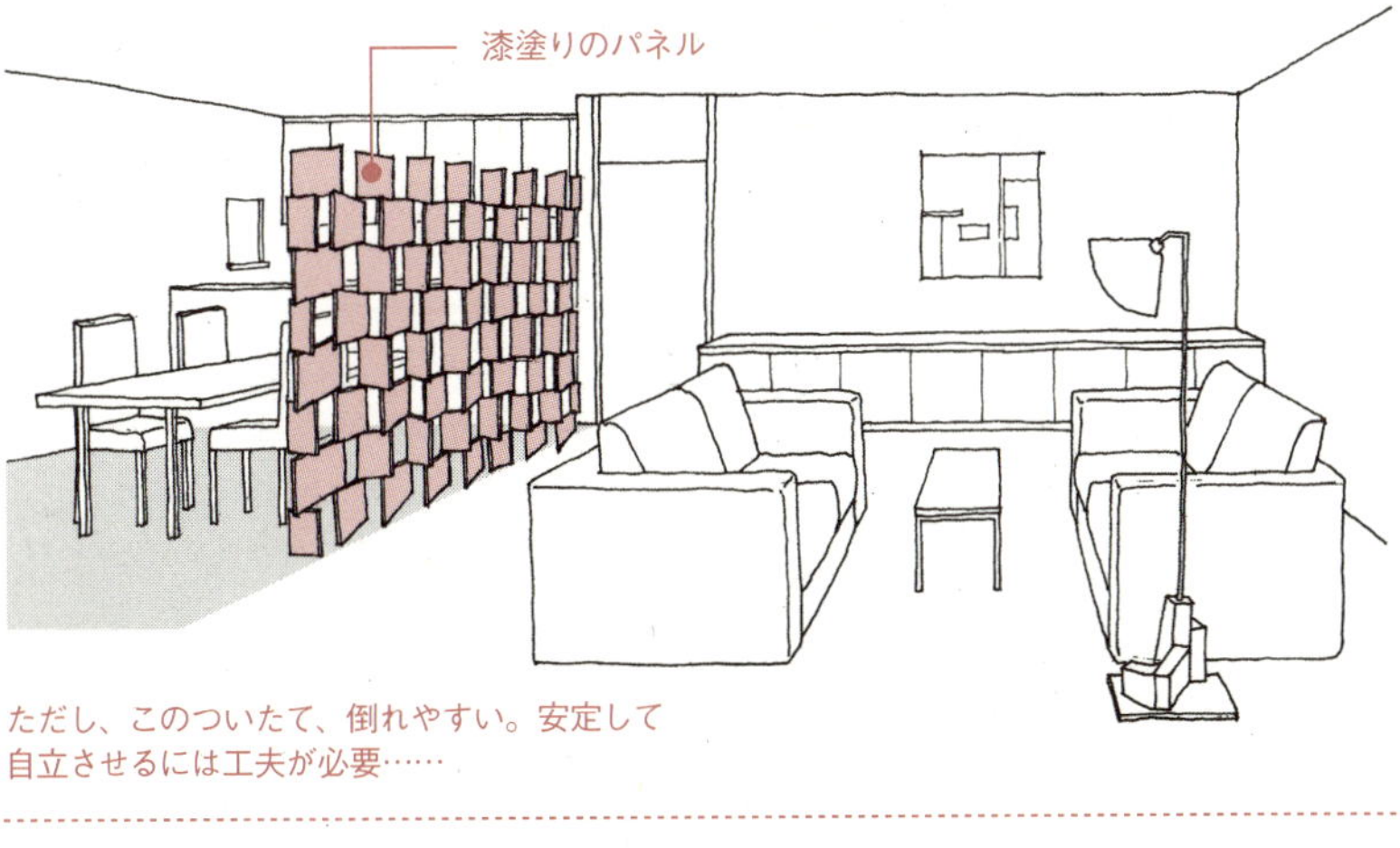

ただし、このついたて、倒れやすい。安定して自立させるには工夫が必要……

シュレーダー邸の間仕切
トゥルース・シュレーダー&ヘリット・リートフェルト

家族の間の取り払いたい壁

家族は物理的にも精神的にも壁のない間柄のほうがよい?

家族全員がリビングで一緒に時間を過ごす、というのは一種の理想的な家族の姿。でも、子どもが成長すると個室にこもってリビングに近づかなくなり、親とも会話が減って……ということもよくあるようです。リビングに家族が集まるようにするにはどうしたらよいのでしょうか?

ここで紹介するシュレーダー邸では、リビングと個室を同じ場所に設けるという1つの大胆な案を提示しています。日中はひとつながりのリビング・ダイニングで家族が一緒に過ごすのですが、夜寝る時には可動間仕切を出してきてそれぞれの個室をつくります【→MEMO】。個人の持ち物はそれぞれのコーナーにあり、昼間はそこで遊んだり、読書をしたりしますが、お互いの間に壁のない、1つのリビングで過ごしているので、自然と会話も生まれます。

シュレーダー邸は今見てもかなり大胆な住まいですが、壁に囲われた個室を見直すよいヒントを与えてくれます。家族の間の壁を1枚、取り払ってみませんか?

移動できる壁のあれこれ

壁が消える家──シュレーダー邸のプラン

日中はこの状態で、家族一緒に過ごす。シュレーダーは子どもたちが寂しがらないよう、いつも一緒にいられる家を希望した。また、子どもたちを隔離せず、母親や客などの大人に交じって生活してほしいと考えていた。

間仕切を全部「消した」様子

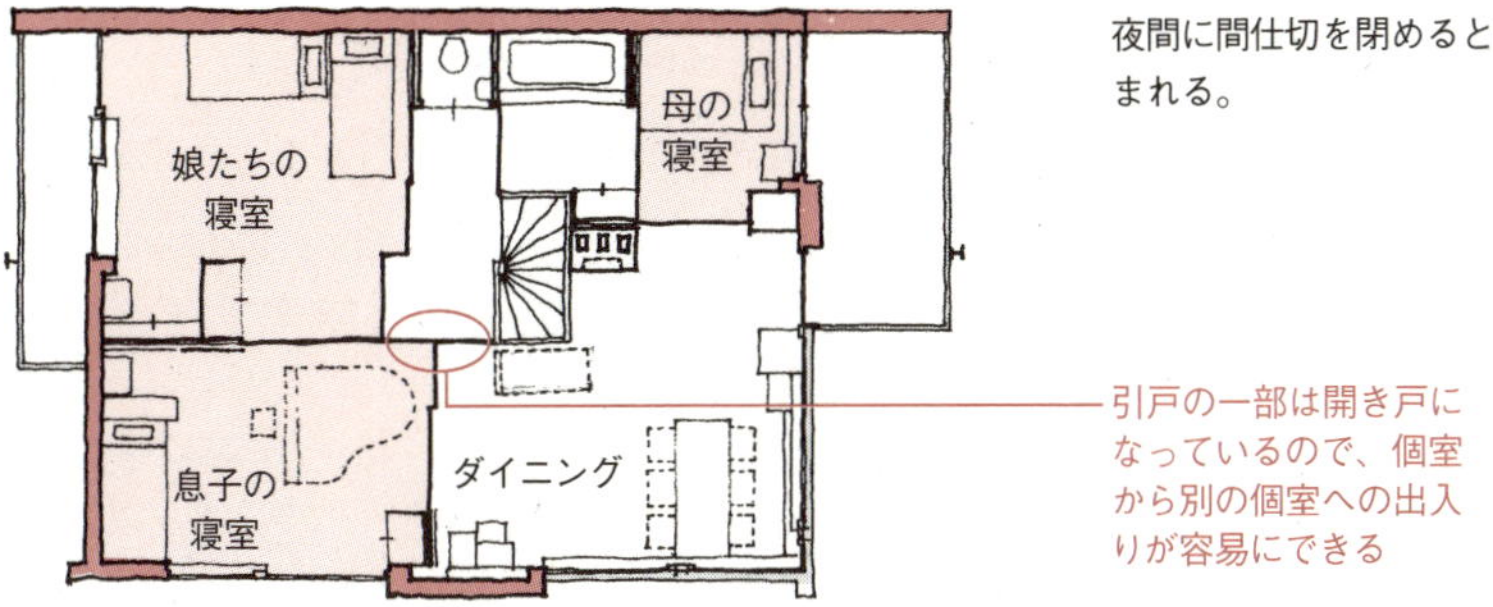

夜間に間仕切を閉めると個室が生まれる。

間仕切を閉めた様子

代表的な可動間仕切（引戸タイプ）の種類

各扉が専用のレールに載っていて自由に動かせるタイプ。一部を開けるなどフレキシブルに使えるが、密閉性は劣る。また、扉の枚数が増えるとレールの幅も広くなる。

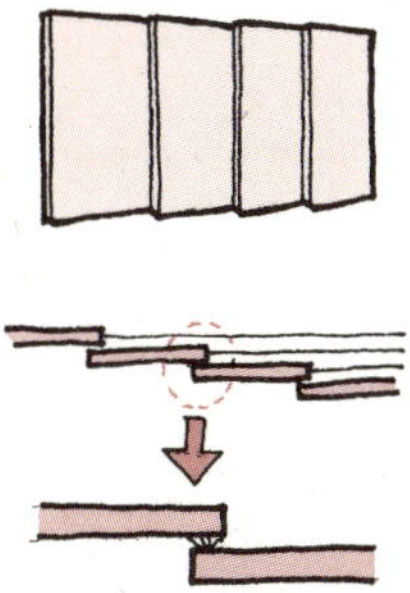

引き違いタイプ

すべての扉が1本のレールに載っているタイプ。閉めたときは面がそろって壁のようになる。召し合わせの形状を工夫すれば密閉性は上がる。

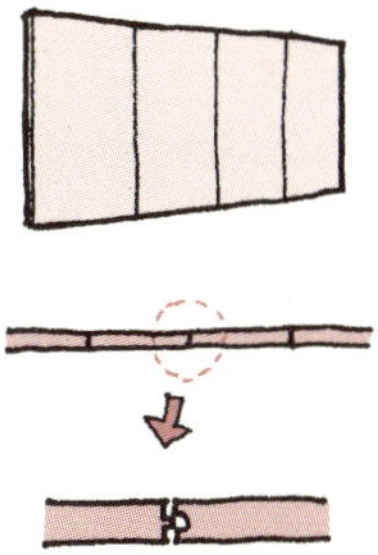

一本引きタイプ

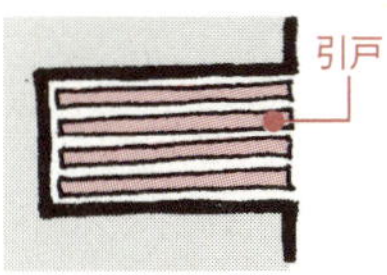

戸袋

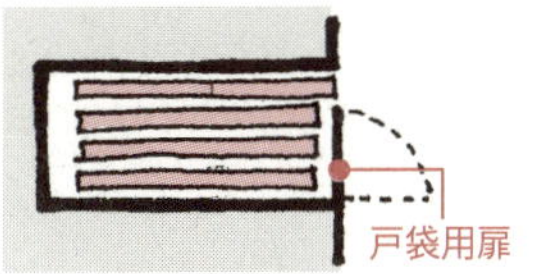

扉付き戸袋

引戸を戸袋にしまえば壁が「消える」。左図の戸袋は扉が引き出されたときに隙間が見えてしまうので、できれば右図のように戸袋にも扉を付けたい。

【MEMO】 可動間仕切に使う引戸は、主に下で建具の荷重を支える敷居鴨居タイプや戸車タイプと、上で荷重を支える上吊りタイプがある。建具が重いときは、荷重に合った強度の金物を使った上吊りタイプのほうが開き勝手がよい。

ソファ／フローレンス・ノール

省スペースな背中

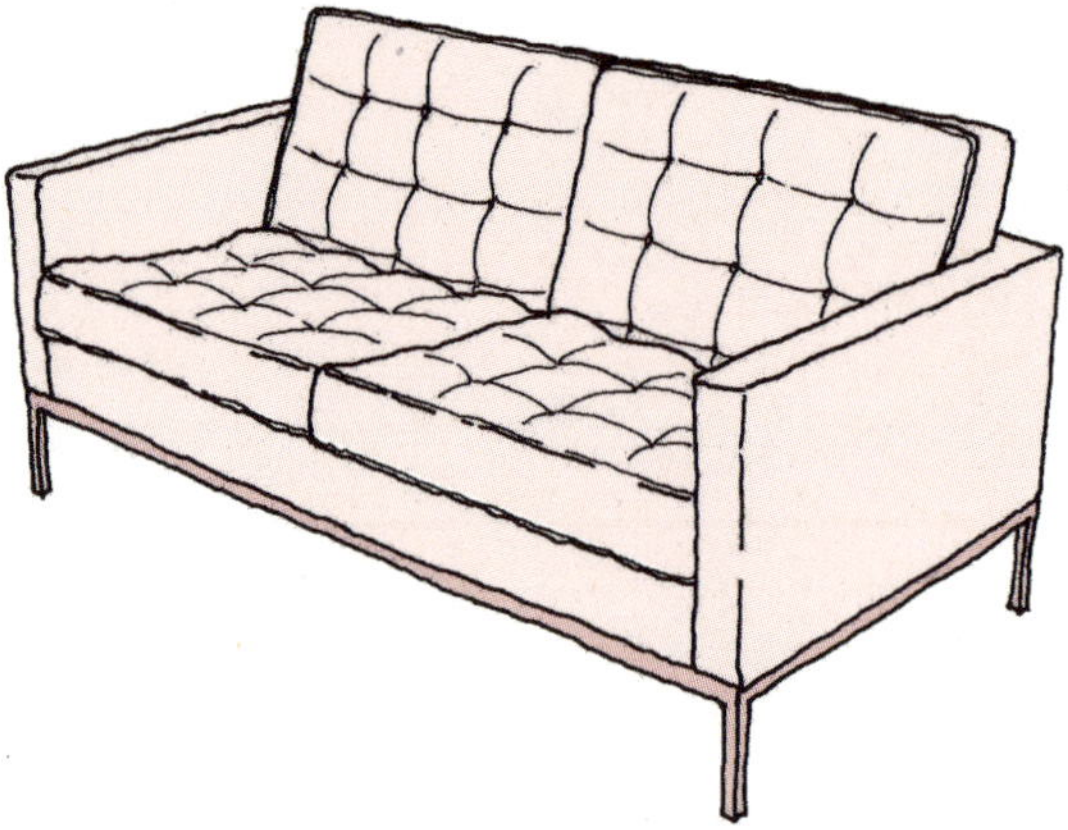

この直線的なシンプルさは、まさにモダン・デザイン！
1人用、3人用もある

狭

いリビングにソファを置きたい……。そんなときは、ソファのサイズを小さくするだけでなく、レイアウトとデザインにも工夫が必要。

リビングの省スペース化に有効なのは、壁際に席を寄せるレイアウト。壁に合わせてソファを造作したり、壁を椅子の背代わりにしてベンチを置くと、狭さも気になりません。既製のソファを配置するのであれば、後ろができるだけ直角のものを選びましょう。背が丸みがかっているものや斜めのものだと、壁との間の隙間が無駄になり、掃除しにくいスペースも生まれてしまいます。

ノールのデザインした、直線的ですっきりとしたこのソファは、全体のサイズは大きくないのに座面はゆったり。そのうえ、背が直角なのでほかの家具と組み合わせやすく、リビングとダイニングに背中合わせでくっつけて配置しても、ソファの背がまるで低い間仕切のようにゆるやかに領域を分けてくれます。

ソファを選ぶときは、正面からの見栄えだけでなく後ろ姿もチェックしましょう【→MEMO】。

ソファの配置でスペースを有効活用するポイント

壁際にソファを置くとき

ソファを壁に付けなくてはいけないときは、ノールのソファのように背もたれが直角のものを選べば、壁との間に隙間ができない。

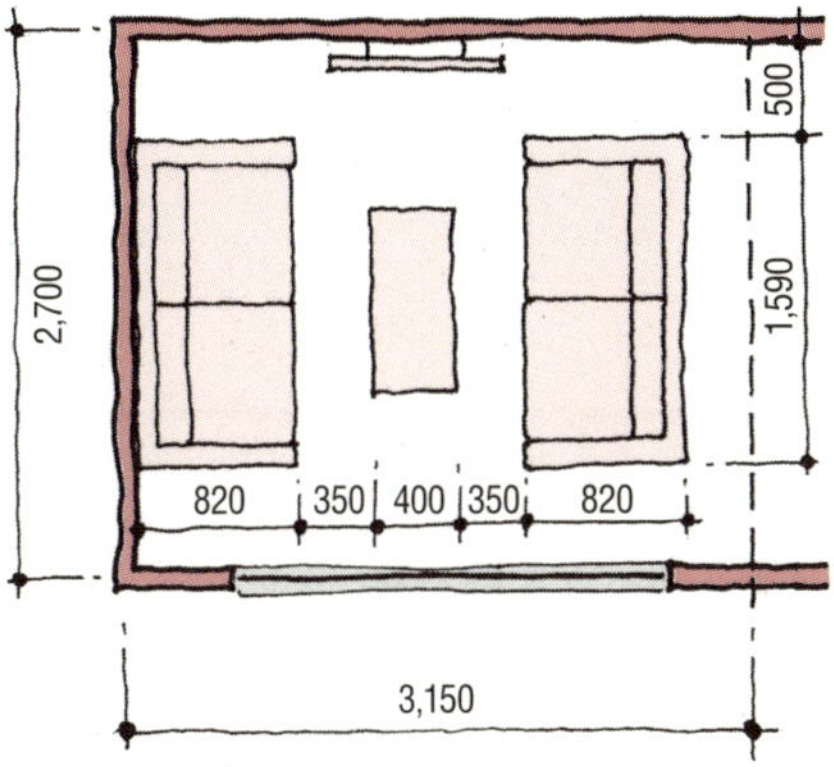

5畳の狭小リビングにおけるレイアウト

直角な背のソファ

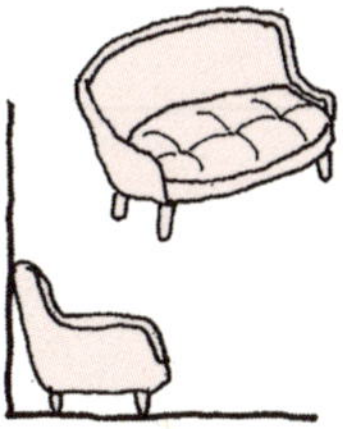

丸い背のソファ

ノールのソファのすっきりとした直角の後ろ姿。いろいろな家具に合わせやすい

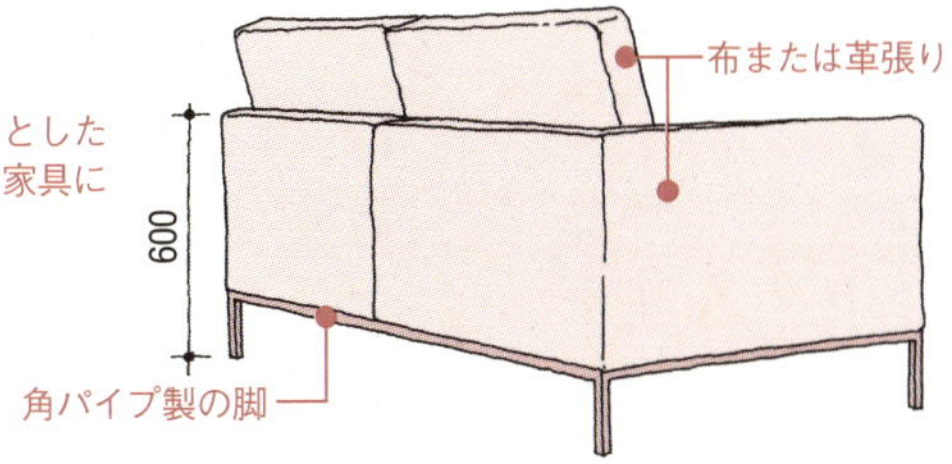

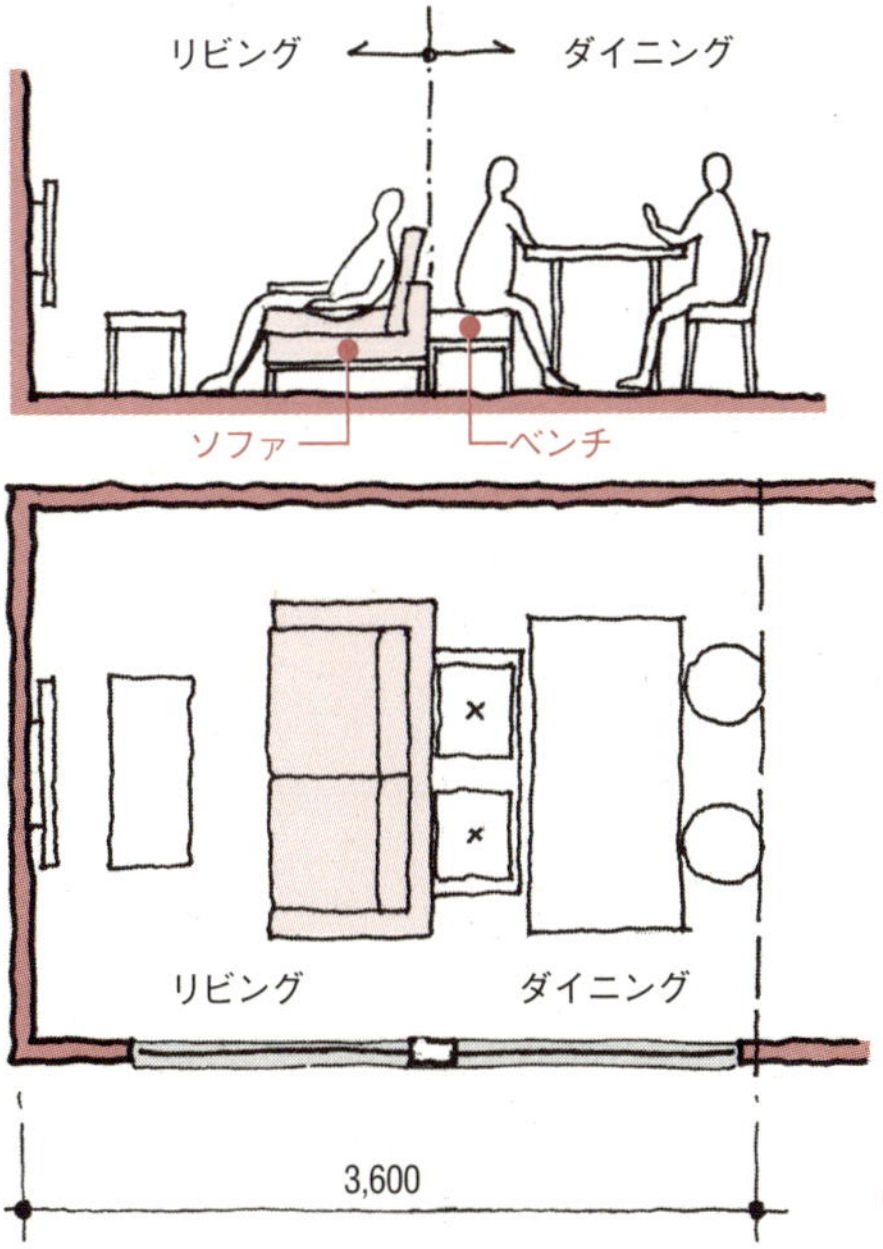

6畳リビング・ダイニングのレイアウト

ソファを間仕切の代わりに

ノールのソファの背もたれは間仕切のように使える。左図のような省スペースのレイアウトでは、ソファの背にベンチを寄せて置けば、リビングとダイニングが近接していても背中合わせなので気にならない。

【MEMO】 ソファの張り地には主にレザーとファブリックがある。レザーは使い込むうちになじんできて味わい深くなるが、定期的な手入れが必要で、湿気・乾燥・高温に弱い。ファブリックは柔らかい印象だが、汚れが落としにくい。カバーを取り外してクリーニングできるタイプもある。

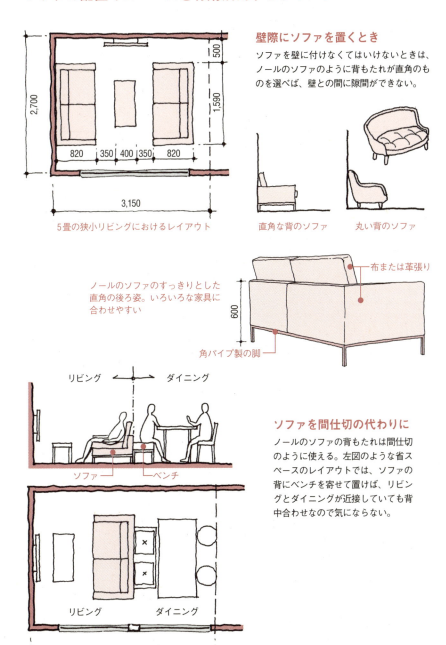

軽井沢新スタジオのリビング
アントニン・レーモンド＆ノエミ・P.レーモンド

住むところは1カ所でなくていい

ネット環境さえあれば働く場所は思いのまま……（仕事内容にもよりますが）

通勤ラッシュを避けて自宅などで働くテレワークは、コロナ禍で一気に広がりました。避暑地のような場所で余暇を楽しみながら働く「ワーケーション」という言葉も流行りました。ずっと会社にいるのではなく、たまには環境の違う場所で働くと、やる気も刺激されますよね。

レーモンド事務所は戦前から、夏の数カ月は所員を連れて涼しい軽井沢で働く2拠点スタイルをとっていました。戦後に建てられた「軽井沢新スタジオ」は素敵な別荘ですが、十二角形のリビングの窓際にはちゃんと製図用デスクが据えられていて、外の風景を見ながら設計作業ができる仕事場としても考えられています。所員は別棟に合宿して働きながら、ときにはレーモンド夫妻とともにバーベキューなどを行っていたそう。リフレッシュできる空間で親睦を深められるのも、別荘スタジオで働くことのよいところです。

特にここ数年、夏の暑さや冬の寒さは極端なので、夏は涼しい場所、冬は暖かい場所に滞在して働くほうが心地よくて、合理的です。

働く・くつろぐ・食べるが一体になったリビング

周囲の景観に溶け込む木造住宅

ル・コルビュジエの「エラズリス邸計画案」【→MEMO】にヒントを得たレーモンドは「軽井沢夏の家」を建てた。レーモンドはこの住宅をとても気に入っていたようだが、戦争が近づいて日本を離れた際に家を手放す。戦後、日本に戻ったときには、家は新たな持ち主の手によって改築を重ねられていた。そこで軽井沢の別の敷地に、この新しい夏の家「軽井沢新スタジオ」を建てたのだった。

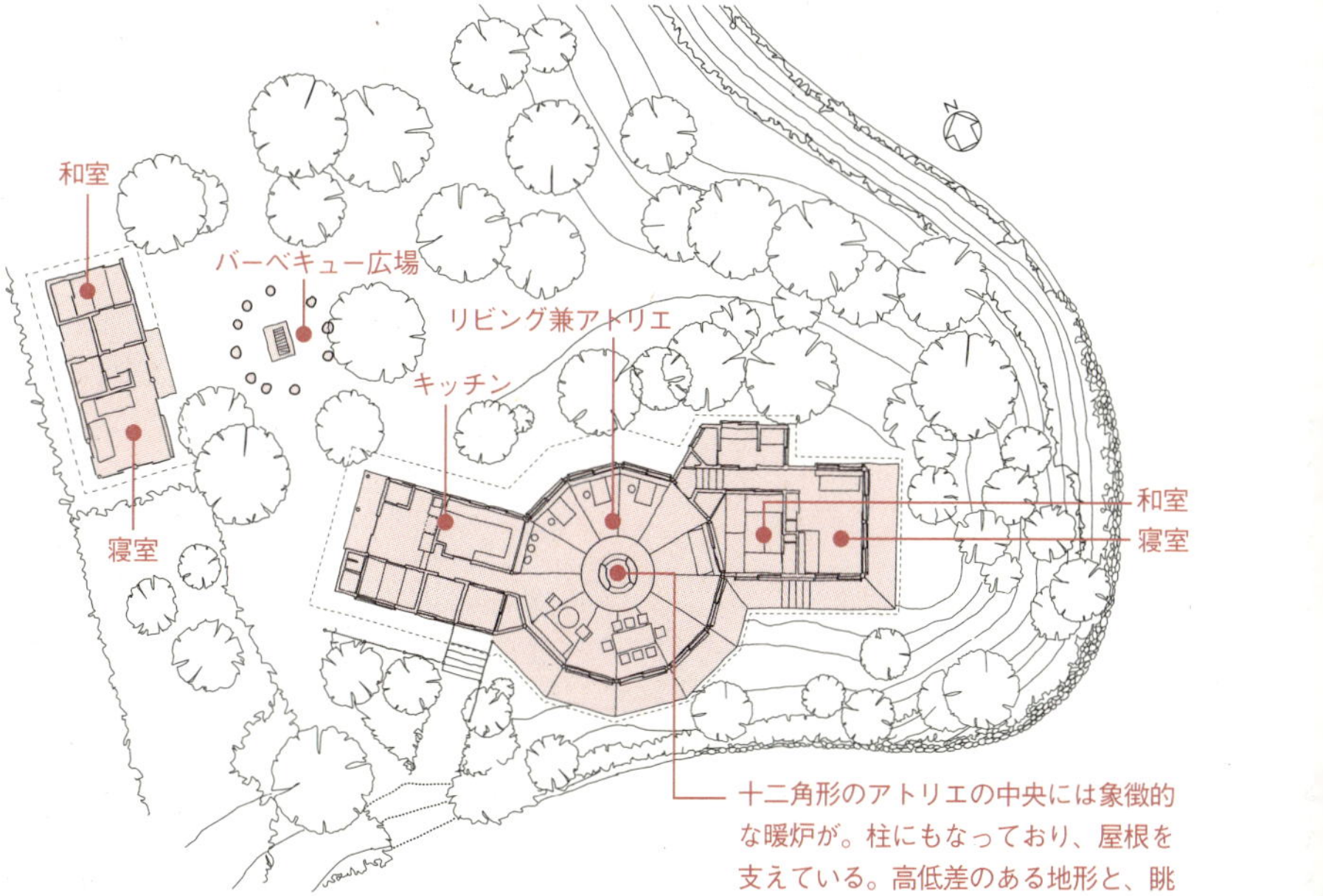
十二角形のアトリエの中央には象徴的な暖炉が。柱にもなっており、屋根を支えている。高低差のある地形と、眺望に合わせて、キッチン・リビング・寝室のウィングがレベル差を持って配置された

別荘スタジオならではの作業スペース

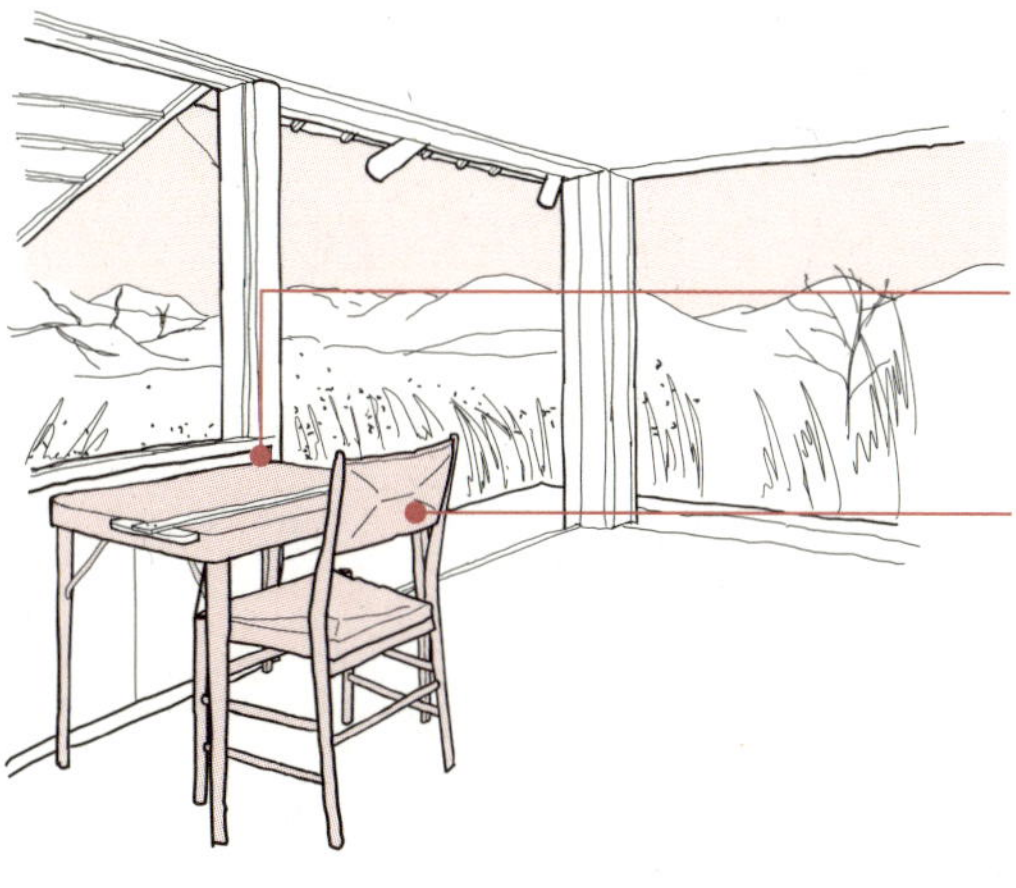
窓枠と机の高さをそろえて視線の抜けをつくると、より開放的な作業スペースに
椅子の背もたれや背面はいぐさを縄にして編み込んでいる。耐久性が高く、素材の特徴が生かされている

【MEMO】 1930年にコルビュジエが設計した、チリ外交官のための邸宅。RC造として設計されたが、着工に至らず、計画案だけが残っている。

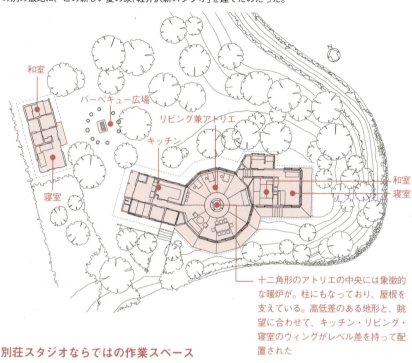

ベッド・カウチ／ノエミ・P.レーモンド

プライベートリビングとして寝室を使う

夜

遅くに友人が急に訪ねてくることもあるでしょう。そんなときに「うちに泊まっていきなよ」と気軽に寝床を提供できたらかっこいいですよね。しかし、一番の障壁は寝具の用意。寝袋は窮屈ですし、畳がある家も減ってきました。

省スペースでフレキシブルな畳の使い方を洋室に応用するとしたら……。レーモンド夫妻は寝室を夜に寝るだけではなく、昼間に読書をしたり、雨の日には食事をしたりと、プライベートなリビングとして使っていました。

そこに置かれていたのは、ノエミ・P．レーモンドが設計したベッド・カウチ。木製の背もたれ部分と座面は分かれていて、寝るときにはキャスター付きの座面を引き出せばベッドに早変わり。壁に造り付けの背もたれ部分は開閉し、シーツなどをしまえるようになっています。普段はスッキリとしたソファーが、布団の出し入れより簡単に、ゆったりとしたベッドに変身。「泊っていけば？」と気軽に誘えるようになるデザインです。

軽さが魅力のベッド・カウチ

手前の脚は先が細くなっているエレガントな形で、奥の脚はキャスター付き。カウチの手前部分を軽く持ち上げると簡単に移動できる。

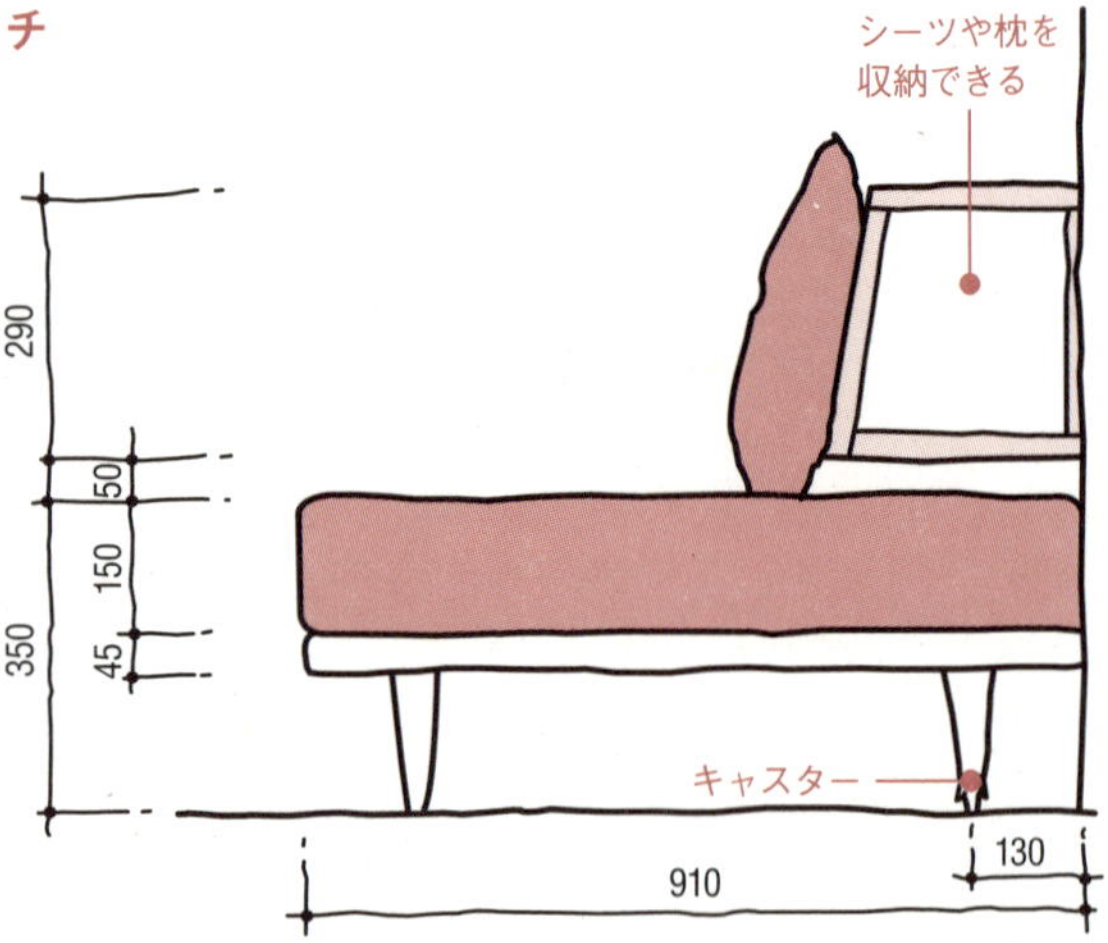

用途を限定しない寝室づくりのポイント

ベッドを縦に並べて自由なスペースを確保

戦後、日本に戻ってきたレーモンド夫妻は、東京・麻布の笄町《こうがいちょう》に自宅兼事務所を建てた【→MEMO】。そこで夫妻は、通常、居間と寝室の間にあるパーゴラがかかった内庭で3度の食事をとり、雨が降るとダイニング・テーブルを寝室に入れて、そこで食事をしたそう。

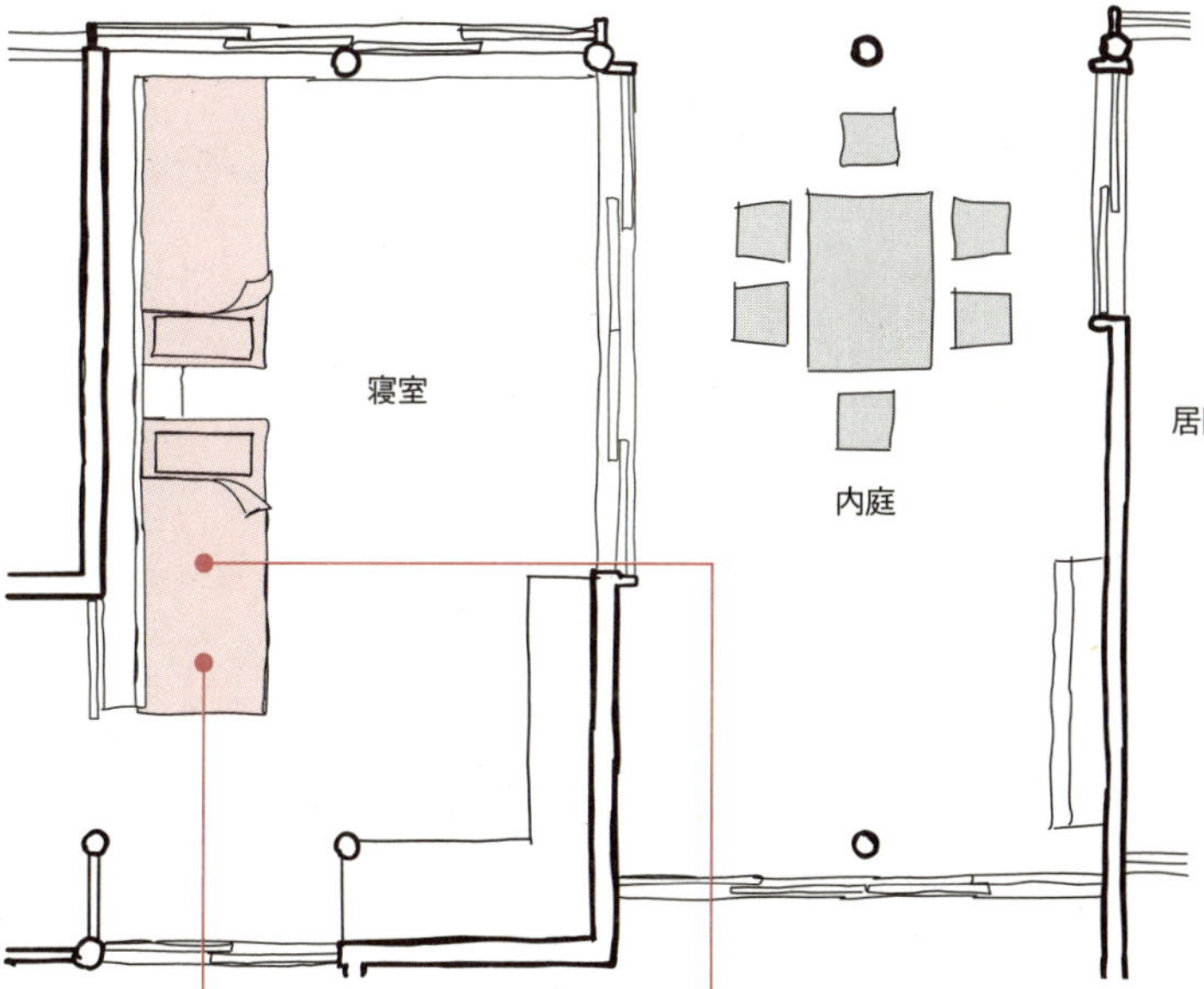

ベッド・カウチを縦に並べ、頭を寄せて寝ていたレーモンド夫妻。ベッドを横ではなく縦に並べるだけで寝室がプライベートリビングとしても使えるユーティリティスペースに変身

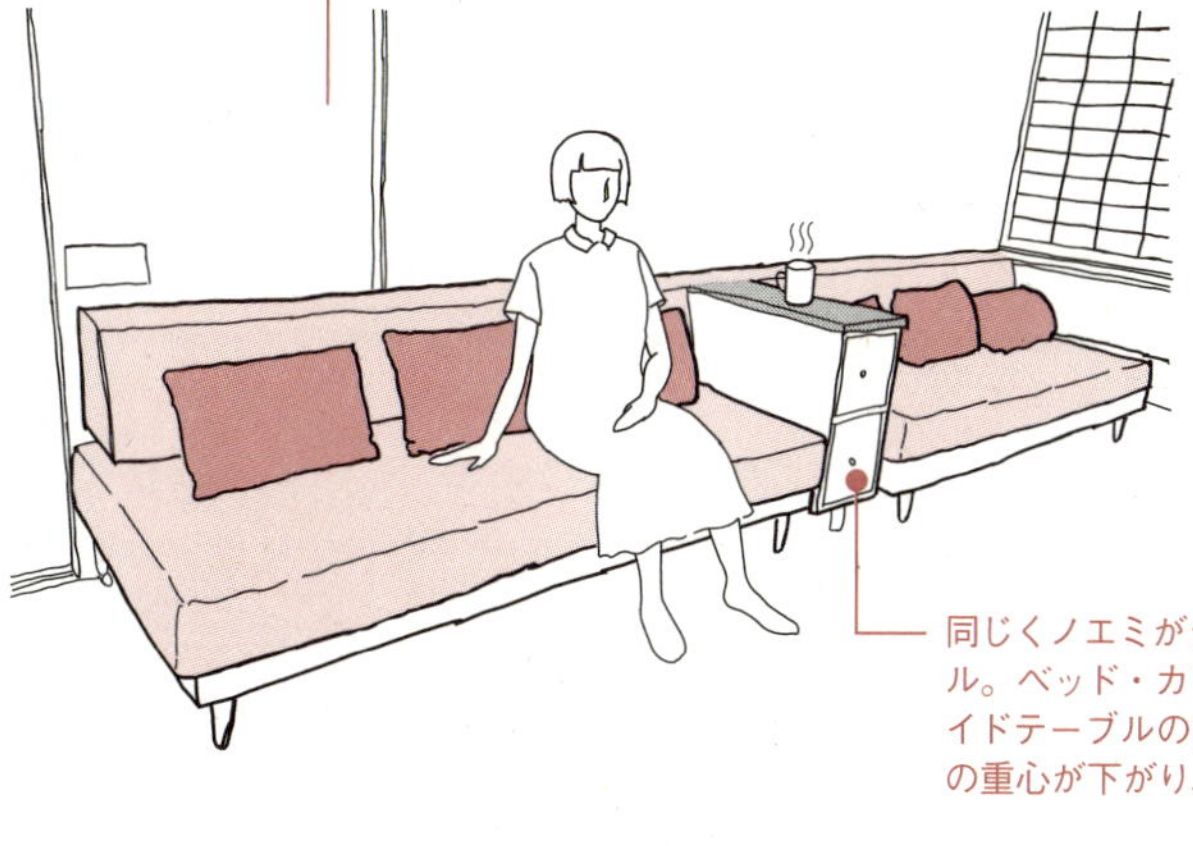

同じくノエミがデザインしたサイドテーブル。ベッド・カウチの背もたれの高さとサイドテーブルの高さをそろえることで空間の重心が下がり、居心地のよい空間に

【MEMO】 レーモンド夫妻の引退後、この自宅兼事務所は取り壊された。ただし、この建築物の平面図を東西反転させて建てられた旧井上房一郎邸は残っており、群馬県にある高崎市美術館内でその姿を見ることができる。

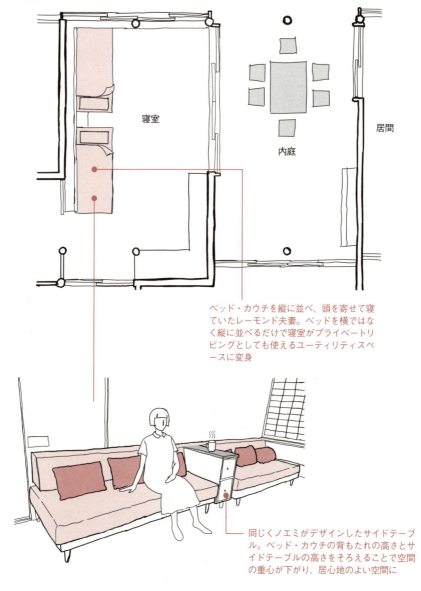

4

Column

日本への愛と独自のセンスが相まったデザイン

ノエミ・P.レーモンド
Noémi Pernessin Raymond
(1889-1980)

関連する作品

64・66ページ

日本で開花したデザインの才能

1914年、フランス生まれのノエミ・ペルネッサンはアメリカ行きの船の上で、現代美術について熱く語るチェコ人、アントニン・レーモンドと巡り会いました。運命は新婚のふたりをフランク・ロイド・ライト【→52ページ】の設計事務所・タリアセンへ、そしてライトの「帝国ホテル」の設計・建設のために、その後人生のほとんどを過ごすことになる日本へと導きます。コロンビア大学の学生のときに、芸術家で、日本の浮世絵研究者でもあったアーサー・ウェズリー・ダウから日本文化について学んでいたノエミは、興味津々でこの極東の国に足を踏み入れました。

レーモンド夫妻が暮らし始めた1920年代の東京は近代化の途上で、建物のほとんどは木造・瓦屋根・畳敷で、女性は着物を着ていました。一般の日本人の生活は同時代のアメリカと比べて、物質的には貧しい状況でしたが、ノエミはそのなかに自然への畏敬の念と精神性の高さを見出します。感受性が鋭く、好奇心旺盛なノエミは日本語や茶道を学び、日本の各地を訪れて、気になった

デザイン用語集①

アントニン・レーモンド (Antonin Raymond : 1888-1976)
戦前戦後に主に日本で活躍したチェコ出身の建築家。日本建築の近代化に大きく貢献した。

建物や庭、図柄などをスケッチブックに描きとめています。また、多くの日本人陶芸家や職人たちと交流を築き、戦後は彼らの作品をアメリカへ紹介しました。

もともと素晴らしい画才に恵まれていたノエミは、日本文化を吸収しつつも、独自の色彩感覚やセンスで、優れたデザインを生み出します。1941年のニューヨーク近代美術館で開催されたコンテストのテキスタイル部門で最優秀賞を受賞したデザインにも、その後ノール【→101ページ】が製造・販売した生地のデザインにも、和服や書道の影響が見て取れます。

人と人とをつなぐ

レーモンド建築において、ノエミのインテリアや家具のデザインはもちろん重要ですが、彼女は事務所において、多方面にその能力を発揮していました。戦後には、住宅建築やその庭の設計も手掛けていたことが明らかになってきています。語学やコミュニケーション能力に優れていたノエミは、住宅の施主（特に夫人たち）と親密に打ち合わせをし、その要望を叶えることにも長けていました。その調整力は事務所内でも重要だったようです。というのも、アントニンは「カミナリ親父」と称されるほど怒りっぽく、あまり日本語を話さなかったので、アントニンと所員との間をノエミが取り持つこともあったのでした。多方面に気を配る彼女の勤勉さは元所員であった前川國男もうならせ、吉村順三は退所後も親しく交流を続けていました。

エネルギッシュに愛情深く

レーモンド夫妻は一旦戦争を避けて日本を離れますが、戦後再び戻ってきたとき、ノエミは日本の状況に心を痛め、事務所の仕事と並行して、植林や子どもたちへの慈善活動にも全力で取り組みました。それだけでなく、無類の動物好きであった彼女は、野良猫や野良犬を育て、友人たちと共に日本に動物愛護協会を立ち上げたのです。戦前・戦後、通算40年余りを日本で暮らしたノエミは、あふれるほどのエネルギーと愛情をこの国に注いでくれたのでした。

デザイン用語集②

前川國男（1905-1986）
フランスでル・コルビュジエに師事し、帰国後、レーモンド建築設計事務所に入所。その後独立し、日本モダニズム建築の旗手といわれた。府立第一中学（現在の日比谷高校）在学中には、ノエミに英語を教えてもらったそう。

吉村順三（1908-1997）
東京藝術大学卒業後、レーモンド建築設計事務所に入所。独立後は、伝統的な木造建築とモダニズムを融合させ、自然と風土に根差した建築物を設計した。母校で教鞭もとった。

Plywood Coffee Table／チャールズ&レイ・イームズ

薄くて、軽くて、丈夫

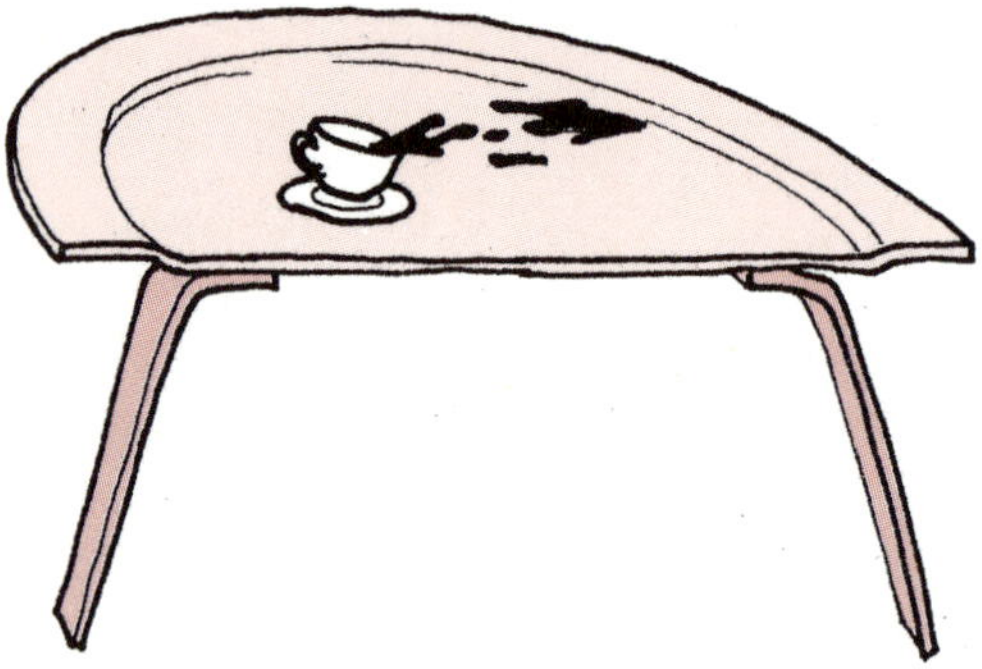

コーヒーをこぼしても縁で受け止める……
そのためだけのくぼみではない

コーヒーをこぼしてしまった！ でも大丈夫。イームズ夫妻のデザインしたコーヒーテーブルは縁が付いていて、コーヒーが床までこぼれません。でもこの縁、こぼしたものを受け止めるために付いているのでしょうか？ いいえ、ちゃんとほかの理由があるのです。

紙皿は平たく延ばせばぺらぺらの紙。でも、縁やリブのおかげでお皿の形を保ち、たくさんの料理を載せても大丈夫ですよね。このコーヒーテーブルも同じ原理でできています。天板は薄い合板ですが、縁を付けてあることで、曲げやゆがみに耐える強度をもつのです。

合板は軽く丈夫で安価でありながら、木の美しさをもった材料です。イームズは第二次世界大戦中に合板を3次元成型して【→MEMO】、負傷兵の脚の添え木をつくる技術を開発しました。そして戦後すぐ、その技術を使った家具をデザインし始めます。合板の3次元成型ができるようになったおかげで強度も上がり、安価で人の身体にもなじむ家具が一般的になったのです。

合板の強度を上げる3次元成型

ぺらぺらの紙でも3次元成型することで、強度のある紙皿になる。

ぺらぺらの紙が
紙皿に……

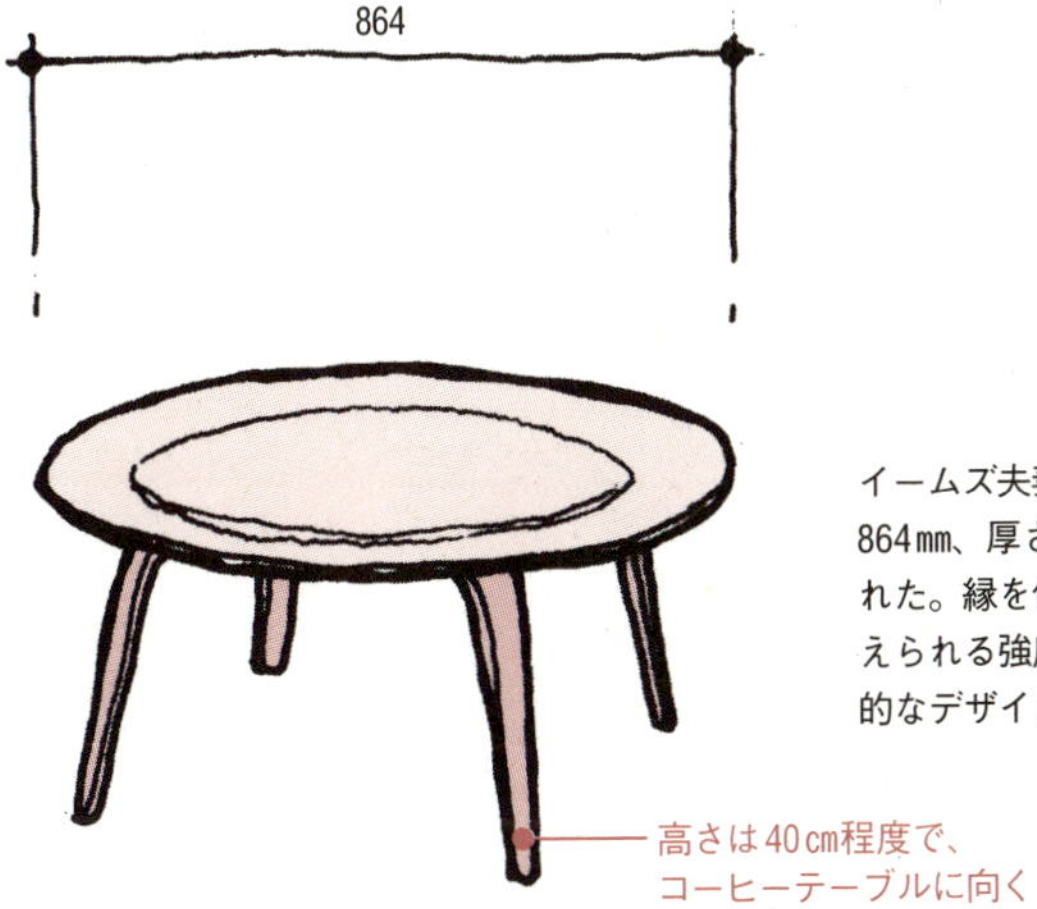
864
高さは40㎝程度で、
コーヒーテーブルに向く

イームズ夫妻のつくったこのテーブルは直径864㎜、厚さ10㎜足らずの合板1枚から生まれた。縁を付けた加工により、天板として耐えられる強度を実現。シンプルでとても合理的なデザイン。

第二次世界大戦中に脚を負傷した兵士のためにデザインされた、合板を3次元成型した添え木。それまでの金属製に比べて軽量で安価なため、大量に生産された。

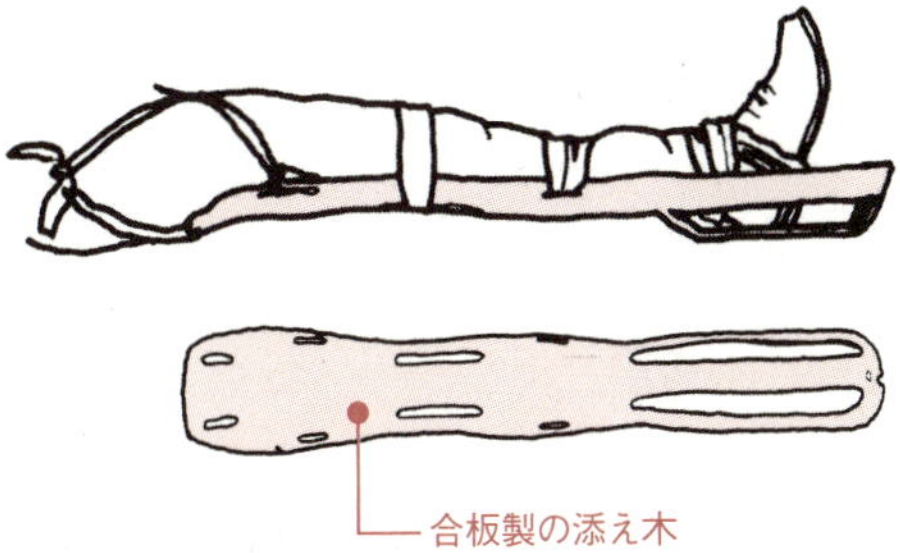
合板製の添え木

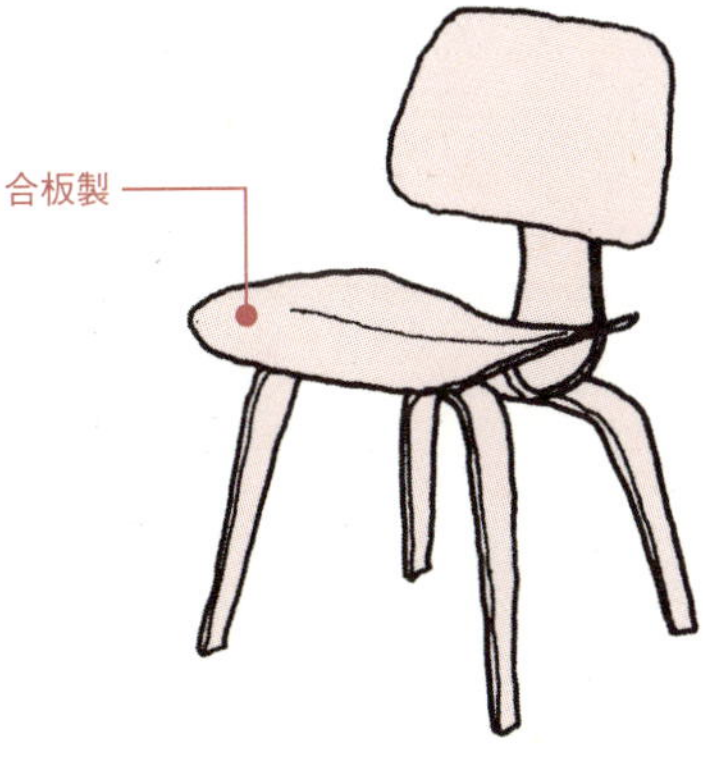
合板製

イームズ夫妻の代表作の1つである「DCW（Dining Chair Wood Legs）」も座面と背もたれが3次元成型でつくられている。直線的な合板を、人の身体に沿ったかたちにしたのがミソ。

【MEMO】 3次元成型合板は、紙のように薄い合板の間に接着剤をはさみ、重ねてプレス機にかけるという方法で成型される。

E.1027のリビング／アイリーン・グレイ

寝転がれるスペースをつくる

家には1つくらい畳の部屋がほしい……そんな建て主さんの要望は、格式ばった和室というより、多目的に使えて寝転がれる部屋をイメージしていることが大半です。リビングの横に、小さくても畳部屋があれば確かに便利。ソファでは窮屈なごろ寝もでき、来客時は椅子を1人に1脚ずつ用意する必要もなく、何人でも車座になってくつろいでもらうことができます。

でも、畳部屋がない場合はどうしたらよいのでしょうか？　グレイがリビングの奥に置いたこの2m角のデイベッドは、1人用の昼寝ベッドとしては明らかに大きすぎ……【→MEMO】。通常のソファなどのような「家具」というよりは、柔らかい「床」のようなスペースです。これを畳部屋のように、お客様と数人で座ったり、くつろいだりするためにつくったのではないでしょうか。

リビングにちょっと寝転がることができるスペースがほしい——その思いは万国共通。畳を使う、使わないにかかわらず、くつろぎのスペースを確保したいものです。

リビング脇の畳部屋

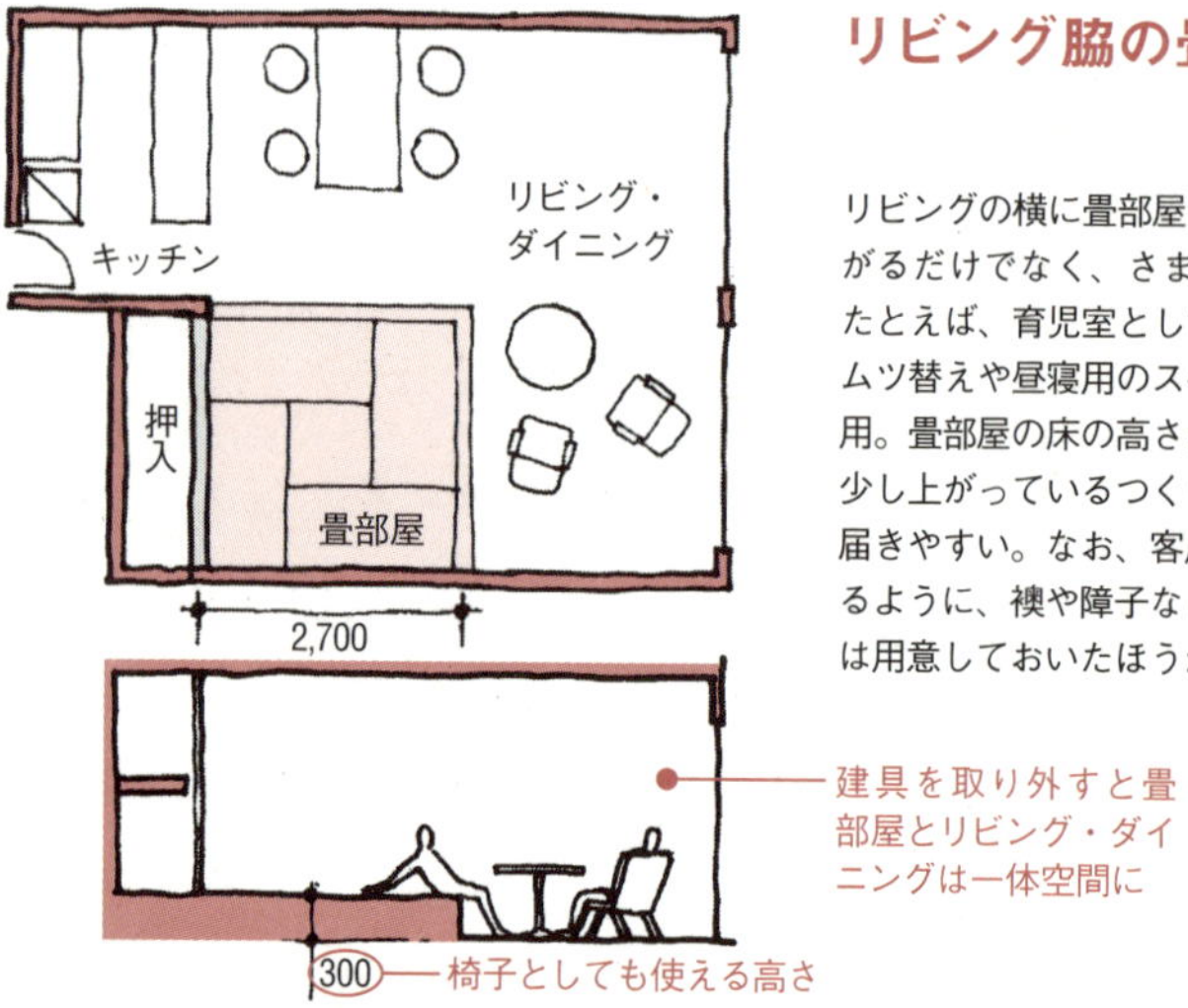

リビングの横に畳部屋があると、寝転がるだけでなく、さまざまに使える。たとえば、育児室として、子どものオムツ替えや昼寝用のスペースとして活用。畳部屋の床の高さがリビングより少し上がっているつくりのほうが目が届きやすい。なお、客用寝室にも使えるように、襖や障子などの間仕切建具は用意しておいたほうがよい。

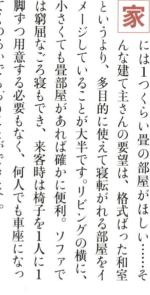

皆のくつろぎの場所をつくる

E.1027のリビングに設置したデイベッドの廻りにはサイドテーブルなどが置かれていて、数人でくつろぎながらお茶やお酒を飲むことができた

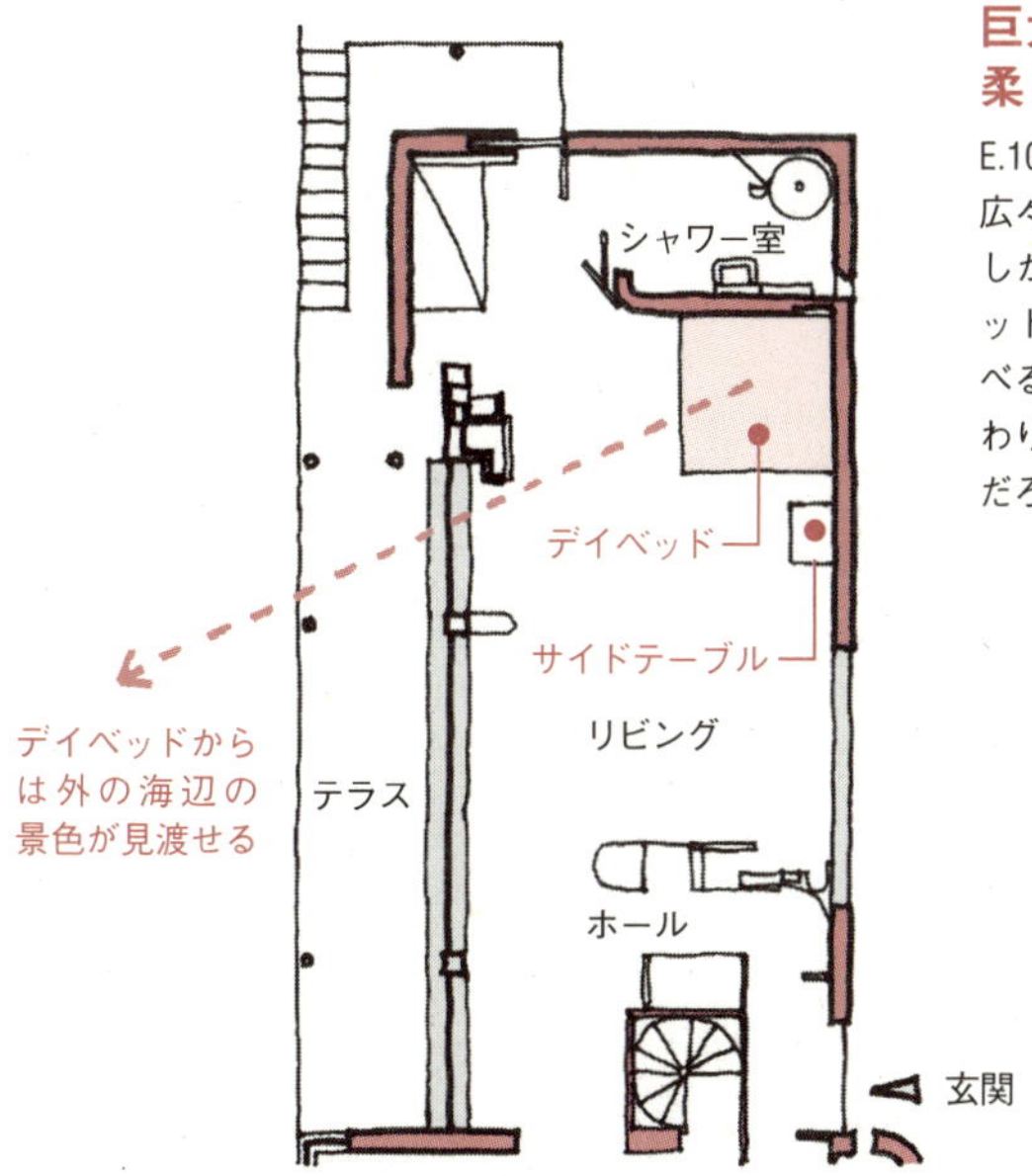

巨大デイベッドは柔らかい床

E.1027というグレイの別荘では、広々としたリビングの奥の見晴らしがよい場所に、2m角のデイベッドが置かれている。1人で寝そべるためというよりは、ソファ代わりに数人でくつろぐためのものだろう。

【MEMO】 そもそも「デイベッド」とは昼寝用のソファベッド。計画する際には、昼寝に必須のブランケットなどの収納も合わせて考えたい。畳部屋では押入れがそれに当たる。

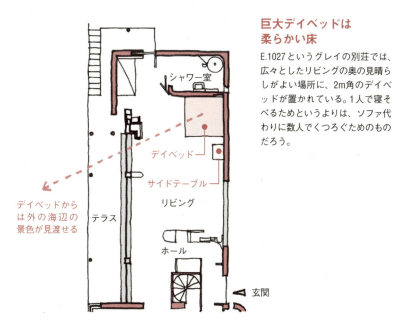

デイベッド／リリー・ライヒ

脚の付いた座布団

デイベッドなら正面を向いて座るだけでなく、横向きに寝転がることもできる

畳の部屋で使う座布団は、持ち運びができ、好きな向きで使える便利なもの。床《ゆか》座から椅子座が中心となった生活でも、座る場所を自由に決められるフレキシブルな家具はないものでしょうか？

寝椅子の一種であるデイベッドは、簡易なマットレスが付いた、居間に置くベッド。モダニズムのデザイナーの多くが好んでデザインした家具でした。ライヒのシンプルなデイベッドは、その典型的なものです。ソファと違い背もたれや肘掛けがないフラットなかたちなので、部屋の真ん中に置いて座布団のように多方向から使うことも、壁際に寄せてレイアウトすることも可能。デイベッドには脚があるので移動は座布団より手間ですが、逆にその高さを利用して、ゆるい間仕切のように使うこともできます。

壁で仕切られていない大きな空間に、さまざまなレイアウトを自由につくることができる柔軟な家具。デイベッドは現代の住まいづくりにもっと活用したいアイテムです。

部屋のレイアウトを自在にする柔軟な家具

デイベッドは座布団のようなソファ

ライヒのデイベッド。ゴムのバンドを渡した口の字型の木製フレームに、革製のクッションが載っている。クロームパイプの脚はねじでフレームに取り付けるだけの、シンプルなデザイン。

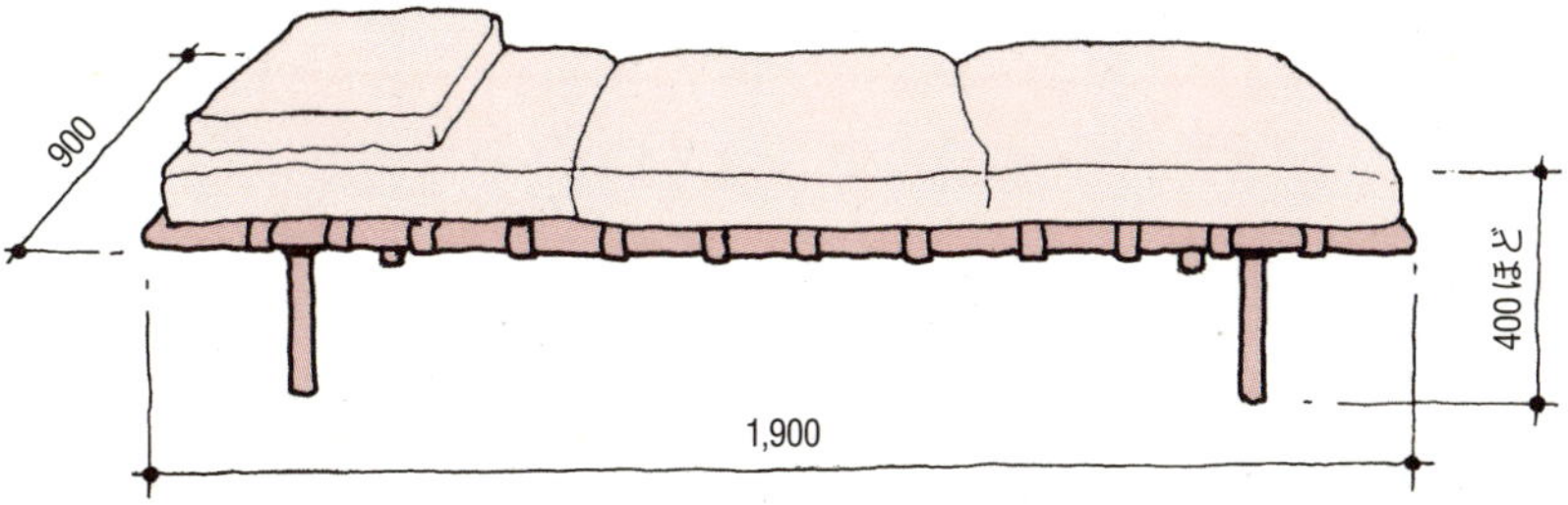

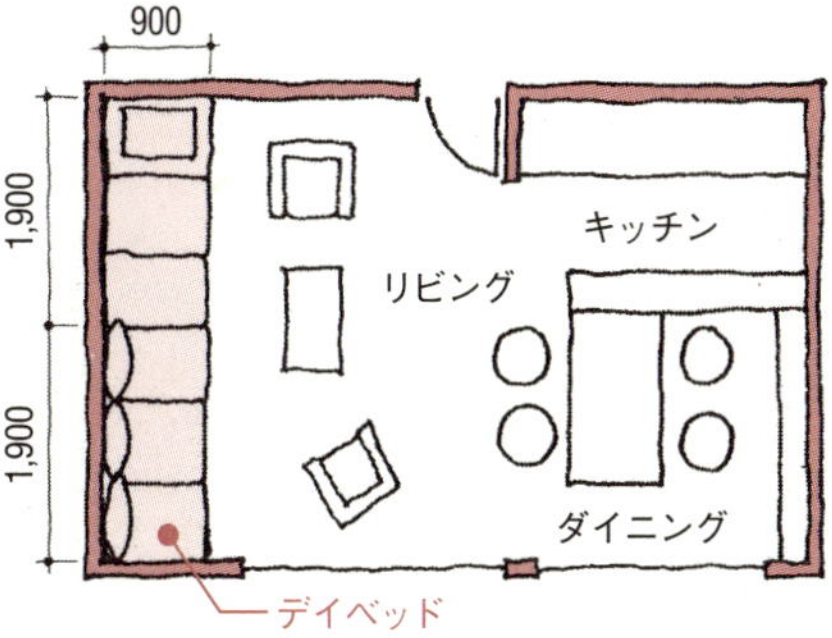

デイベッドで、自由なレイアウト

リビングの壁際に2台並べて置けば、来客時はソファ代わりに、普段は昼寝にも使える。見た目もすっきり。

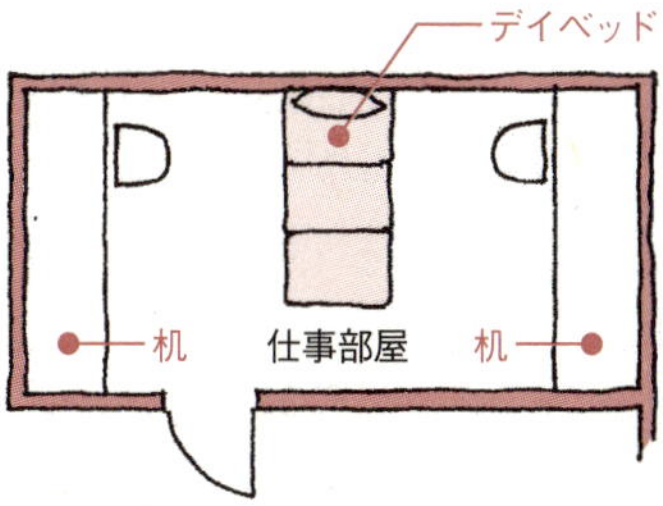

狭い仕事部屋では、間仕切代わりに真ん中に。多方向から使えるので、使いやすい側で休憩できる。

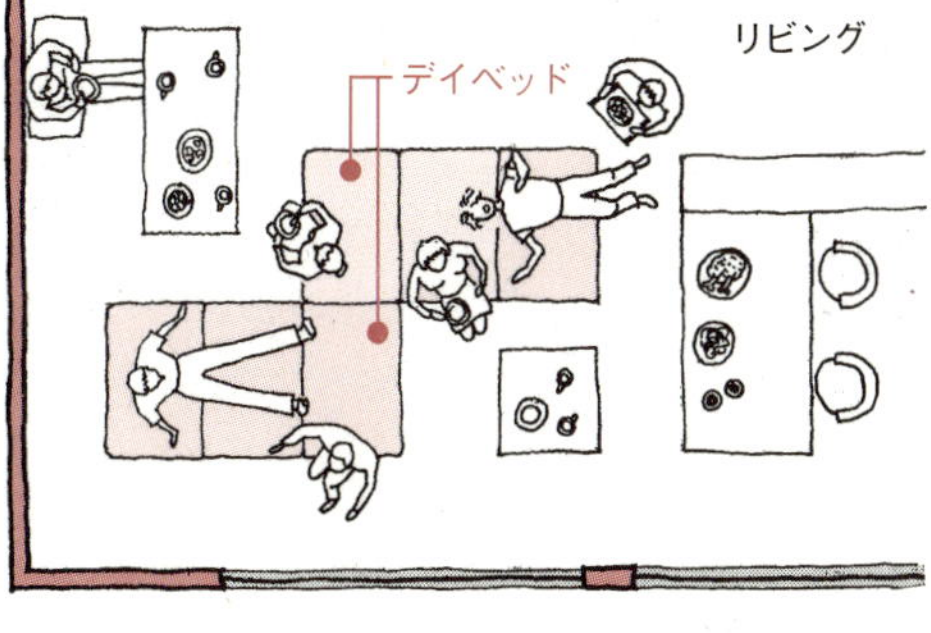

来客時、リビングの真ん中に移動させれば、お客様皆がくつろげるアイランドに。さまざまな姿勢でかなりの人数が座れる。

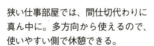

Walnut Stool ／チャールズ＆レイ・イームズ

ソファ廻りには小回りの利くテーブルを

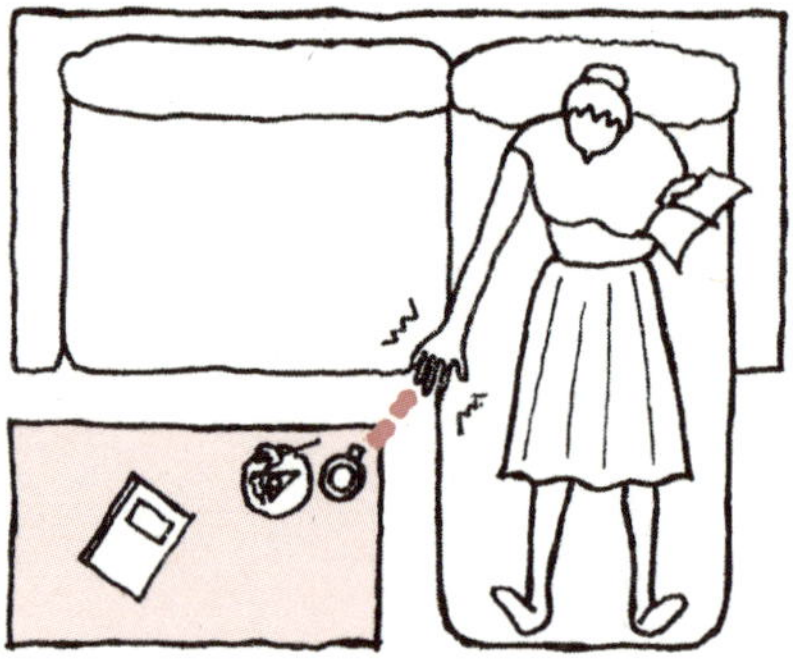

くつろいでいるとき、コーヒーテーブルでは遠いこともある

コーヒーテーブルは、美しい本や花瓶を飾るちょっと澄ました存在。でも、きちんとソファーに座っているときならともかく、小回りが利《き》かず使いづらいことも……。そこで、小さくてすぐ動かすことができ、狭いスペースにも入り込めるサイドテーブルの出番です。

サイドテーブルは、いわゆるサブ的なもの。使わないときは省スペースにまとめられるよう工夫されたものもありますが、このイームズ夫妻のサイドテーブルは、多目的に使えることが強み。モノを置くのはもちろん、安定感もあるので、高い所のモノを取る台としても使えます。また、レイ・イームズはこのサイドテーブルに好んで腰を掛けていたことから、「スツール」と呼ばれるようになったとか。

無垢のウォルナット材でつくられたこのテーブルは、チェスの駒の土台にそっくり。置かれたモノや、腰を掛けた人がチェスの駒のように見える遊び心のあるデザインです。一家に1台、用途を限定しない小回りの利く家具としてお薦めです。

置いたり座ったりいろいろな用途に

小回りの利く働き者

イームズ夫妻がデザインしたチェスの駒のような「ウォールナット・スツール」。少しずつ違う形状で、3種類ある。小回りが利くサイドテーブル【→MEMO】には、使わないときは重ねてしまえる優れモノもある。

➔ 128ページ(E.1027テーブル)

スツールという名のサイドテーブル。形状は3種類

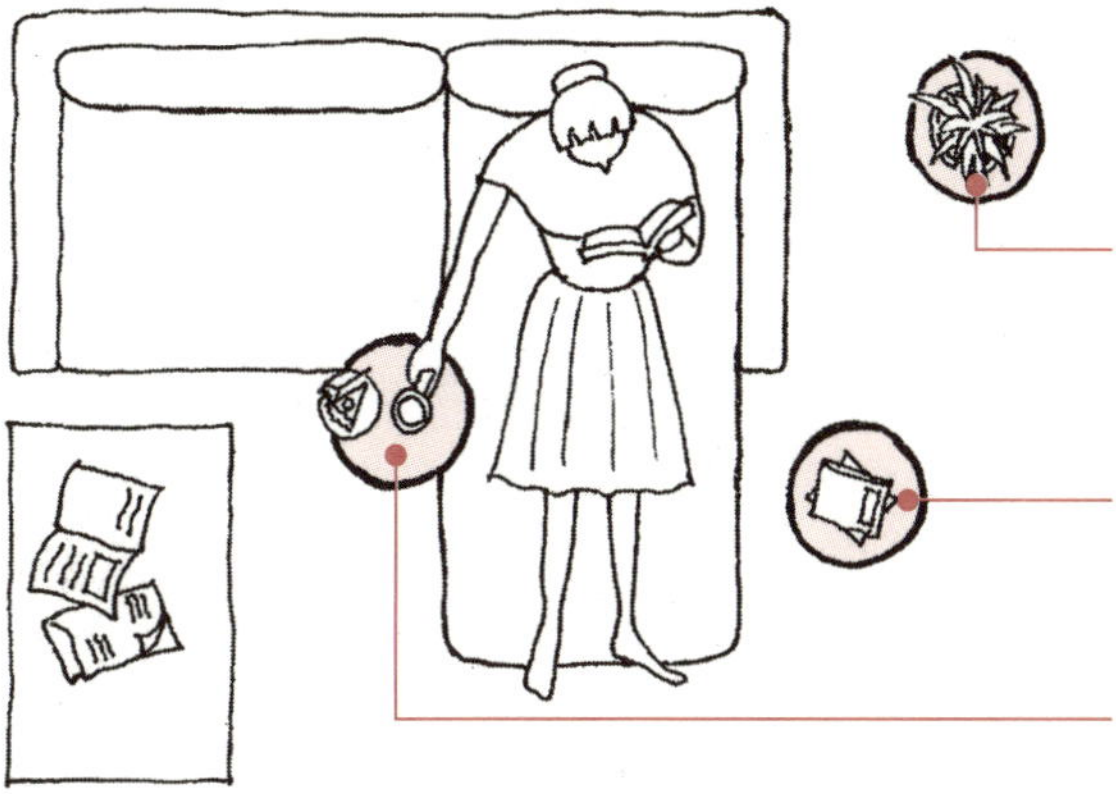
サイドテーブルには観葉植物を置いたり
読みかけの本を置いたり
動かしやすいのでコーヒーも手の届く範囲に

もちろん、座ることも

テーブルに座ってはいけません、といわれます。でもこの家具はテーブル？　椅子？レイ・イームズは本来サイドテーブルのこの家具を、イームズ邸のいろいろな場所に置き、椅子として使っていたとか。

チェスの駒そっくり……

【MEMO】　ほかに小回りの利く家具としてネストテーブルがある。ネストテーブルとは、同じかたちで異なるサイズの3～4卓のテーブルで、使わないときは入れ子状に重ねて収納できるもの。必要に応じて引き出して個別のサイドテーブルとして使える。

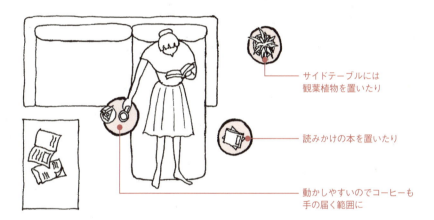

ラウンジ・チェア／アイノ・アアルト

和室にも椅子

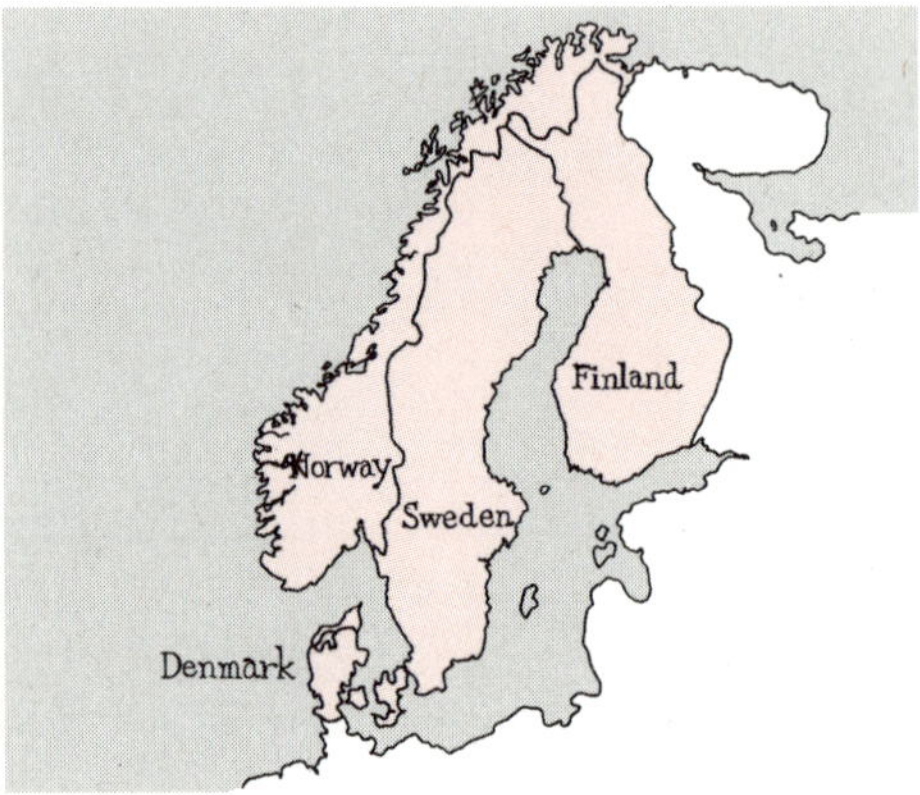

民族も国土も気候もまったく違うのに、なぜか和の空間に合う北欧モダン家具。アアルト夫妻も日本の文化に非常に興味をもち、影響を受けていた

筆者を含め、北欧モダン家具のファンは日本にも多いと思います。気候も風土も人の体格も全然違う国の人たちがつくった家具なのに、日本の住まいにもしっくりくるのは不思議です。

北欧モダン家具と和の空間の共通点は、塗装されていない木の風合いを生かして使われること、装飾的でなく、線的でシンプルなデザインが多いこと、そして、自然をモチーフにしていること【→MEMO】。アイノ・アアルトのデザインした椅子やファブリックにもそんな特徴がよく現れています。この美意識の共通点が何に由来するものなのかは分かりませんが、アアルト夫妻は、日本の文化に造詣が深く、伝統的日本建築から学んだことも多かったようです。

インテリアを1つのスタイルでそろえるのは定石ですが、異なる文化からのものが混ざって、しかもそれがしっくりしていると、堅苦しさが取れ、住まう人の個性が反映された空間になります。まずは椅子1つ、テーブルクロス1枚から、異文化を取り入れて暮らしてみませんか？

北欧家具と和の空間の融合

北欧モダンと和を調和させるヒント

・北欧家具の張地を和風ファブリック(唐草模様など)に替えてみる
・座卓に北欧デザインのファブリックでつくったランチョンマットを敷く
・のれんの代わりに北欧ファブリックを吊るす
・北欧デザインのダイニングセットに漆の食器を合わせる
などなど……。

自然をモチーフにしたファブリックは
どこか和テイスト

張地を唐草模様にしたアイノのラウンジ・チェア。
脚には白木が使用されているせいか、うまく調和する

和モダンな空間に椅子を置いてもなじむ

【MEMO】 北欧モダンデザインの代表的なデザイナーは、アアルト夫妻のほかアルネ・ヤコブセン(デンマーク)、ハンス・ウェグナー(デンマーク)など。

フロアランプ／アイリーン・グレイ

上を向いて照らそう

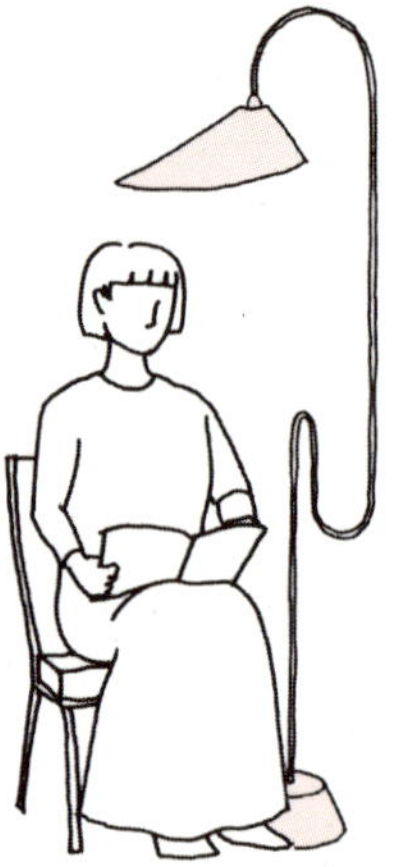

フロアランプは手元を照らすもの……とは限らない。このスタンドは、グレイが1930年代にデザインしたもの

日本の住まいではたいてい天井に付いている照明器具。しかし西欧では、フロアランプやテーブルランプを使うことが多いので、天井面に何も付いていないこともあります。天井からの直接的な光で部屋をまんべんなく明るく照らすだけでなく、ほかの照明器具を用いた異なる方向からの光や、濃淡が生み出す奥行き感で、落ち着きのある部屋を演出してみましょう。

手元灯としてのイメージが強いフロアランプでも、シェードの向きを天井に向ければ間接照明になります。特に天井が高い部屋では、光の広がりが得られて効果的。照度は高くないので、読書などをする場合はほかの照明と併用するのがお薦めです。

また、光を全方向に拡散するタイプのフロアランプを使えば、天井も床も同時に照らすことができるほか、光の重心が低くなるので、部屋に落ち着きが生まれます【→MEMO】。移動可能というスタンドライトの利点を生かして、さまざまな位置や方向の光を試してみましょう。

リビングの雰囲気を変えるフロアランプ

フロアランプで天井を照らす

広いリビングなどは、スタンドで間接的に天井を照らすと部屋に広がりが出る。天井が明るい色だとより効果的。

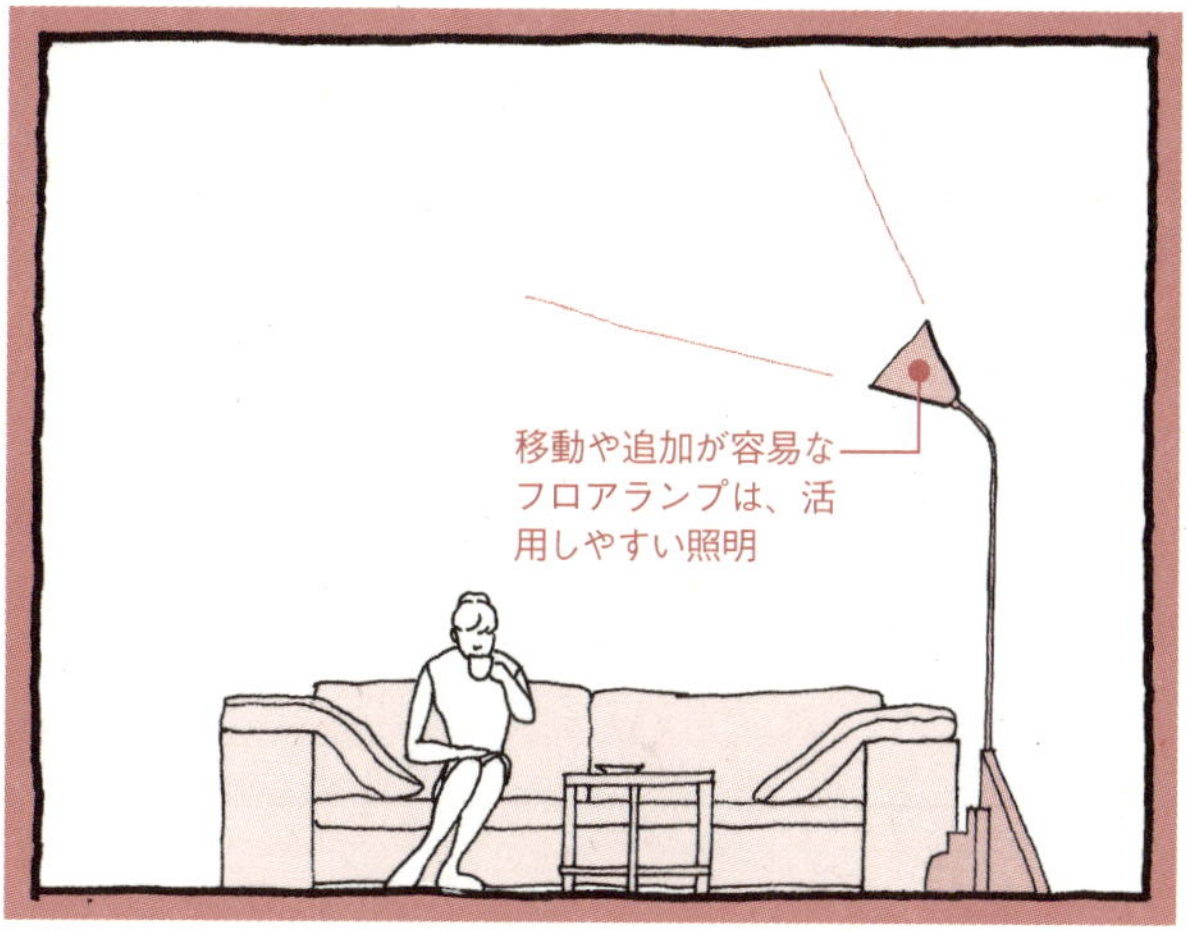
移動や追加が容易なフロアランプは、活用しやすい照明

グレイがデザインしたさまざまなフロアランプ

チューブ・ランプ

クロームの柱に支えられた黄みがかった乳白色のチューブが光る全般拡散型照明。1930年代のデザインとは思えないほど現代的なデザイン。

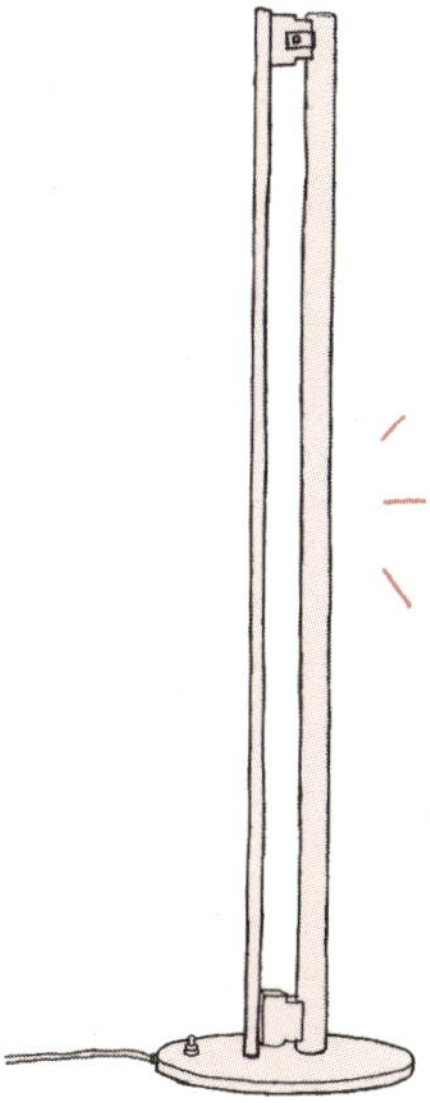

フロアランプは調光して使いたい。白熱電球の場合、後付けの調光リモコンスイッチがお薦め

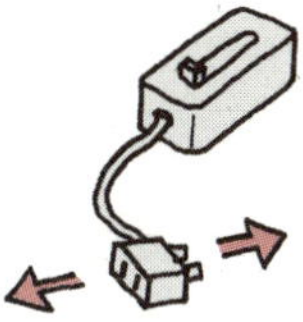

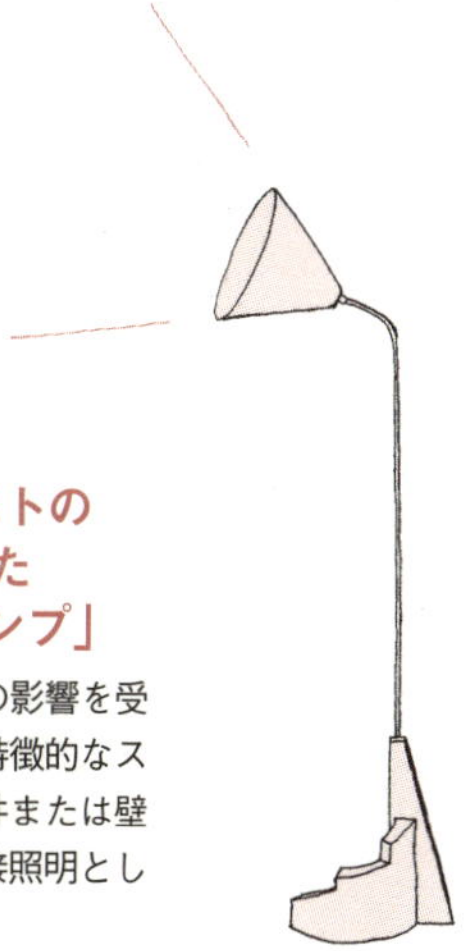

「キュビストの足が付いたフロアランプ」

キュビズムの影響を受けた足元が特徴的なスタンド。天井または壁を照らす間接照明として使われる。

【MEMO】 シェードなどの付いていない拡散タイプのフロアランプには、ボール型など背の低いものも多い。小型のものであれば、照明自体を物陰に置いて使うことで、間接照明にもなる。

マイレア邸のリビング／アイノ・アアルト

植物は目線の近くに

室内に植物があると生活が潤う……分かってはいても、大きさのまちまちないくつもの植物を格好よくインテリアに組み込むのは難しいもの。インテリアに植物をうまく取り入れるポイントは、植木鉢をそろえることです。同じ植木鉢に植え替えられないときは、横長のプランターボックスを使えば統一感が出ます。また、いろいろな種類の植物を植える場合でも、できるだけ高さはそろえましょう。

このマイレア邸のリビングでは、白木の台に載せた白いプランターボックスを、窓に沿ってL字形に並べています。その全長5m以上。それだけでも迫力がありますが、高さ400㎜程度の台に載っているので、座っている人は緑に包まれているような感覚に。植物の種類は多様で、花も色とりどりですが、プランターボックスの高さがそろっているのでうまくまとまっています。

植物のコーディネートは難しいと思われがちですが、このようにシンプルに目線近くに取り入れてみませんか？【→MEMO】

マイレア邸のリビング

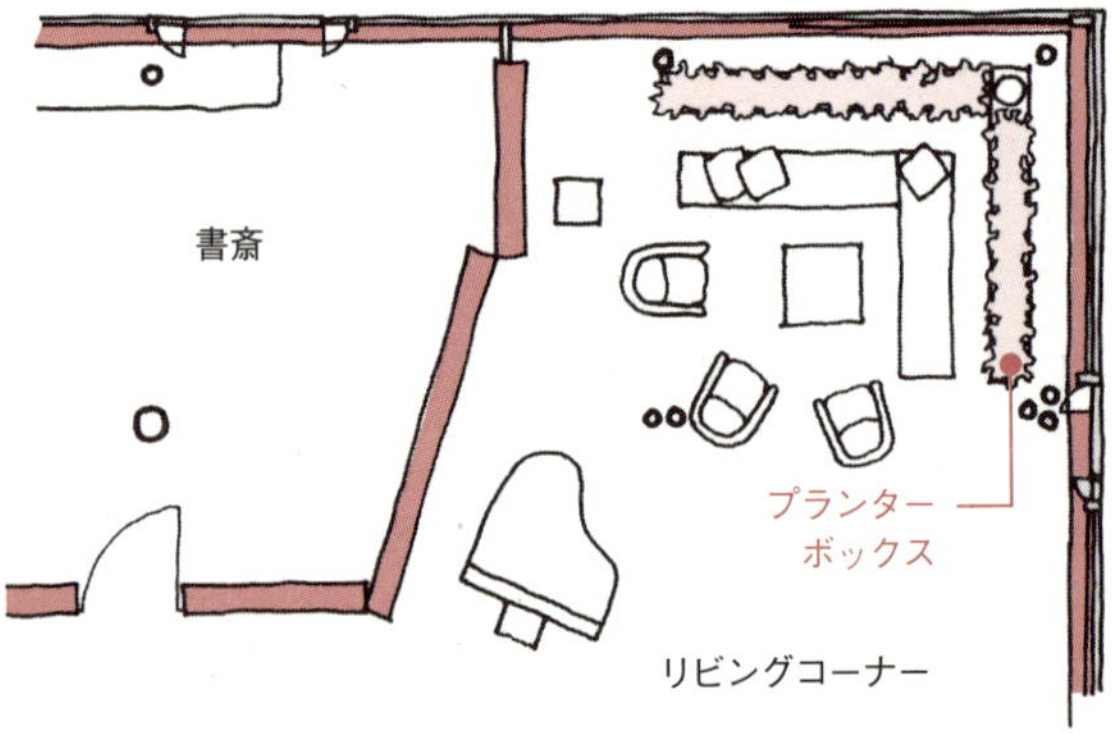

マイレア邸は延床面積が1,400㎡以上ある豪邸中の豪邸。巨大なリビングは、家具などのしつらえによって、性格の異なるいくつかのコーナーに分割されている。このリビング・コーナーはそのうちの1つで、インテリアの要素として積極的に植物を取り入れている。

マイレア邸のリビングの一角（S＝1：150）

植物を上手に取り入れるポイント

同じ入れ物・同じ高さで統一感を

プランターボックスの高さは、低めのベンチに座ると目線の近くまで植物がくるように考えられている。窓の外に緑がなくなる冬でも、プランターが室内にあるため緑に囲まれて過ごすことができる。

室内花の女王、セントポーリアなどの花を植えても
白木の台に置いた白色のプランターボックス
400

窓の上には軽やかに蔓《つる》をはわせて

窓の上部には葉の大きい蔓系の植物をはわせて、プランターの植物と対照的な曲線により軽やかさを添えている。

【MEMO】 植物を室内で育てるには、まず植物を置く位置を決め、日射状況を確認してからふさわしい品種を選ぶことが重要。日照条件のよい窓辺であれば、アアルトのように花を植えることもできる。植物によって水やりの頻度も異なり、葉にも水をかけたほうがよい場合もあるので購入時に確認するとよい。

アルク1600の縁側／シャルロット・ペリアン

マンションだって縁側がほしい

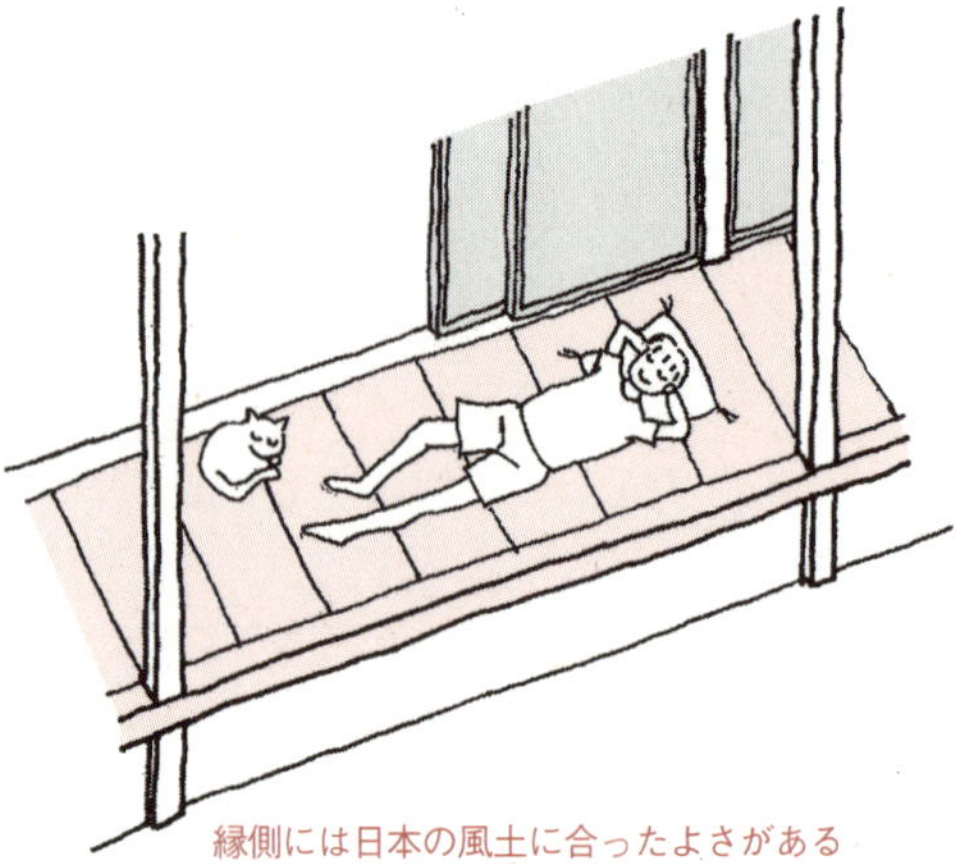

縁側には日本の風土に合ったよさがある

縁側は、屋内外の心地よさを同時に味わうことができる中間領域。しかし、最近では、日向ぼっこや昼寝ができるような縁側のある家は、めっきり少なくなりました。

マンションで縁側のようなスペースがほしいときはどうすればよいでしょうか？　ペリアンは掃出し窓をはさんで室内とバルコニーに木製のベンチとデッキを置くことで、屋内と屋外をつなぎました。ベンチの奥行きは900㎜、高さは350㎜ほど。バルコニーには、ベンチと高さをそろえたデッキを設置。窓を開けると、室内のベンチとバルコニーの床がつながる中間領域が出現します。

通常の縁側と違い、この中間領域と室内の床には段差がありますが、ベンチに合わせた低めのスツールとテーブルを配置することで、ベンチが孤立せず、部屋全体に溶け込むように考えられています。そして、ベンチが窓の内外に連続性をつくったことで、部屋全体も広く感じられます。日本の伝統的な中間領域を見直すきっかけを与えてくれるしつらえです。

低くフラットなスペースが広がりを生む

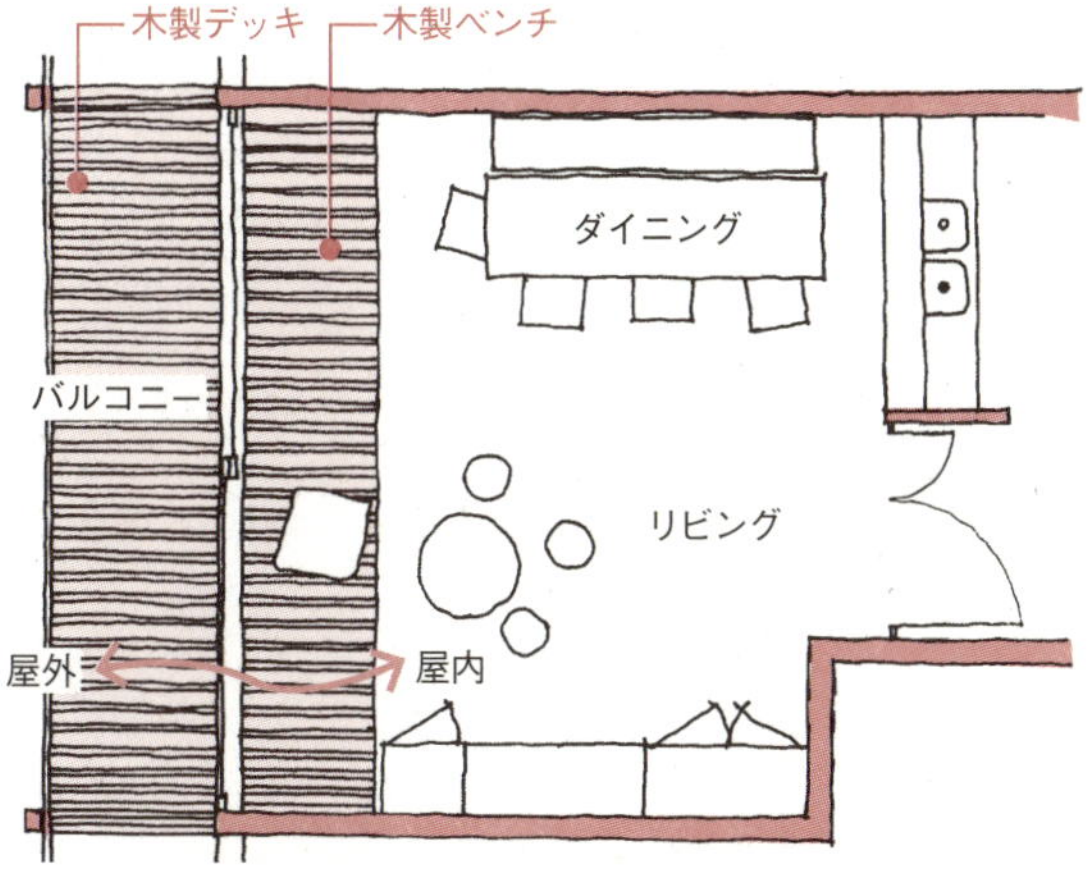

アルク1600の平面図

窓際に置かれたベンチと同じ高さになるようデッキを敷いたバルコニーが室内外をつなげる。アルク1600はスキーリゾートマンションなので窓を開けることはあまりないが、部屋の空間が雪景色と連続する風景は素晴らしい。

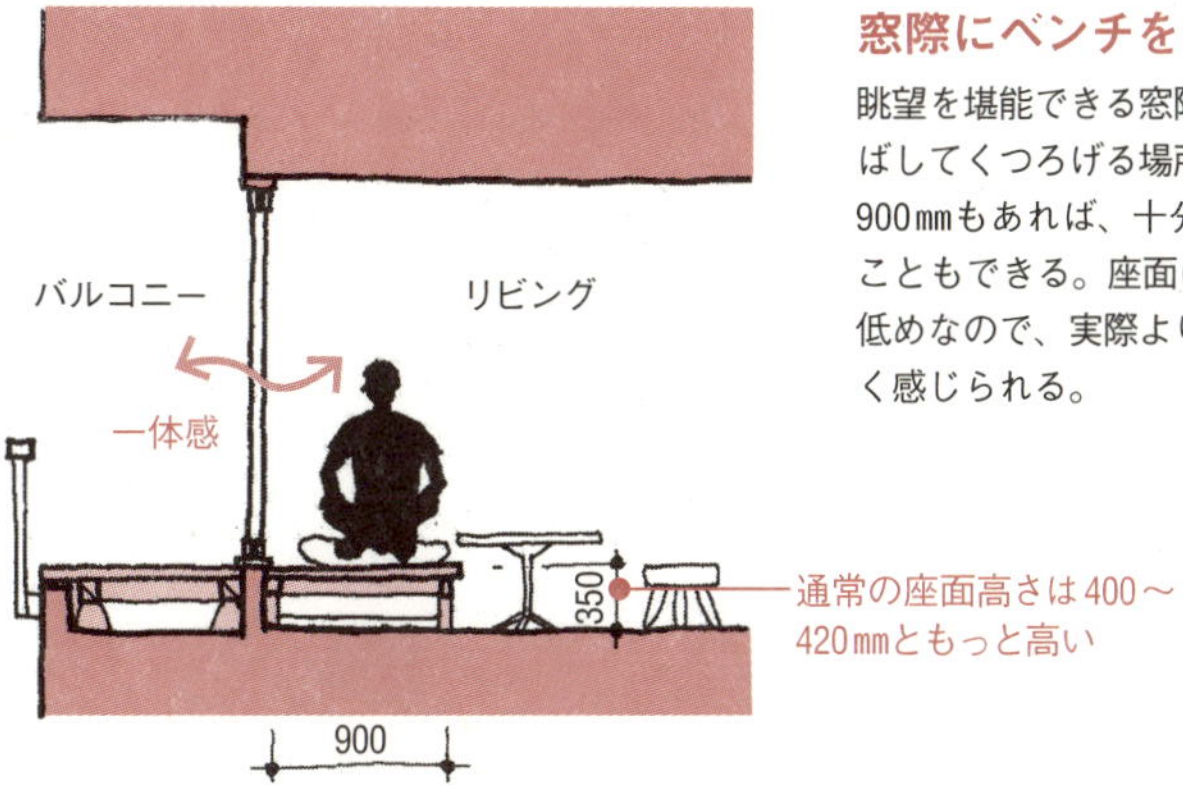

窓際にベンチを

眺望を堪能できる窓際で脚を伸ばしてくつろげる場所。奥行き900㎜もあれば、十分寝そべることもできる。座面は350㎜と低めなので、実際より天井が高く感じられる。

背の低い家具で広がりを

ベンチの高さに合わせて低くつくられたスツールとテーブルによって、中間領域の楽しみがベンチだけにとどまらず、部屋中に広がる。

Irving Desk ／マリオン・マホニー・グリフィン

1台2役 兼ねる家具

ギリシャ神話の「上半身が人間で下半身が馬」という怪物ケンタウロス。人と馬の優れた部分を組み合わせて考え出された最強の種族です。家具もこの発想から、より美しく、より便利なものがつくられてきました。たとえばライトがデザインした、肘掛けと背もたれがそれぞれサイドテーブルを兼ねているカウチなどがあります。

マホニーがデザインしたデスクはもっと不思議な組み合わせ。なんと、デイベッドと机が一体となっているのです。この家具が生まれた経緯や、どのように使われたのかは実のところ分かっていませんが、机に座っている人が寝そべっている人に本を読み聞かせるためか、または横になっている人が机にいる人に口述筆記させるためではないかといわれています。

用途は何であったにせよ、通常壁際に寄せられることの多いデイベッドと机が一体となり、堂々と部屋の真ん中を占めるショーピースになりました。異質のものを組み合わせるデザインは、まだ見ぬハイブリッド家具を生み出すかもしれません。

掛け合わせが新鮮

ライトがデザインしたロビー邸のカウチ「キャンチレバー・カウチ」。通常より広い肘掛けと背もたれが、サイドテーブルとして使えるようになっている。

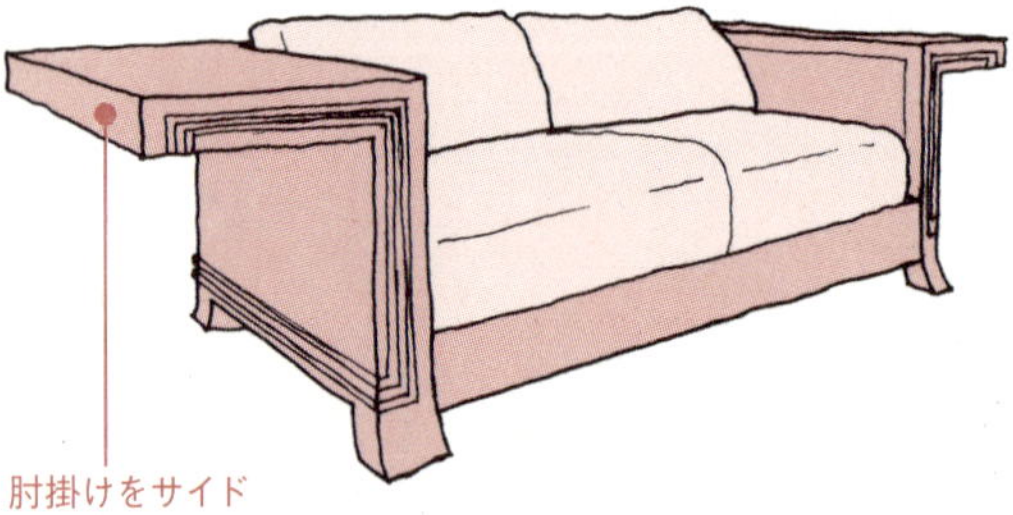
肘掛けをサイドテーブル代わりに使える

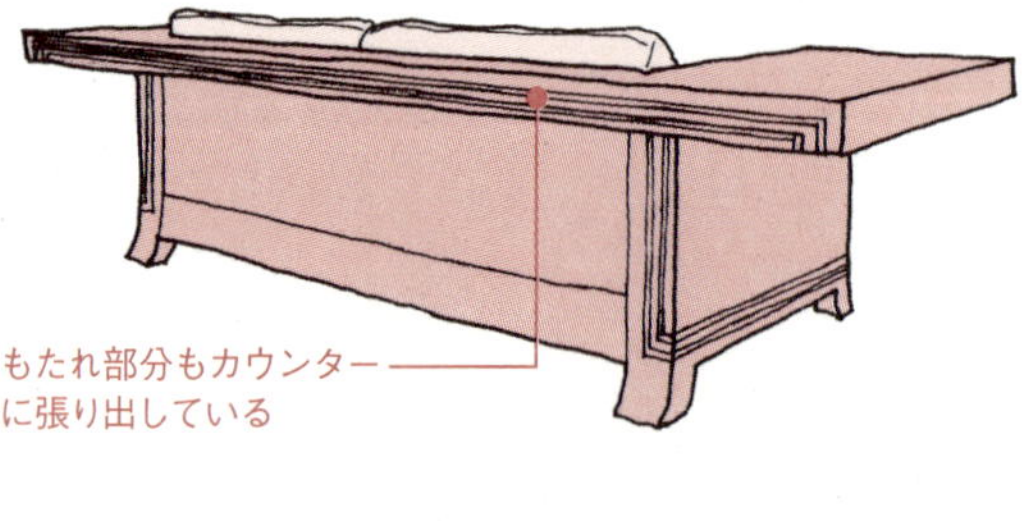

まったく性質の違う家具を組み合わせる

デイベッド＋デスク

マホニーの「Irving Desk」。デイベッドと机、2つの家具がそのまま一体となったら、不思議なハイブリッド家具が完成した。

デイベッドと机を組み合わせると……

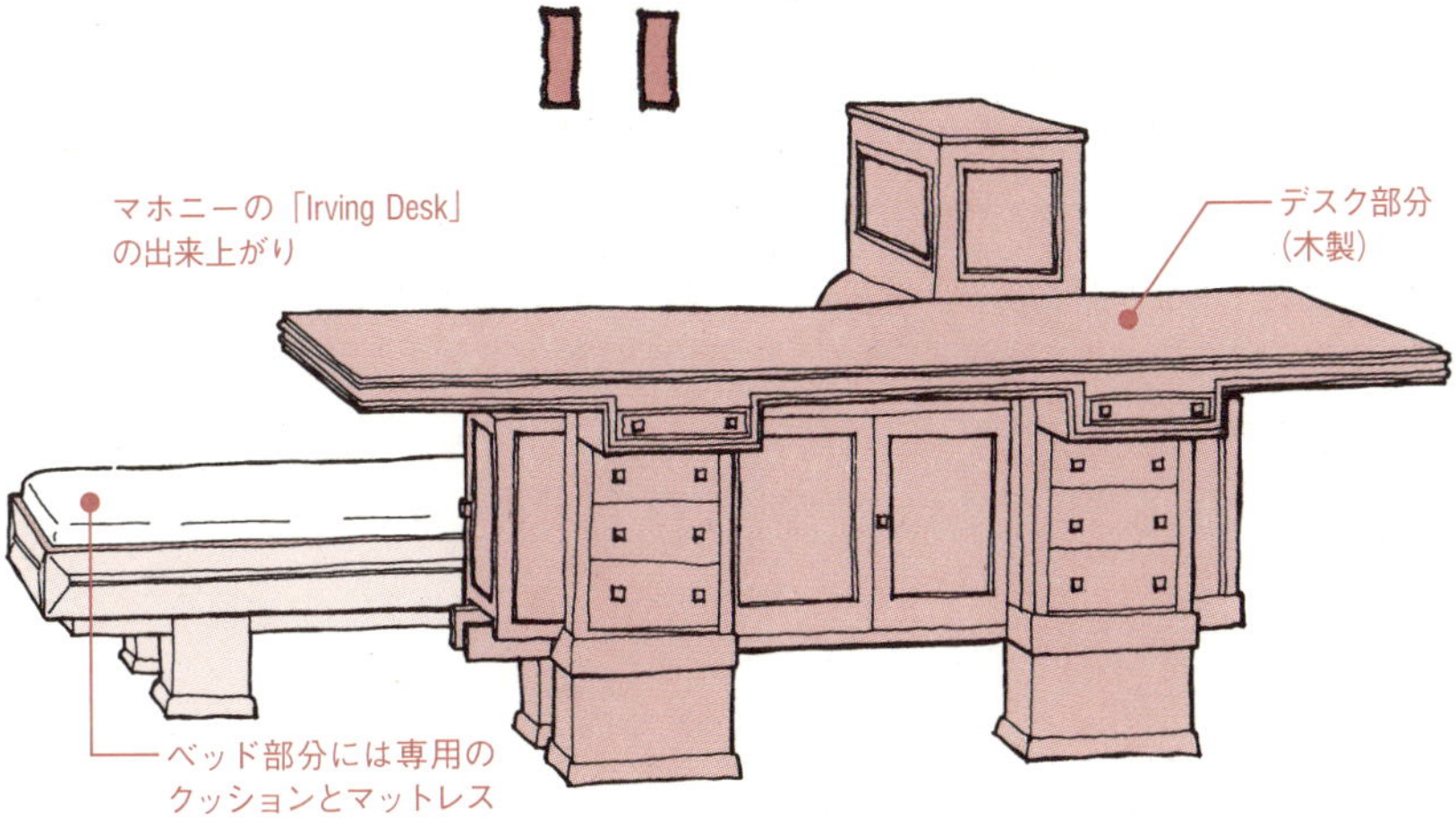

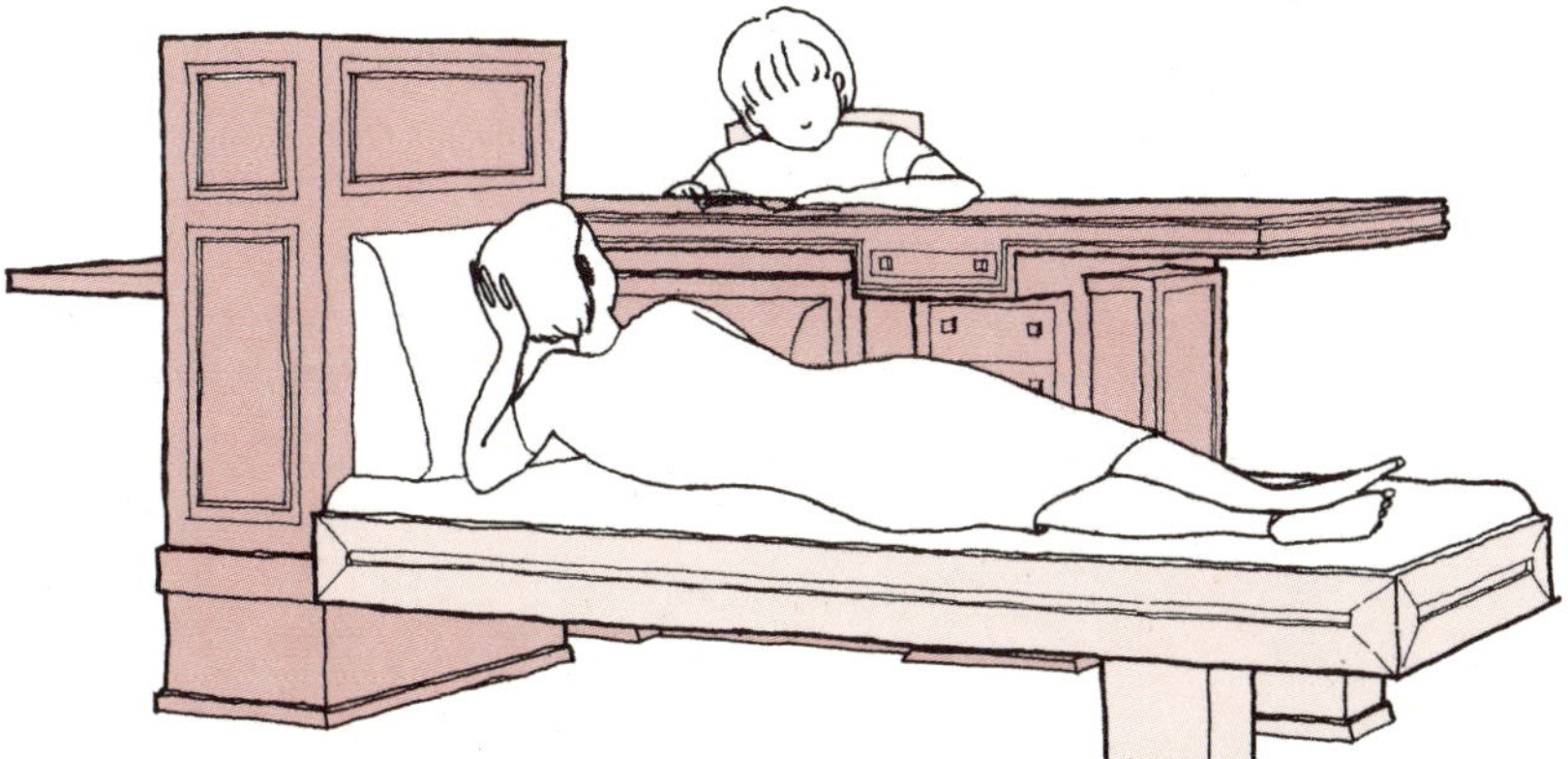

このように使われたのかも？

サヴォイ・ヴェース、アアルトの花／アルヴァ＆アイノ・アアルト

テーブルを彩る ガラスの花

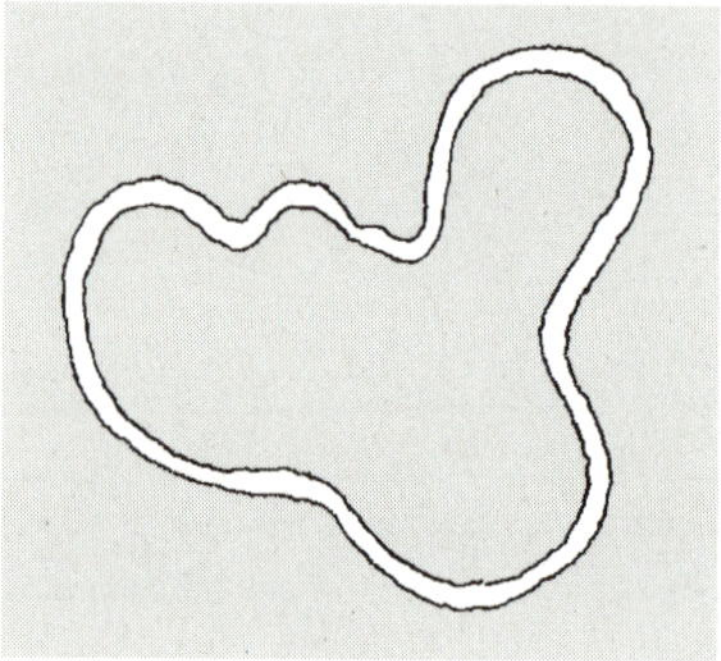

サヴォイ・ヴェースの曲線。「波」（フィンランド語で「アアルト」）のかたちかと思いきや、エスキモーの女性の皮のパンツにインスピレーションを得たという

家に花を飾りたいと思っても、なかなか手が回らないもの。それなら、こんなガラスの花器を飾るのはどうでしょう？　上から見たかたちが特徴的な「サヴォイ・ヴェース」。もう1つはまるで花びらを4枚重ねたような器、その名も「アアルトの花」。どちらも波のような優美な曲線が素材を引き立てるデザインです。

ガラス器の魅力は、かたちの美しさだけでなく、さまざまな使い方ができる柔軟性。花だけではなくフルーツを飾ったり、鉛筆立てに使ったりと、いろいろな用途が考えられます。中に水を入れると一層その美しさが引き立つので、インクを垂らした色水や、魚を入れたりしてもきれいです。

サヴォイ・ヴェースは1937年のパリ万博に出品するガラス器のコンペで1等を取った案。それからずっと生産され続けていますが、アアルト夫妻が受け取った著作権使用料はわずかなものだったそうです。しかし、その親しみやすい美しさで、この花器はアアルト作品の中で最も有名なものの1つになりました。

インテリアにもなる花器

小ぶりのものは花のように
色鉛筆を立ててもきれい

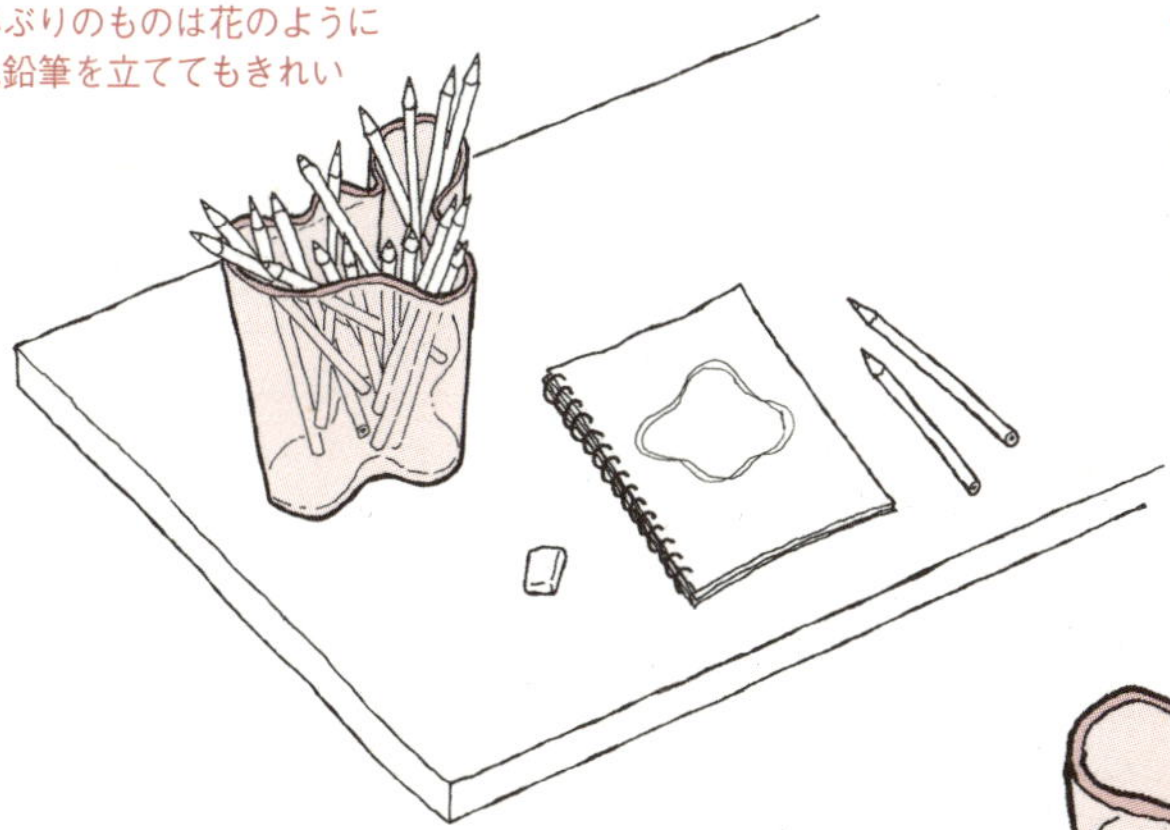

サヴォイ・ヴェース

サヴォイ・ヴェースにはさまざまな高さや色があるので、用途によって使い分けたい。

深いものなら金魚
鉢などにも

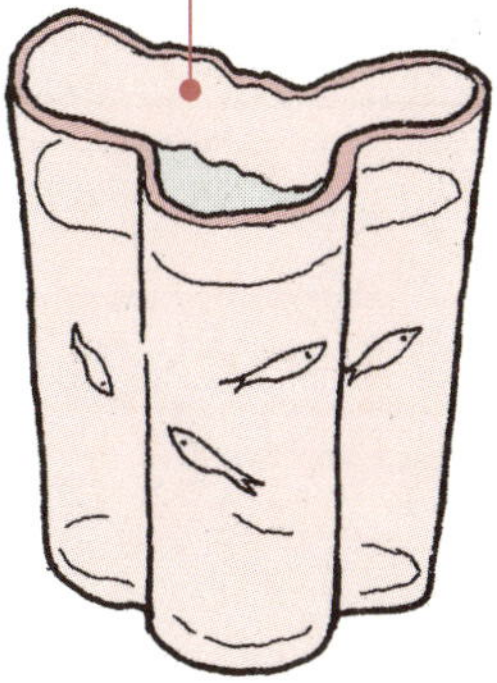

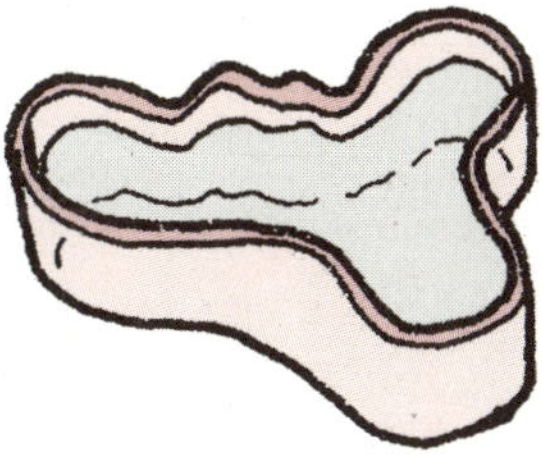

浅いものは食器としても
使える。カラフルなゼリ
ーを入れてパーティに出
してもおしゃれ

アアルトの花

緩やかな曲線の4つのガラス器は、重ねるとより華やかに光を反射するが、それぞれを食器として別々に使ってもよい。現在はステンレス製のものも生産されており、コーヒーテーブルなどに置けばリビングの小物やリモコンなどを格好よく収納できる。

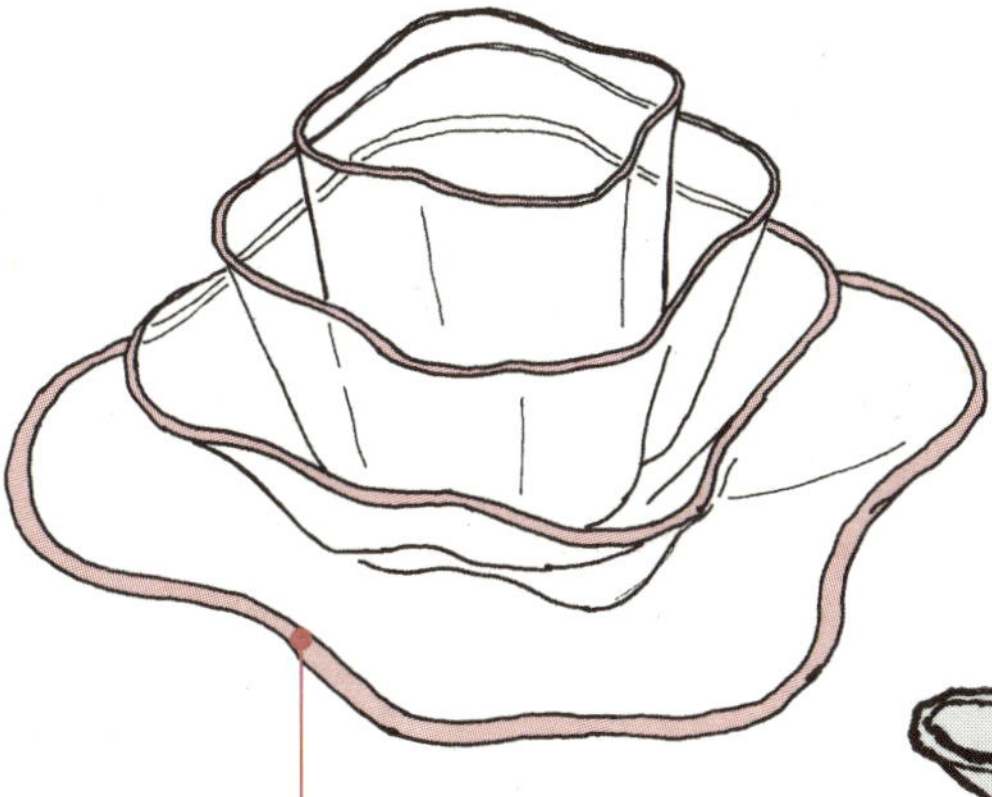

ガラスの色は透明のみ。大きさは
下の皿で最大直径50㎝程度

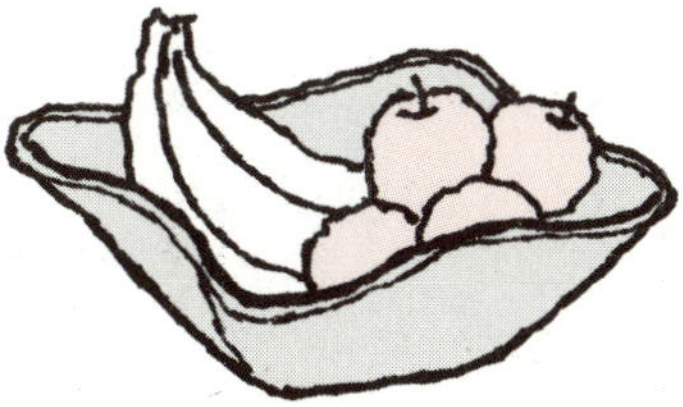

使い方はモノが教えてくれる

身の回りのものには、美しさだけではなく、言葉で説明しなくても分かるような使いやすさがほしいもの。でも、そんなデザインのポイントってどこにあるのでしょう?

まずは形態。左ページ上のレバーハンドルは、握った手のかたちにもとづいて寸法やかたちが決められています。初めて使う人でも、右手で握って押し下げる行為が直感的に理解できるのです。人の身体寸法や動きから導き出されたモノのかたちが、自然な行動を引き出している好例です。

また、材質も重要。レバーハンドルの取手自体は耐久性のある金属でつくられていますが、人が自然と触れたくなる柔らかな感触を出すため、手で握る部分には革紐を巻いてあります。

そのほか、下図の新聞&マガジンラックのように、形態と身体の動きの対応だけでなく、文化性や習慣を織り込むことも、ポイントの1つです。

言葉はなくても伝わるデザインを考える第一歩として、日常の何気ない行為にも意識を向けてみましょう。

入れるモノが分かる棚

アイノ・アアルトがデザインした、新聞&マガジンラック。棚の形態がどこに何を入れるかを教えてくれる。

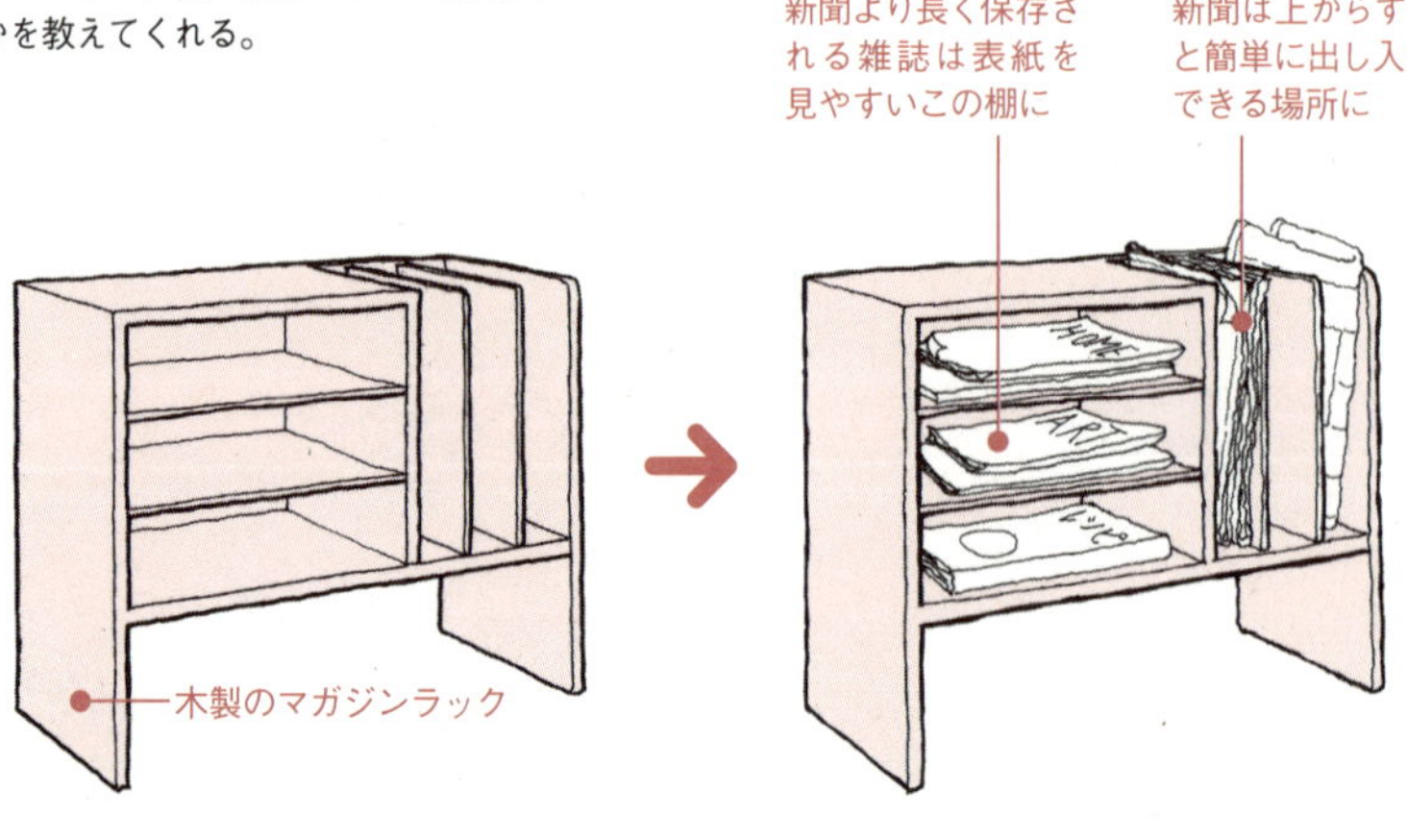
新聞より長く保存される雑誌は表紙を見やすいこの棚に
新聞は上からすっと簡単に出し入れできる場所に
木製のマガジンラック

動きを誘導するデザイン

握られたい取手

アアルト夫妻がデザインしたレバーハンドル。握ったら自然と下へ押してみたくなるようなかたちに考えられている。本体は耐久性のある金属だが、革紐を巻くことで手が触れる部分を示している。

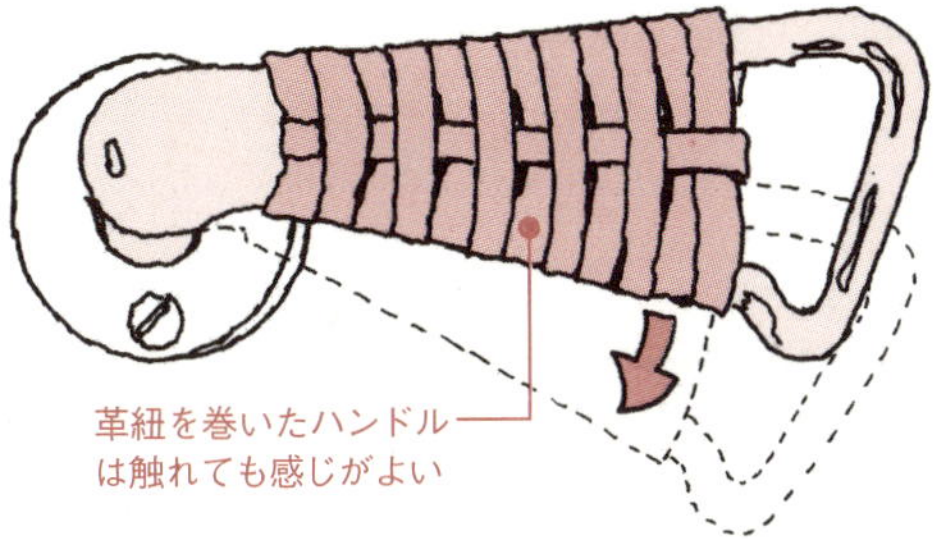

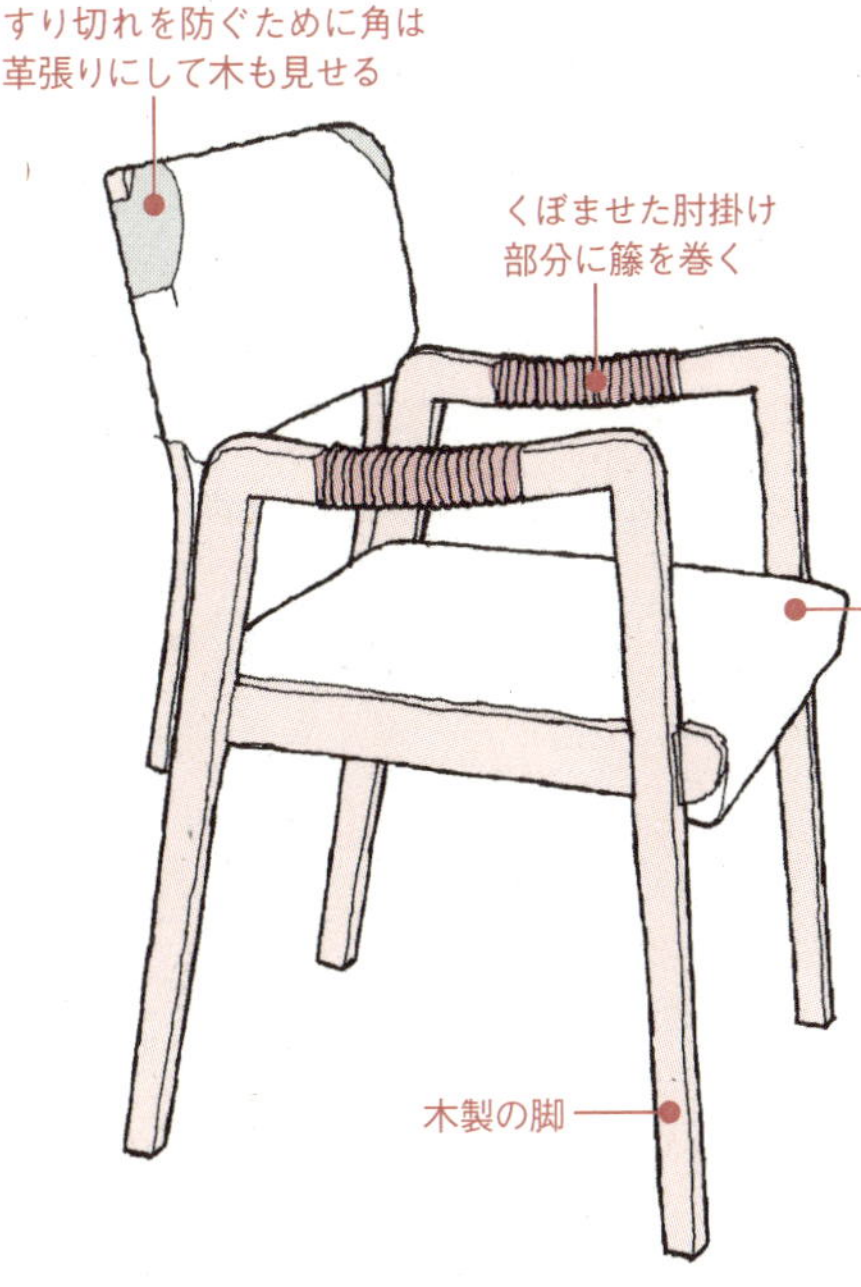

座り方が分かる椅子

アイノ・アアルトがデザインしたダイニング・チェア。肘掛けの中央をかすかにくぼませ、籐を巻くことで、どこに肘を掛ければよいかを示した。これも形態と材料が融合したデザイン。

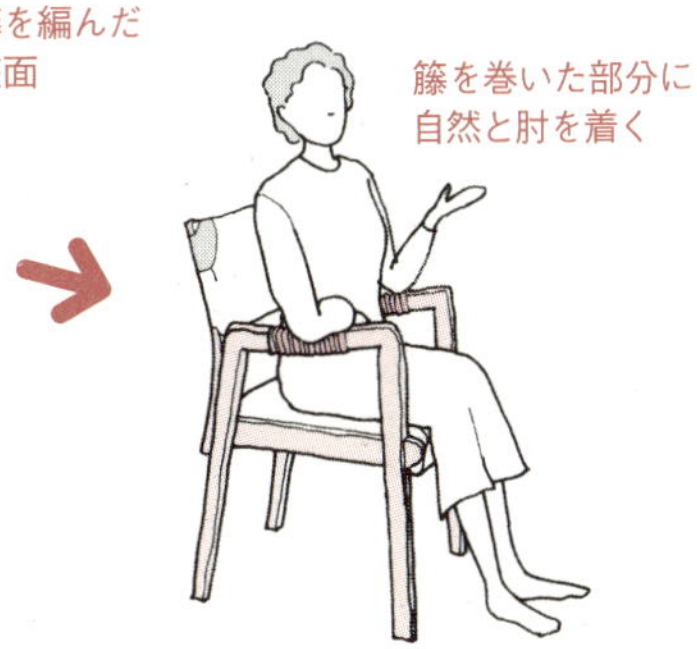

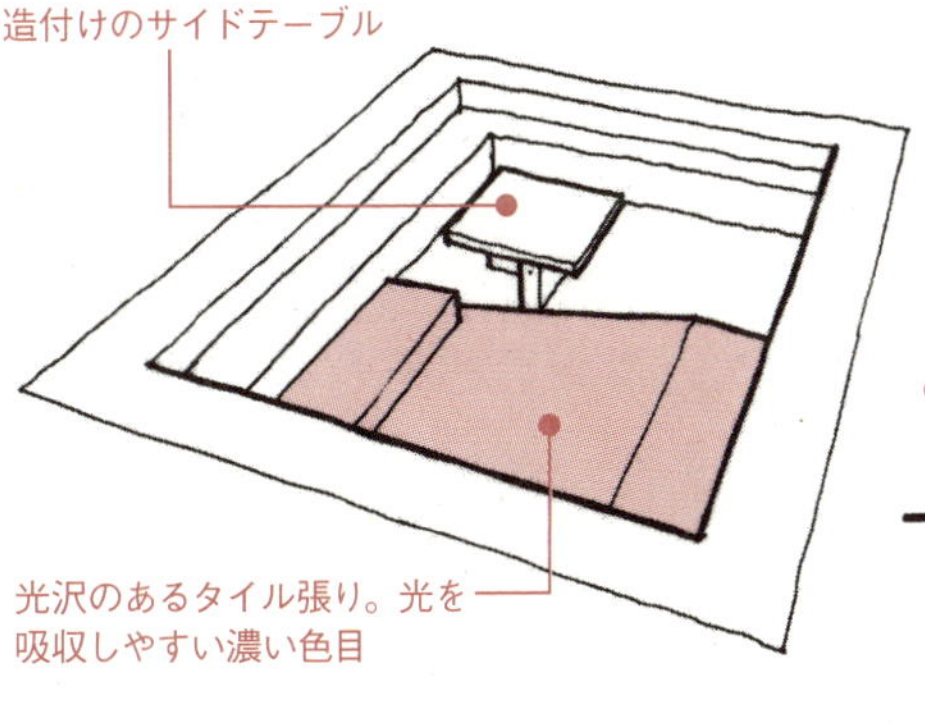

横たわりやすいかたちのくぼみ

グレイがデザインした、室外にある日光浴用のくぼみ。人の身体に沿ったくぼみをつくることによって、寝そべる場所を示している。

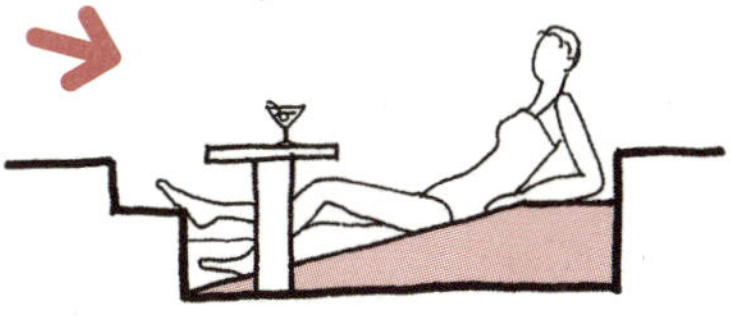

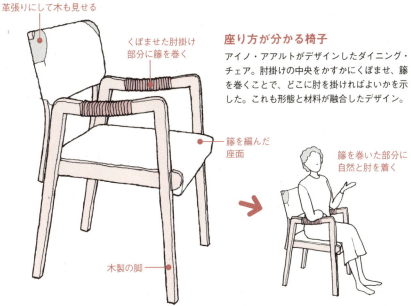

シーリングライト／マリアンネ・ブラント

明るけりゃいいわけでもない

日本の一般的な蛍光灯のシーリングライト。部屋を均一に明るくするので、雰囲気のない部屋になってしまう

日本でシーリングライトといえば、環形蛍光灯を光源とする照明器具のこと。一灯で部屋全体を均一に明るくできる一方、光の濃淡がないのっぺりした空間を生んでしまうので、照明デザイナーからはいたく評判の悪い代物です。

本来シーリングライトとは、蛍光灯に限らず天井に直接付ける照明全般を意味します。天井面から床面まで明るくでき、いろいろな部屋で活躍する便利な照明器具なのです。ブラントのデザインした天井に付けるグローブ型の照明器具は、部屋にも廊下にも合うシンプルなもの。いわゆる「シーリングライト」とは違い、温かい色の電球型ランプを使うことで、雰囲気のある光を演出します。

一般に部屋を選ばないシーリングライトですが、寝室に取り付ける場合は注意が必要です。横になったときに光が直接目に入る位置にあると、まぶしさが安眠を妨げます。間接照明を活用するなど、落ち着いた照明計画を考えましょう【→MEMO】。

シーリングライト取り付けのポイント

シーリングライトでも格好よく

ブラントがデザインしたシーリングライト。オリジナルは乳白色のガラスとアルミでつくられていた。グローブの大きさは直径400㎜ほどで、吊り下げている3本の支柱を長くしてペンダントライトにしたものもある。部屋の用途を問わず、どこにでも使えるシンプルなデザイン。

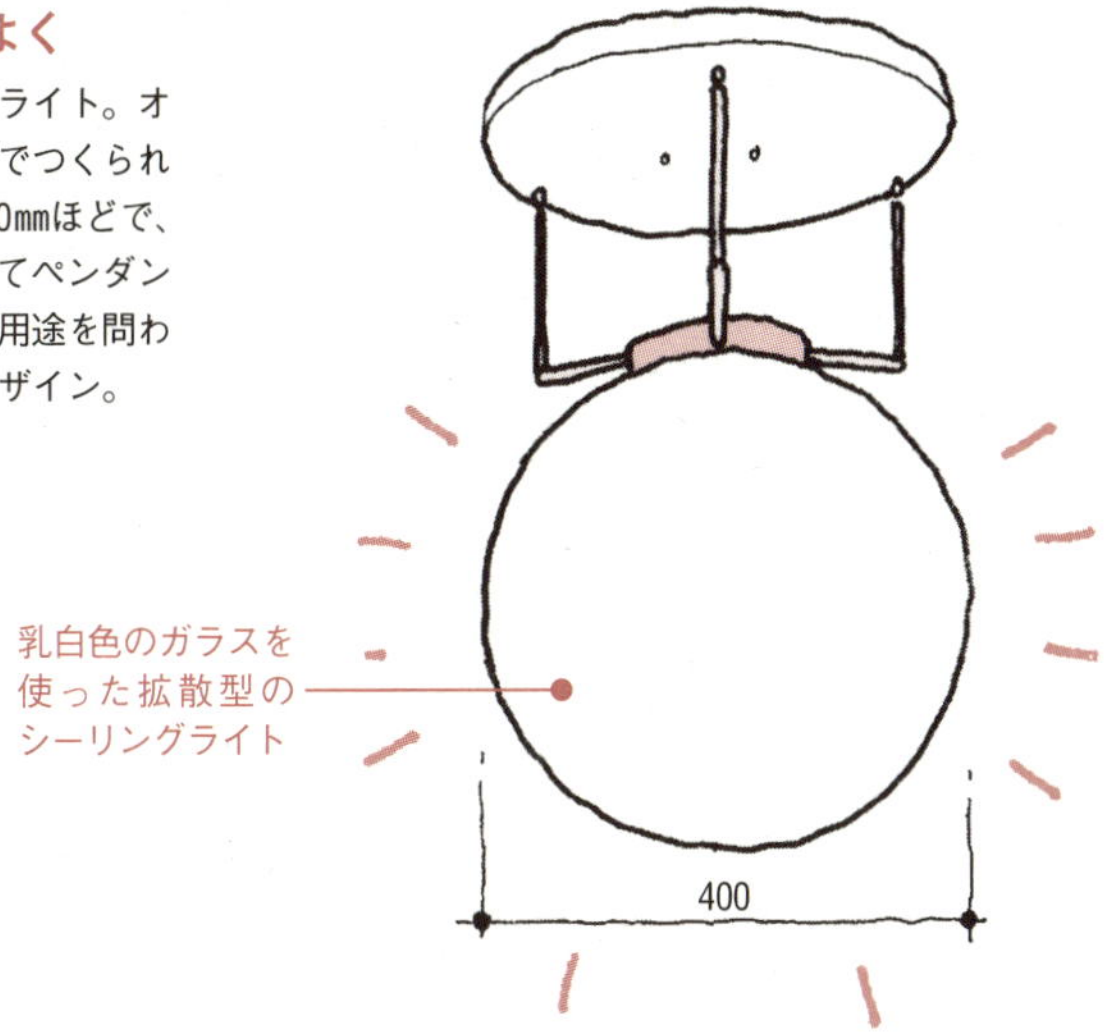
乳白色のガラスを
使った拡散型の
シーリングライト
400

寝室の照明計画には注意が必要

寝室では基本的に直接的な光は避けたいもの。クロゼットを照らすスポットライトかベッドサイドランプ、間接照明などがお薦め。普段部屋を明るくするためにシーリングライトを設置するときは、調光できるものを選ぶとよい。

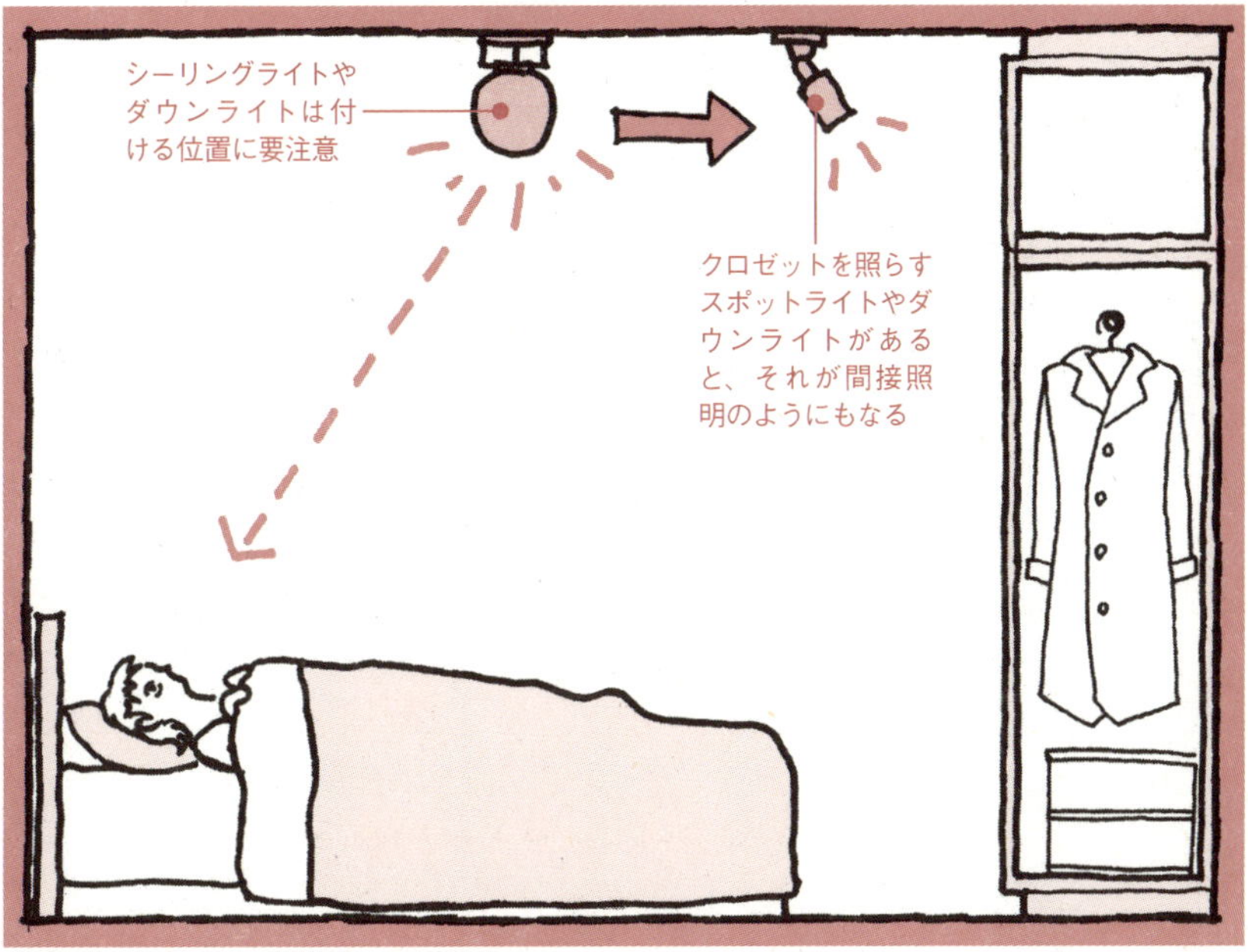
シーリングライトや
ダウンライトは付
ける位置に要注意
クロゼットを照らす
スポットライトやダ
ウンライトがある
と、それが間接照
明のようにもなる

【MEMO】 夜中にトイレに立つときなどに部屋全体を明るくしてしまうと、まぶしいばかりか、2人で寝室を使っている場合は相手を起こしてしまう可能性も。横になったときに目に直接光源が入らない位置に足元灯を用意しておくとよい。

パリのアパルトマン／シャルロット・ペリアン

人が集まる 生活感を感じさせない家

リビングは家の中で一番明確な用途がないにもかかわらず、一番よいポジションを占めている不思議な部屋です。でも住宅にリビングがなかったら家はただの寝床。今流行のシェアハウスの魅力が共有のリビングであることを考えても、家族に限らず親しい人が集まってくつろぐ部屋、リビングがあるから家は家になるのです。

リビングの家具やレイアウトは住まう人が心地よければそれでよいのですが、リビングがお客様を招く部屋を兼ねているならヒントを1つ。人はあまり生活感のない部屋のほうが居心地よく感じるということ。そのため、まずリビングにはある程度の広さが必要となります。

ペリアンのパリのアパルトマンの広さは日本と大差のない60㎡ですが、寝室やダイニングを狭くして、24㎡以上（約15畳）のリビングを確保し、暖炉を囲んだL字形のベンチをソファ代わりに置いて空間を広く使用【→MEMO】。気取らず、でも日常がにじみ出ない、そんな長居したくなるリビングのお手本です。

ソファ廻りの基本寸法

リビングの家具といえば、基本はソファ。基本的なソファ・セットの寸法は右のとおり。最低でも畳2枚分のスペースを占める、かなり大型な家具。

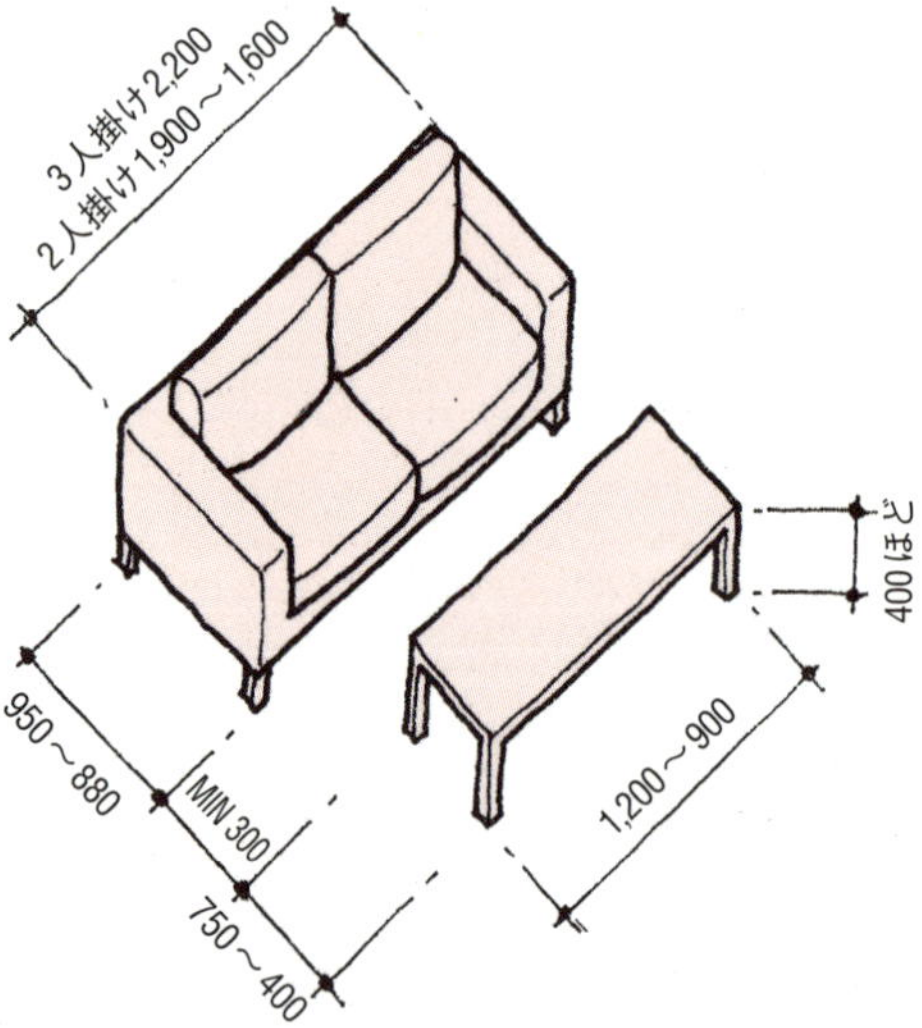

皆のくつろぎを生むポイント

リビングの基本レイアウト例

どの向きにどれくらいの大きさのソファを配置するかで、部屋の雰囲気が変わる。かつては部屋の中心にある暖炉を意識したレイアウトだったが、今ではそれがテレビに。

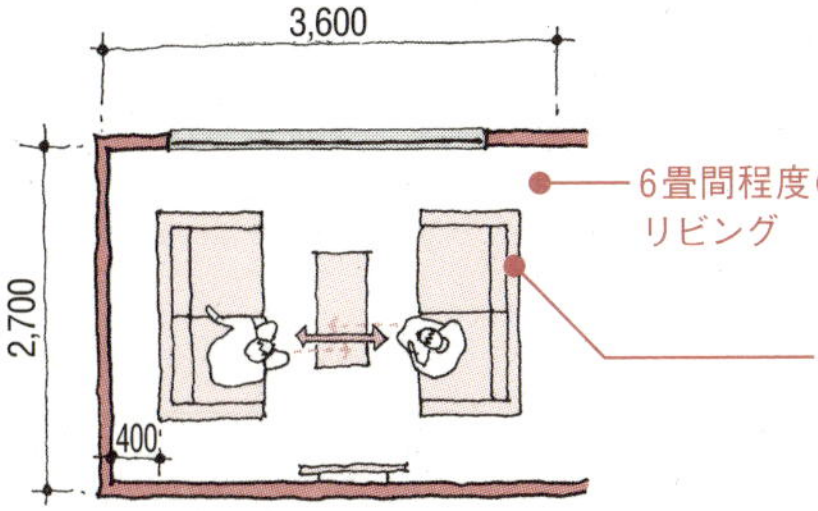
対面式の場合は、コンパクトな配置が可能。座っている人が常に向かい合うので、会話には都合がよいが、気まずいときも。両側の席から同じように外の景色やテレビが観られるように配慮する

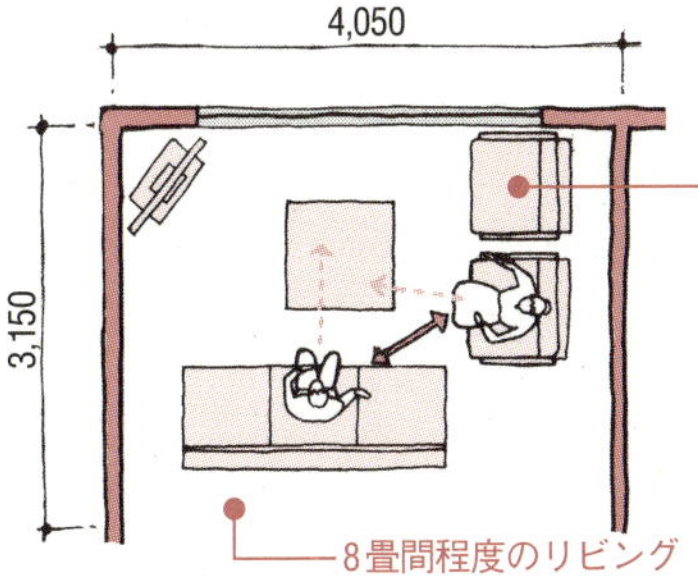
L字形の場合は、ソファをお互いに対して直角に並べるので、ある程度スペースが必要になる。座っている人が、互いの顔を正面から見合わないので、気楽な面も。外に向いていれば、視界に広がりが出る

ペリアンのリビング

暖炉を囲んで窓と本棚に沿って、ベンチがL字形に並んでいる。コーヒーテーブルは大きな楕円形。大人数で集まっても居心地のよい、センスのあるリビング。

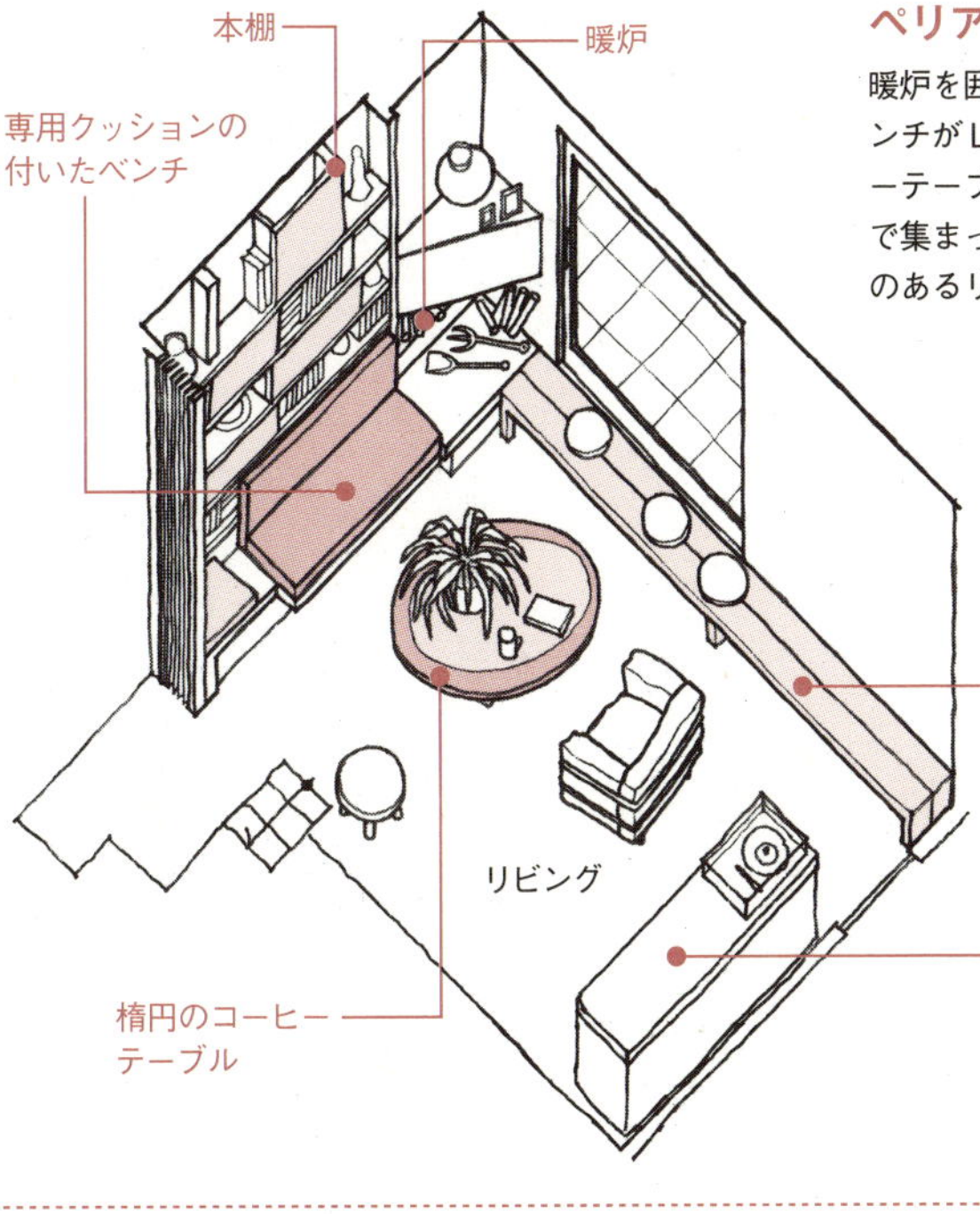

【MEMO】 日本の建築基準法では、暖炉を設置した部屋は「火気使用室」となり、内装制限がかかる。また煙突にも法規制があるので導入時には注意が必要。

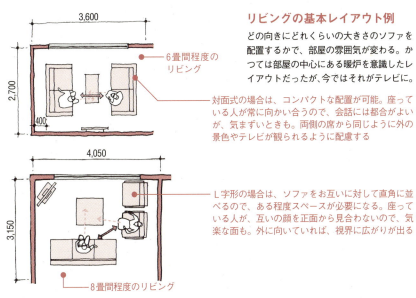

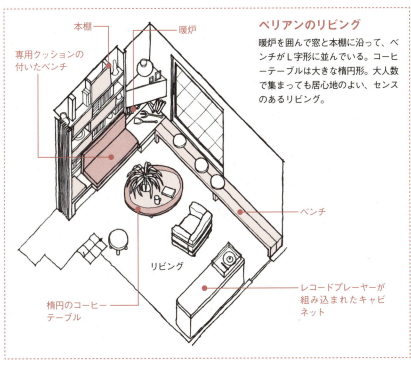

窓際族のすすめ

会社では望ましくない場所の象徴である窓際も、家の中ではとても魅力的な場所。特に西欧では、分厚い壁に開いた窓から明るい光が差し込む空間は、くつろぎや瞑想の場所として特別に扱われてきました。窓際空間をより豊かにするための方法の1つは、窓辺に座る「場」を設けること。ただベンチを置くだけではなく、窓や部屋と一体で設計する必要があります。

マホニーがライトの事務所で設計を担当したデイナ邸。広々としたダイニングの奥に設けた窓際のニッチは、窓に沿って造付けのベンチが置かれた天井の低い空間で、吹抜けのあるダイニングとは対照的。朝食をとるスペースとしてつくられましたが、1人で考えごとをしたり、少人数で会話を楽しむのに絶好の場所となっています。

そんな魅力的な窓際空間をつくるためには、置き家具ではなく、その場所に合わせてつくる造作家具がお薦め。特に贅沢なものである必要はありません。窓際の環境とあいまって豊かな空間が生まれるはずです。

窓際空間に緑を

窓際にはコールドドラフト防止のため暖房機を設置することがあるが、丸見えでは窓際も映えない。窓の下に空気を通す棚を付け、観葉植物などを置けば、機器が隠れ、窓際も引き立つ。その場合、棚は窓に合わせた長さにつくる。右図はアイノ・アアルトのデザイン。

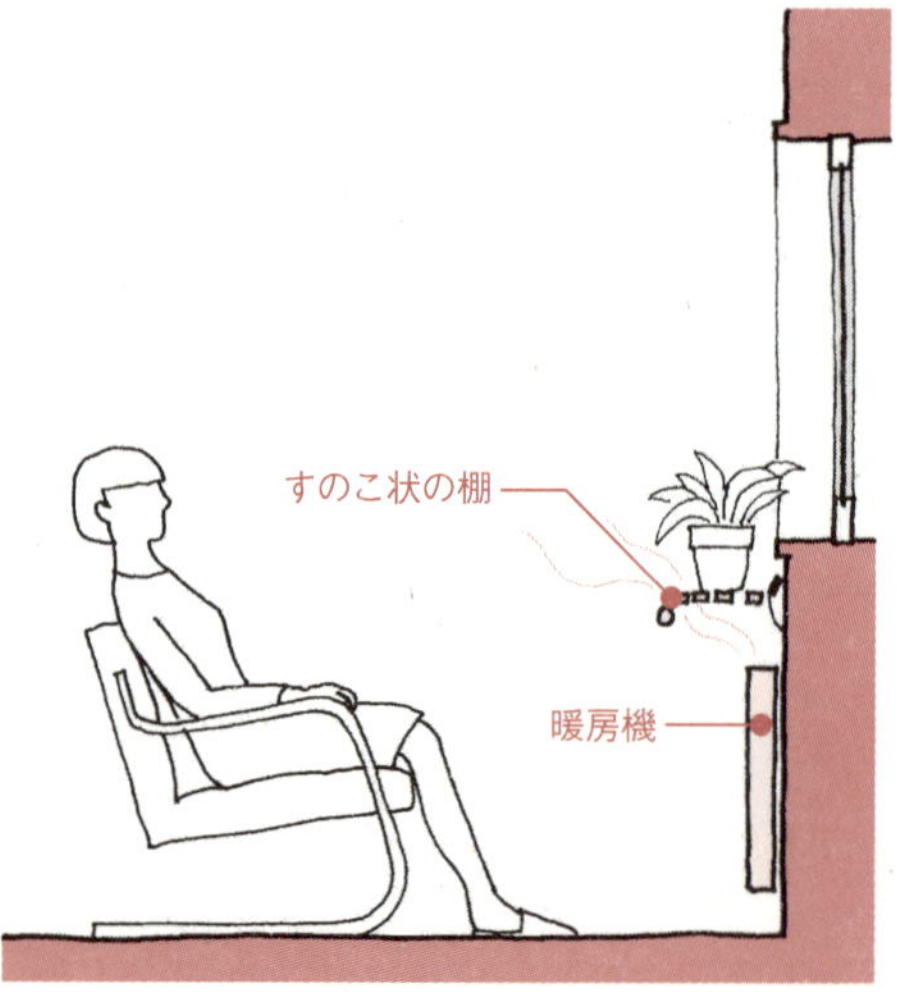

豊かな窓際空間づくりのポイント

窓際の席は窓や部屋とトータルで考える

スーザン・ローレンス・デイナ邸。大豪邸で、吹抜けのあるダイニングは最大40名の客人をもてなせる広さ。その奥に半円状のニッチ――窓際空間がある。窓際の席のしつらえは、天井高さ、建物と家具の素材、窓の深さなど、すべて窓際空間全体で計画。

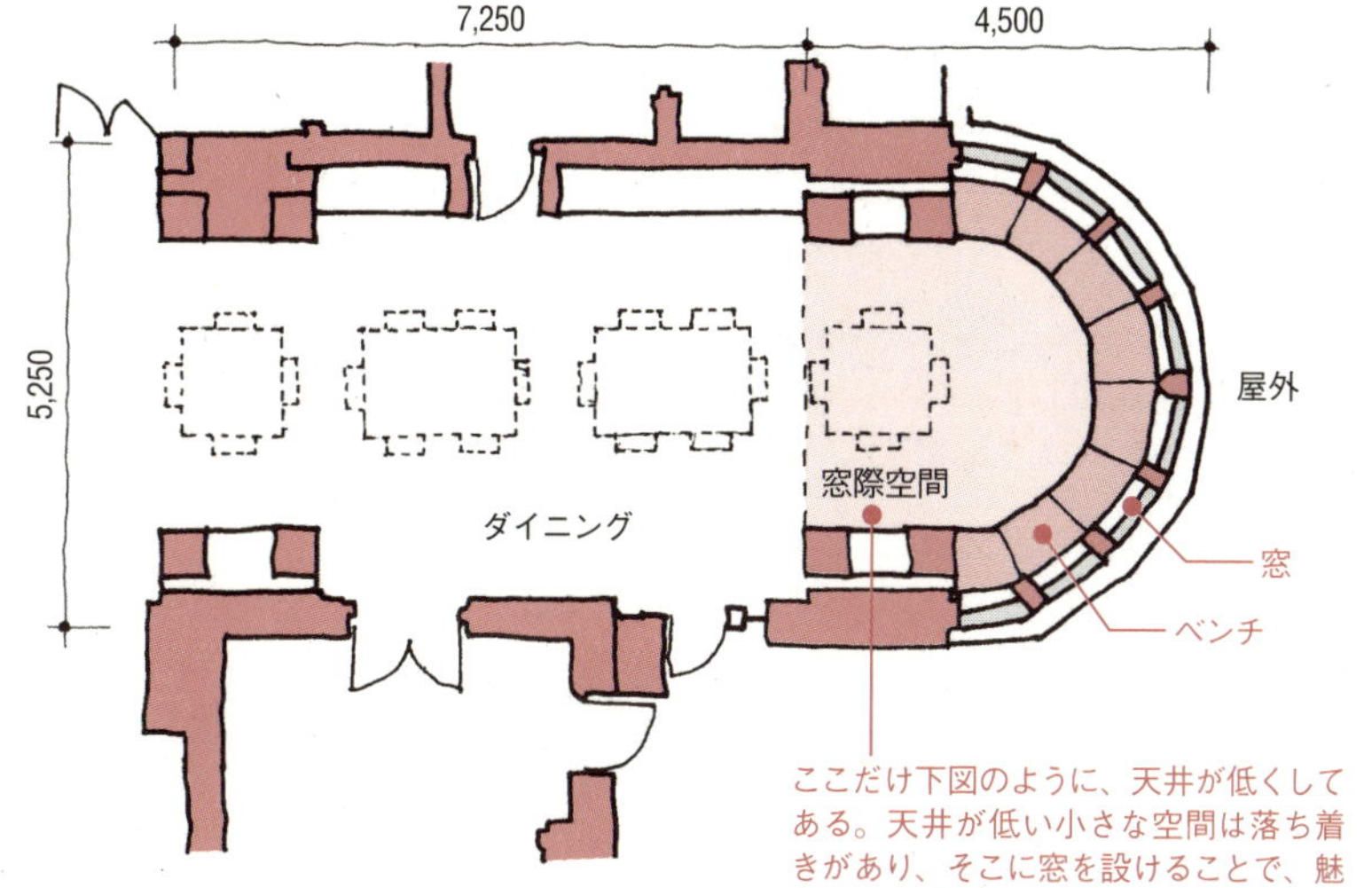
ここだけ下図のように、天井が低くしてある。天井が低い小さな空間は落ち着きがあり、そこに窓を設けることで、魅力をアップさせた

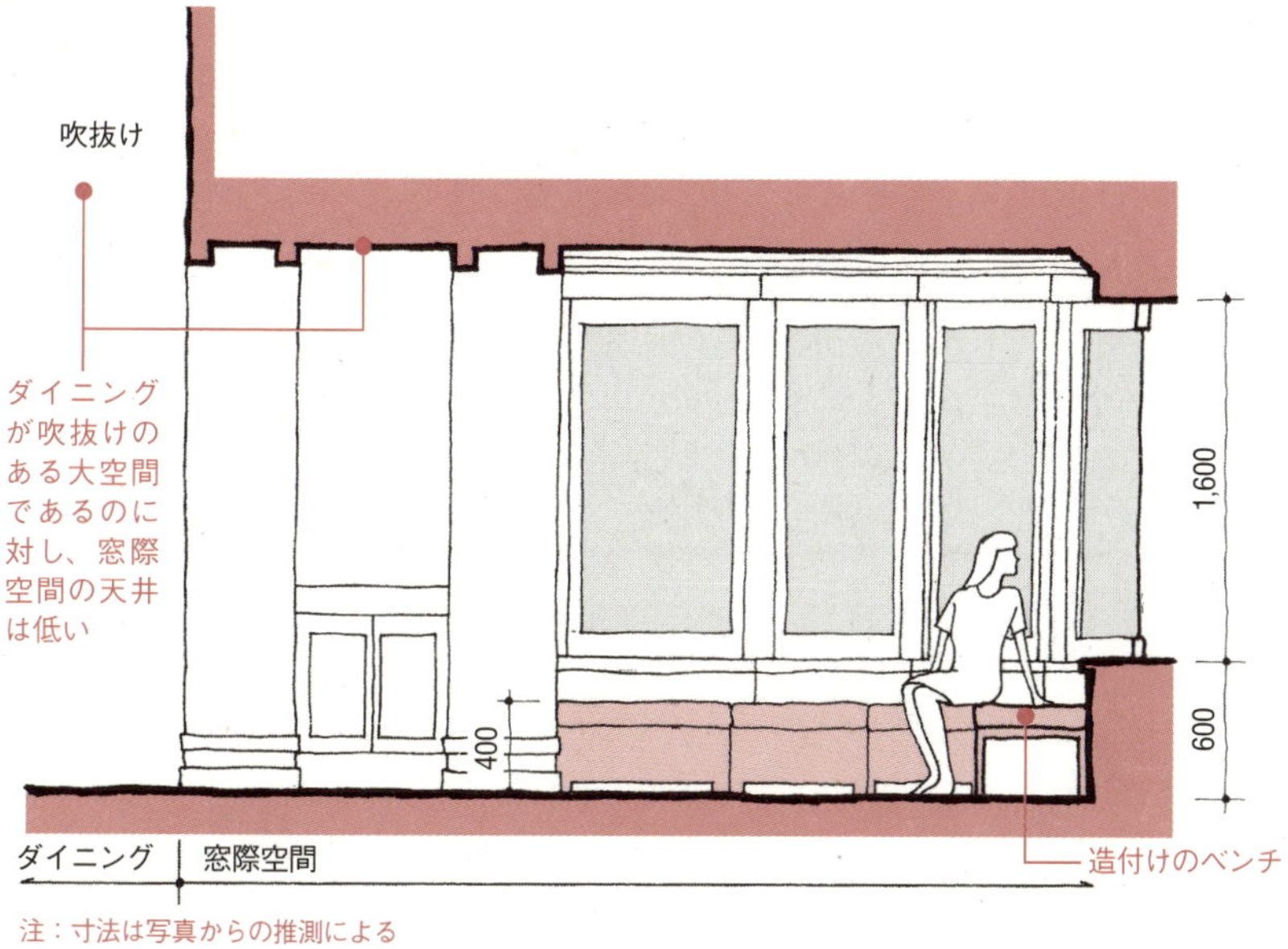

注：寸法は写真からの推測による

机／トゥルース・シュレーダー＆ヘリット・リートフェルト

リビングに勉強机を

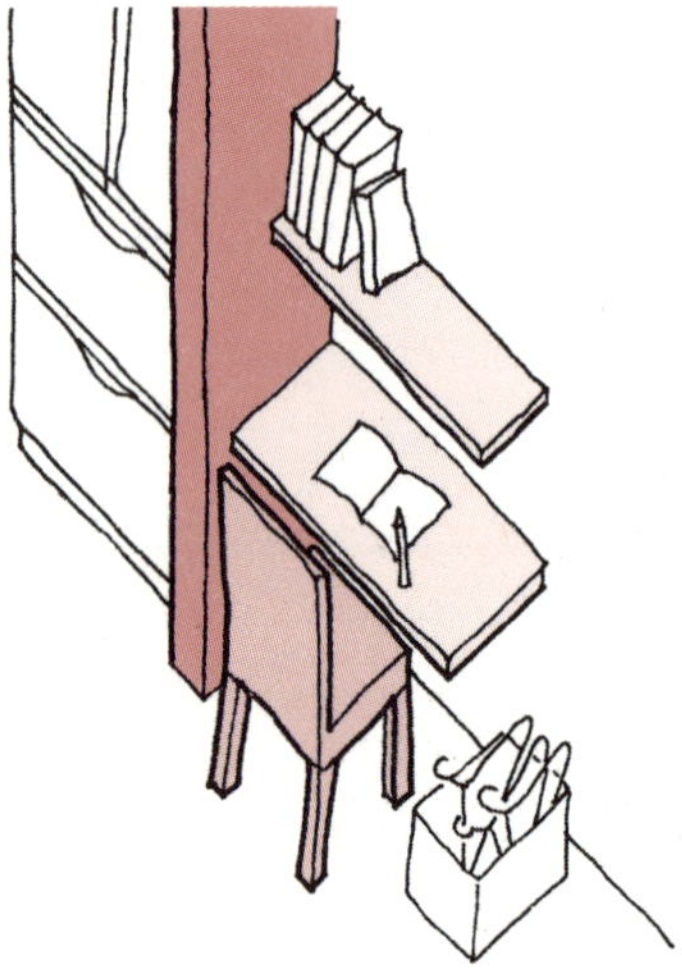

キッチン脇のちょっとした「家事コーナー」。でも狭すぎる場合も……

最近、自宅で仕事をする人が増えてきました。特に主婦にとっては、仕事の合間に家事もこなせるメリットがあります。ただし問題は、仕事用スペースの確保。家事の都合上、書斎よりリビングやキッチンのそばのほうが便利なのでダイニング・テーブルは有力候補ですが、食事の時には面倒でも片付けなくてはなりません。そこで提案。リビングに机を置きましょう。上図のような壁を向いた小さい机ではなく、収納も兼ねた多方向から使える独立型のデスクをリビングを見渡せる位置に置けば、仕事にも家事にも効率的に使えます。

シュレーダーとリートフェルトがワンルームのリビング・ダイニングの中に置いた大きなデスクは、広々とした部屋を間仕切る役割も果たしています。日本の住宅事情ではここまで大きい机を置くのは大変かもしれませんが、小さくても十分。家族が留守の間はリビング全体が書斎になり、家族での団欒中にテレビを観る以外の活動が生まれるなど、デスクが中心となって新たなくつろぎのかたちと出会えるかもしれません。

家族の書斎代わりになるデスク

仕事にも収納にも

この机はもともと、シュレーダーとリートフェルトが設計したエラスムスラーン集合住宅のモデルルームに置かれていた。その機能性のため、後に単独で販売された。

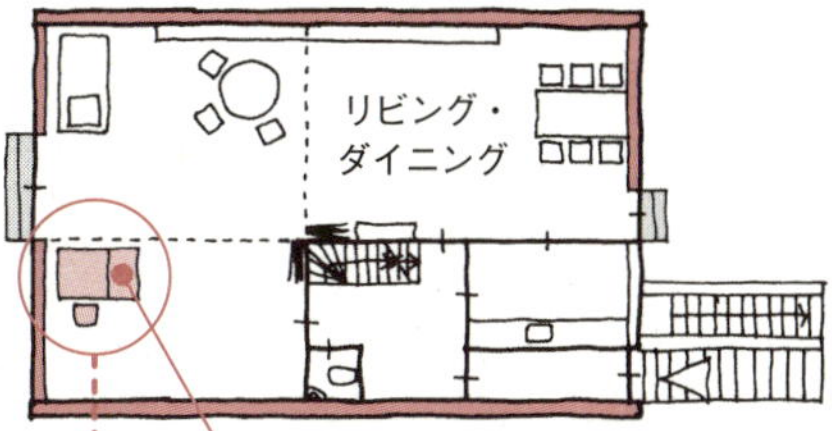
この机は当初からリビングに置かれていた

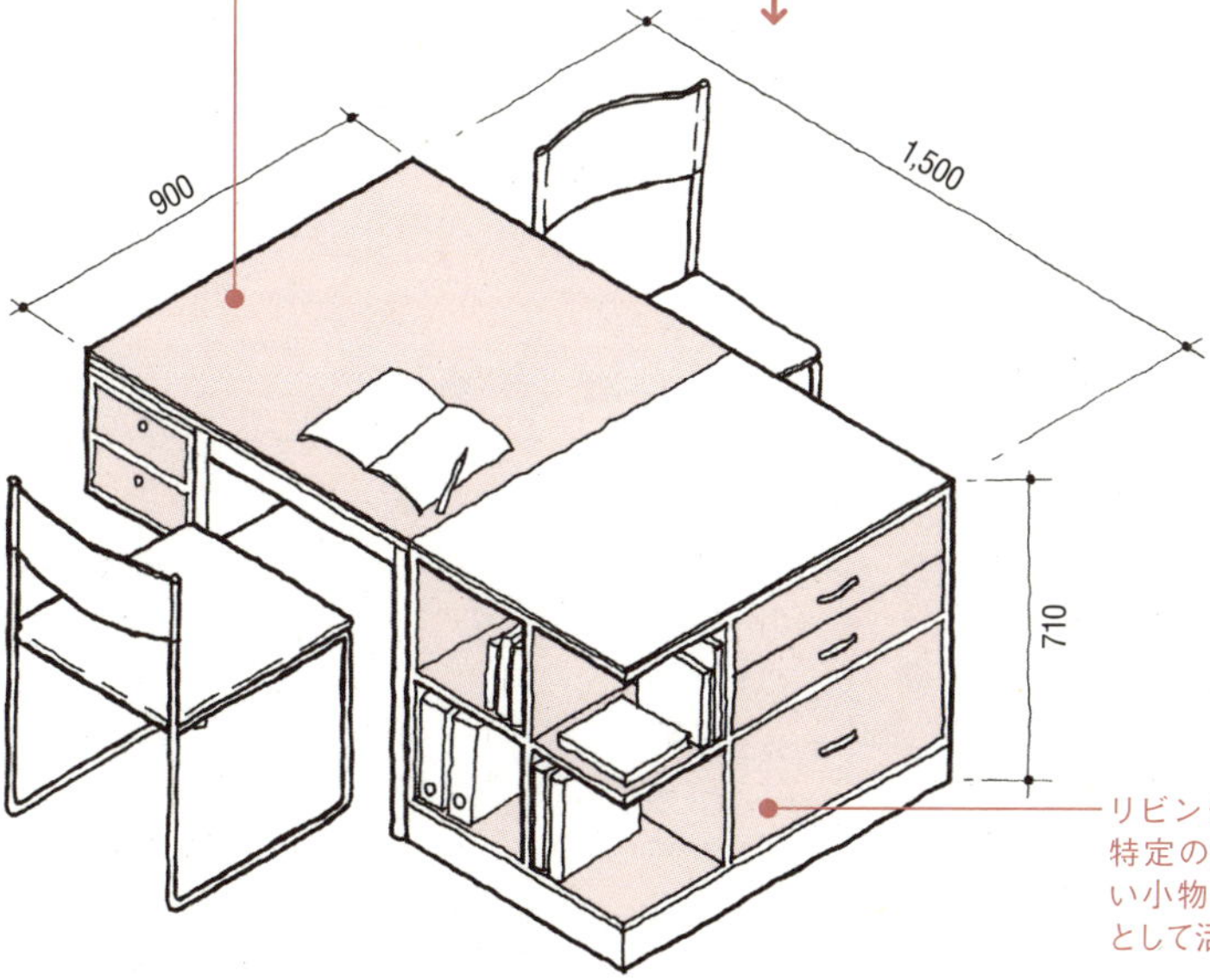
両側に座って作業ができる奥行き
リビングに集まる、特定の持ち主のない小物の収納場所として活用

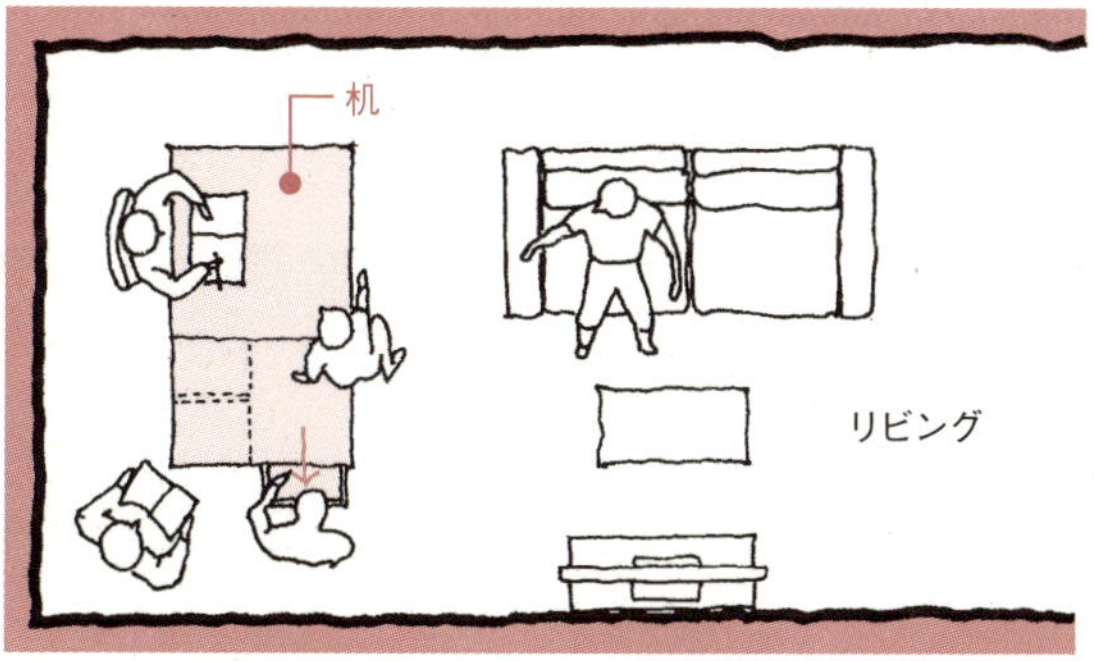

家族の新しい中心に

たとえば、日本の住宅のリビングにも大きめの机を置いてみる。主婦が使うだけでなく、家族共有のインターネットコーナーや、子どもが宿題をするのにも使える。

5

Column

リートフェルトの才能を発掘した女性

トゥルース・シュレーダー
Truus Schröder-Schräder
(1889-1985)

関連する作品

56・60・98・126・140・174ページ

図面を描かない異色のデザイナー

トゥルース・シュレーダーは、デザインの教育を受けていないうえ、線を引いて設計することもありませんでした。でも、シュレーダー邸が当初ヘリット・リートフェルトとの共同設計として発表されたとおり、彼女は確かにデザイナーでした。シュレーダーの住まいに対する思想には新しい空間を生み出す力があり、リートフェルトの創造力を大いに刺激したのです。

最初はお客と家具職人として出会った2人。その時すでにシュレーダーは、リートフェルトの才能を感じていたといいます。十数年後再会し、シュレーダー邸を共同で設計した後、その1階に2人の設計事務所を開設。妻と6人の子どもがいるリートフェルトとの関係は社会的にスキャンダラスでしたが、彼らは恋愛感情に関しては口を閉ざしつつ淡々と協働を続けました。

リートフェルトは妻の死後シュレーダー邸へ移り住み、彼が亡くなった後もシュレーダーは最期までこの家に住み続けました。建築界でもまれに見る強い2人の絆が名住宅を生み出したのです。

デザイン用語集

シュレーダー邸 (Rietveld Schröderhuis)
1924年に未亡人のシュレーダーと3人の子どものために建てられたリートフェルトの代表作。当時オランダで提唱されたデ・スティル運動の様式が最もよく表された建築で、2000年に世界遺産に選ばれた。

ヘリット・リートフェルト (Gerrit Rietveld：1888-1964)
オランダの建築家。家具デザイナーとしてスタートしており、家具の代表作は「Red & Blue Chair」。

6

Column

ミッド・センチュリー・モダンの女性デザイナー

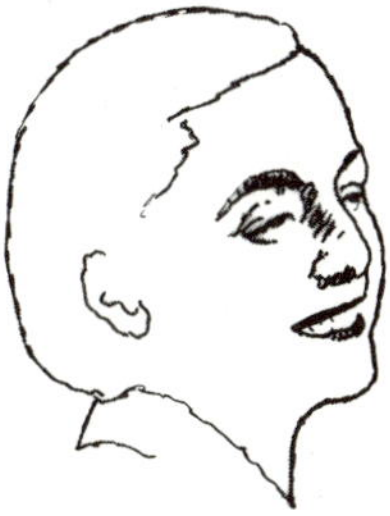

フローレンス・ノール
Florence Knoll Bassett
(1917-2019)
➔62ページ

レイ・イームズ
Ray Eames
(1912-1988)
➔70・76・114・116・130・170ページ

パートナーに恵まれ才能を発揮

アメリカ・ミシガン州にある建築・デザイン関係の大学院、クランブルック・アカデミー・オブ・アート。1940年ごろ、後にミッド・センチュリー・モダンの旗手となる多くの才能がここに集結しました。そのうちの1人、レイ・カイザーは、学長の息子エーロ・サーリネンや特別研究員チャールズ・イームズの仕事を手伝ったことがきっかけでチャールズと結婚。アメリカ最強のデザイナーカップルの誕生です。

一方、フローレンス・シャストは、クランブルック卒業後、設立されたばかりのモダン家具メーカー・ノール社に入社。社長ハンスの右腕となり、結婚します。家具業界でも最強カップルが生まれたのです。フローレンスの人脈により、ノール社はサーリネンやミースとの家具の製造・販売権契約に成功。同窓生のイームズにも契約をもちかけましたが、残念なことにそれは成立しませんでした。

デザイナーとしてフローレンスはレイほど有名ではありませんが、彼女のスタンダードなデザインは今でも広く使われています。

デザイン用語集

ミッド・センチュリー・モダン
1940～60年代にデザインされた建築や家具などを指す。20世紀初頭のテクノロジー重視のモダニズムから発展した、シンプルで合理的、かつ大量生産可能なデザイン。レトロな雰囲気も併せもつ。

エーロ・サーリネン(Eero Saarinen：1910-1961)
アメリカの建築家。コンクリートシェル構造を用いた表現主義的な建築で、1950年代に一世を風靡した。

基本のはなし

椅子に座って何をする？

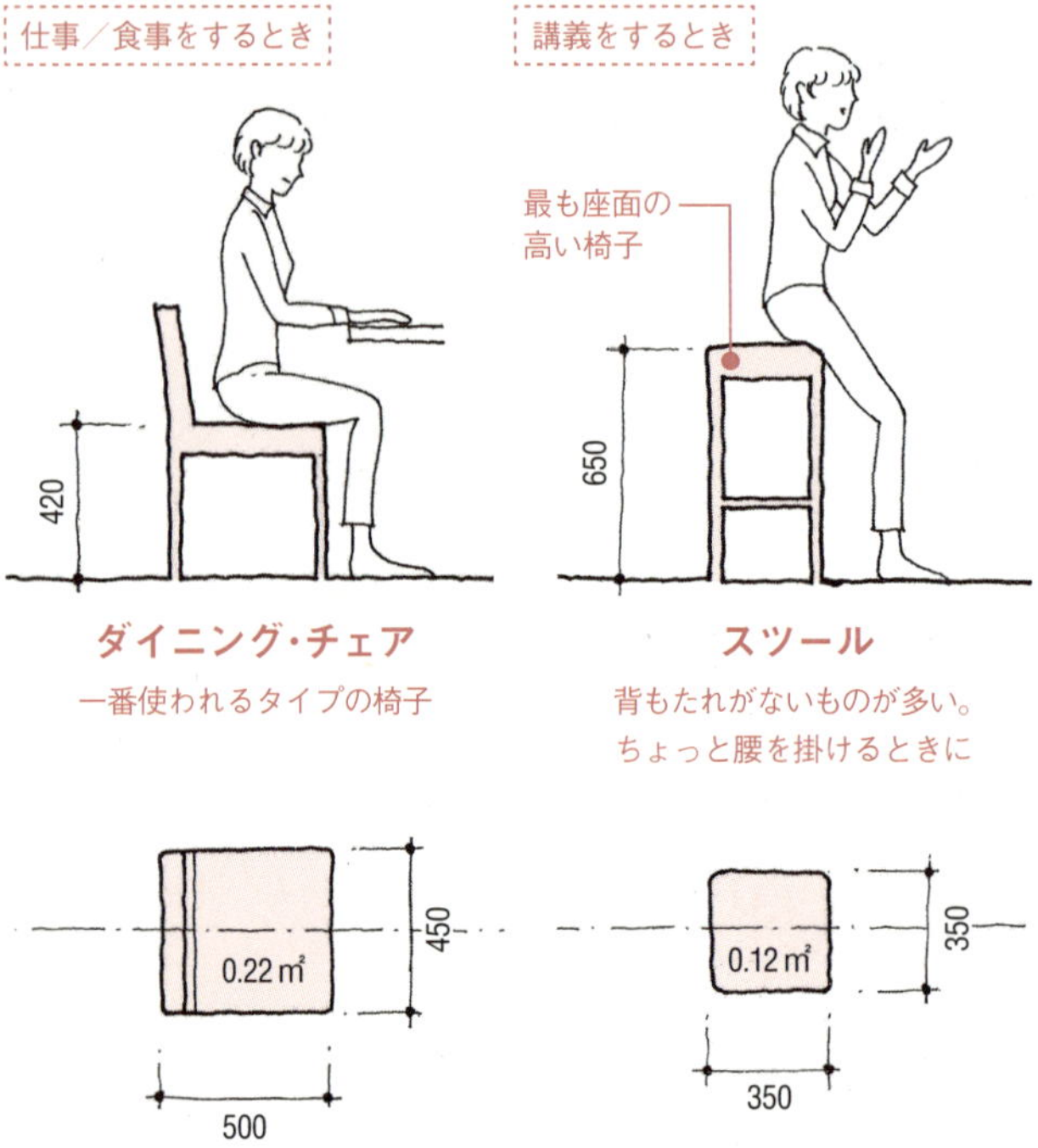

ダイニング・チェア
一番使われるタイプの椅子

スツール
背もたれがないものが多い。

人はたいてい何かをするために座ります。ル・コルビュジエいわく、「講義をするときには肘掛け椅子に礼儀正しく。談笑するときには低い椅子にゆったり。そして、脚を上げて座れば完全なる休息が得られる」。一口に椅子といっても、座って行う活動により形態が異なるのです。

椅子はまず高さで分類。そして基本的に、座面の面積は高さに反比例します。たとえば、スツールに座るときには、上右図のようにほとんど立っているのと変わらない姿勢でいるので座面は小さく。反対に、寝椅子には左図のように低く身体を預けるので、身体に接する面は大きくなります。いってみれば、椅子の高さは座って過ごす（過ごしたい）時間の長さとも反比例しているのです。

「すること」により椅子を使い分ける

くつろぐとき

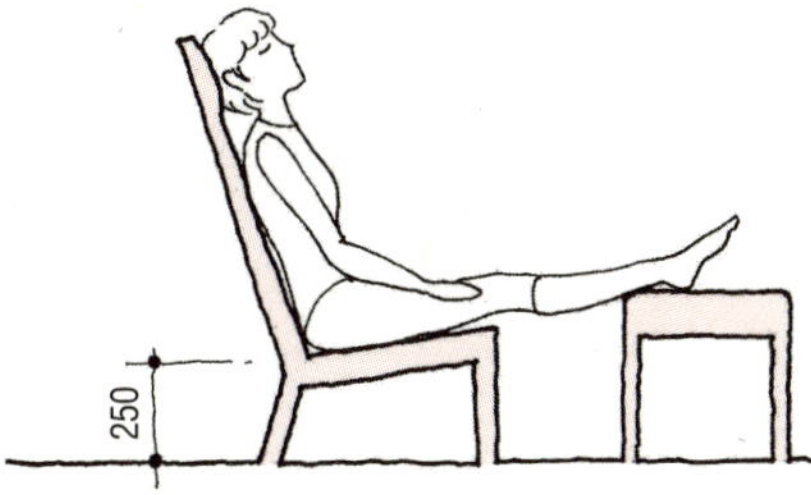

会話をするとき

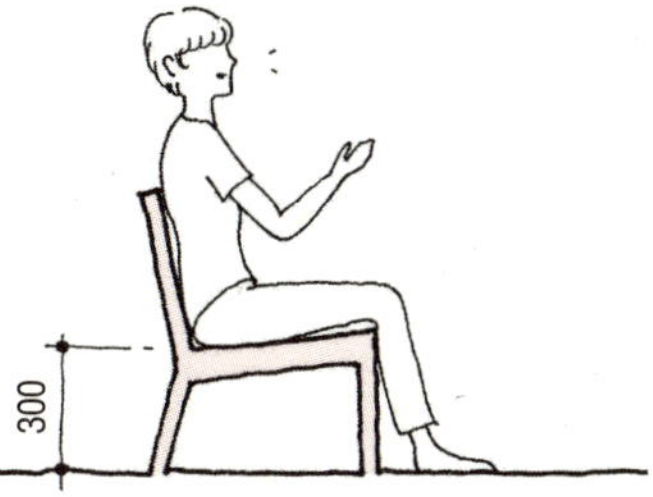

ラウンジ・チェア＋オットマン

脚を上げるとよりリラックス効果がある

ラウンジ・チェア

腰を落として長時間座るのに楽なタイプ

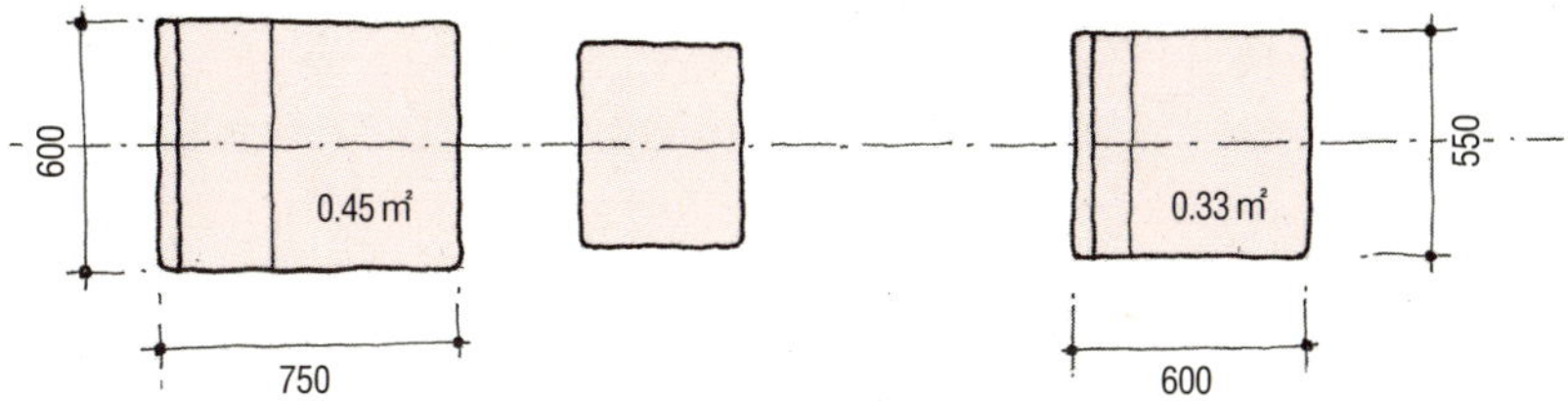

まどろむとき

のんびりしたい時間の分だけ(?)椅子の高さは低くなり、面積は広くなる

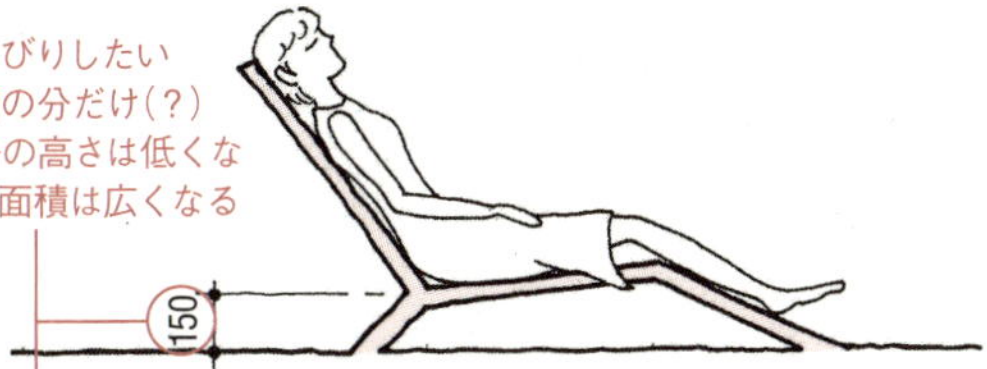

寝椅子

ベッドと椅子の中間くらい。昼寝にもちょうどよい

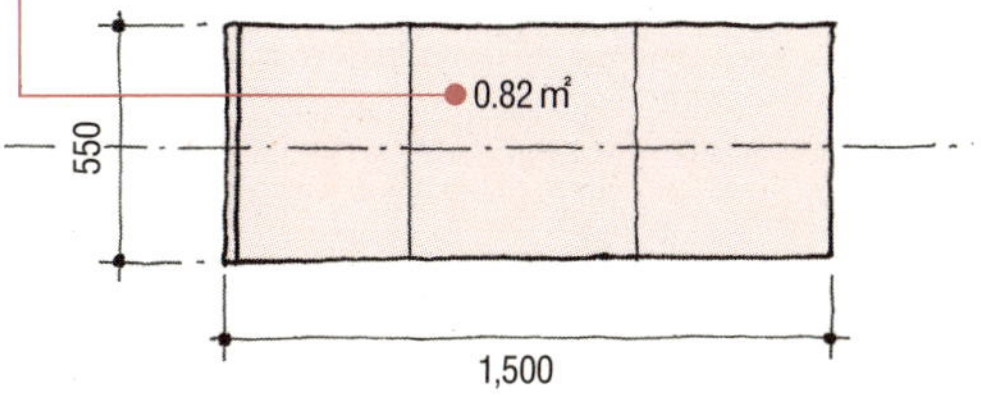

またコルビュジエは、仕事のときに座面が高めで窮屈な椅子に座るという「お仕置き」は、目を覚ます効果があるので必需品だと逆説的に話しています。このように椅子にはさまざまな効果があるので、活動にふさわしいものを選びたいですね。

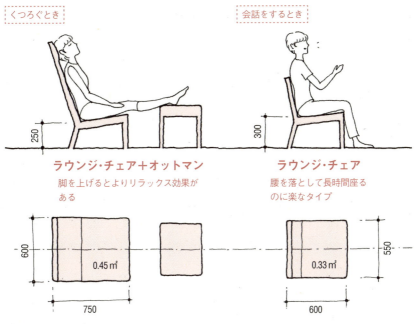

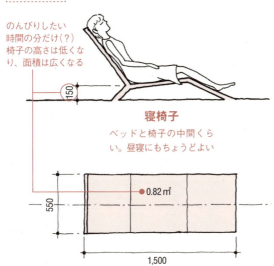

Transat Chair ／アイリーン・グレイ　シェーズ・ロング／
ル・コルビュジエ、ピエール・ジャンヌレ、シャルロット・ペリアン

人に寄り添う椅子

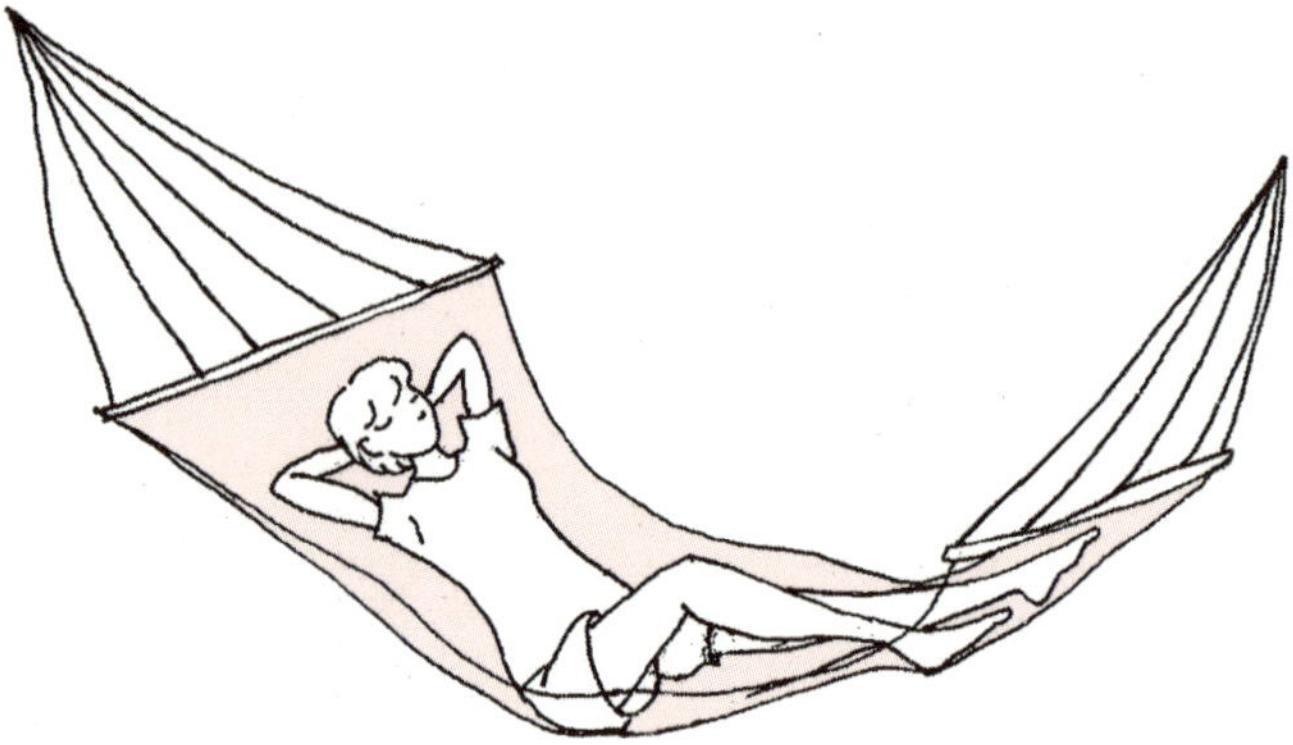

ハンモックは人の姿勢に合わせてかたちを変えられるので心地よい

人は緊張がゆるむにつれて、2本の足で「立つ」状態から、徐々に身体をほかのものにもたせかけて休息します。休息の最終形は、頭から足までべったりと水平面に着けた「寝る」状態。102ページで触れたように、中間の姿勢、特にくつろぐときの姿勢は人によって少しずつ違います。

かたちが決まっている家具に身を委ねるときは、姿勢をその家具に合わせる必要があります。それに対し、ハンモックの心地よさは、人の姿勢に合わせてハンモックのほうがかたちを変えてくれる点にあるのです。

ハンモックと同じように、家具を人の自由な動きに添わせることはできないか……そんな発想から生まれたのが左ページの椅子たち。“Transat Chair”は、革のクッションをハンモックのように前後に吊ることで、一人ひとりの楽な姿勢に合わせてかたちを変えることができ、シェーズ・ロングは、どんな高さに傾けても姿勢が安定するように考えられています。人それぞれ異なる「ちょっとした休息」の姿勢を受け止める椅子です。

座りやすさの追求

人の姿勢を考える

人は緊張がゆるむにつれ、床や家具に接する(支えてもらう)面が増えていく。

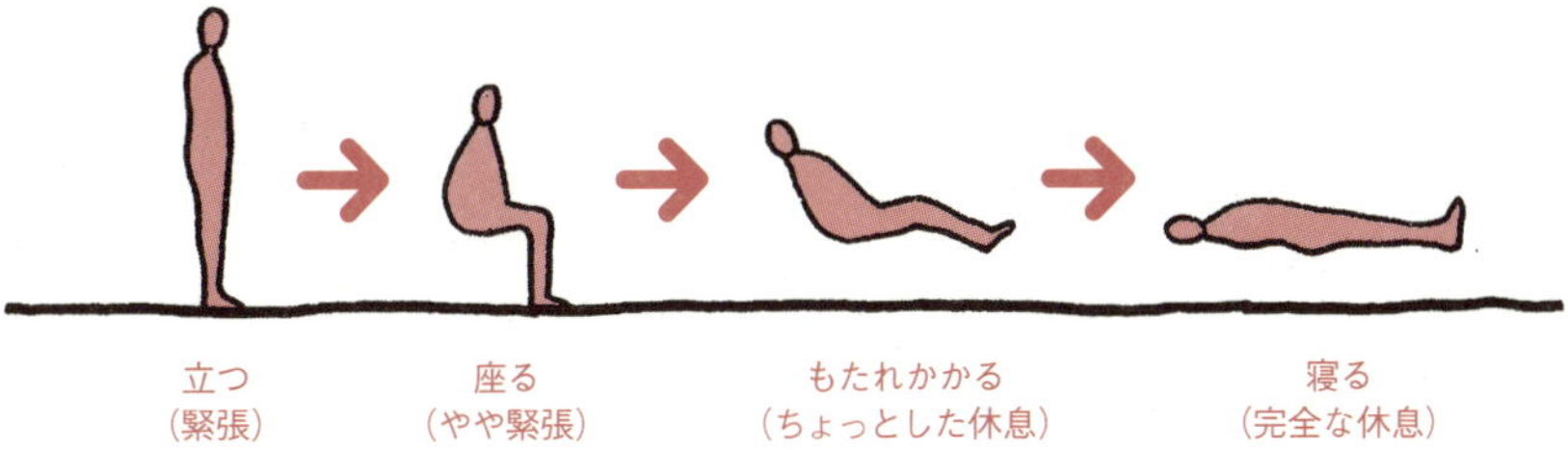

ハンモックの座り心地を再現

グレイの「Transat Chair」。革製の座席は木製のフレームに前後で吊られているので、ハンモックのように身体の姿勢に沿う。背もたれの角度を自由に変えることができ、「座る」から「もたれかかる」まで使える。

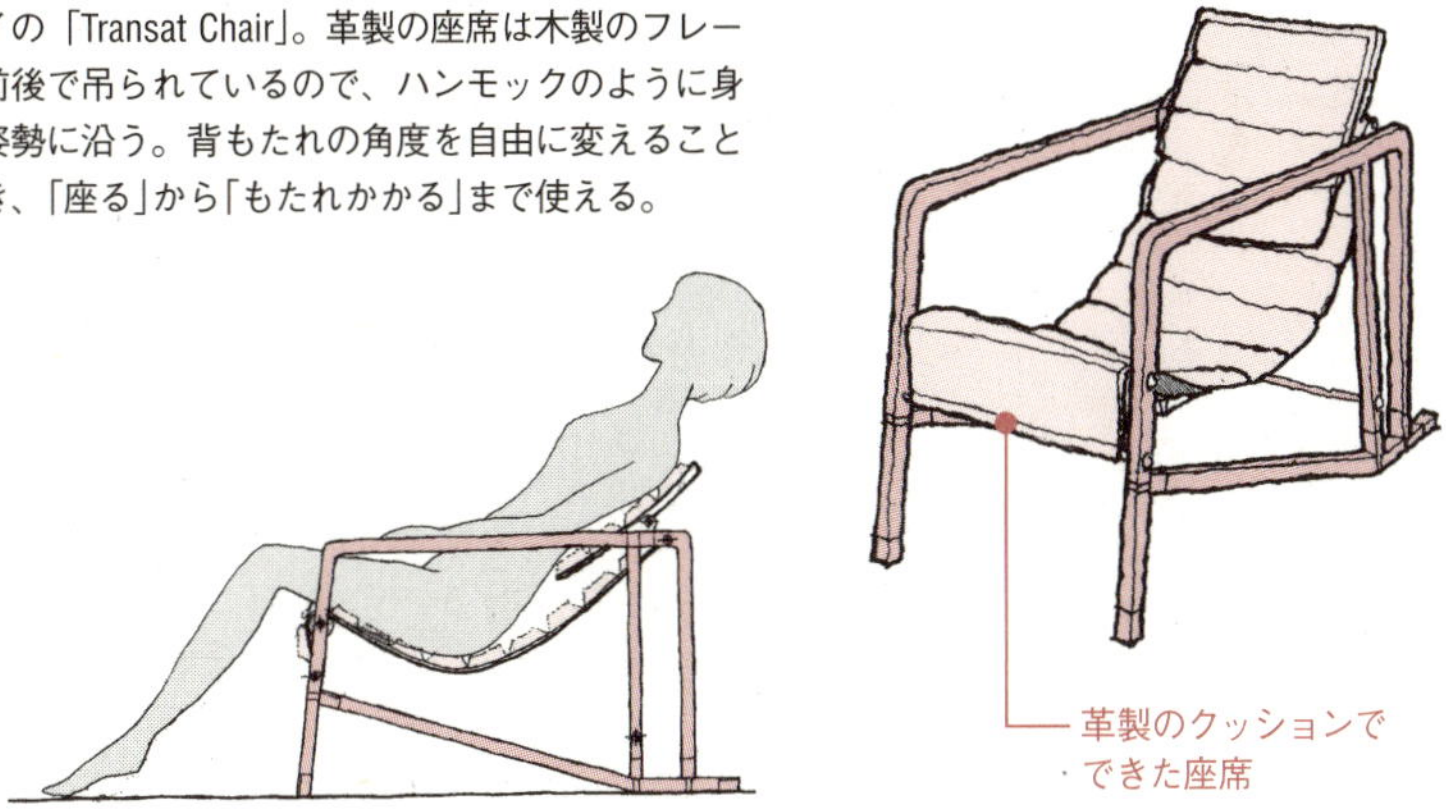

傾きが連続的に変わる長椅子

LC4とも呼ばれる「シェーズ・ロング(長椅子)」。座の下にある、身体の線に合わせて曲げられた弓形の円弧が、架台の上での自由な傾きを可能にしている。脚を上げたい角度に傾けることができるが、横たわった後に角度を変えることはできない。

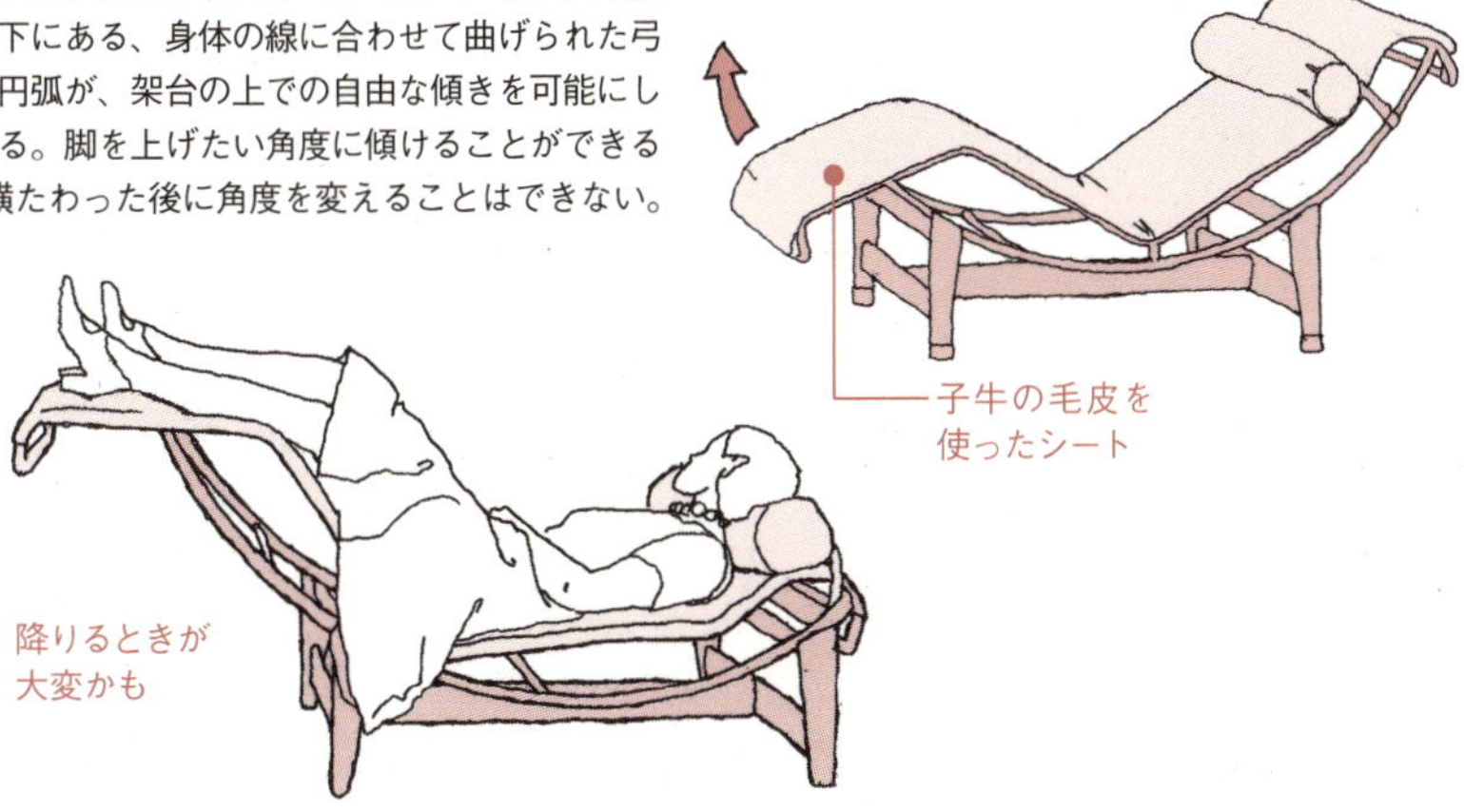

MR チェア／ミース・ファン・デル・ローエ
LR36/103 ／リリー・ライヒ

はずむ 2本脚の椅子

通常、椅子には4本の脚があり安定していますが、座った感触を柔らかくするには、別途クッションが必要。以前はクッションに仕込んだバネで弾力性をとっていました【↓MEMO】。

そのバネの弾力性を椅子全体に使っているのが片持ち椅子。後ろの2本脚をなくした代わりに、弾力性のある骨組みが体重を支える仕組みです。

この原理を誰が最初に発見したのかは諸説ありますが、1920年代中ごろから、さまざまなデザイナーがこの仕組みを使い始めます。フレームの素材に金属パイプや成型合板を使ったものなど、さまざまな椅子が生まれました。

同じ原理の椅子をいろいろな人が設計しているので、個性の違いが際立ちます。たとえば、ミースのMRチェアは、前脚が半円のカーブを描く、片持ち椅子の中で最も優美な椅子。一方、左ページのライヒの椅子は、カジュアルなデザインですが、フレームの弾力性だけに頼らずクッションと組み合わせていることや、包み込むようなかたちの背もたれが、彼女の優しさを感じさせます。

バネの弾力性を利用した椅子

ミースのMR チェア

優雅な前脚の半円カーブを見ただけで、片持ち椅子の軽快さや浮遊感が伝わってくる。当初はバネの力が強すぎて、座ろうとした人が放り出されることもあったとか。

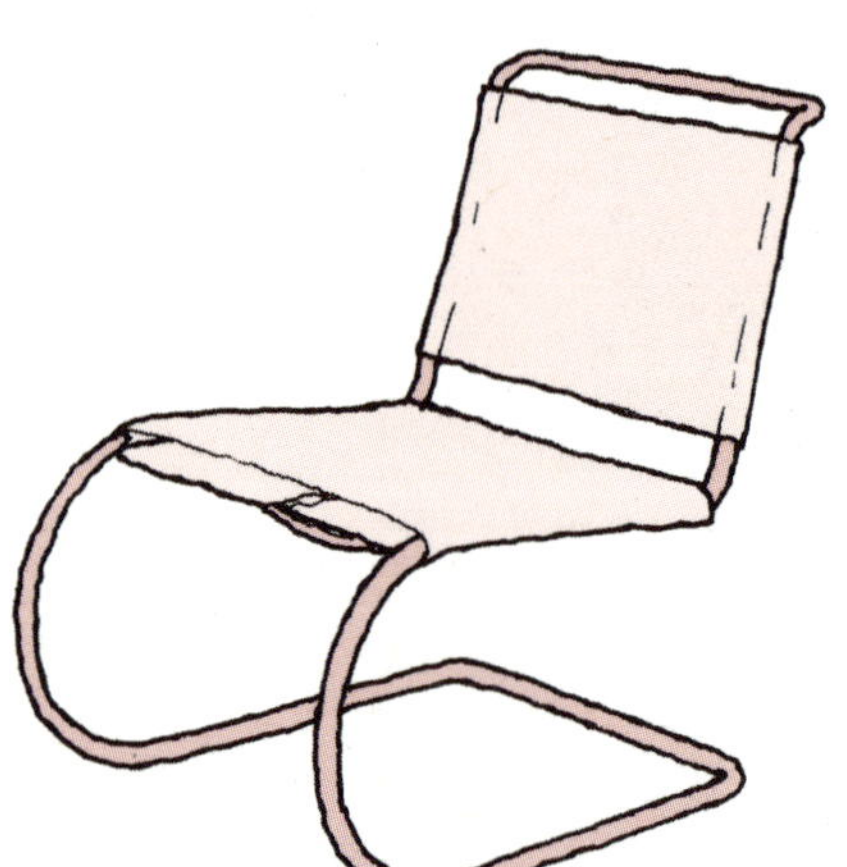

デザイナーの個性が光るシンプルな仕組み

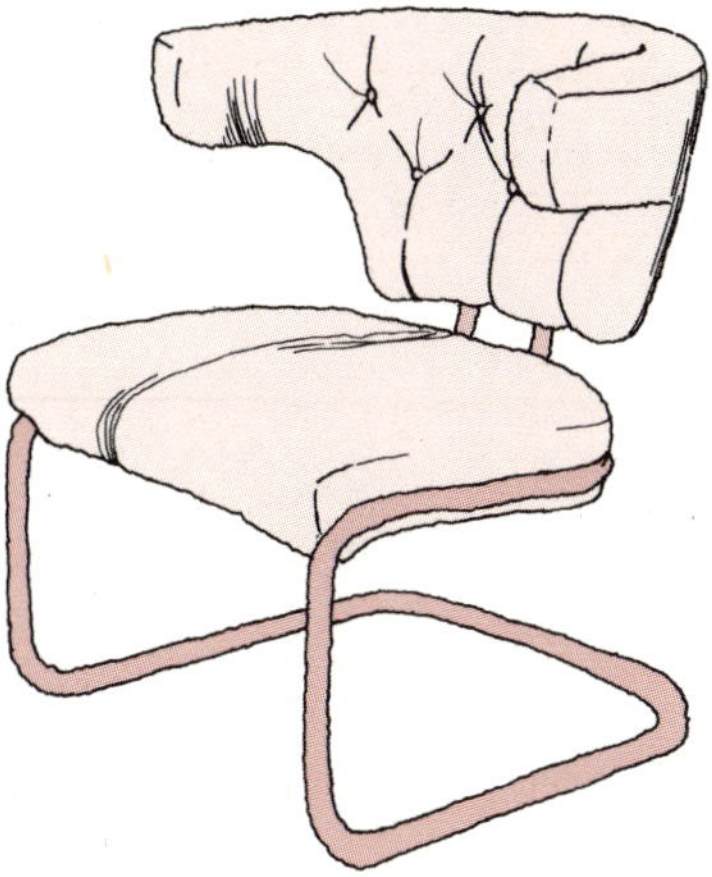

ライヒのLR 36/103

片持ち脚のフレームの上に、カジュアルなコールテン地の座面と背もたれが付いたタイプ。座り心地を追求してさまざまな試作品がつくられた。

バネから学んだ片持ち椅子の仕組み

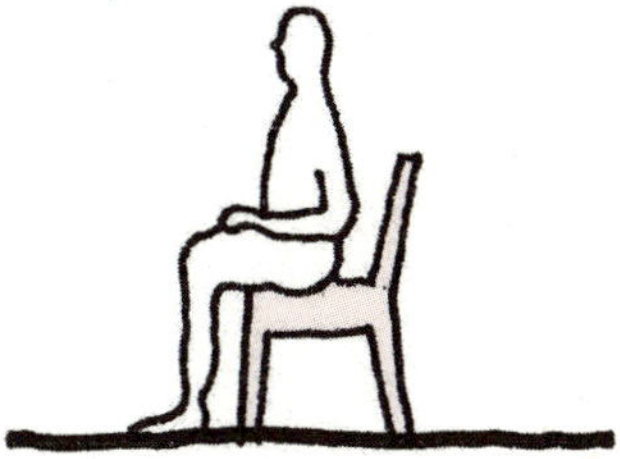

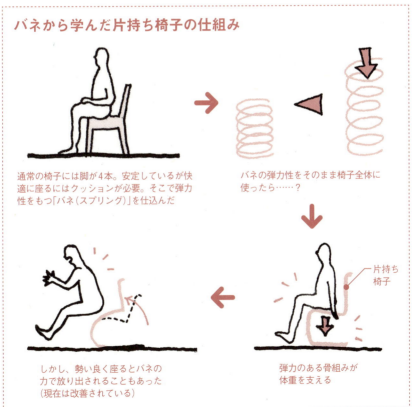

通常の椅子には脚が4本。安定しているが快適に座るにはクッションが必要。そこで弾力性をもつ「バネ（スプリング）」を仕込んだ

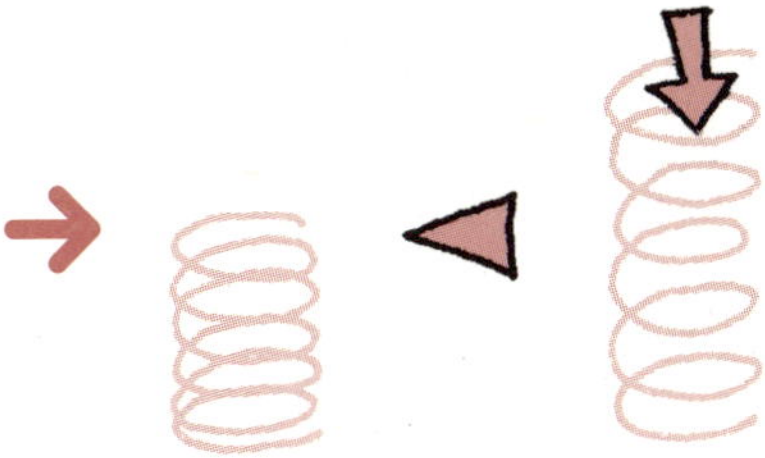

バネの弾力性をそのまま椅子全体に使ったら……？

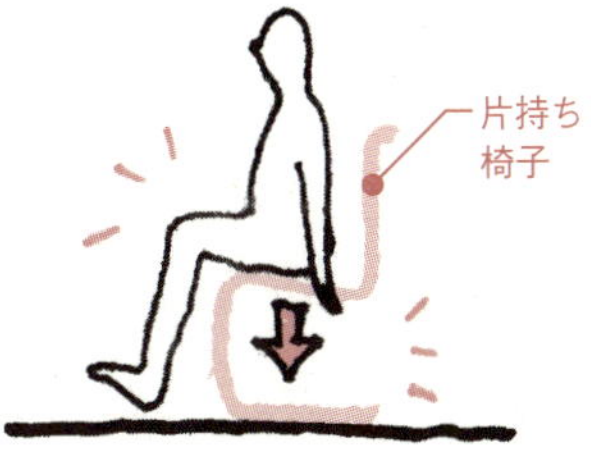

弾力のある骨組みが体重を支える

しかし、勢い良く座るとバネの力で放り出されることもあった（現在は改善されている）

【MEMO】 現在ではほとんどのクッションが弾力性のあるウレタンフォームになり、加工に手間が掛かるバネを使うものはほとんどつくられなくなった。実はバネのクッションのほうが、耐久性もあり座り心地もよい。

non-conformist chair ／アイリーン・グレイ

左右非対称は女性をきれいに見せる？

フラメンコの衣装はアシンメトリーなスカートが女性らしさを強調している。
女性の服と違い、男性の服はほとんどが左右対称のもの

家具の多くはシンメトリーにつくられており、特に椅子はほとんどが左右対称。でも、人が座る姿勢は必ずしも左右対称とは限らず、むしろ、崩した姿勢が美しく見えることもあります。となれば、座ったときに自然と美しい姿勢をつくる椅子があってもよいのではないでしょうか？

ここで紹介するグレイの椅子は珍しいアシンメトリーのかたち。彼女は、座る人の動きをもっと自由にしたいと考えて、肘掛けを片側だけに付けました。人の身体は椅子の両側に肘掛けがあると左右対称にかしこまりがちですが、肘掛けが片側だけの場合、反対側の腕の動きが自由になるばかりか、肘掛けにもたれかかることで、身体全体のラインが非対称で柔らかなものになります。

女性らしさを引き立てる椅子といっても、別にしなをつくるわけではありません。“non-conformist chair（非協調主義者の椅子）”という名のとおり、流されない個性をもち、自分を美しく見せる術を心得ていて、自立したグレイのような女性に似合う椅子です。

こびない自然な美しさの秘密

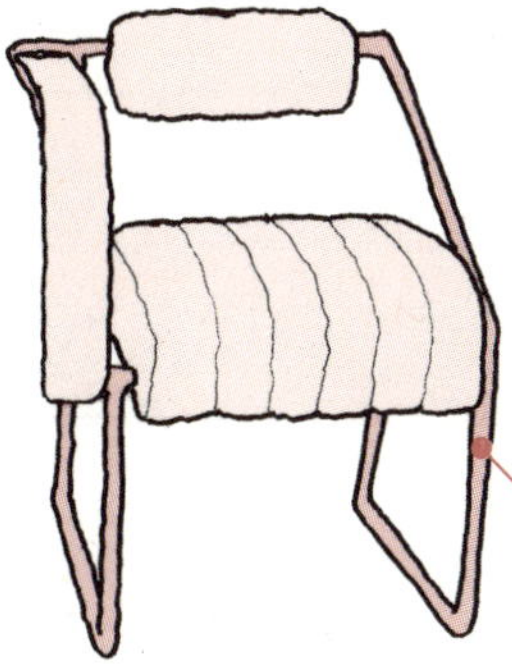

アシンメトリーなかたち

クローム・パイプにふっくらした布製のクッション。「non-conformist（非協調主義者）」というネーミングも、グレイのユーモアのセンスと自身の慣習に流されない生き方を反映している。

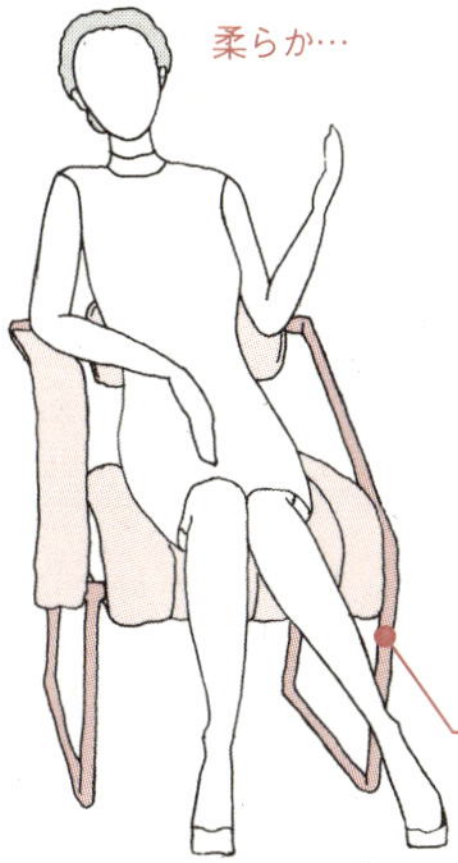

女性らしさを引き出す

シンメトリーな椅子では、左右対称な肘掛けで姿勢もかしこまりがちだが、アシンメトリーなこの椅子では片側しかない肘掛けにもたれるので、自然と女性らしい姿勢になる。

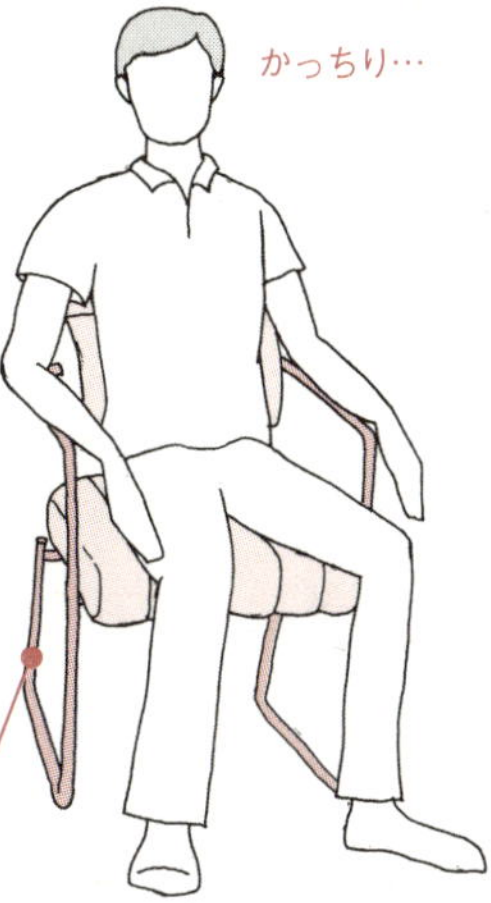

「非協調主義者」ですから……

この椅子をリビングに置くときは1脚だけにしたほうがよい。
そのほうが、座る人の美しさも引き立つだろう。

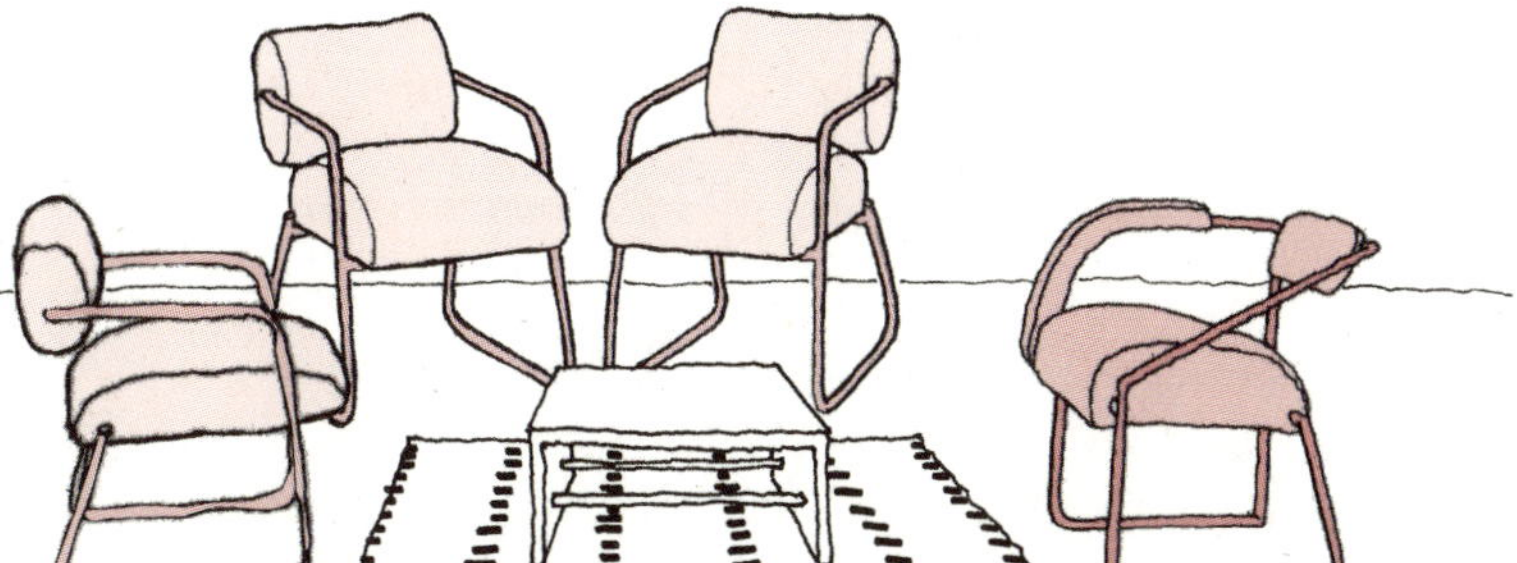

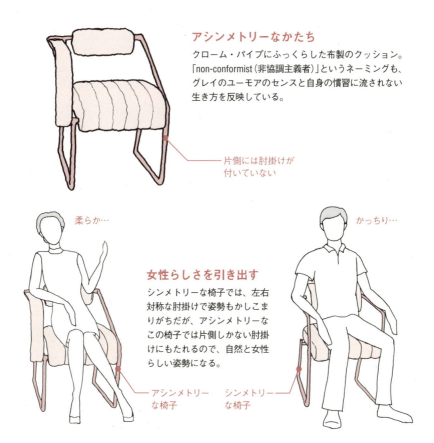

バルセロナ・チェア／ミース・ファン・デル・ローエ＆リリー・ライヒ

玉座に学ぶ椅子の見せ方

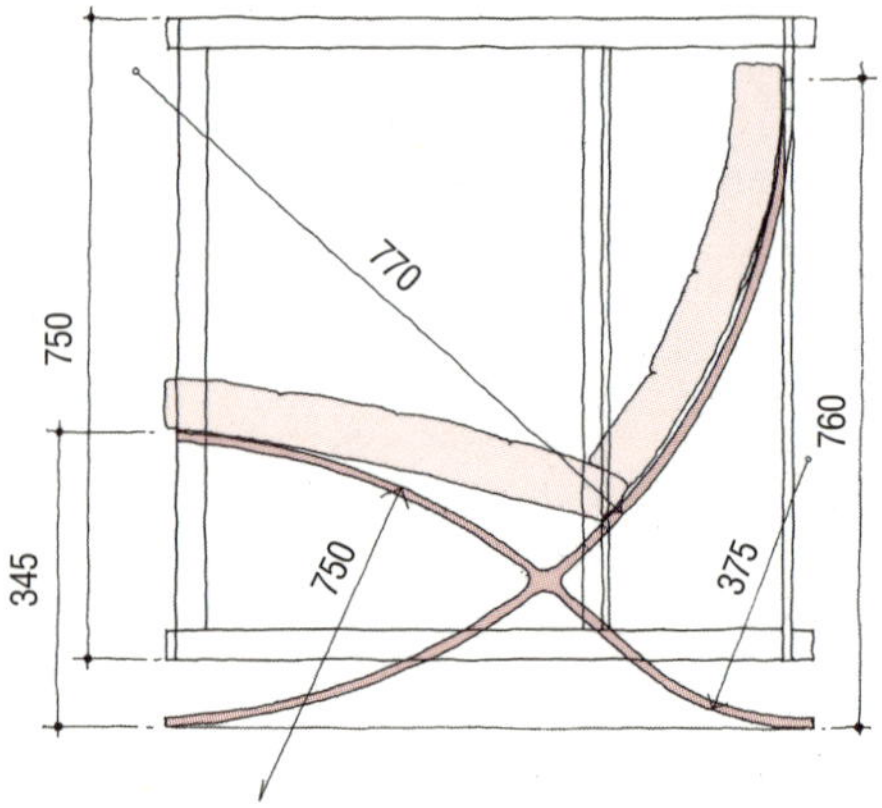

厳密に寸法がデザインされている、バルセロナ・チェアのX型のフレーム

世界で一番美しい椅子ともいわれるバルセロナ・チェア。1929年のスペイン万博で、国王夫妻を迎えるためのパビリオン【→MEMO】に置かれたこの椅子は、国王のためにデザインされた、いわば玉座なのです。

バルセロナ・チェアは王の象徴として考えられた椅子です。玉座であるからには、モダンなかたちといえども、国王に威厳と気品を添えるものでなければなりません。優雅なX型に組まれた鋼鉄製フレームは、手作業による溶接と研磨作業によって1つずつつくられました。牛革製の白いクッションはゆったりとした大きさ。パビリオンに置かれた最初の2脚は、万博の会期中、実際は誰も使うことがなかったといわれていますが、その視覚的な美しさで、十分役割を果たしたのです。

現在はステンレスのフレームで復刻され、かつての玉座に庶民でも座れるようになりました。この椅子を配置する際は、その美しさを360度どの角度からも眺められるように周囲をあけましょう。優雅に王様気分を楽しんでください。

家具を観賞するための空間

広々とした空間に似合う椅子

オニックスの壁に負けない存在感をもつ椅子。広い空間に点々と配置されても、間が抜けず、雰囲気をつくり上げることのできる威厳をもっている。

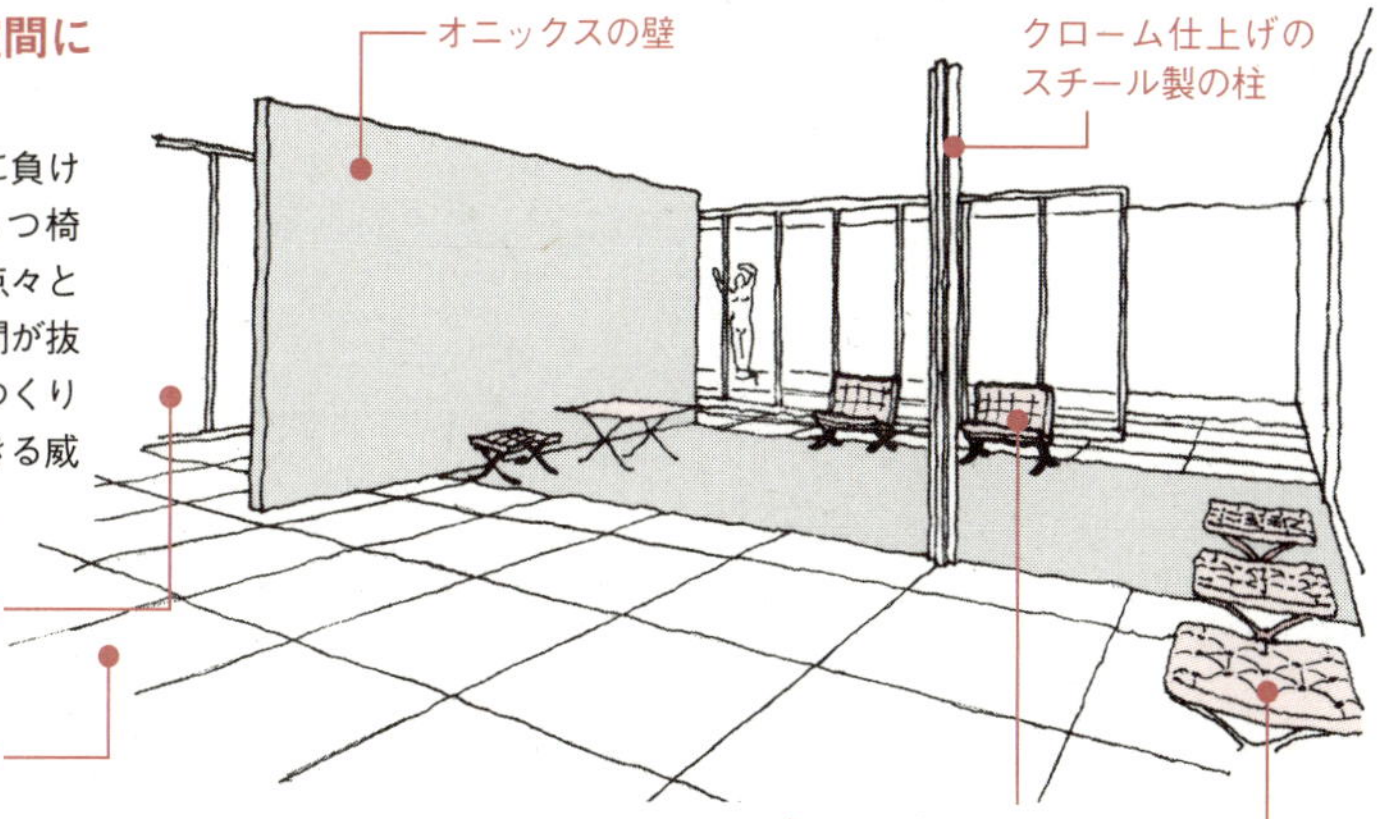

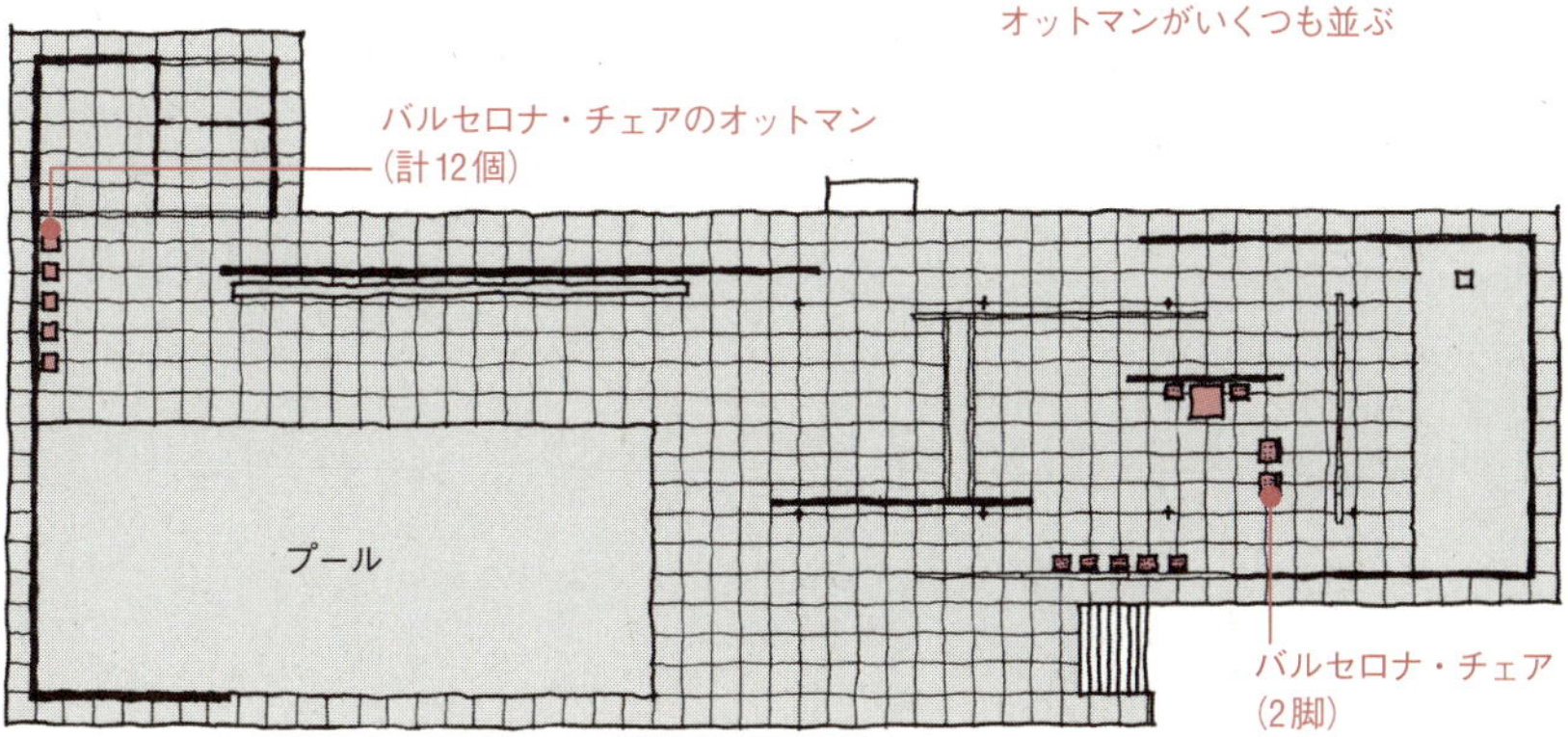

バルセロナ・パビリオンの平面図（S＝1：500）。工業化されたガラスと鉄という新しい素材と贅沢な石材を組み合わせてつくられた空間。屋内外が流れるようにつながる

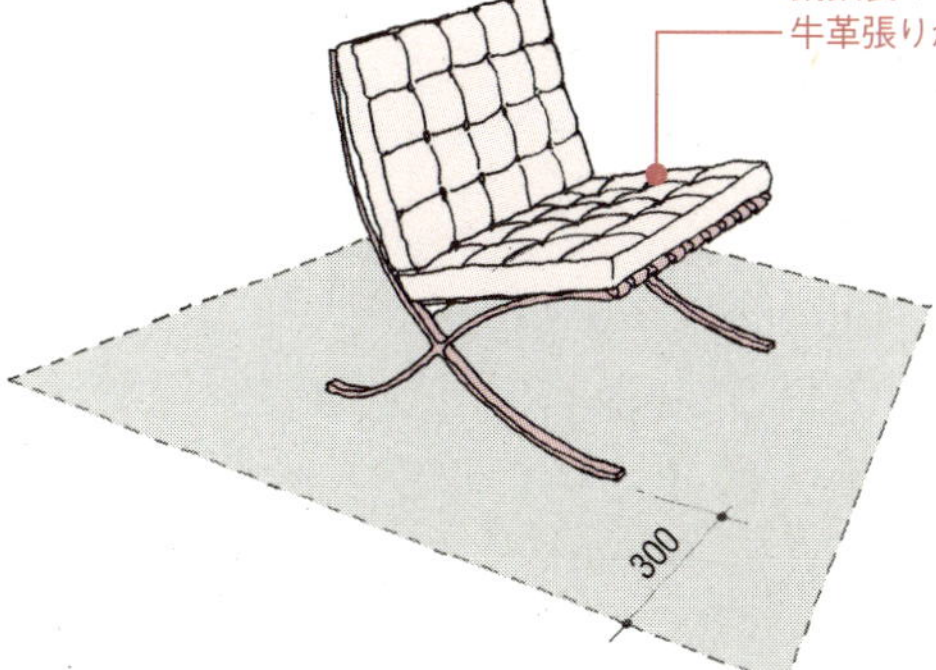

「見せる椅子」の配置の仕方

このような「見せる家具」を配置するときは、少なくとも300㎜は周囲をあけること。複数並べるときも、ベンチのように隣り合わせにくっつけるのはNG。

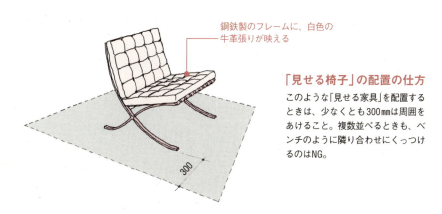

【MEMO】 モダニズム建築における四大巨匠の1人ミース・ファン・デル・ローエがつくったバルセロナ・パビリオン。ドイツ館としてつくられ、万博閉幕後に取り壊されたが、現在もバルセロナで再建されたものを見ることができる。

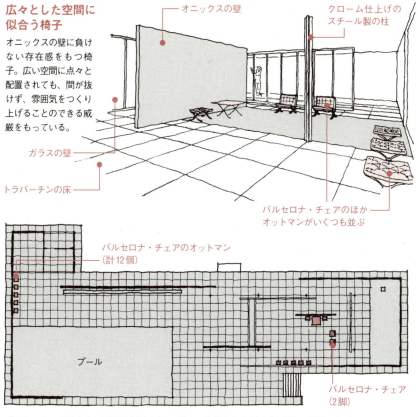

LC2
ル・コルビュジエ、ピエール・ジャンヌレ、シャルロット・ペリアン

「大いなる快適」のために

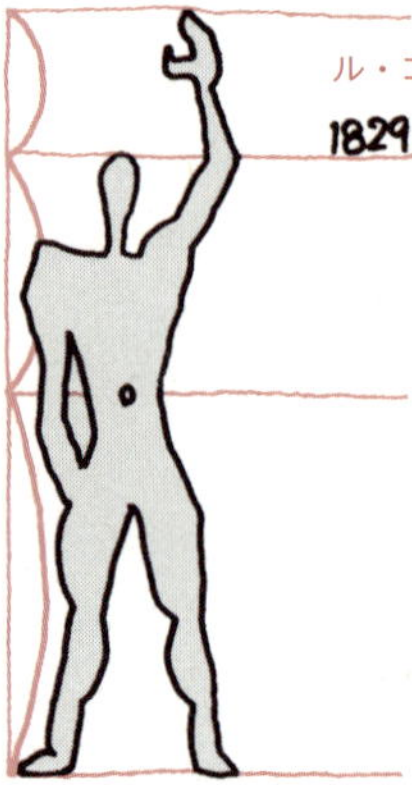
ル・コルビュジエの理想の身長は……
1829mm!

憧れの名作家具、手に入れただけで満足していませんか？　家具は使ってこそ、その真価が分かるもの。実際に身体で触れながら、日常生活に積極的に取り入れたいものです。でも、多くの名作家具が生み出された西欧と日本とでは、住まいのスペースが違います。また、使い手の体格や生活習慣も異なるので、日本の住宅に溶け込ませるにはひと工夫必要です。

椅子で一番問題になるのが、座面の高さ。日本人の体格は欧州の人々に比べればまだ小柄なうえ、家の中では靴を脱ぐので、少なくとも靴底の分20～30㎜は脚が短くなってしまいます。座面の高さが４５０㎜くらいの、標準的な西欧の椅子をそのまま日本で使うと、座ったときに足が床に着かないで浮いてしまうことがあり、不安定で楽に座れないのです。

椅子の脚が木製の場合は数十㎜切って使う方法もあります。脚が金属製の「ＬＣ２」では切るわけにはいきませんが、使い方を柔軟に考えて、快適に座りたいものです。

名作家具を使いこなすヒント

スチールパイプにクッションというシンプルなデザイン

「Grand Comfort（大いなる快適）」と名付けられたソファ、通称「LC2」。これより一回り大きく、クッションが1段のものは「LC3」と呼ばれている。

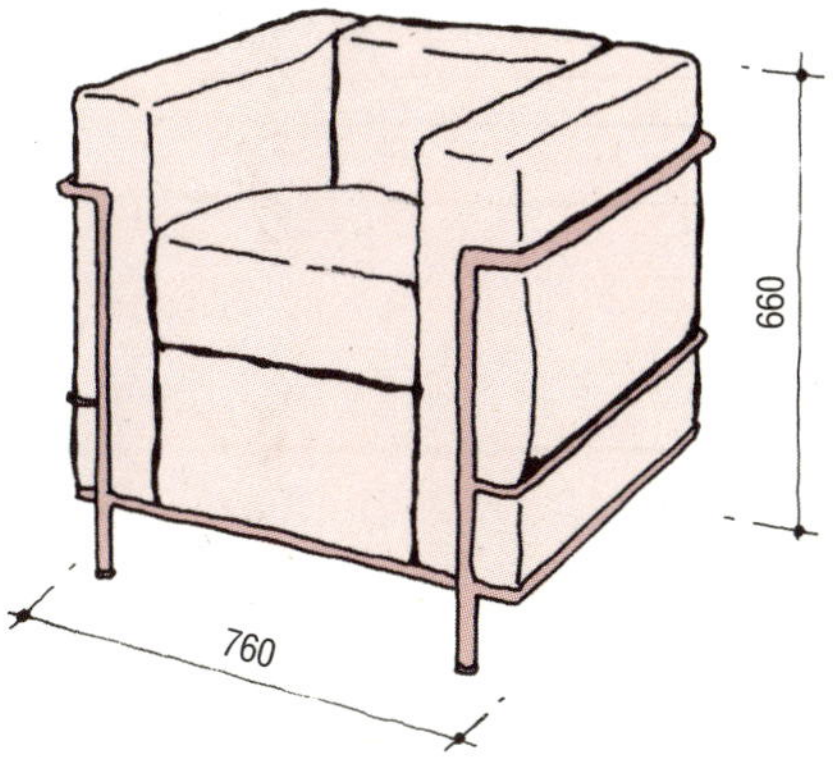

欧州デザインは日本人には大きい

大きい体格、室内でも靴を履く習慣を前提にデザインされているので、座面の高さが475mmもある。欧州人には快適なサイズでも、日本人には合わないこともしばしば。

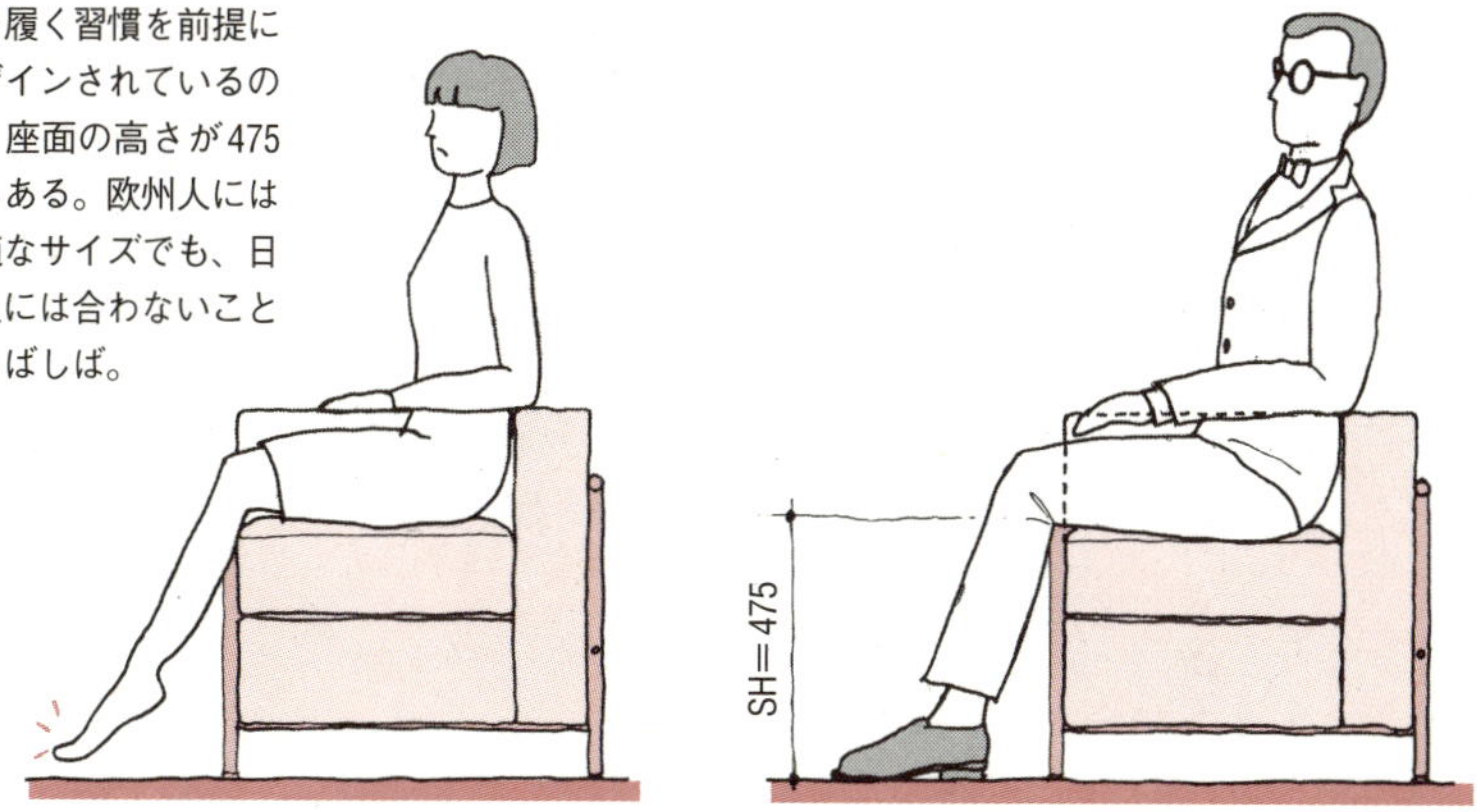

こんな使い方も……

来客時には上のクッションを外して床に置けば、椅子の座も低くなり、椅子の数の倍の人数が座れるようになる。床に座る日本ならではの使い方。このように、名作家具も積極的に生活に合わせた使い方を考えたい。

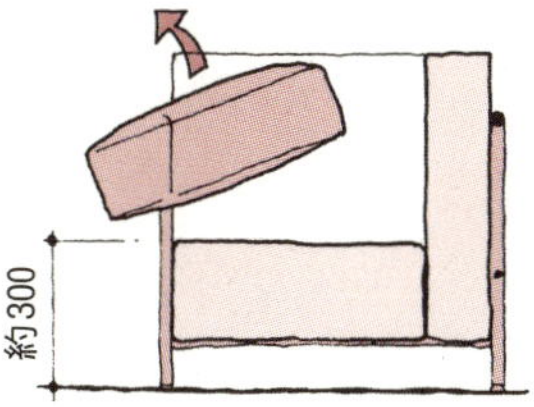

La Chaise ／チャールズ＆レイ・イームズ

チープな素材で アートな椅子

誰もが一度は目にしたことのあるプラスチック椅子。座と背もたれ部分を、一体かつしっくり身体に沿う曲線に成型できたのは、FRP（Fiber Reinforced Plastics）という素材ならではのことでした【→MEMO】。軽いのに壊れにくく、効率的に大量生産できるプラスチック椅子は、イームズ夫妻が原案。それをもとに開発・販売されて以来、模倣品も含めて、世界で最も多く生産された椅子かもしれません。

　このありふれた椅子には異質な兄弟がいます。その名も“La Chaise（椅子）”。イームズ夫妻が、サイド・チェアやアーム・チェアとともにニューヨーク近代美術館のローコスト家具デザインコンペに出品したこの椅子は、ガストン・ラシェーズの「浮かぶ姿」という彫刻からインスピレーションを受けた優美な形態で、どう見てもローコスト家具の枠からはみだしています。それをあえて出品したイームズ夫妻は、ローコストな素材で機能的であっても、実用本位だけでない椅子の可能性を提示したかったのかもしれません。

プラスチック椅子の代表選手

イームズのチェア

さまざまな色と脚のバリエーションがあるサイド・チェアとアーム・チェア。FRPはリサイクルが難しい素材なので、現在はポリプロピレンでつくられている。

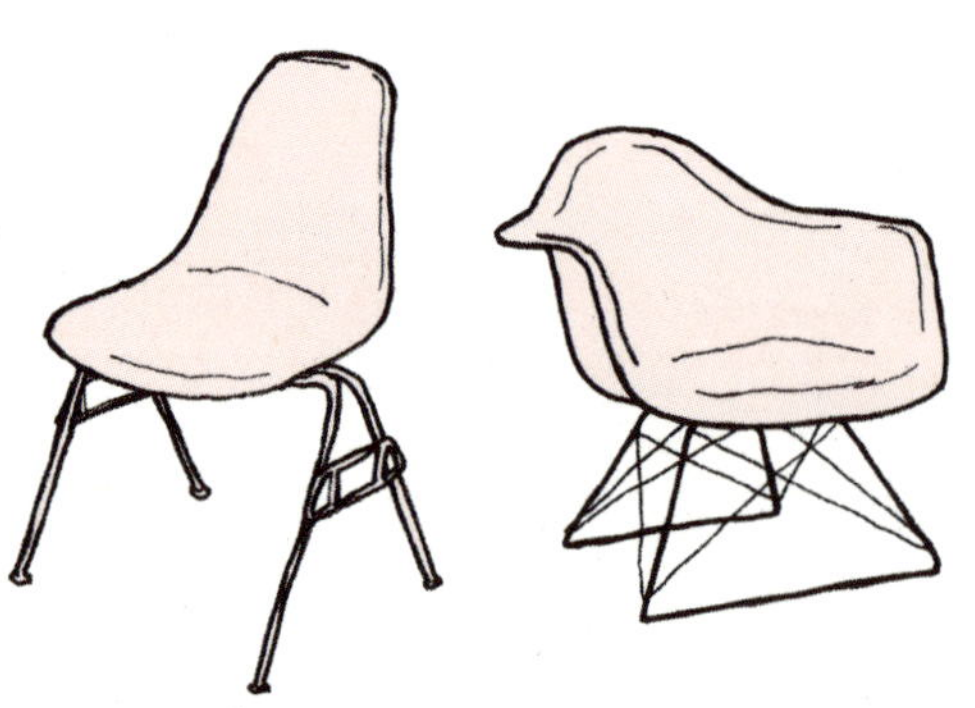

プラスチック
サイド・チェア

プラスチック
アーム・チェア

素材にとらわれない芸術性

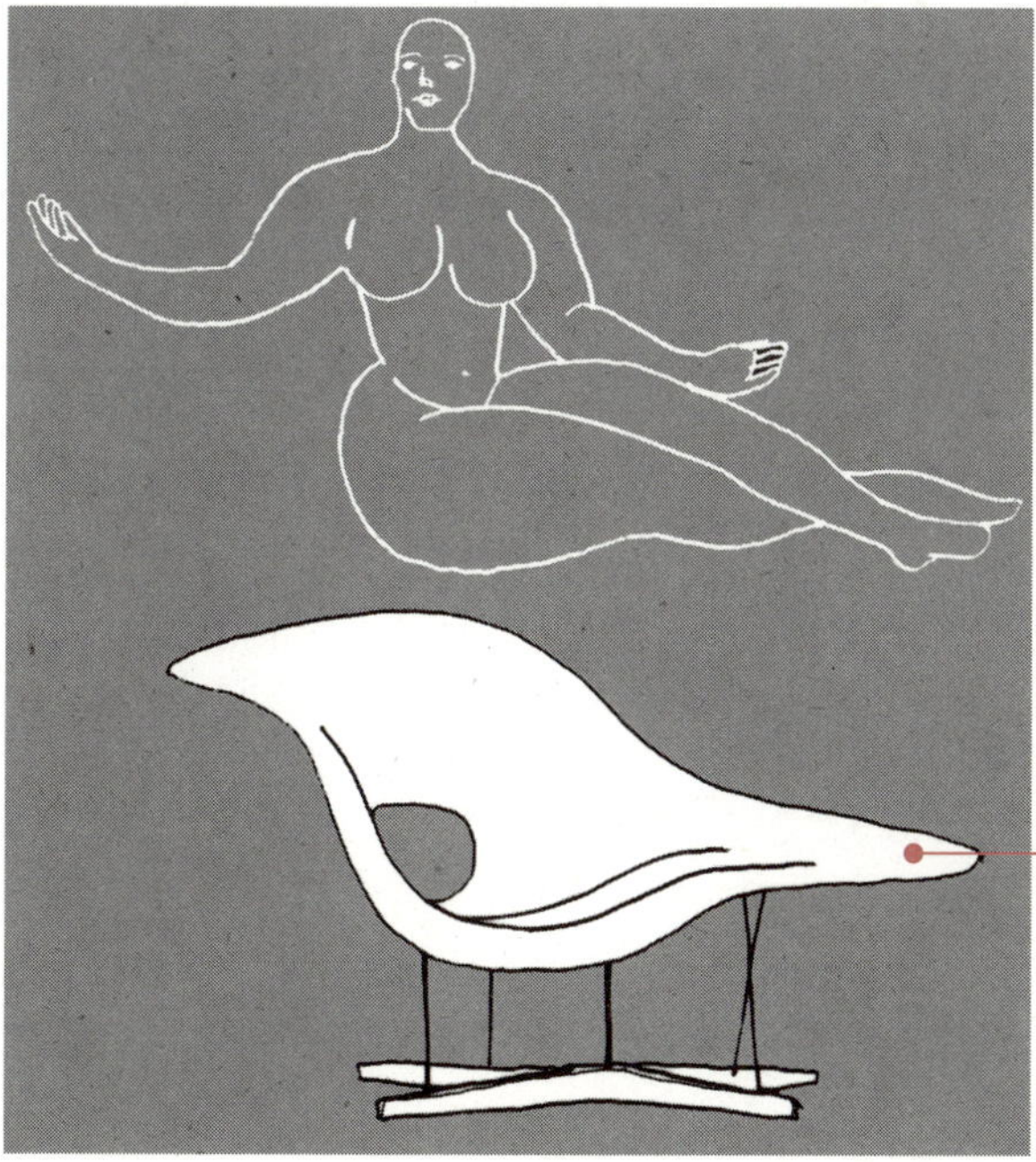

「浮かぶ姿」がヒント

ガストン・ラシェーズの彫刻の女性がぴったりはまる、雲のような形態。本体は5本の金属パイプで支えられていて、それ自体が浮遊しているよう。現在も生産されているが、価格はサイド・チェアなどの数十倍する。

「La Chaise（椅子）」という名の椅子

部屋に置くときは、どんな角度からでも楽しめるよう、壁際などに寄せず、周囲にはスペースを取りたい

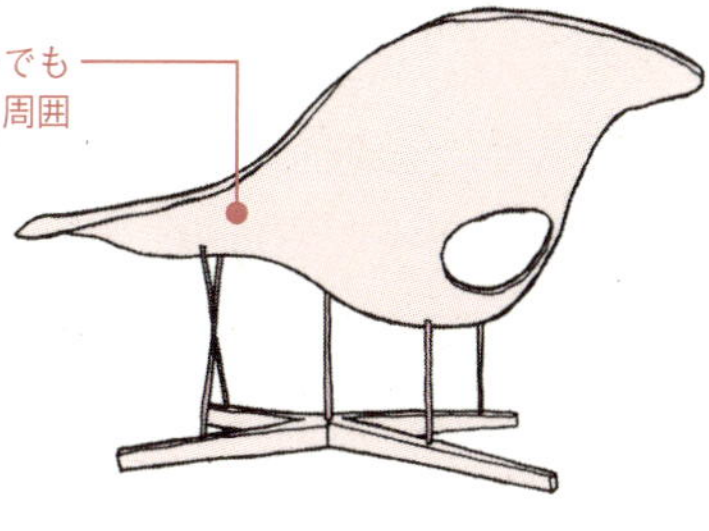

実用的な顔ももつ

このアートのような形態は、実用的でもある。１人で横に寝そべるだけでなく、普通に脚を垂らして座ることもできるし、２人掛けにも使える。

【MEMO】 FRPとは、プラスチックにガラス繊維を混ぜて強化したもの。軽さ・丈夫さに加え、腐食しにくく耐熱性もあることから、ユニットバスや浄化槽などにも使われる。繊維強化プラスチックとも呼ばれる。

Chaise ／チャールズ＆レイ・イームズ

熟睡させない安楽椅子

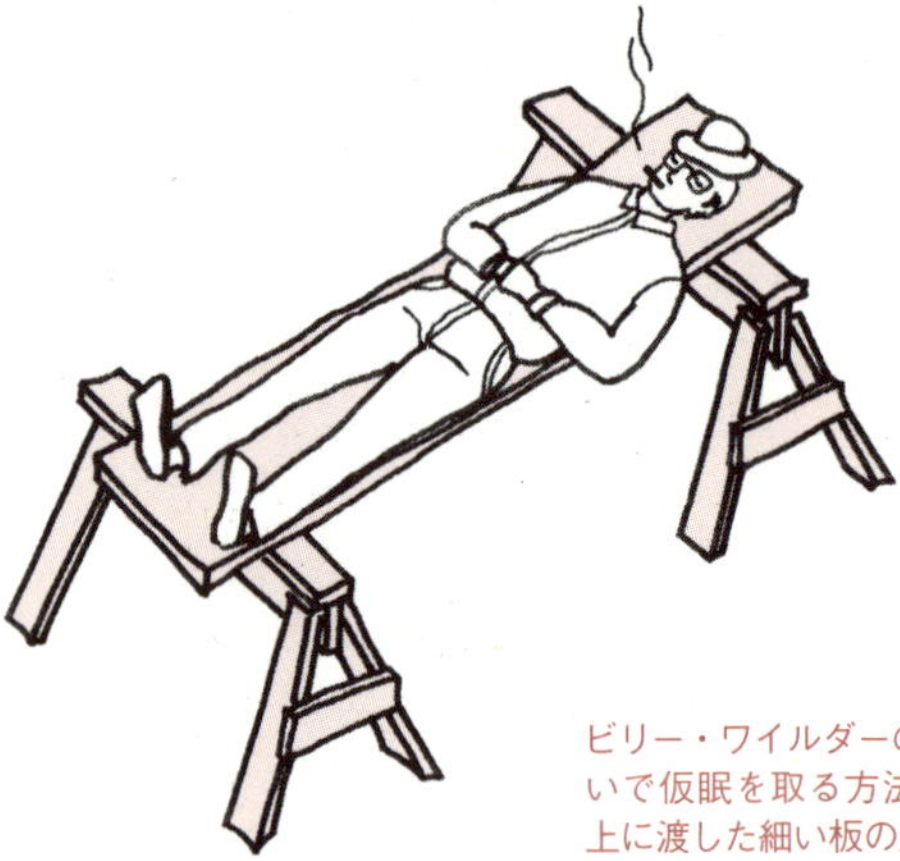

ビリー・ワイルダーの熟睡しないで仮眠を取る方法。架台の上に渡した細い板の上で寝る

目を閉じて考え事をしているつもりが、ついうとうと……そういう経験は誰にでもあるでしょう。居眠り防止法はいろいろありますが、実は熟睡防止用の椅子があるのです。

映画界の巨匠ビリー・ワイルダーは、ちょっとだけ仮眠を取る方法として、架台の上に幅の細い板を渡して、その上に横になっていたとか。その話を聞いていたイームズ夫妻は、「熟睡させない」安楽椅子をデザインしました。身体の線に沿って柔らかくカーブした椅子はとても心地よさそうですが、くせものなのは幅が455㎜しかないこと。肩幅程度のこの幅では、横になったときに自然と胸かおなかの上で手を組むポーズになりますが、熟睡すると手が椅子から滑り落ちてしまい、びっくりして目覚める仕掛けです。

イームズ夫妻の椅子は、寝心地がよくて眠気を誘う分、ワイルダーの板より意地悪ですが、椅子の幅をほんの少し変えるだけで、身体の快適さや人の反応が変わることを教えてくれる反面教師（？・）でもあります。

身体の反応まで計算されたデザイン

映画界の巨匠に捧げられた、寝たら起こしてくれる椅子

すぐ眠りに落ちてしまいそうな快適なかたちだが、熟睡して身体の緊張がゆるむと、手が滑り落ちて目が覚める。人の生理現象を利用して、巧妙に考えられた椅子の幅。

横から見た姿は快適そのものだが、寝入ると……

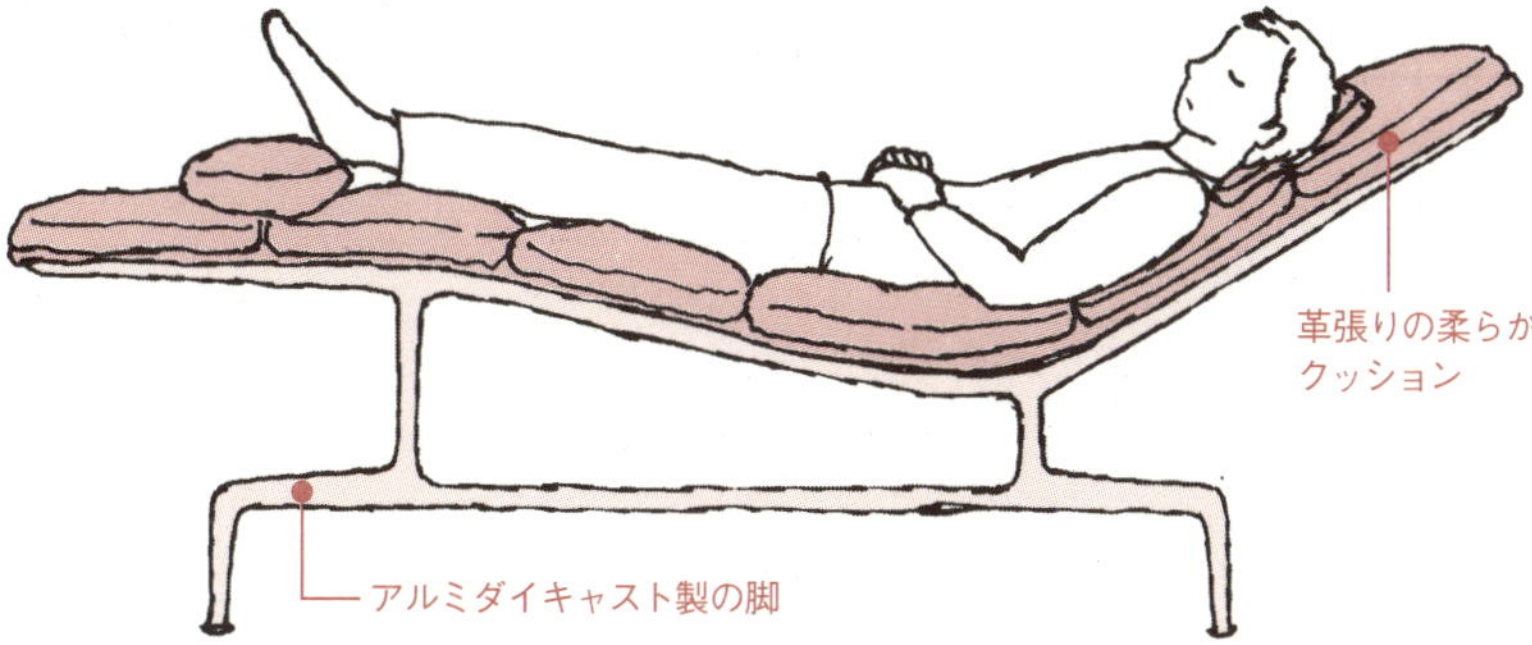

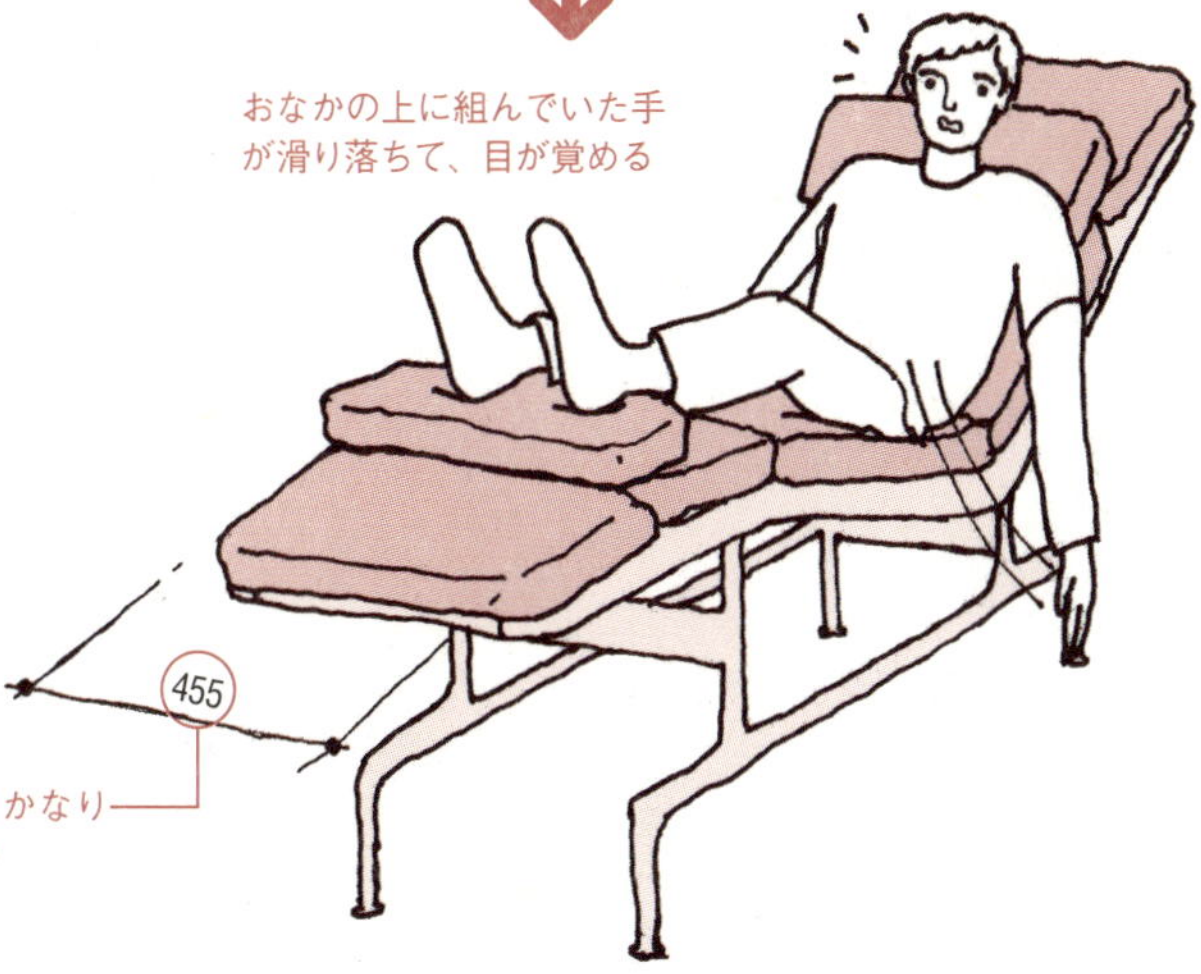

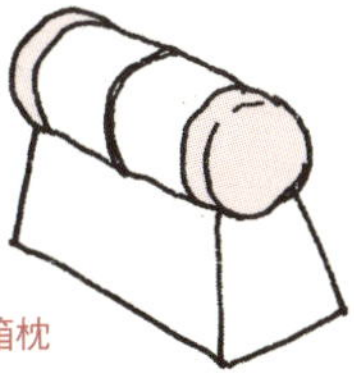

ほかの方法として

寝た状態を不安定にするという同様の発想から、箱枕を使う手もある。慣れていない現代人が箱枕の上で眠れば、頭がずれて落ちるか、枕を倒して目が覚めてしまう。

Folding Stacking Chair ／シャルロット・ペリアン

狭い部屋でもゆったりと

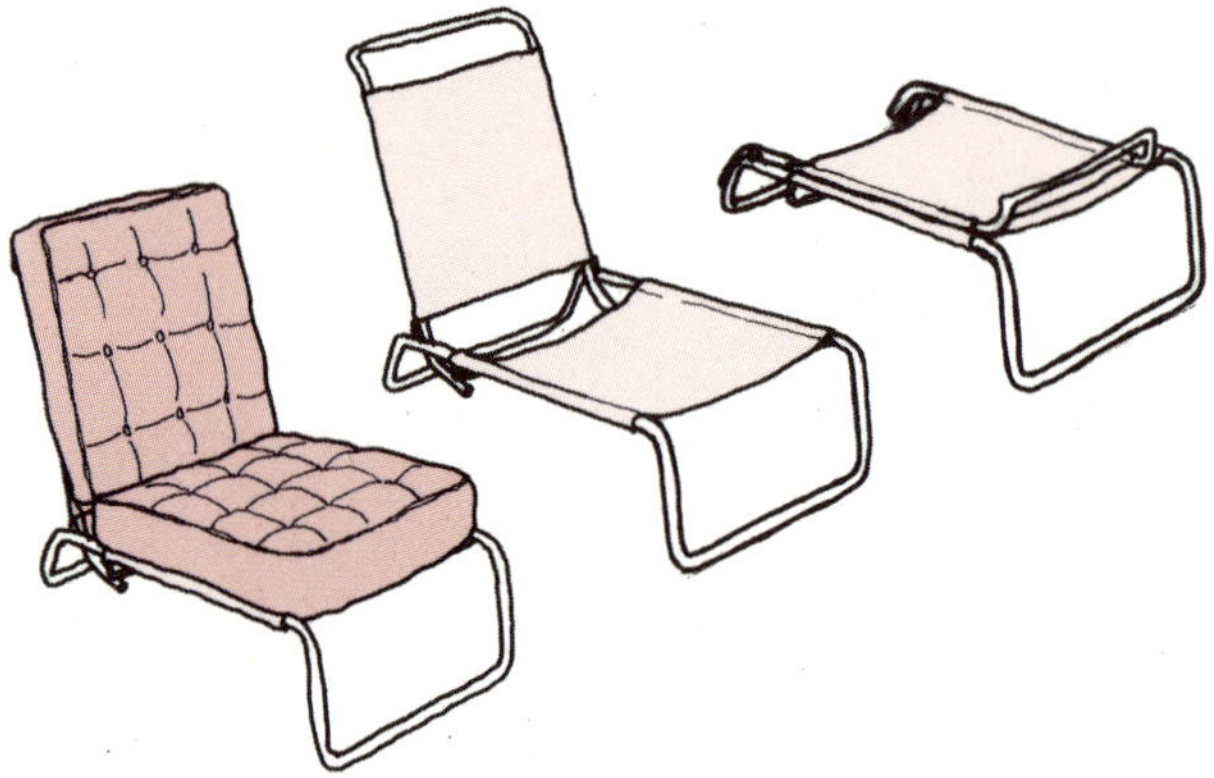

スチールパイプと帆布のフレームを広げて、クッションを載せるだけ

狭い部屋には、家具があふれがち。ゆったりとくつろぐためのラウンジ・チェアを置く余裕はなかなかありません。そんなとき、簡単に片付けられて、さまざまな用途に使えるラウンジ・チェアがあれば重宝ですね。

ここで紹介する"Folding Stacking Chair"は、パイプ椅子のようなフレームを立ち上げ、折り畳み式のクッションを載せるだけの仕組み。クッションは幅600㎜あり、ゆったりと座れます。フレームにクッションを3つ並べれば、脚を伸ばしてゆったりできる寝椅子にもなるし、座の部分にクッションを2段重ねれば、普通の椅子のようにも使えます。3段重ねてそのまま座ってもOK。必要ないときは、クッションとフレームを別々に畳んでスタッキングできるので、2~3セット持っていてもあまりスペースは取りません。

残念ながらこの椅子、現在製作されていません。近いもので今手に入るのは「テレビ枕」と称されているものでしょうか？　私はペリアンの椅子のほうが好みです。

ラウンジ・チェアのさまざまな使い方

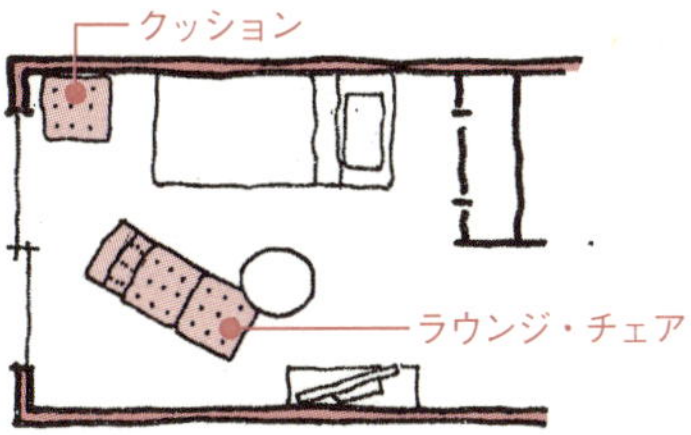

狭いスペースでもゆったりと

ワンルーム・マンションなどの狭い部屋でこそ、簡単に収納でき、さまざまな用途に使えるこのラウンジ・チェアが活躍。

クッションの座の部分を2段にすれば、ダイニング・チェアに

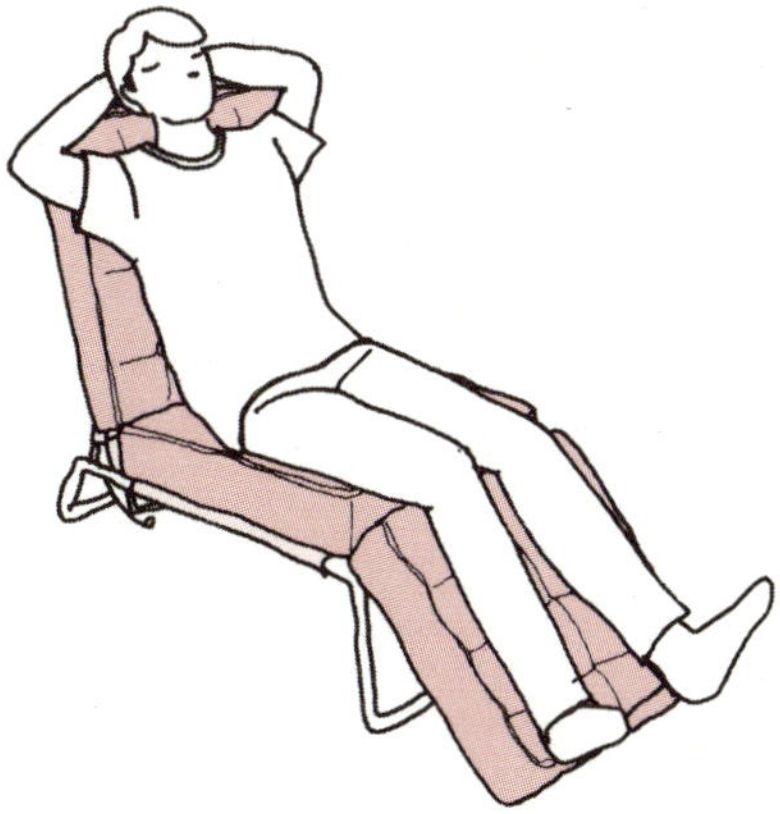

クッションを3つ並べれば、床の近くで寝そべることができる寝椅子に

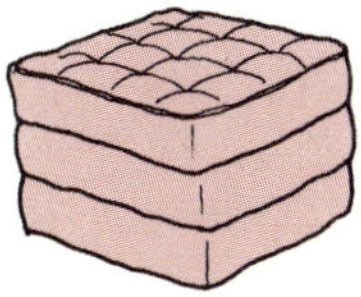

クッションは重ねてそのまま座ってもOK。広げれば来客用敷布団にも

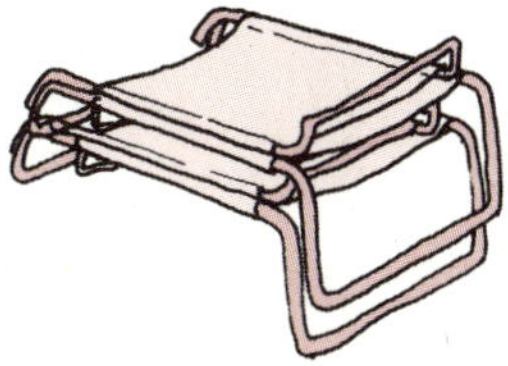

フレームは畳んでスタッキング可能

こんなものでも……

今手に入る代用品は、通称「テレビ枕」と呼ばれるもの。

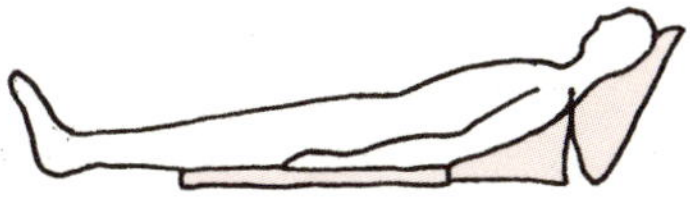

寝そべって

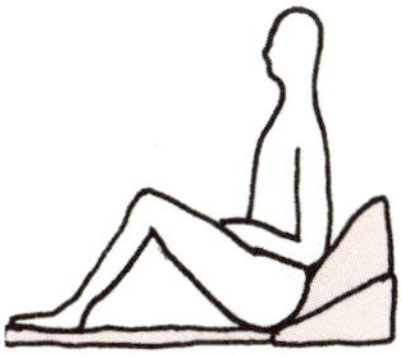

座って

畳んで

7

Column

ミースに影響を与えたデザイナー

リリー・ライヒ
Lilly Reich
(1885-1947)

関連する作品

28・74・106・110ページ

陰口にもめげず献身を貫く

ライヒは不美人だったと言われています。写真の中の柔和な微笑をたたえる彼女からは違和感のあるこの通説が生まれたのはなぜでしょう?

ライヒはミース・ファン・デル・ローエが唯一信頼を寄せ、協働した女性。彼に出会う前から独立した事務所をもつ第一線のデザイナーで、展示デザインを多く手掛けた彼女の素材の扱い方、見せ方はミースに大きな影響を与えました。現在ミースの作品とされているものの中には、2人が一緒にデザインしたものが多く含まれています。

完璧主義だったライヒは、公私共にミースを助けようとし、彼の娘たちの服装にまで干渉するほど。どうやら、不美人説の源はこの率直な物言いにありそうです。ミースが彼女を置いて、戦時色強まるドイツからアメリカに移動した後も、ライヒは献身を続け、彼の事務所を切り盛りして、膨大な図面類を戦火から守りました。

戦後間もなく、物資も仕事も乏しい中で病死。近年になってようやく、彼女が死守した図面を基に、その功績が再評価され始めています。

デザイン用語集

ミース・ファン・デル・ローエ (Ludwig Mies van der Rohe : 1886-1969)
近代建築の四大巨匠のうちの1人。ドイツ出身。バルセロナ・パビリオンやファンズワース邸など多くのモダニズム建築の傑作を生んだ。

3章

「ただの部屋」にはしない

寝室・書斎、子ども部屋

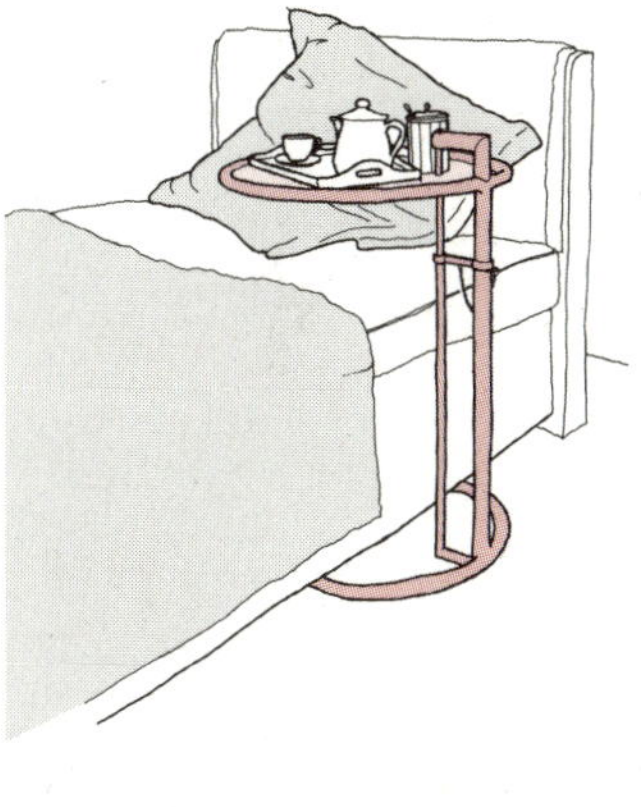

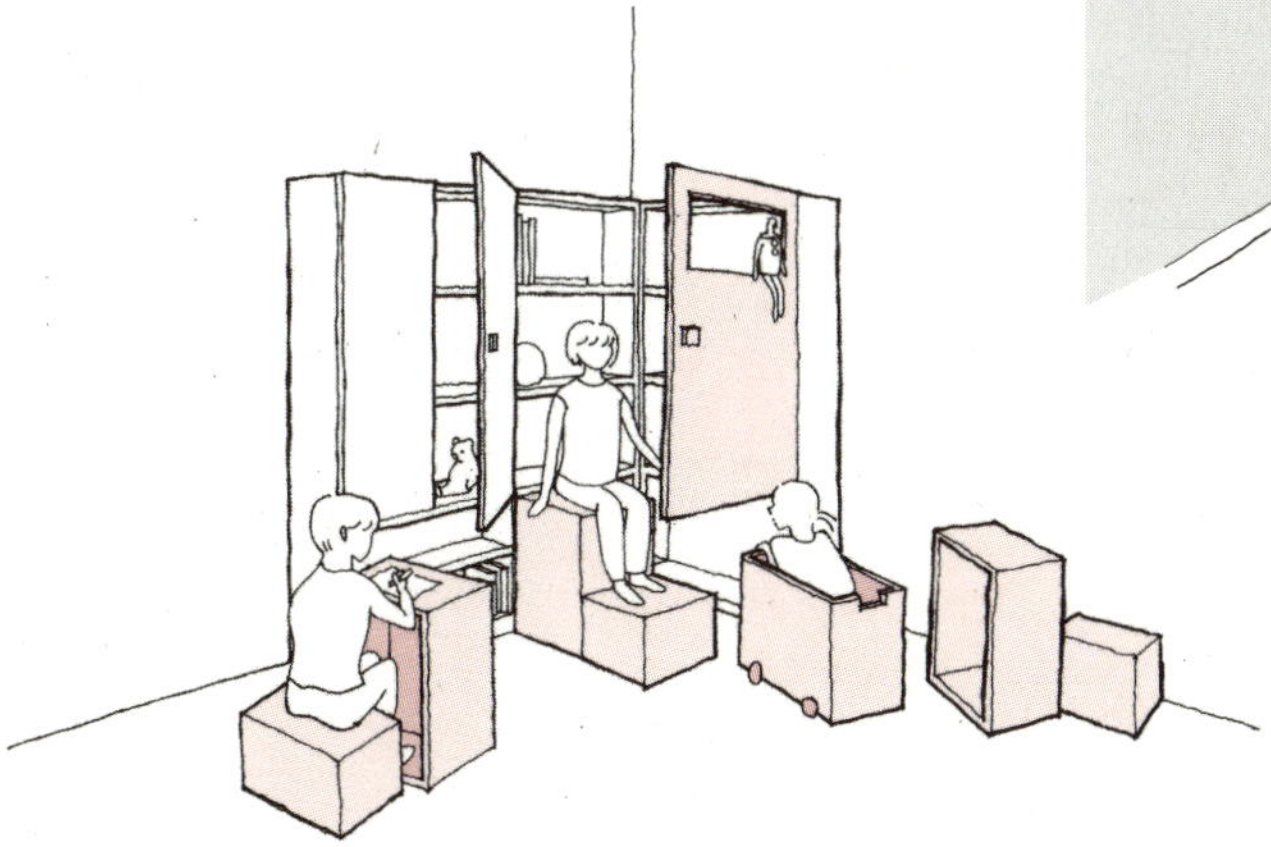

基本のはなし

日本はビッグだった! ベッドの配置と寸法

ベッドのサイズは、シングル、セミ・ダブル、ダブル、クイーン、キングなどさまざまですが、レイアウトの基本は同じ。ベッドの2方または3方を壁から離し、頭の側を壁に付けて配置します。壁に付けられないときでも、寄りかかれるように、ヘッドボード付きのベッドを選びましょう。

また、外国を旅してベッドが小さいと感じたことはありませんか? 実はヨーロッパのベッドは、日本より一回り小さいのが一般的。日本より大柄な人が多いのに、なぜ小さなベッドでも不満がないのか……習慣とはいえ不思議です。

ベッドを配置する際は、壁からの離れ寸法が取れるか、どこでつくられたものかを、確認しておくのがポイントです。

標準的なベッドのレイアウト

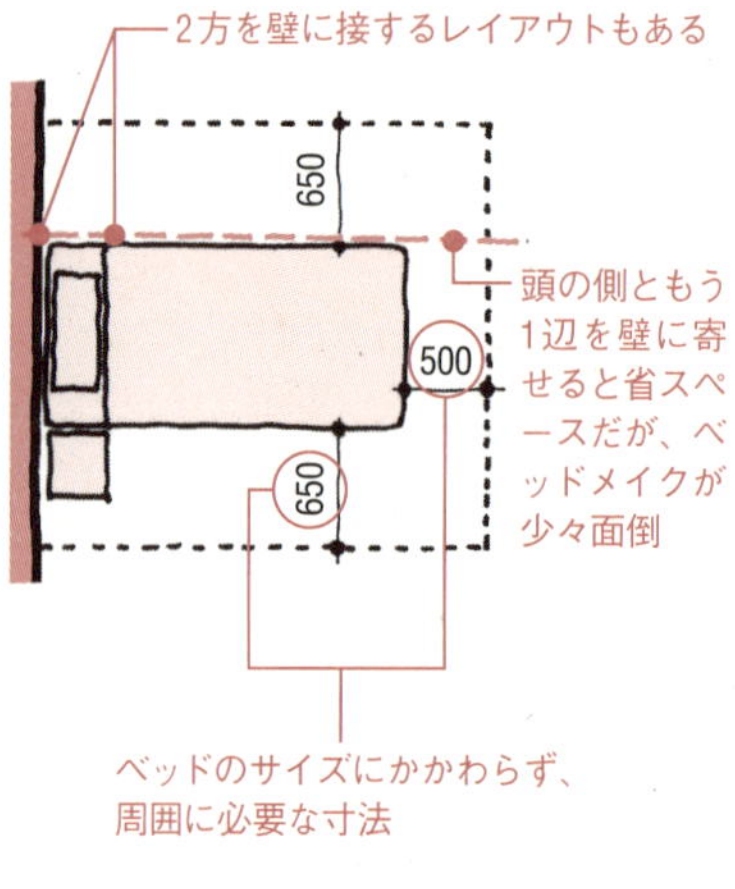

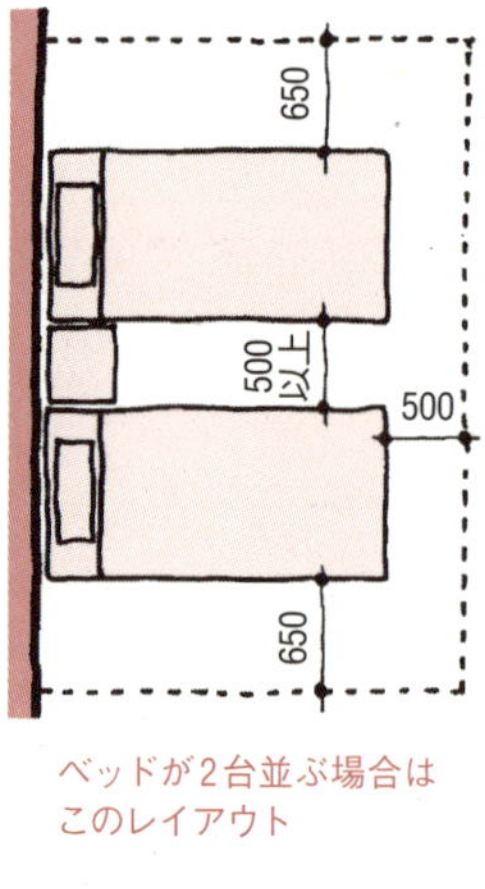

ベッドが2台並ぶ場合はこのレイアウト

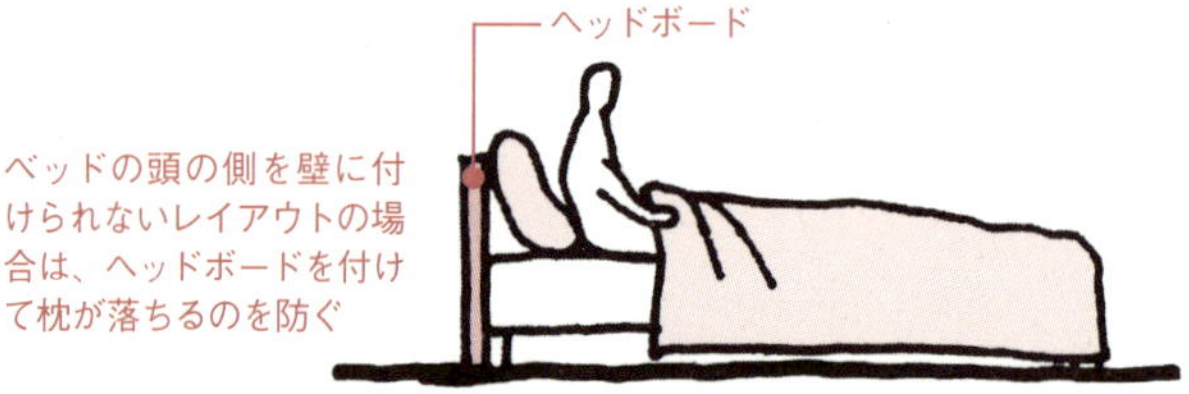

ベッドの頭の側を壁に付けられないレイアウトの場合は、ヘッドボードを付けて枕が落ちるのを防ぐ

各国の基本のベッドサイズ

日本と世界のシングル・ベッド

日本の標準的なシングル・ベッドのサイズは1,000×2,000㎜。ヨーロッパの標準は900×1,900㎜と一回り小さい。タイはなぜか幅が1,070㎜とさらに広いらしい。下図の人物は身長180㎝くらいだが、ヨーロッパサイズでははみ出してしまう。

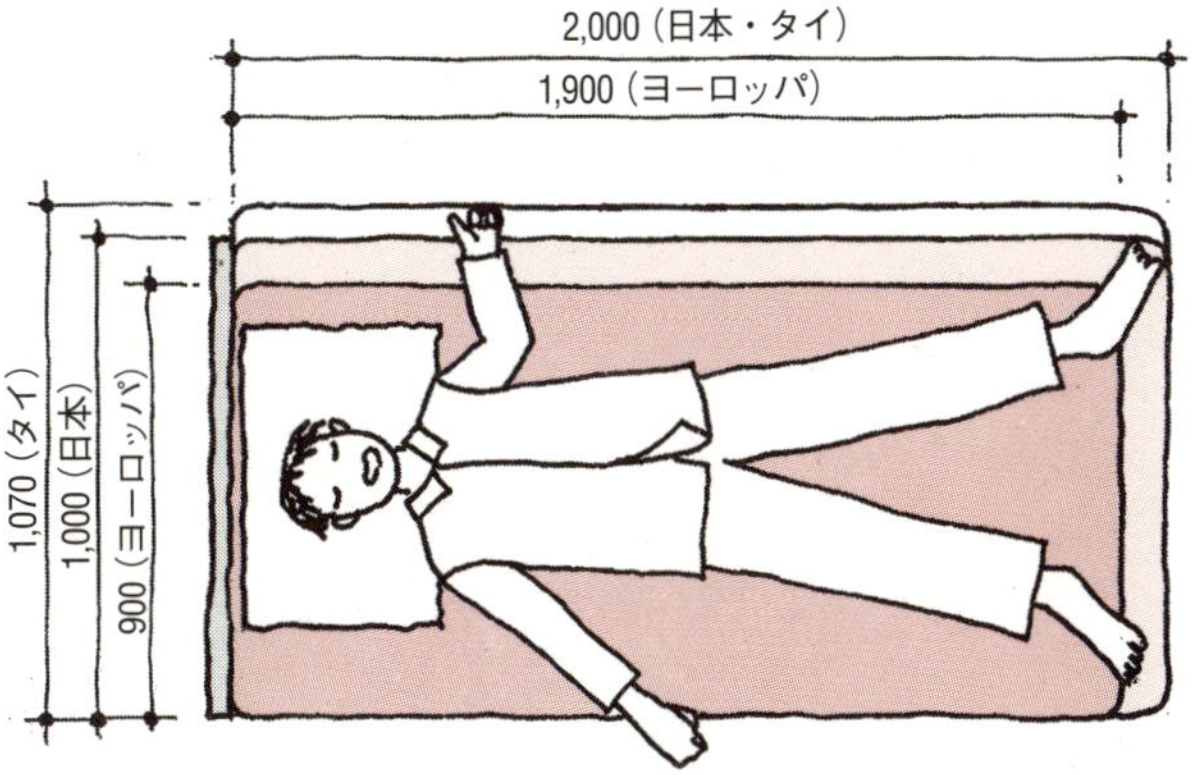

アメリカのシングル・ベッド

アメリカではシングル・ベッドはツインと呼ばれ、サイズは通常990×1,910㎜。しかし大学などの寮にあるエクストラ・ロングのベッドは長さが2,030㎜あるので、通常のツイン用ボックス・シーツははまらない。なお、ベッドは日本よりも小ぶりだが、枕のサイズは大きい（日本の標準枕カバーは430×630㎜、アメリカは510×760㎜くらい）。海外でシーツや枕カバーを購入するときは要注意。

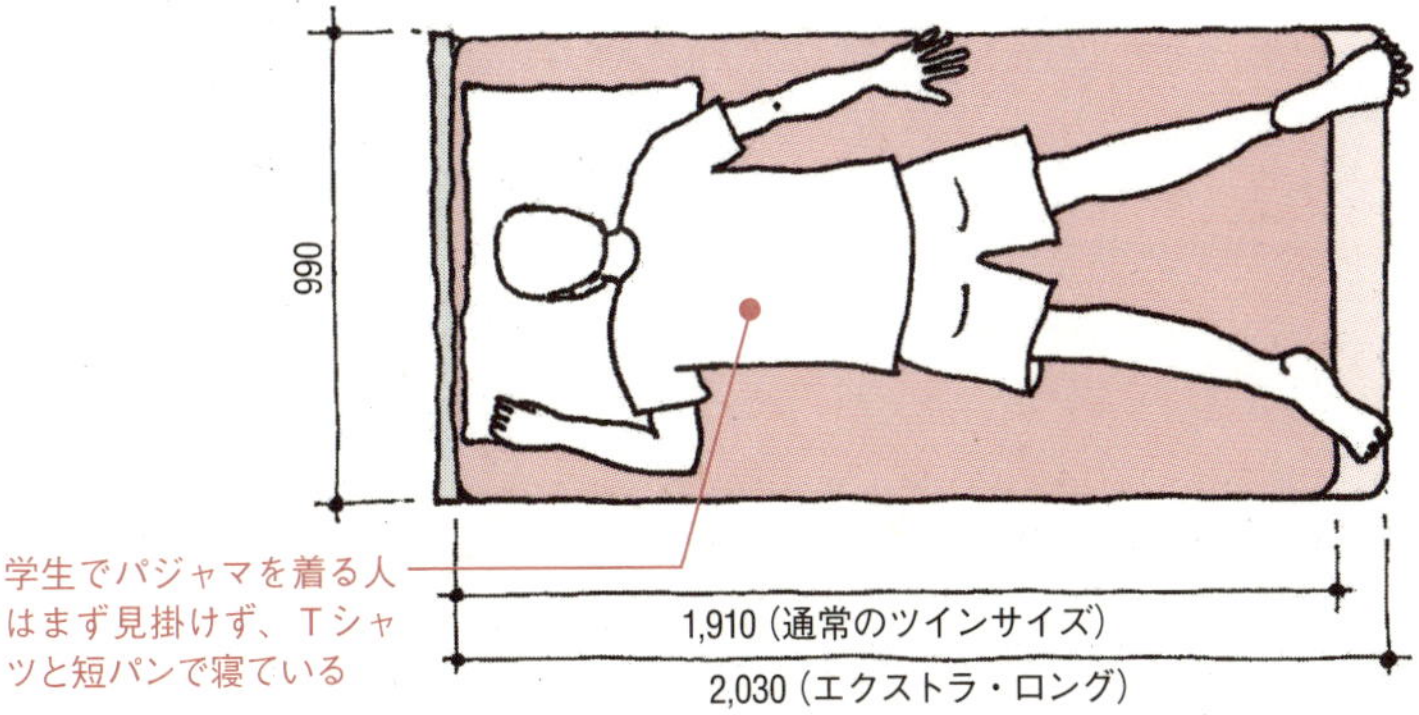

メリベルの山荘／シャルロット・ペリアン

囲まれている感が実に落ち着く

西欧の天蓋付きベッド。もともとは天井の高い広間に置かれていたため、隙間風や埃を防ぐためにカーテンを付けたという

西欧の貴族の館で見かける天蓋《てんがい》付きベッド。「4方を囲まれる」状態が心地よいのか、日本でも、平安時代の貴族は、御帳台《みちょうだい》という床から1段上の4方を帳《とばり》で囲んだ天井の低い寝所か、塗籠《ぬりごめ》という4方を板戸で囲んだ小部屋に寝ていました。昼間は広い場所が快適でも、寝る時は囲まれた狭い場所が落ち着くという感覚は、万国共通のようです。

ペリアンの山荘の2階は、畳風の敷物を敷いた和風の広間。その一角の床を1段上げ、3方を壁で囲って寝るための特別な場所をつくりました。夜はカーテンを垂らして、天蓋付きベッドと同じような包まれた感覚で眠り、朝は上に抜けている天井から朝日が差し込み、すっきりと目覚められるつくり。

感覚的な心地よさだけでなく、天蓋付きベッドには隙間風を防ぐという実用的な面もありました。現在でも、寝るスペースを狭くすればエアボリュームも小さくなり、冷暖房効率を上げることができるのでお薦めです【→MEMO】。

くつろぎを生む囲まれた空間

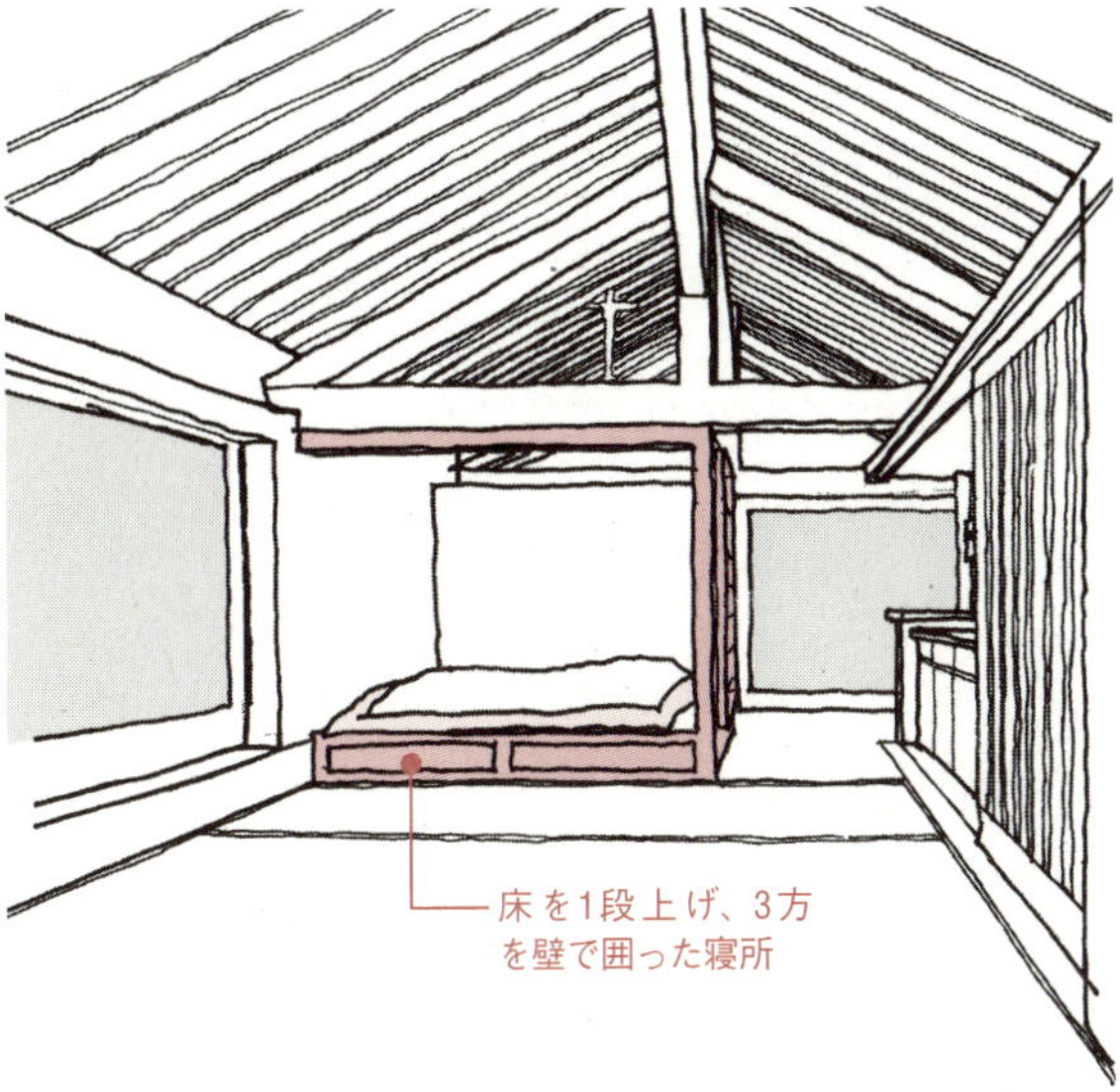

床を1段上げ、3方
を壁で囲った寝所

ペリアンのメリベルの山荘

建物自体はフランスの伝統的な農民の家にならって建てられているが、2階は和風のつくり。床には畳風の敷物、寝所には布団が敷かれている。寝所は広間や右手のキッチンに隣接しているが、床を上げ、壁で囲むことで特別な場所という雰囲気を演出している。

日本の平安時代の御帳台

貴族の寝所は、畳を2枚敷き、四隅に柱を立てて帳を垂らした御帳台。身分の高い后(きさき)のような人は黒塗りの台を置いた上に畳を敷いた。

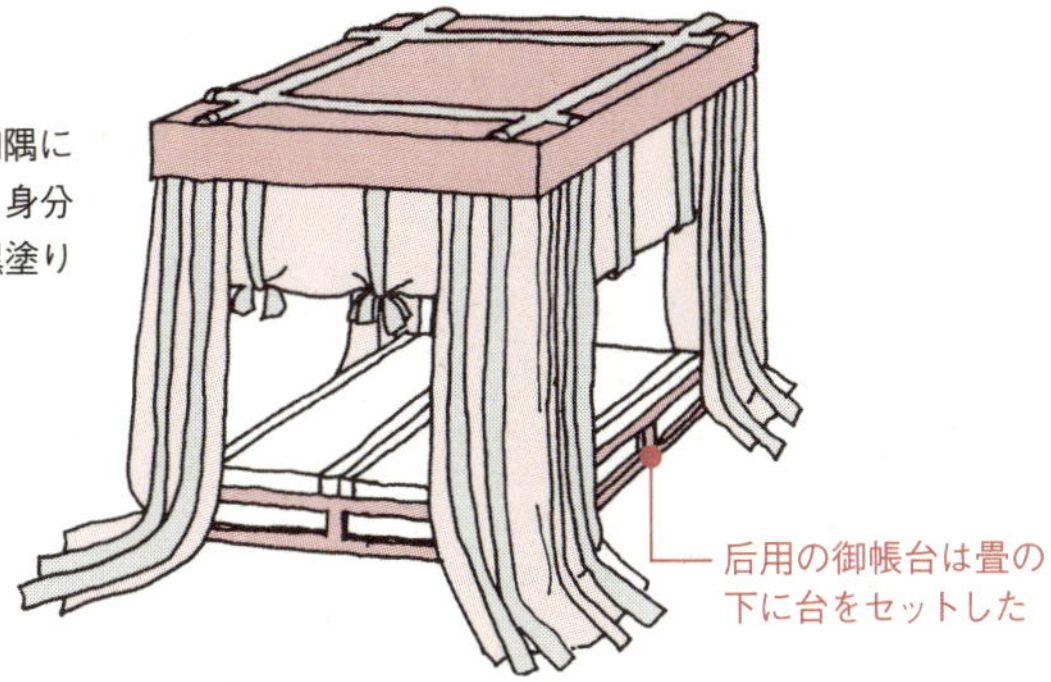

后用の御帳台は畳の
下に台をセットした

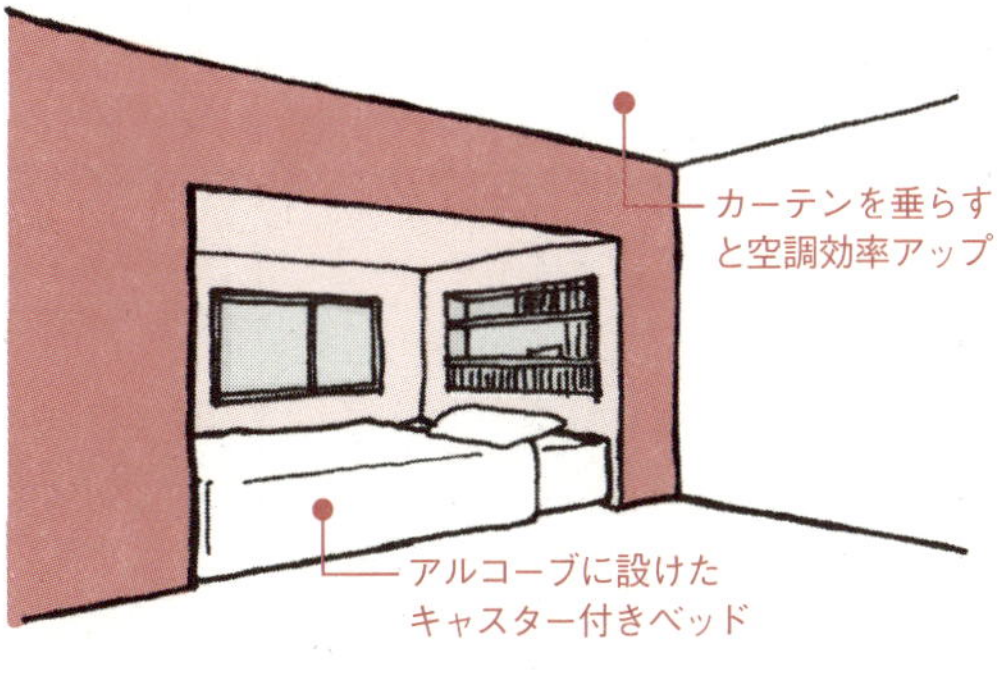

カーテンを垂らす
と空調効率アップ
アルコーブに設けた
キャスター付きベッド

アルコーブにベッドを

心地よく、エコな寝室のアイデアとして、アルコーブにベッドを入れる方法もある。寒い時期には部屋側にカーテンを垂らせば、布団の温もりが逃げずに効率がよい。ベッドメーキングのため、キャスター付きなどにして引き出せるようにするのがポイント。

【MEMO】 夏はカーテンの代わりに蚊帳(かや)を吊って窓を開ければよりエコ。ただし何もないときと比べて熱がこもるので、空調と併用できたほうがよい場合も。

ベッドサイドテーブル
トゥルース・シュレーダー&ヘリット・リートフェルト

寝室は寝るだけの場所ではない

ベッドサイドテーブルを置き忘れると、ベッドの横にモノが積み上がることに……

寝室にベッドをセットした後、忘れてはいけないのがベッドサイドテーブルの配置。寝る前に読む本、音楽プレーヤー、ティッシュ・ボックス、スタンドランプなど……ベッドサイドテーブルがないと、それらが床に積み上がることになってしまうのです。

通常のベッドサイドテーブルは、頭のすぐ横に配置する、400~500㎜角でベッド面の高さくらいのもの。しかし、シュレーダーとリートフェルトがデザインしたものは少し細長いかたちをしています。ベッド側には棚、反対側には引出しが付いていて、3方向から使える優れモノ。さらに、ベッド廻りと日中の空間との境界を示す低い間仕切のような役割も果たしています。長いので少し離して配置しないとベッドに入りにくくなってしまいますが、大きいテーブル面に着替えの服などを置くこともできて便利です。

日本ではかつて枕元に「乱れ箱」という衣類や小物を入れるふたのない箱を置いていたといいます。いわば和式ベッドサイドテーブルですね。

ベッド廻りを快適にする家具

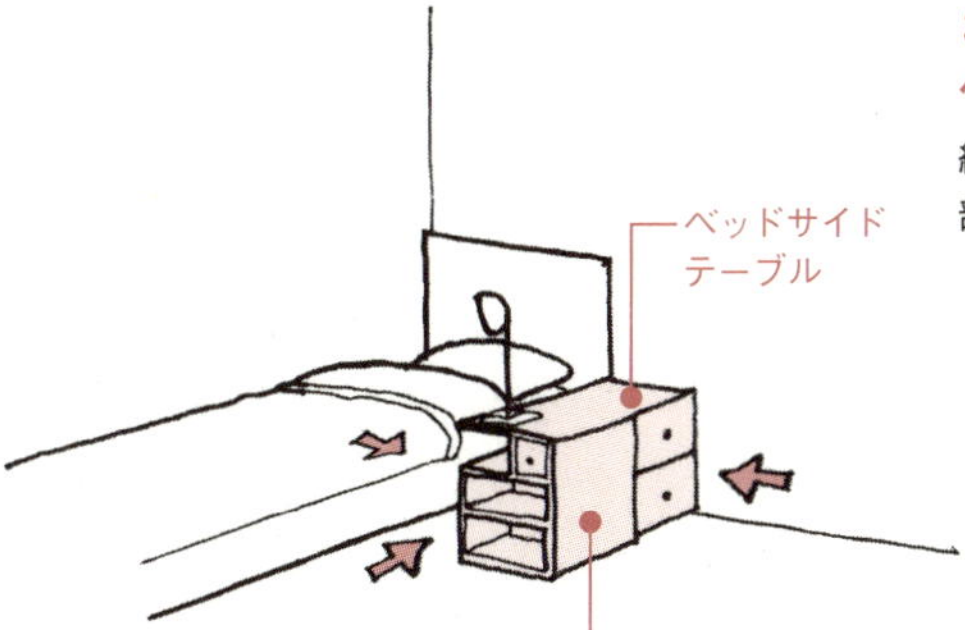

3方向から使える ベッドサイドテーブル

細長いかたちが「寝る空間」と部屋のほかの部分を仕切る。

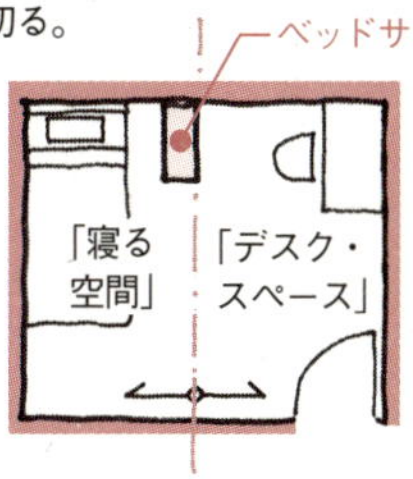

ベッドの近くにさまざまなモノが置けると便利

スタンドランプや読みかけの本、ティッシュや音楽プレーヤー、雑誌などは棚や天板の上に。引出しには、スキンケアグッズや耳栓などの小物を入れられる。ベッドサイドには、多種多様のモノが集まる。

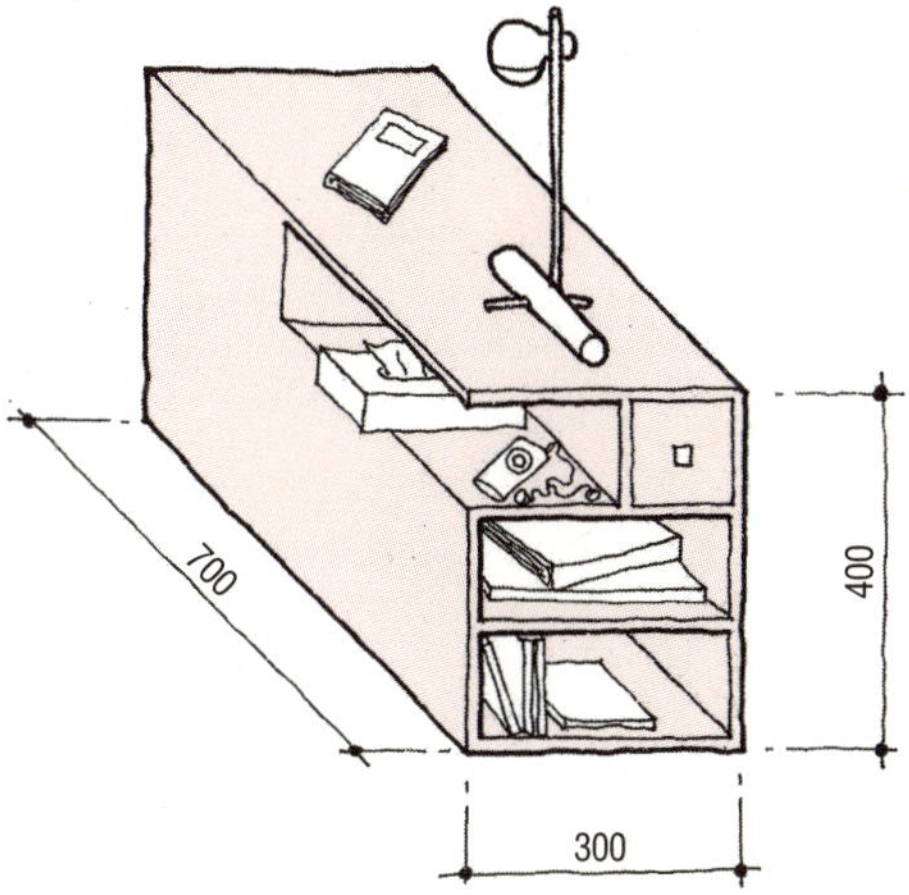

通常のベッドサイドテーブルの配置

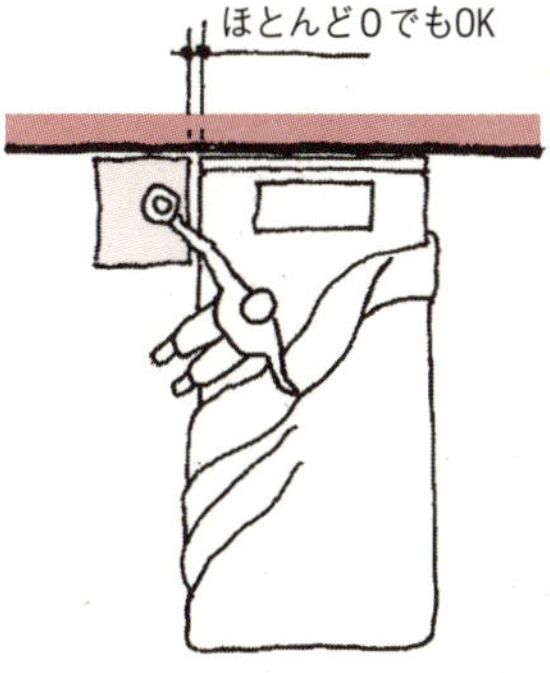

細長いベッドサイドテーブルの配置

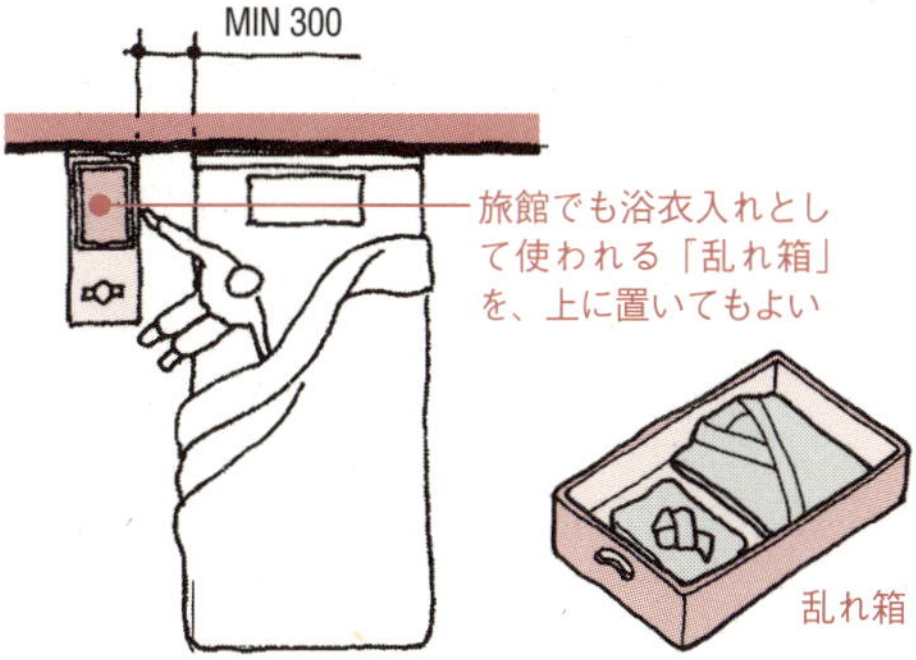

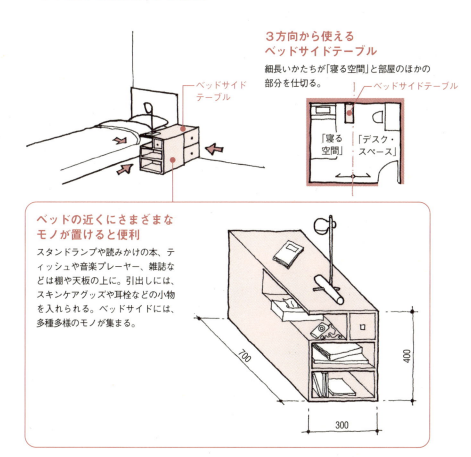

E.1027テーブル／アイリーン・グレイ

朝の優雅なひとときを演出する小道具

温かいベッドの上で、コーヒーを飲みながらゆっくりと体を目覚めさせる――そんな朝のひとときを優雅に過ごしたいものですが、いわゆるサイドテーブルは、ベッドに横付けするもので、手元からはやや遠いので、新聞に目をやっている間にコーヒーをこぼしてしまいそうです。

グレイのデザインした家具の中で、今でもとても人気のあるのが左ページのテーブル。スタイリッシュな外観から、現在ではリビングのサイドテーブルとして使われることが多いですが、実は客用寝室のためにデザインされたもの。慌ただしい朝でもベッドの中でコーヒーを飲む、そんな贅沢な時間を過ごせるようにという気遣いです。支柱が片側だけなので、脚がベッドの下に入り、高さも調節できるため、楽な姿勢で軽食をとったり、新聞を読んだりできます。また、持ち運びも簡単なので、リビングなどに持っていって使用することもできます。

ガラスとクロームのクールなデザインですが、温かいホスピタリティが感じられます。

通常のサイドテーブル

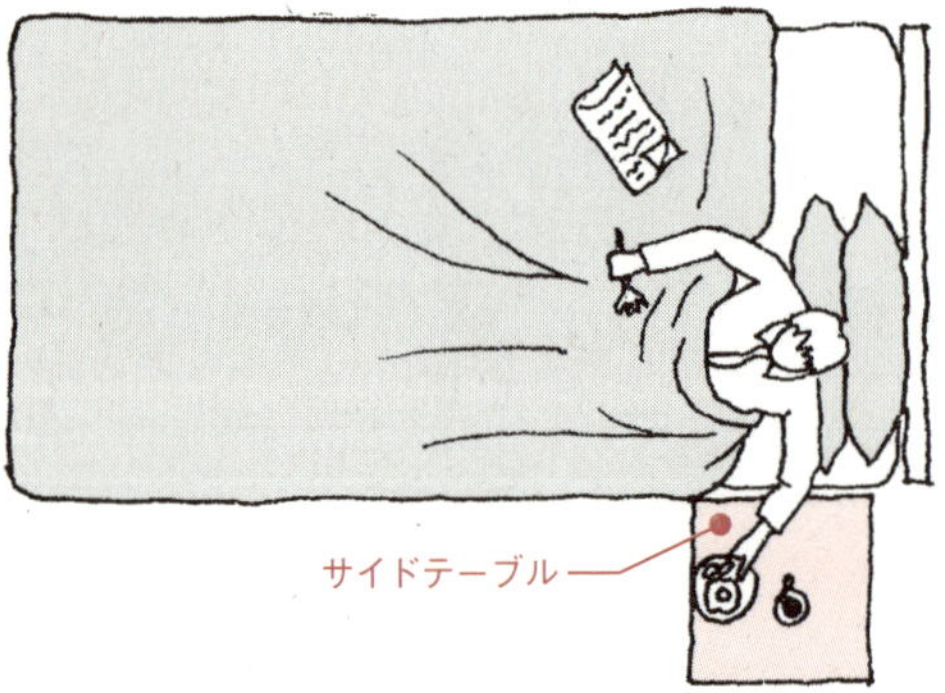

ベッドの上で食事をしながら新聞を読むのは、ちょっと難しい。

「E.1027テーブル」のホスピタリティ

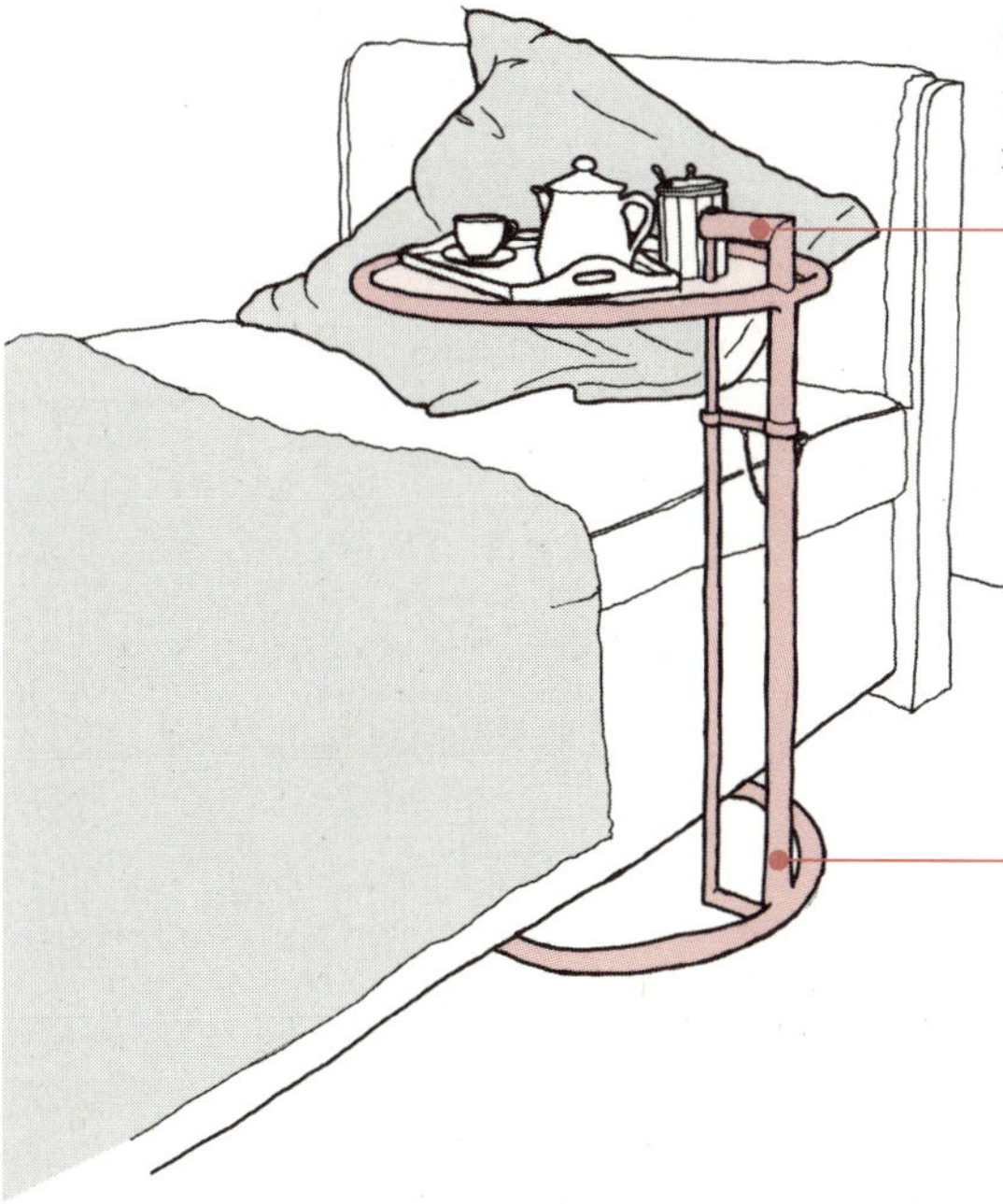
この部分を持って移動できる
脚はベッドの下に入るデザイン

クールで機能的なデザイン

フレームがクロームパイプ、天板がガラスでできている。

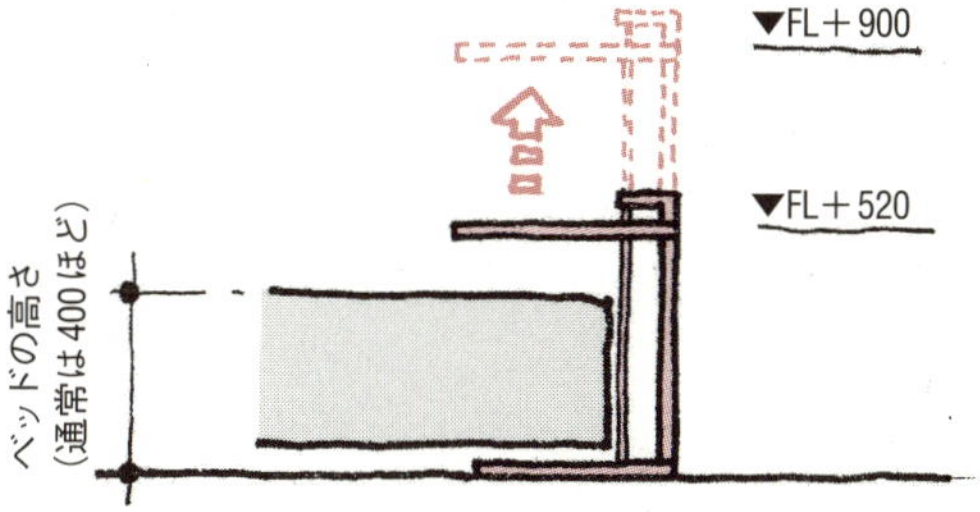

フレキシブルに調整可能

テーブルの高さは段階的に上下できるため、いろいろな高さのベッドや、ソファ、ラウンジ・チェアにも合わせられる。

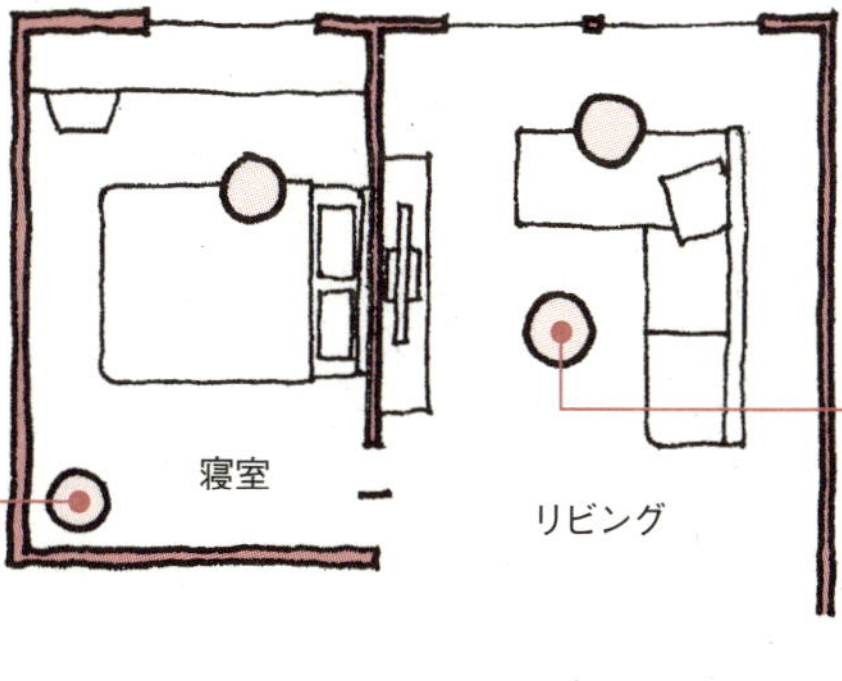
ベッドの横に置かないときは、部屋の隅に置いて小物置きに
リビングに持っていって、ソファの前に置いてもよいし、ソファの横に置いてもベッド横と同様に使える

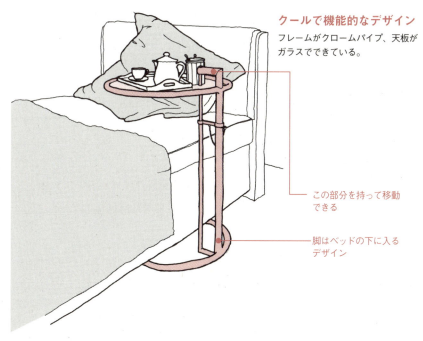

覆ってしまえば すっきり

簡単に部屋のイメージ・チェンジをする方法、それはファブリックを替えること。ただ、部屋を見渡すと分かるのですが、ファブリックは案外いろいろなところに使われています。特に寝室で使われるものは種類も多く、それら全部のコーディネートは、難しそう。そんなときには、見えないように覆ってしまうのが一番です。

そのお手本がホテルのベッド・スプレッド――シーツや毛布の上に掛けられている厚手の布です。本来は、日中ベッドの上に座ったり物を載せたりしてもシーツを汚さないためのカバーなのですが、シーツや枕カバーがどんな柄であっても隠してしまえるので、コーディネート上とても便利です。クッション等を置けば、昼間はベッドをソファとして使えます。また、ベッド・スプレッドは部屋の中で大きな面積を占めるので、もう1つの大きな面であるカーテンとコーディネートするだけで、統一感のある部屋になります。

シンプルで個性的な柄のファブリックを取り入れて、コーディネートも楽しみたいものです。

ファブリックの出番は結構ある

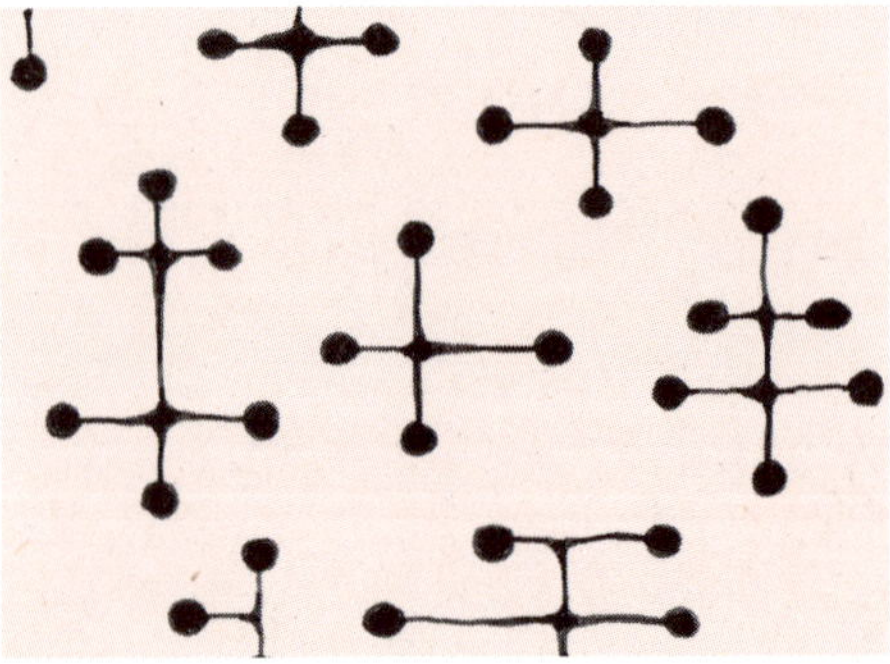
Dot Pattern

Circle Pattern

レイ・イームズがデザインした、シンプルだが楽しげなファブリック。カーテン、テーブルクロス、ランチョン・マット、クッション……何にでも使えそう。

簡単コーディネートのポイント

1枚の布で覆う

寝室にあるさまざまなファブリックを、全部コーディネートするのは大変。

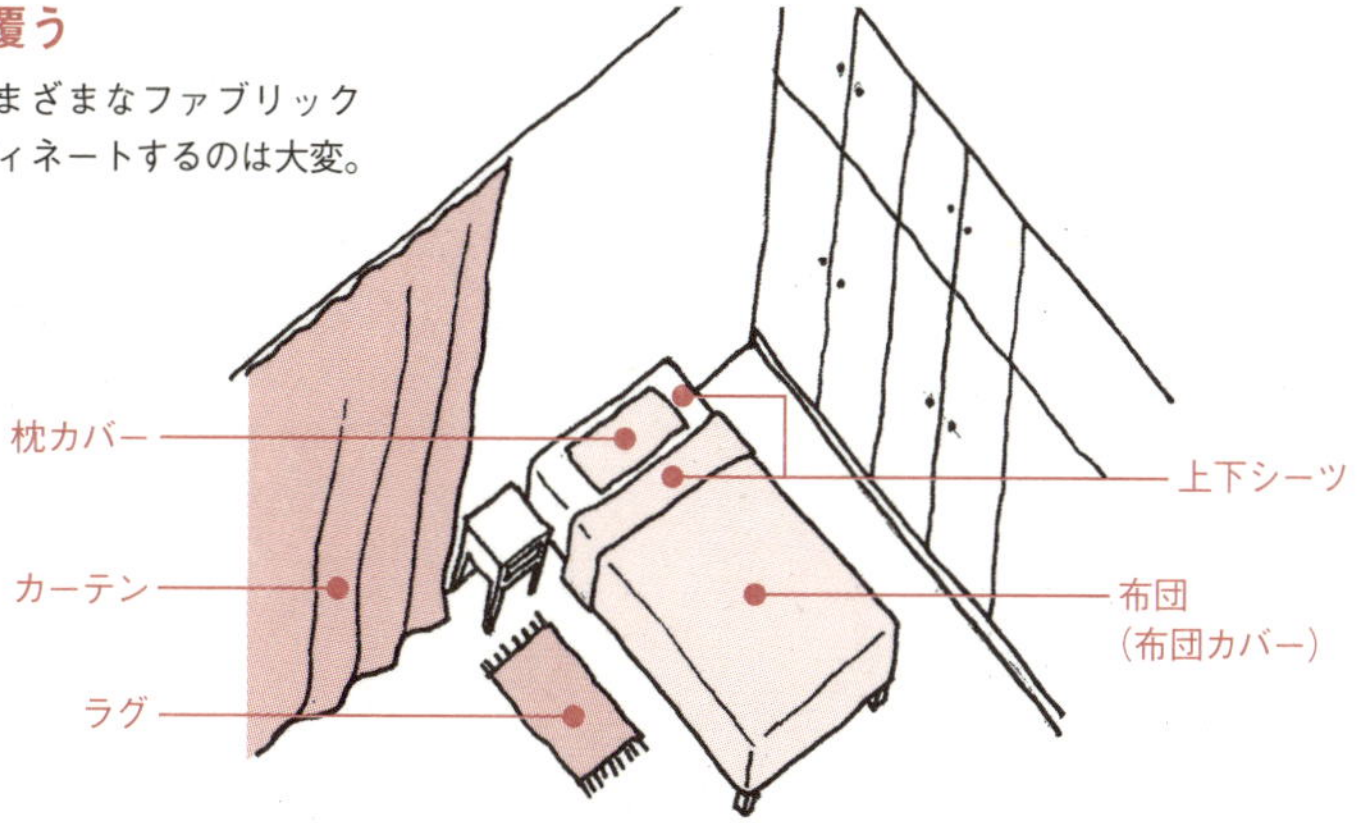

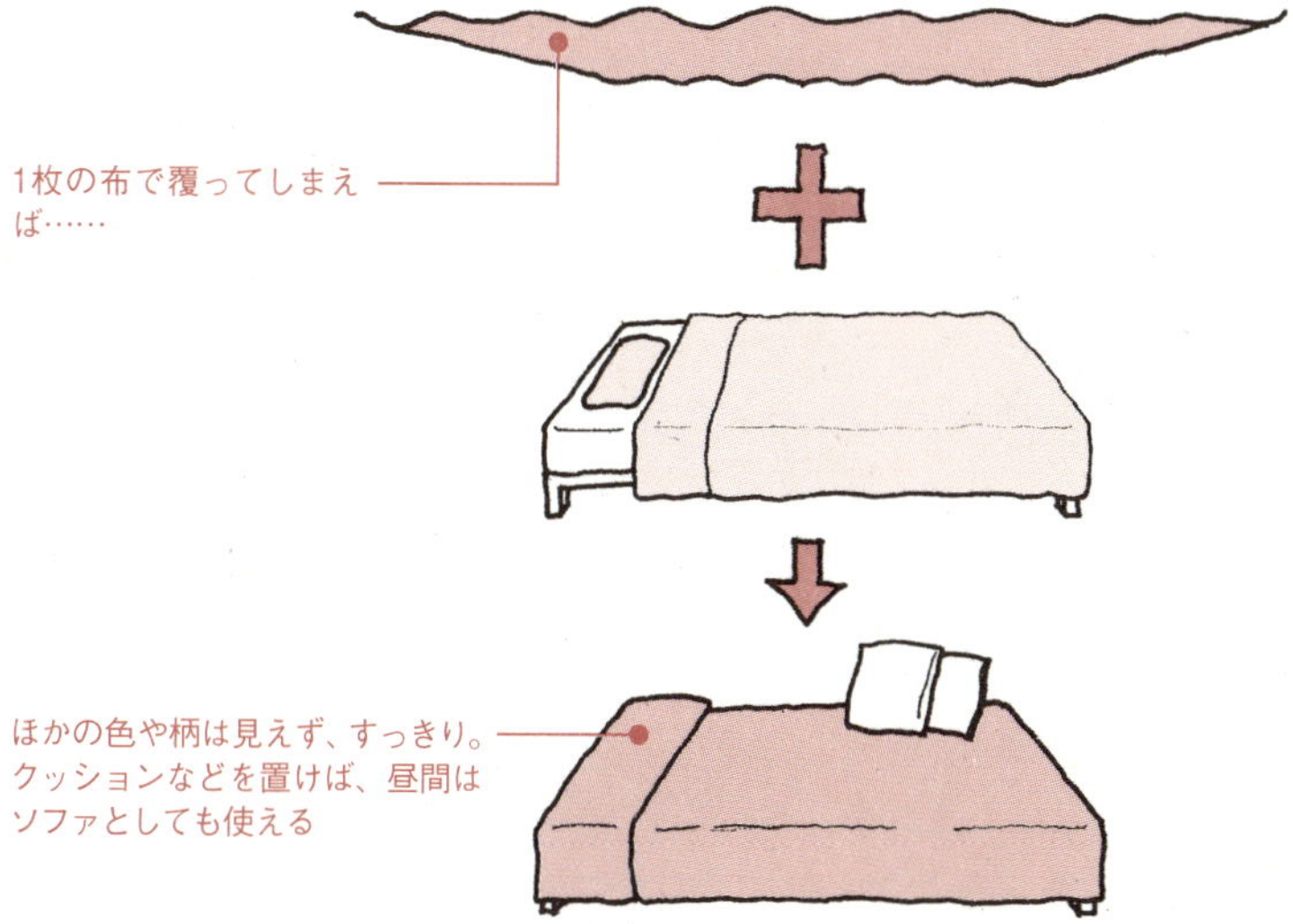

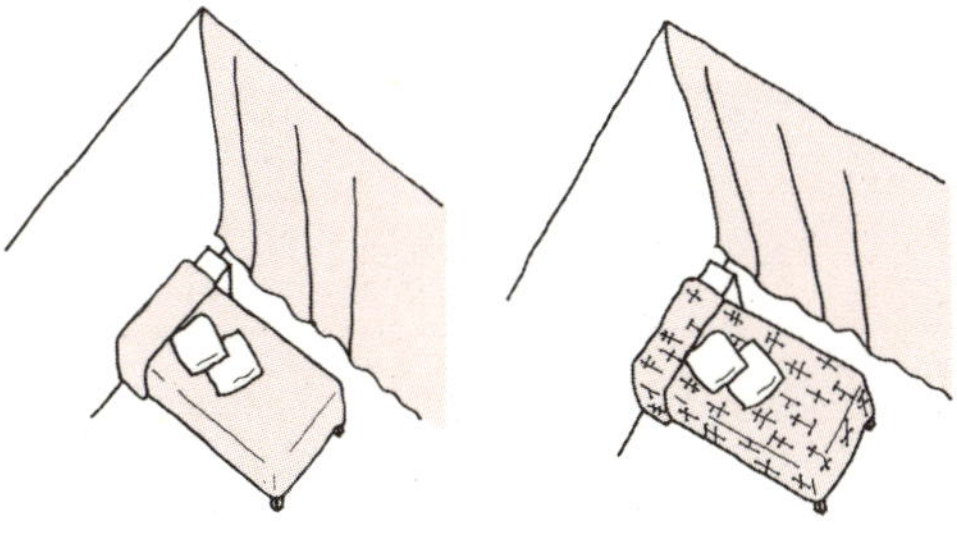

生地や色を合わせる

カーテンとベッド・スプレッドを同じ生地にしてもよいし、どちらかを柄に、もう1つを同色の無地にして合わせてもよい。面積の大きい2つの要素がコーディネートされると、部屋に調和が生まれる。

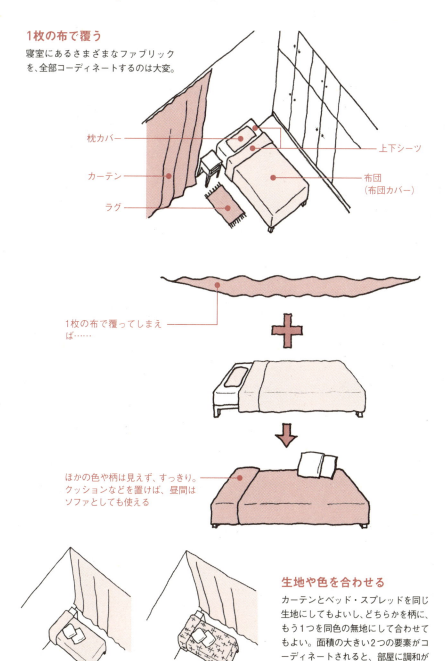

テーブルスタンド
マリアンネ・ブラント&ハインリッヒ・ブレデンディック

集中力を高めるタスクライト

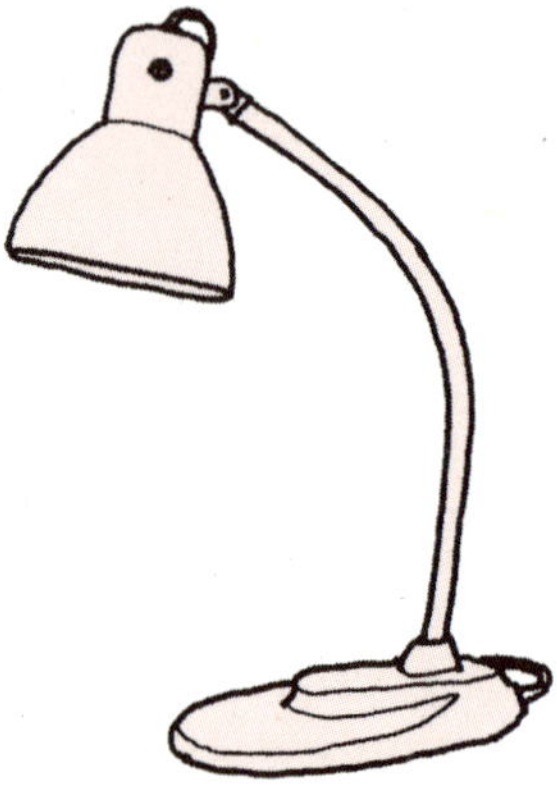

カンデム社から発売されたテーブルスタンド。同社は、1928〜1932年の間にバウハウスがデザインした照明器具を、5万個以上も販売した。ブラントはその多くを手掛けたという

リラックスして会話やテレビを楽しむリビングのような部屋には、基本的にそれほど照度の高くない照明がよいのですが、もしそこで本を読む・細かい作業をするなどの場合は、手元を明るくする照明が必要です。部屋全般の照明(アンビエント照明)に対して、目を使う作業のための照明を局部照明(タスクライト)といいます【→MEMO】。

タスクライトの代表選手は勉強机などに置くデスクスタンド。書斎や勉強部屋は、全体的に明るいと気が散ってしまうので、作業している面を限定的に照らし、集中力を高める照明とします。また、必要ないときは消灯しておけるので、エコでもあります。

ブラントのテーブルスタンドは、いつかどこかで見たような懐かしいかたち。それは、大量生産を目的に考えられ、現在でも似たものがつくられている合理的なデザインだからでしょう。

目にも環境にも優しいデスクスタンドを上手に使えば、仕事もはかどるハズ……です。

部屋によって明かりを使い分ける

仕事がはかどる書斎

机上は明るく、部屋全体の光は控えめに。強弱の差があるほうが作業に集中しやすい。作業をしていないときは、タスクライトを消すだけで不必要に照明を使うことが防げる。なお、背後からの光が強すぎると、手暗がりになってしまうので注意が必要。

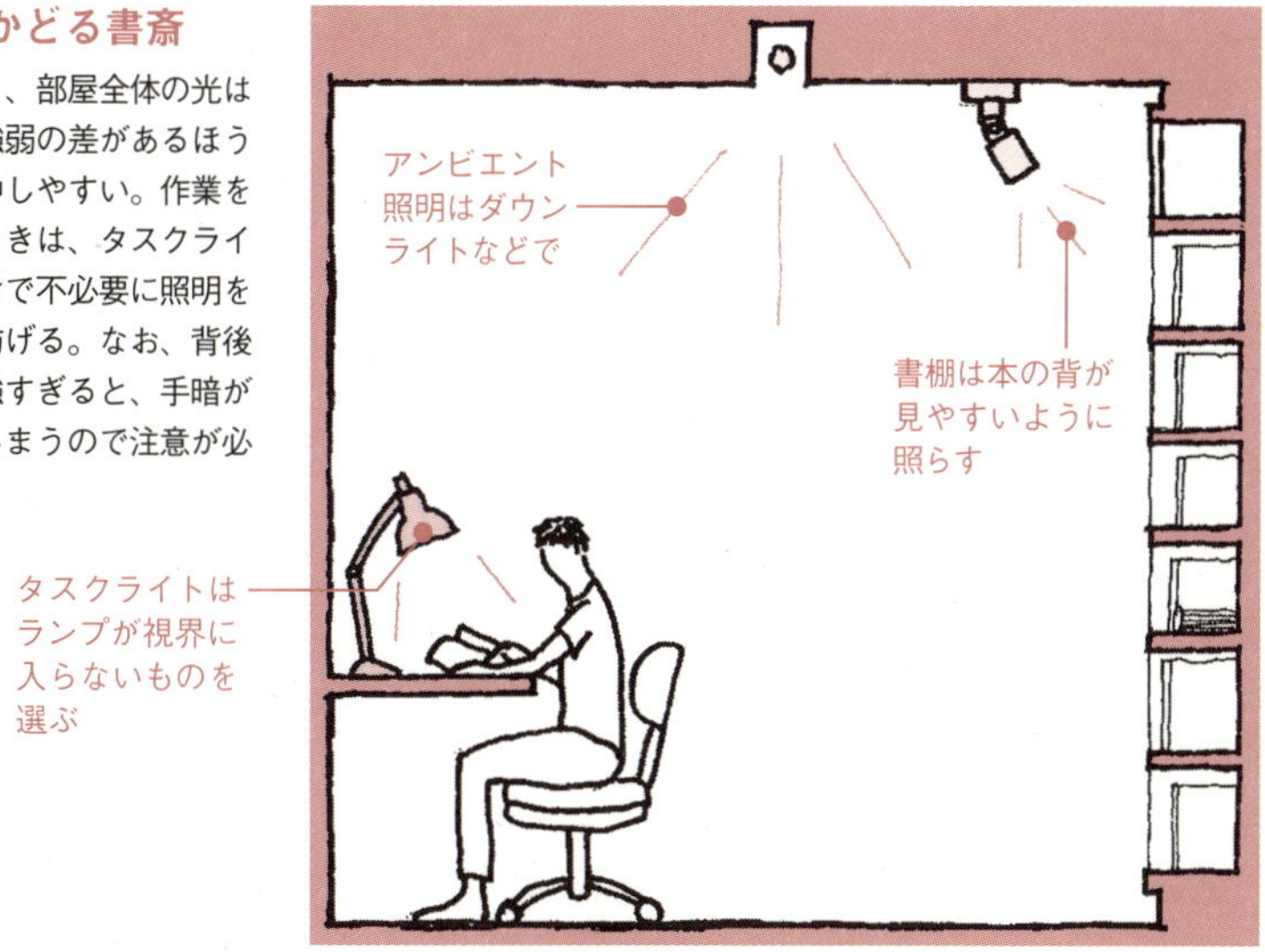

書斎ではタスク照明とアンビエント照明を組み合わせる
（タスク・アンビエント照明）

眠りを誘う寝室

寝る前の支度をするときは、ベッドサイドランプだけつければ十分。薄暗い環境が眠りに誘ってくれる。ベッドに入ってからスイッチを消すこともでき、便利。

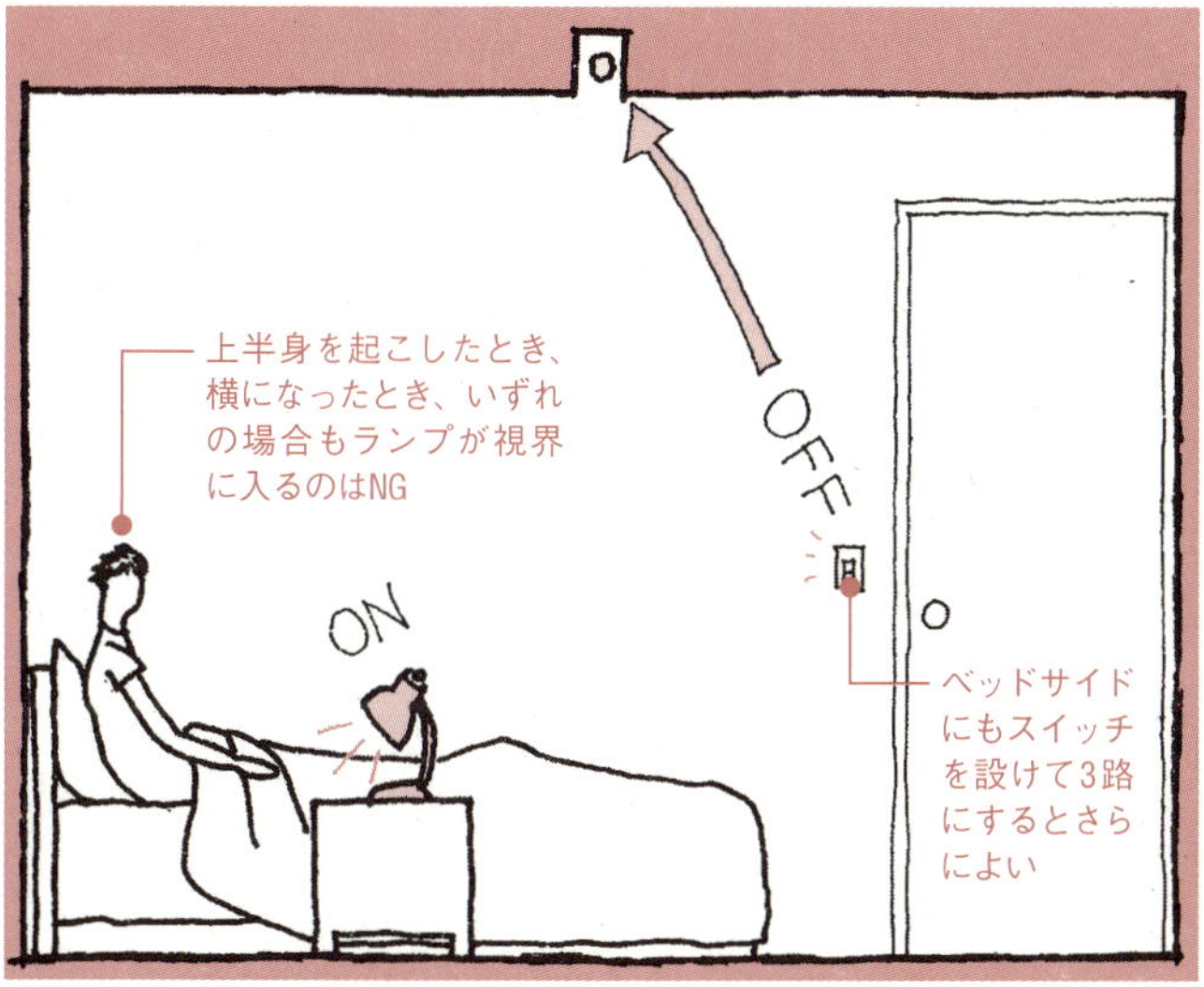

部屋に明るさがほしいときには、スタンドなどを追加する

【MEMO】 タスクライトには、ちらつきが少ない白熱ランプかインバータータイプの蛍光灯がお薦め。照度は机上面で750lx（パソコン使用の場合は500lx）が目安。

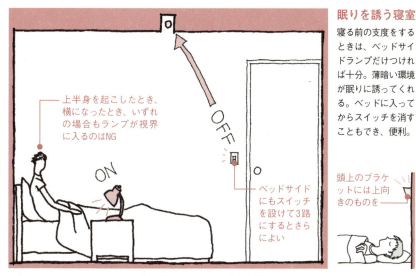

8
Column

パワフルで自然体な仕事の作法

シャルロット・ペリアン
Charlotte Perriand
(1903-1999)

関連する作品
24・26・30・36・40・42・50・84・94・104・112・124・156・158・162・168ページ

紅一点のチームワーク

シャルロット・ペリアンの写真には1人で写っているものは少なく、たいてい複数の男性に囲まれ、紅一点で写っています。小さい身体に明るい笑顔。とても女性らしい風貌なのに、男性陣に違和感なく溶け込んでいる……彼女の仕事のスタイルを象徴しているかのような姿です。

ペリアンは生涯を通じ、実に多くの一流デザイナーとチームを組んで、デザインをしました。ル・コルビュジエ、ピエール・ジャンヌレ、坂倉準三、ホセ・ルイ・セルト、ジャン・プルーヴェ、画家のフェルナン・レジェ……。これら個性の強いデザイナーたちと長期的に良好な関係を保ち、再び一緒に仕事をしたいと思わせることができたのは、デザイナーとしての能力とともに、人間的魅力が彼女にあったからでしょう。

女を感じさせない体育会系

ペリアンは小柄でかわいらしい顔立ちの女

デザイン用語集①

ル・コルビュジエ(Le Corbusier：1887-1965、本名Charles-Édouard Jeanneret-Gris)
近代建築の四大巨匠のうちの1人。スイス出身。サヴォア邸、マルセイユのユニテ・ダビタシオンなど数々の名作建築のほかに、自身の建築思想を示した著作も多数残した。

ピエール・ジャンヌレ(Pierre Jeanneret：1896-1967)
コルビュジエの従兄弟で最も重要なパートナー。公私共にペリアンと親しい関係にあった。

性でしたが、スポーツは万能、エネルギッシュな行動力の持ち主でした。趣味はスキーと水泳。特にジャンヌレ、坂倉、プルーヴェたちと共通の趣味だったスキーは、プロ級の腕前でした。スキーへの興味は後年スキーリゾート開発の仕事にもつながりますが、これもチームワークでつくり上げたものです。

また、言葉の通じない日本にデザイン顧問として招聘《しょうへい》されたときも、日本人のチームの仲間と蔵王でスキーを楽しみ、日本の習慣を尊重して、当時混浴だった温泉にも平然と入ったそうです。

彼女のそんな、男性と同等にスポーツを楽しめる体力、女性だからと気遣わせないさっぱりとした体育会系的性格は、仕事にも大いに役立ったことでしょう。

前進あるのみ

コルビュジエは、自分の事務所で主にペリアンが担当した家具を、自分とジャンヌレ、そして彼女の3人の共同作品として発表しました。事務所の一所員に過ぎなかった彼女の貢献を公に認めたのは珍しいことで、彼女の後のキャリアに非常に役立ったことは間違いありません。

しかし、彼女は基本的に個人的な名声を得ることに無頓着な人でした。この本に登場した壁掛けトイレ【↓158ページ】やユニット収納【↓168ページ】など、現在日常的に使われているものも多数ありますが、それらを最初に着想したのがペリアンだと知っている人はほとんどいません。彼女の家具のなかで、ほかの人の作品と誤認されているものもあります。

彼女はデザインの過程でははっきり自分の考えを主張しましたが、作品が出来上がると、自分の手柄を主張することよりも、もう次のデザインに興味が移っていました。チームワークで創作すること、そして常に前進することに関心が向いていたからでしょう。

男性相手でも自然体を貫いたペリアン。働く女性のお手本のような格好よい女性です。

デザイン用語集②

ジャン・プルーヴェ（Jean Prouvé：1901-1984）

フランスの建築家・デザイナー。建築の工業化に力を注ぎ、自ら家具の製造工場を開設して、建築部材の開発なども行った。

デザイン顧問

1940〜42年にペリアンは商工省（現在の経済産業省）に招かれて日本に滞在した。

基本のはなし

年齢と必要なスペースの大きさは比例しない

人は一般的に身長50㎝足らずで生まれ、成人すると3倍以上になります。小さい子どもが育っていく住宅を計画するときは、その成長に対応できる空間を考えなければなりません。人に必要とされる面積は単純に年齢に比例するわけではなく、その年齢ごとの特徴的な行動にもよるので注意が必要です。

左ページ上の保育所に最低限必要な面積を見てみましょう。ベッドに寝ているだけの0歳児に必要なのは、世話をするスペースも含めて1畳分ですが、子どもがハイハイするようになると、その面積は倍に。しかし、満2歳以降になると必要面積は減り、0歳児と大して変わらない大きさに戻ります。これは年齢によって特徴的な行動に必要な面積が異なるからです。

住まいを考えるうえでも、子どもの未来を予測して計画するのがポイント。たとえば、小さいうちは子ども部屋がなくても十分。兄弟で使う大部屋をつくるなら、リビング近くに設ければ遊びの場が広がり、家族の交流が増えます【→138ページ】。思春期になると、自分専用の場所がほしいと言い出すかもしれません。兄弟で使う子ども部屋も、間仕切れば個人スペースをつくれるようにあらかじめ計画しておけば、柔軟に対応できます。あまり居心地のよい部屋だと子どもが閉じこもりがちになるので、完全に個室化しないほうがよい場合も【→60ページ】。子どもの性格、性別、年齢によっても違い、将来の可能性をすべて予測することは困難ですが、子どもとともに成長していけるような家をつくりたいものです。

子どもの成長に合わせられる部屋に

1歳児は2歳児より広いスペースが必要

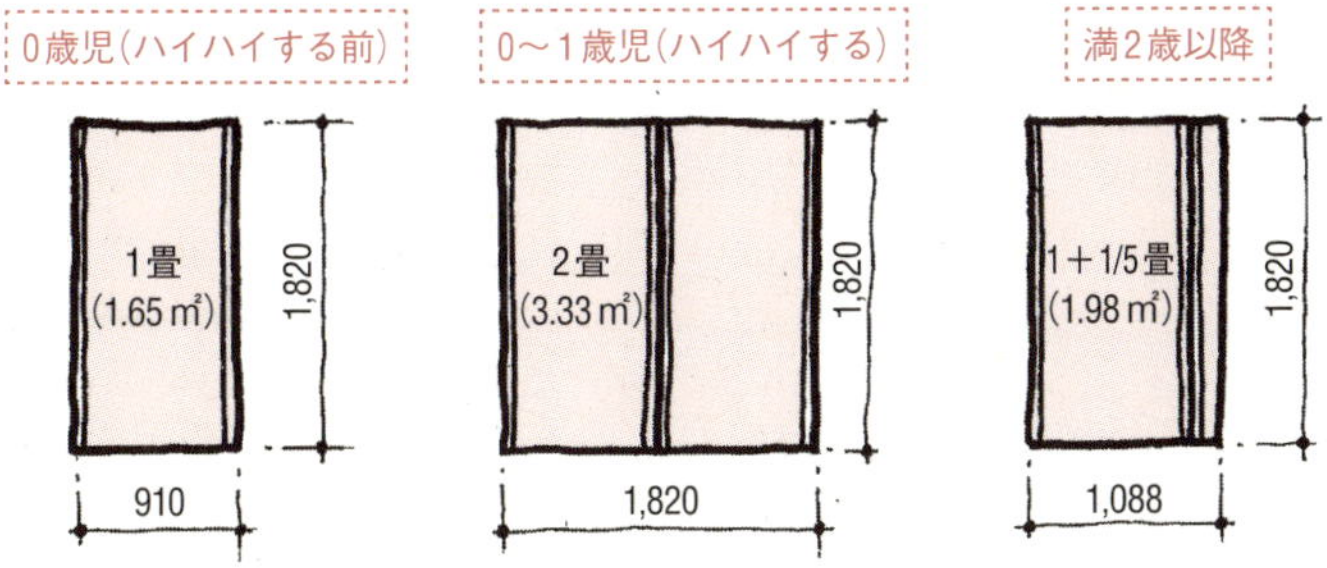

注：児童福祉施設最低基準による、保育所屋内の最低限必要なスペース（年齢別）

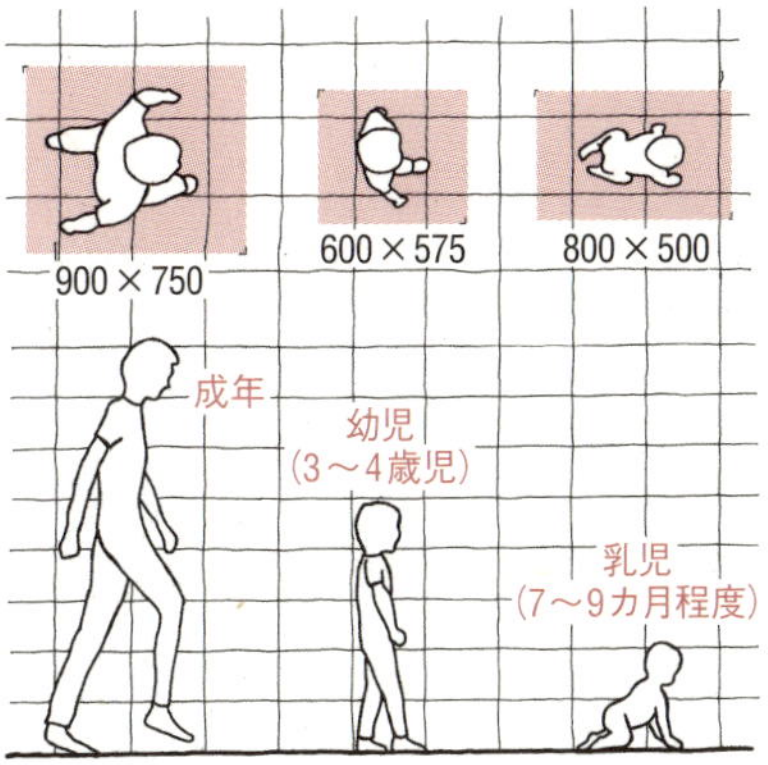

ハイハイには結構面積が必要

3～4歳児の歩行に必要な面積より、乳児のハイハイに必要な面積のほうが大きい。一般的に、1歳を過ぎたころから2足歩行を始めるが、最初は不安定でよく転ぶので、狭いと危険。また、乳幼児（2～3歳くらいまで）は団体行動が苦手なため、1人当たりの面積は大きく取る必要がある。

子ども部屋の変遷の一例

リビングの隣に子ども部屋を配置した例。将来の変化に対応できるよう、なるべく家具配置でスペースをつくるように計画する。

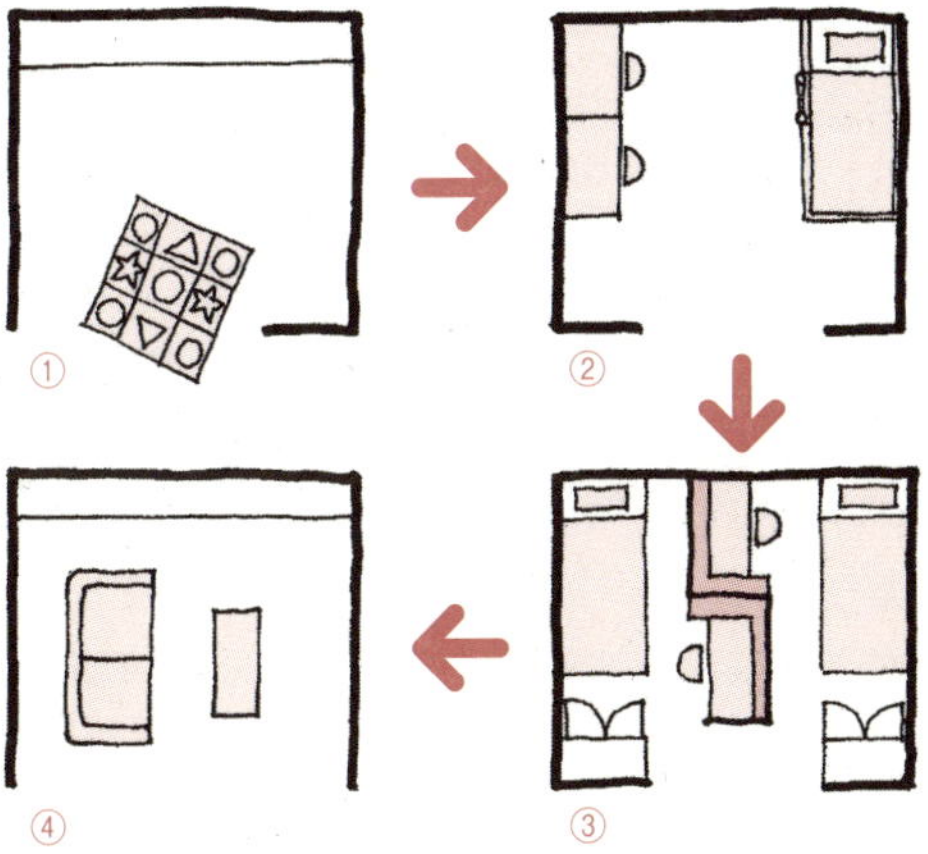

幼児の間は夜は親の部屋で寝起きし、子ども部屋は遊び場に。リビングへの開口は開けておく

少し大きくなったら家具は壁に寄せ、兄弟の共有スペースをできるだけ確保する

個室がほしい年代になったら、家具などで間仕切る。照明・電源はあらかじめ系統を分けられるようにしておくとよい

子どもが独立して家を出たら、客用寝室やリビングの延長に。ソファベッドなどを置くと便利

子どものキャビネット／アルマ・ブッシャー

遊びながら片付ける

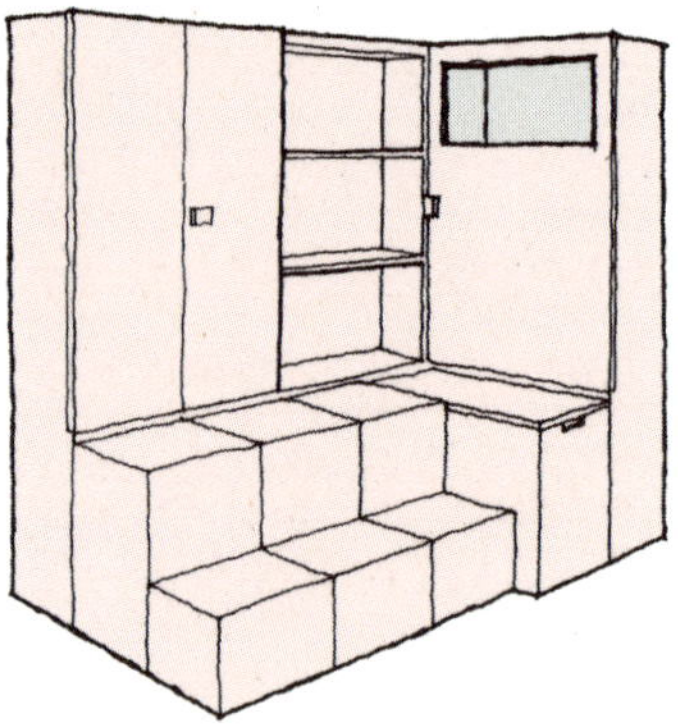

「子どものキャビネット」が片付いた状態。パズルのように組み立てられるので、片付ける意欲が湧く

小さい子どもには目の行き届く範囲で遊んでほしくても、おもちゃでリビングが散らかるのは困りものです。片付けを習慣づけるにはどうすればよいのでしょう？　1つの方法としては、片付けが楽しくなる仕組みをつくることです。

ブッシャーのデザインしたこのキャビネットは、ただのモノ入れではありません。子どものサイズに合わせたさまざまな大きさや機能の木箱（MDF製）で構成されていて【→MEMO】、これ自体がおもちゃでもあるのです。たとえば、手前に並んでいる大小の箱は、椅子や机としても使えるし、大きな積み木として遊ぶこともでき、全部つなげれば段のついた舞台のようにもなるなど、子どもの想像力をかきたてる工夫がつまった知育玩具なのです。遊び終わった後も、子どもが遊びの延長で「片付いた状態」に箱を組み立てることを楽しめるように考えられています。

親の近くに居ながら、自分のスペースを持ちたいという自立心を育《はぐく》むにも、この家具は一役買いそうです。

子どもの自由な成長を促す家具

想像力を養うおもちゃ箱

ブッシャーのキャビネットは、さまざまな遊び方ができ、片付けもゲーム感覚でできる。

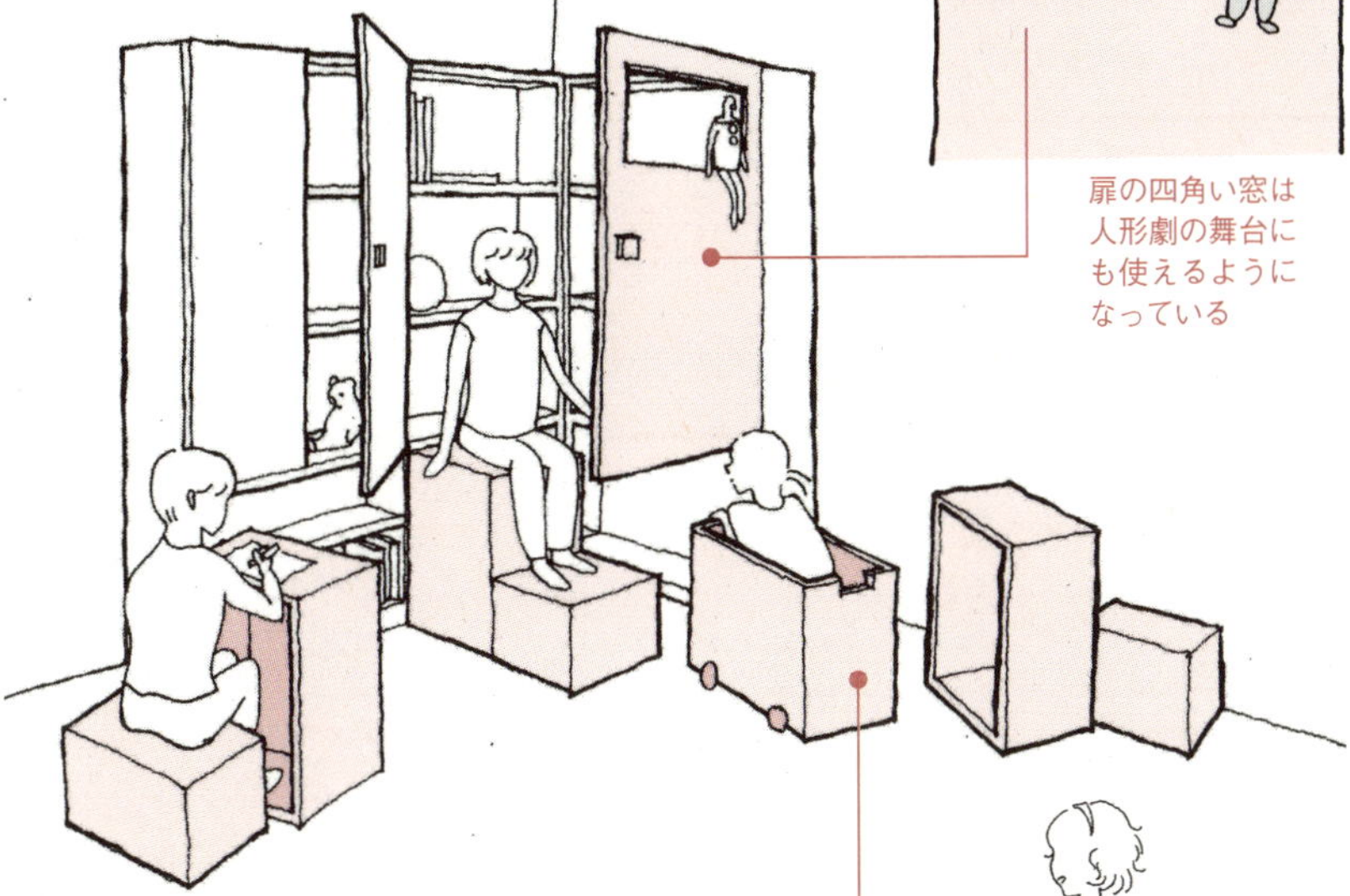

扉の四角い窓は人形劇の舞台にも使えるようになっている

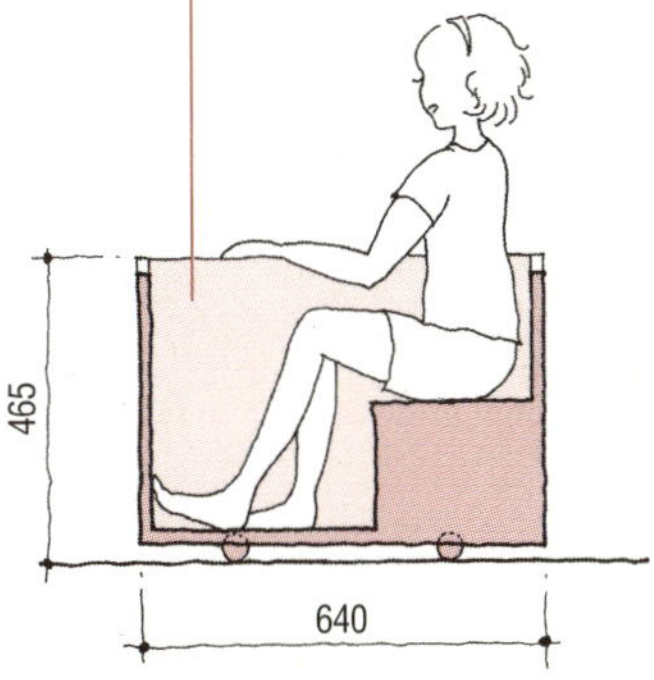

子どもは狭い所に入るのが大好き。キャスター付きトイ・ボックスの底は一部高くなっていて、乗り物のように箱の中に座れるように考えられている

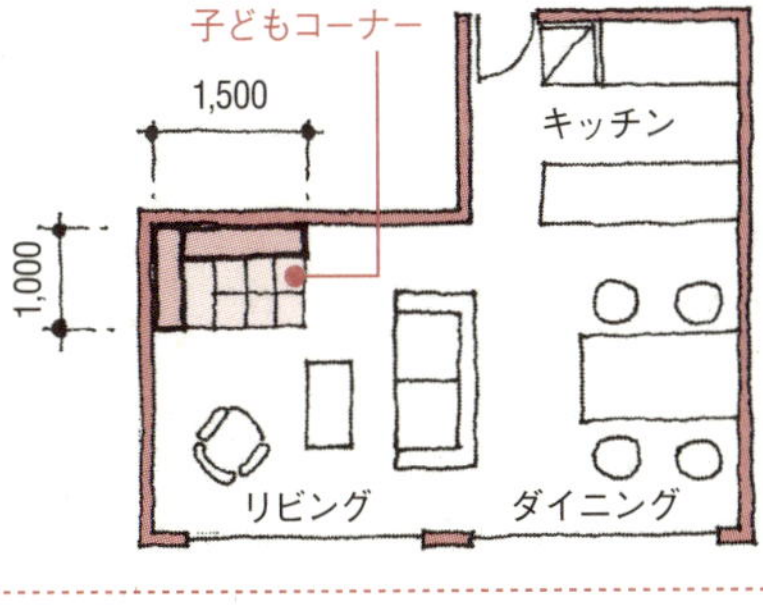

散らかりにくい子どもコーナーのつくり方

居間に手持ちの家具を組み合わせて子どもコーナーをつくると、目の届く範囲に子ども専用のスペースができる。

【MEMO】 MDF（Medium Density Fiberboard）は、安価で軽く加工も容易な木質ボード系の素材で、さまざまな家具に使われる。子どもが扱う家具の場合は角を面取りしておくとよい。

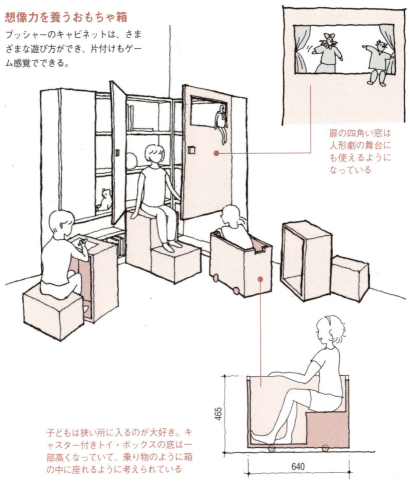

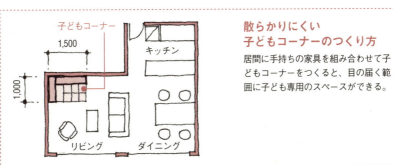

M.J.Muller 邸の子ども部屋
トゥルース・シュレーダー&ヘリット・リートフェルト

子どもの目線をずらす

家が狭くて子ども部屋がつくれない、でも子どもも親の干渉を受けたくないお年頃……。そんなときはお互いの存在がうるさくならないように、目線をずらして、子どもスペースをつくりましょう。

たとえば、シュレーダーとリートフェルトは床を300㎜ほど下げて子どもスペースをつくりました。低いキャビネットなどでゆるやかに囲んであげると、1段上にいる親の目が気にならず、自分だけのスペースにいる気分になれます。

床を下げることが難しいマンションや既存の住宅は、反対に床を上げましょう。ベッドや勉強机の上に子どもスペースをつくるのです。天井高は取れないので、座るか寝転がってしか使えませんが、屋根裏か隠れ家のようなスペースができます。

高さは違っても同じ空間にいれば、お互いの気配を感じたり、様子をのぞくこともできます。個室で子どもの領域をしっかり区切ってしまうのではなく、高低差というゆるやかな仕切りで付かず離れずいるのもよいかもしれません。

隠れ家のようなスペース

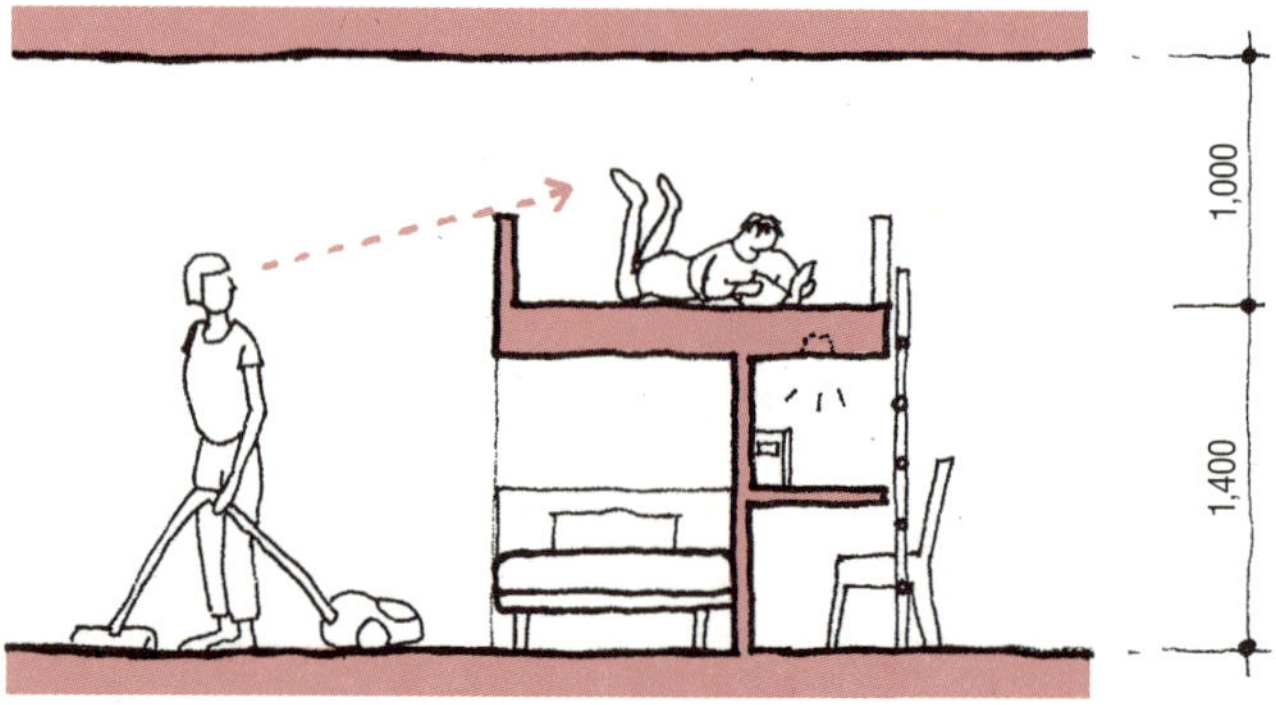

既存の住宅では床を下げることは困難なので、ベッドや勉強机の上に床をつくって、子どもスペースをつくる手もある。天井高はそう取れないが、子どもは親から少し離れた場所で自由な姿勢で遊べるようになり、親も子どもの気配を感じられる。

目線をずらすという工夫

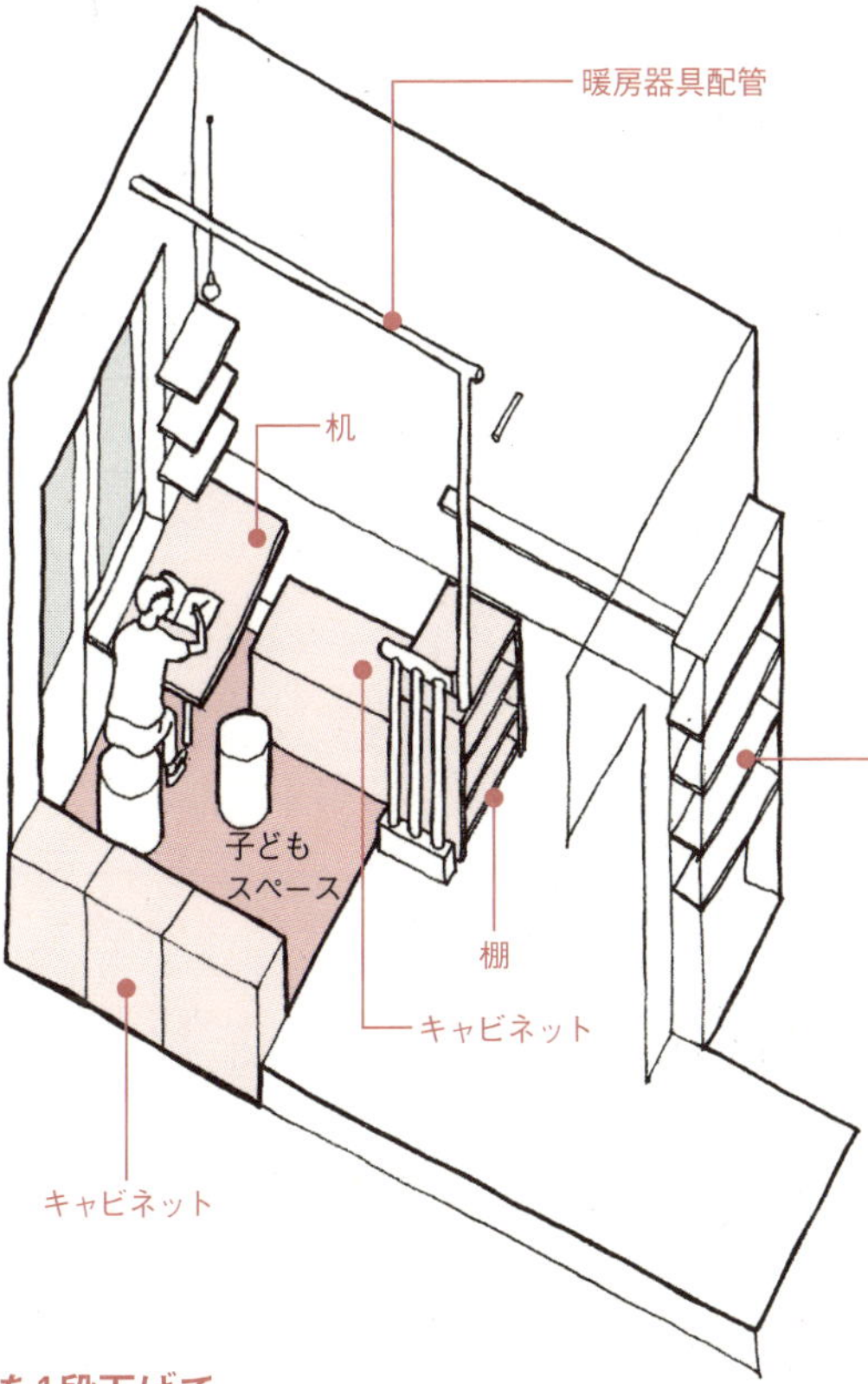

ゆるやかに領域をつくる

M.J.Muller 邸の子ども部屋も、いわゆる子どもスペース。下がっている床だけでなく、キャビネットや机の配置も子どもの領域をつくるのに役立っている。

床を1段下げて子どもスペースをつくる

床を下げることで、大人と子どもの目線の高さの違いが大きくなり、子どもからは親の存在があまり目につかなくなる。

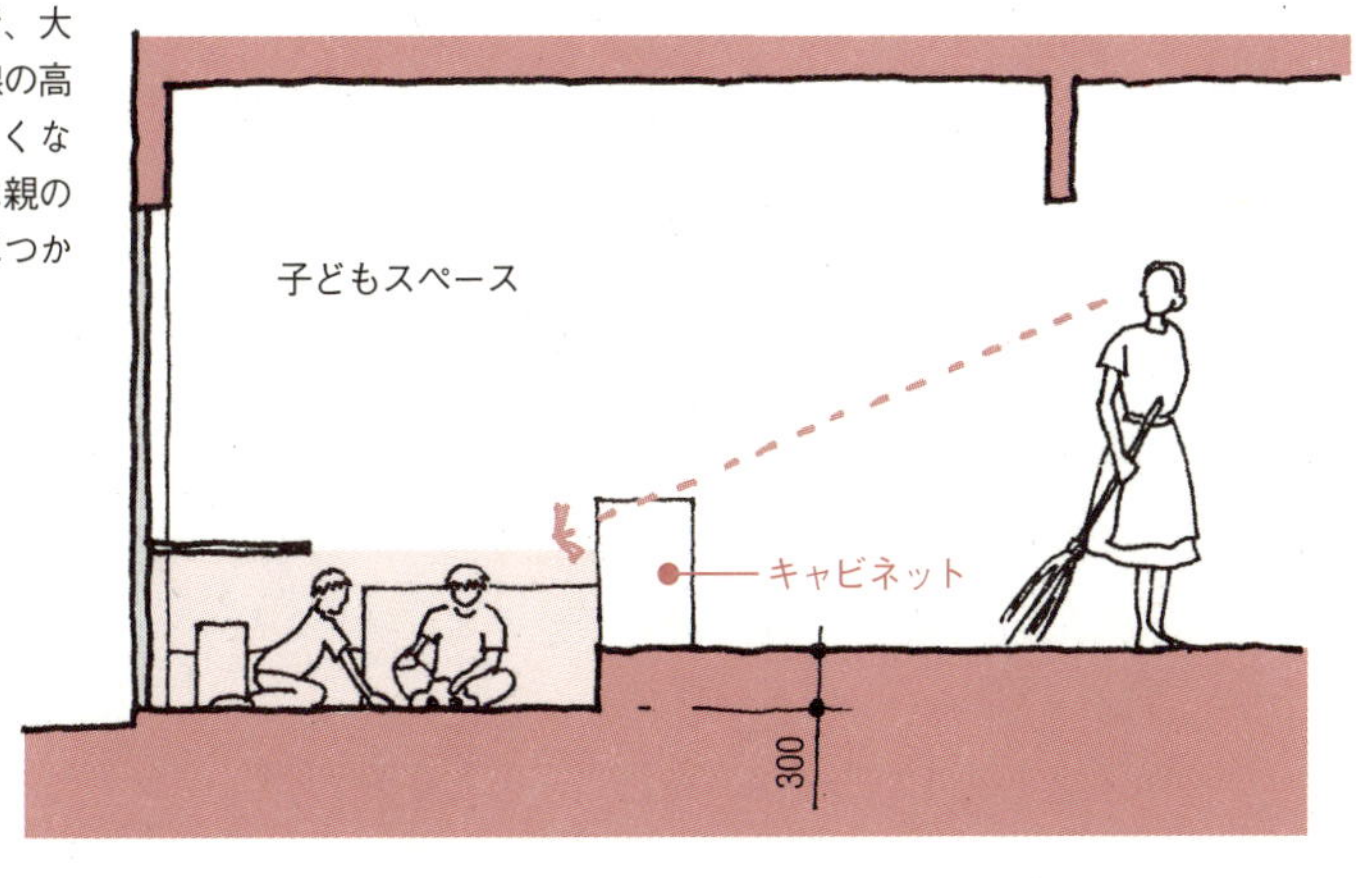

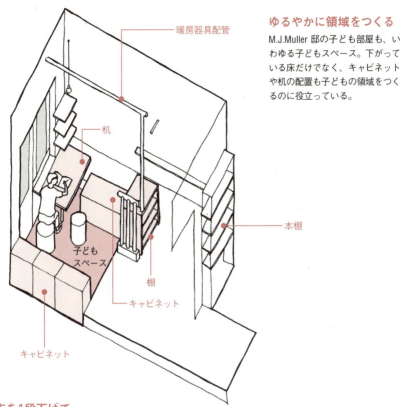

はしご椅子／アルマ・ブッシャー

食べるときも、遊ぶときも一緒に

2〜3歳くらいの子どもは、親の手を借りずに自分でやりたいことが増えてきます。そんな「やる気」の高まりを逃さず、自立を促してあげたいところ。1つの方法として、子どもが自分でできる範囲の「仕事」を与えてみましょう。

ブッシャーのはしご椅子は、そんな成長を促すための家具。一見、階段状の箱にしか見えませんが、子どもの想像力によってさまざまなものに見立てて遊べるように考えられています。食事時には、そのおもちゃをダイニングに持ってくる「お仕事」を頼みましょう。車輪が付いているので、子どもでも簡単に移動できます。90度倒せば、大人と同じ高さのテーブルに着くのにちょうどよい高さになります。階段状になっているので、ちょっと手助けすれば、自分で座ることができます。

遊ぶときも、食事をするときも使う、自分専用の家具。成長して不要になったら、簡単に車輪を外し普通の踏み台として使えるように設計されていて、モノを大切に長く使うことも教えてくれる家具です。

自分でできることを増やす

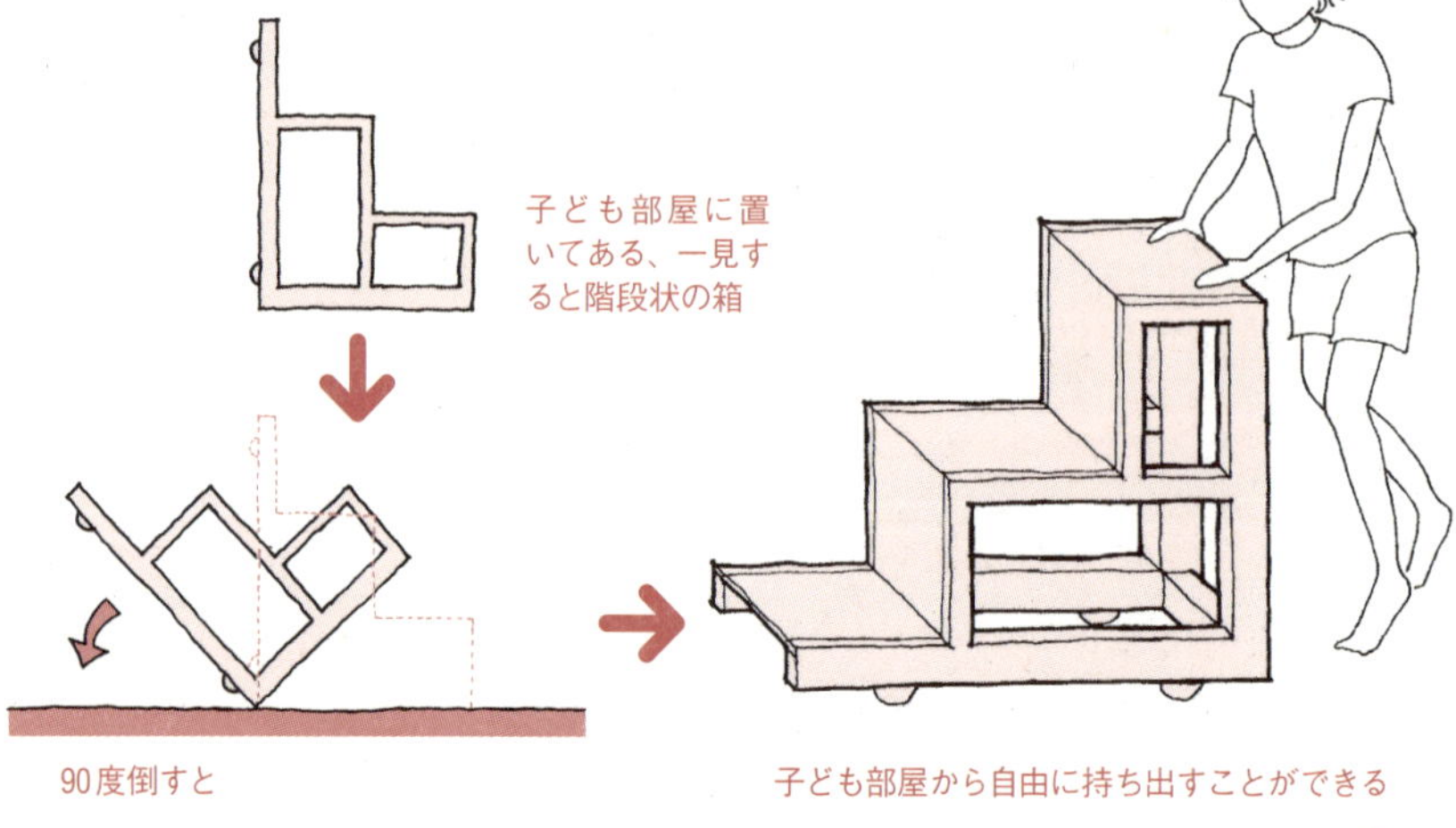

子ども部屋に置いてある、一見すると階段状の箱
90度倒すと
子ども部屋から自由に持ち出すことができる

成長に応じて用途が変わる

自分のもの、という意識を養う

自分だけ子ども扱いされるのを嫌がる年頃でもある。大人と同じテーブルに着いて一緒に食事することで、人と一緒に楽しく食事をする習慣がつく。

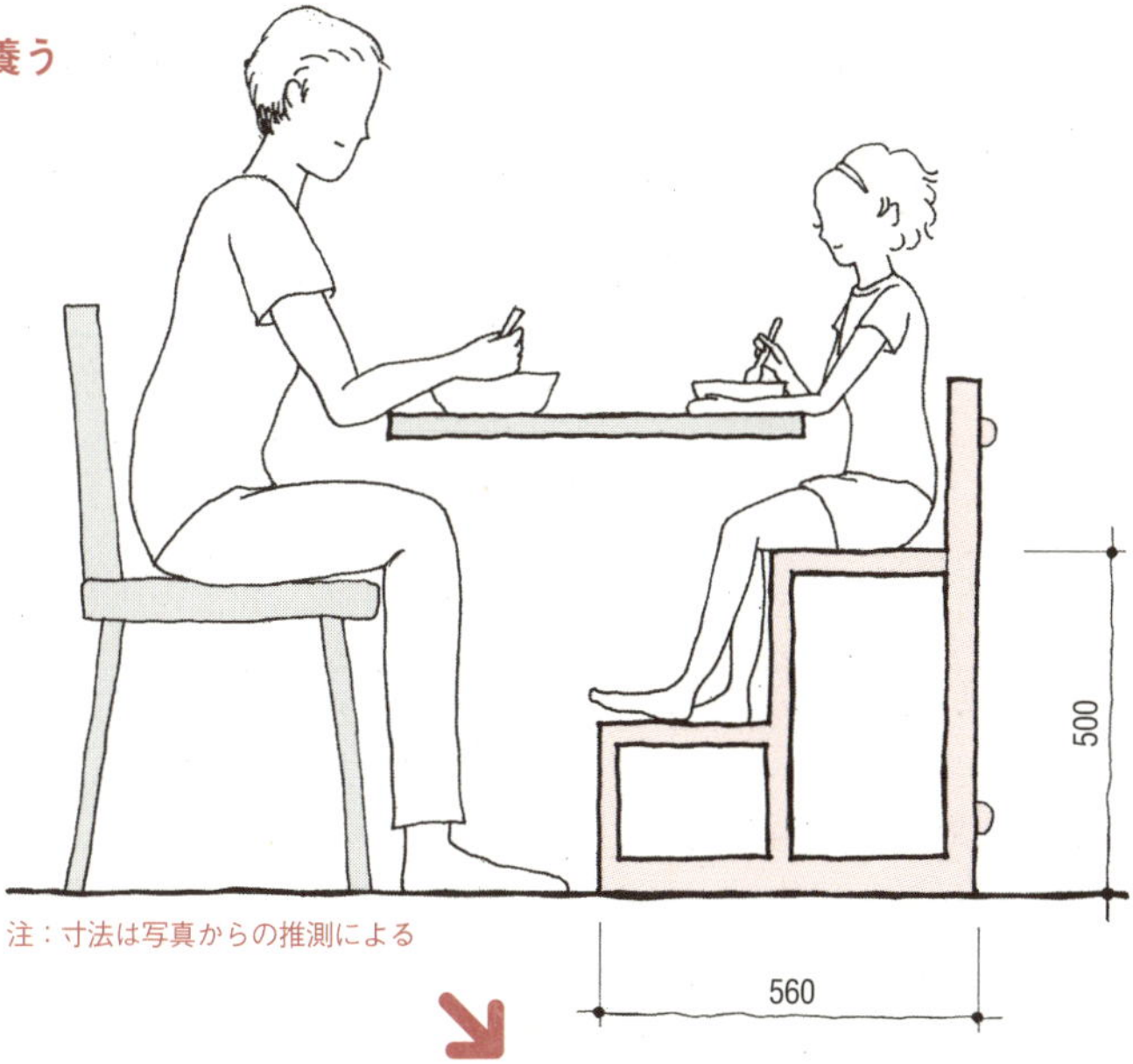

注：寸法は写真からの推測による

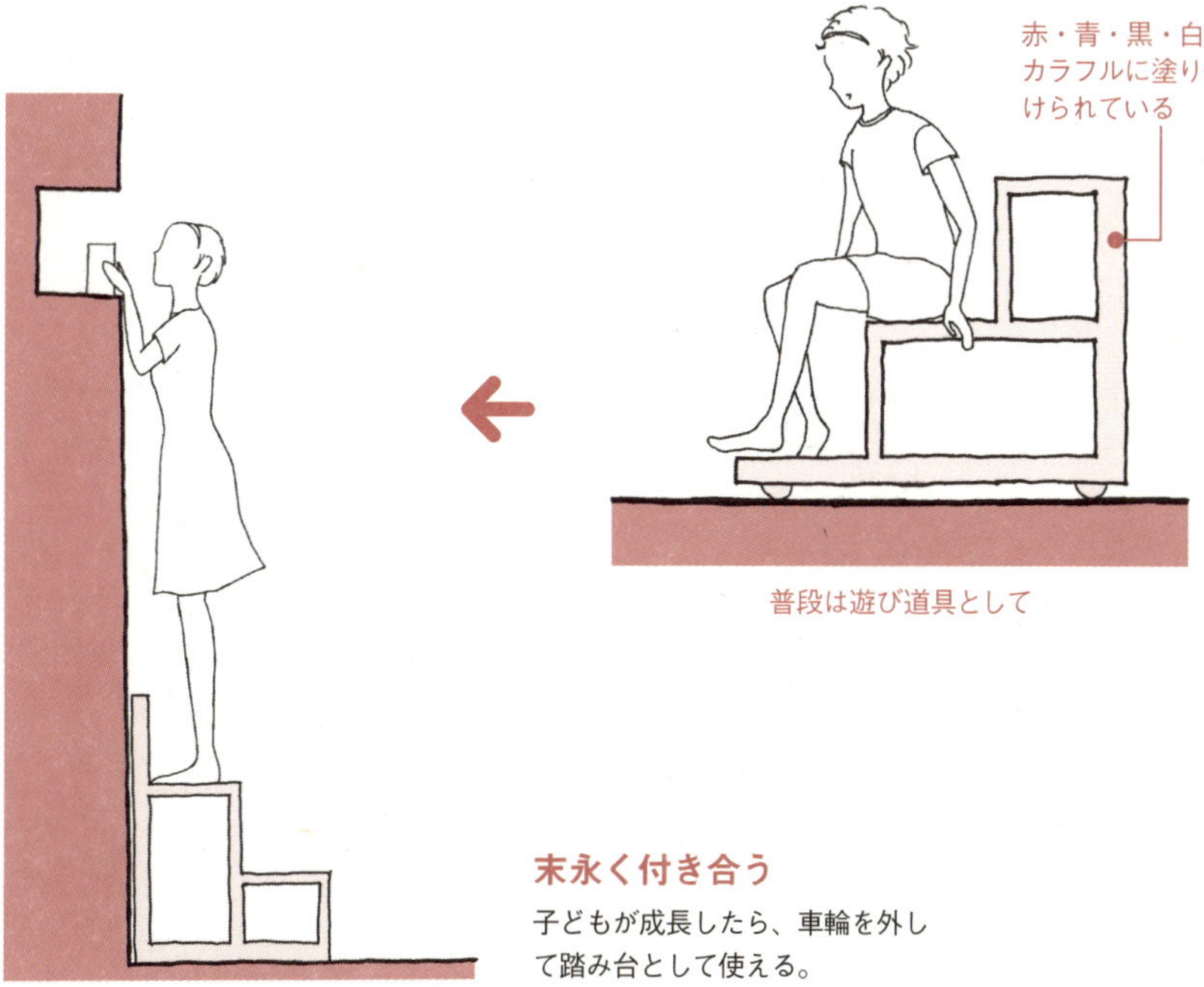

普段は遊び道具として

末永く付き合う

子どもが成長したら、車輪を外して踏み台として使える。

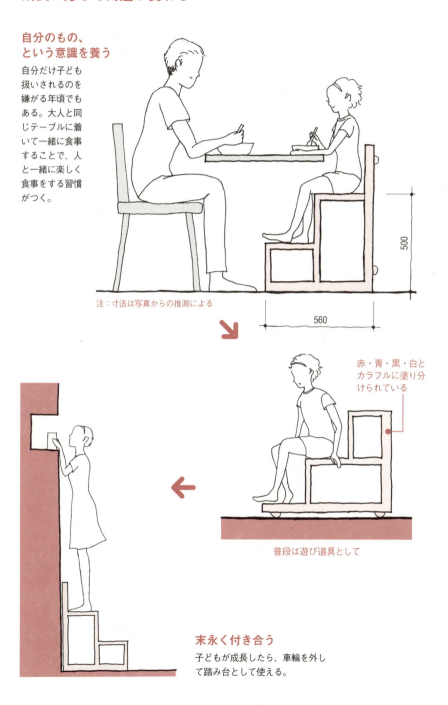

Toy Box ／アイノ・アアルト

子どもと成長する家具

服は着られなくなれば買い替える。
でも家具を買い替えていたら大変

子どもの服は、当然ながら大きくなると着られなくなります。家具も子どもの身体に合った小さいサイズのものを使ったほうがよいのですが、大きくなった時にまったく使えなくなるのはもったいないこと。子どもとともに成長できる家具はないものでしょうか。

アイノ・アアルトがデザインしたのは、机にも使えるおもちゃ箱、2つの棚と天板で構成されています。通常はおもちゃの収納箱として棚を隣り合わせに並べておき、その棚を左右にずらせば机に早変わり。棚と天板の間に箱をはさむことによって、子どもの段階的な成長に合わせて少しずつ高さを調整することもできます。さらに、設置する場所の広さに応じてさまざまなレイアウトが可能。棚と天板というシンプルなパーツがそれぞれ固定されていないので、平面的にも高さ方向もフレキシブルに調整できるのです。

子どものための家具が大人になっても使える……シンプルで上質なものをずっと大事にする、北欧の精神が感じられる便利な家具です。

動くパーツでかたちが変わる家具

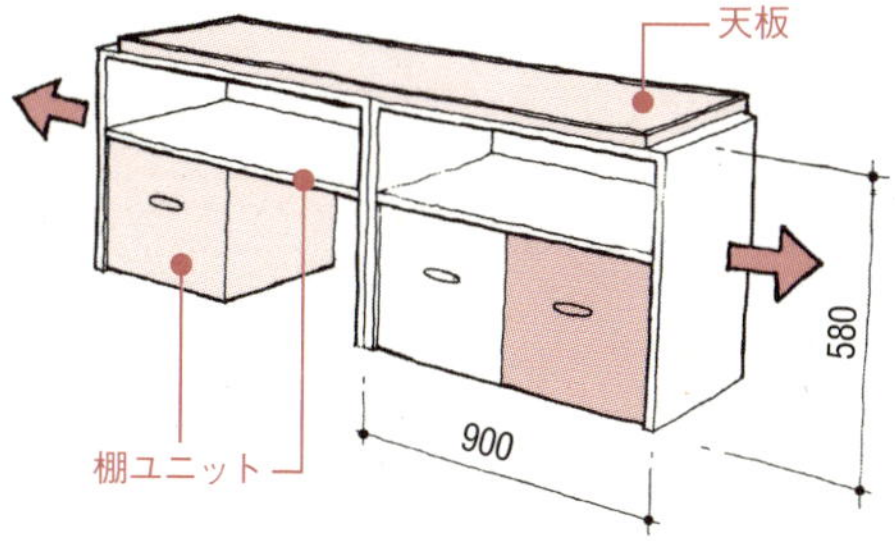

フレキシブルなおもちゃ箱

通常はおもちゃなどを収納する棚として壁際に並べておき、棚を横にずらすと子ども用机になるアアルトの「Toy Box」。成長に合わせて棚と天板の間に引出しなどをはさめば、大人になっても机として使える。

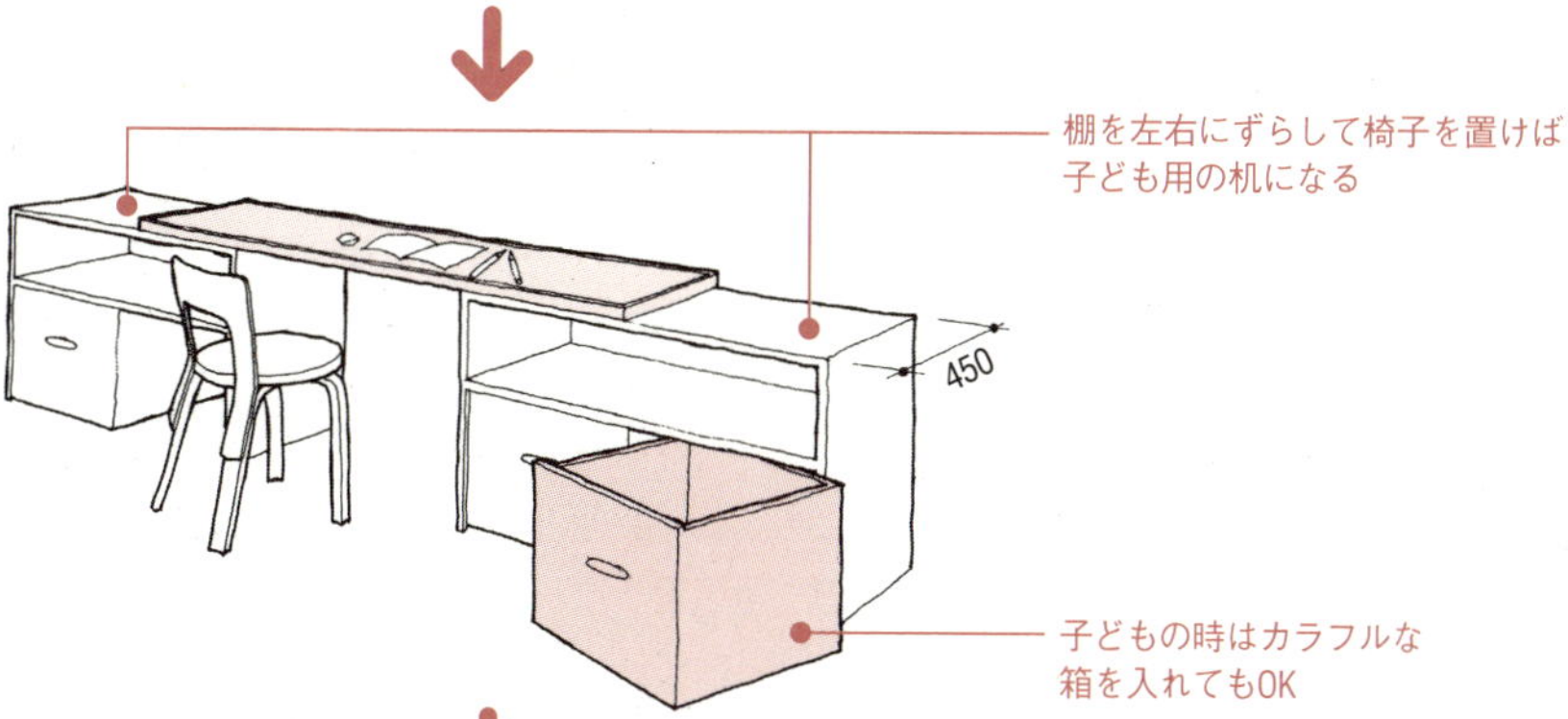

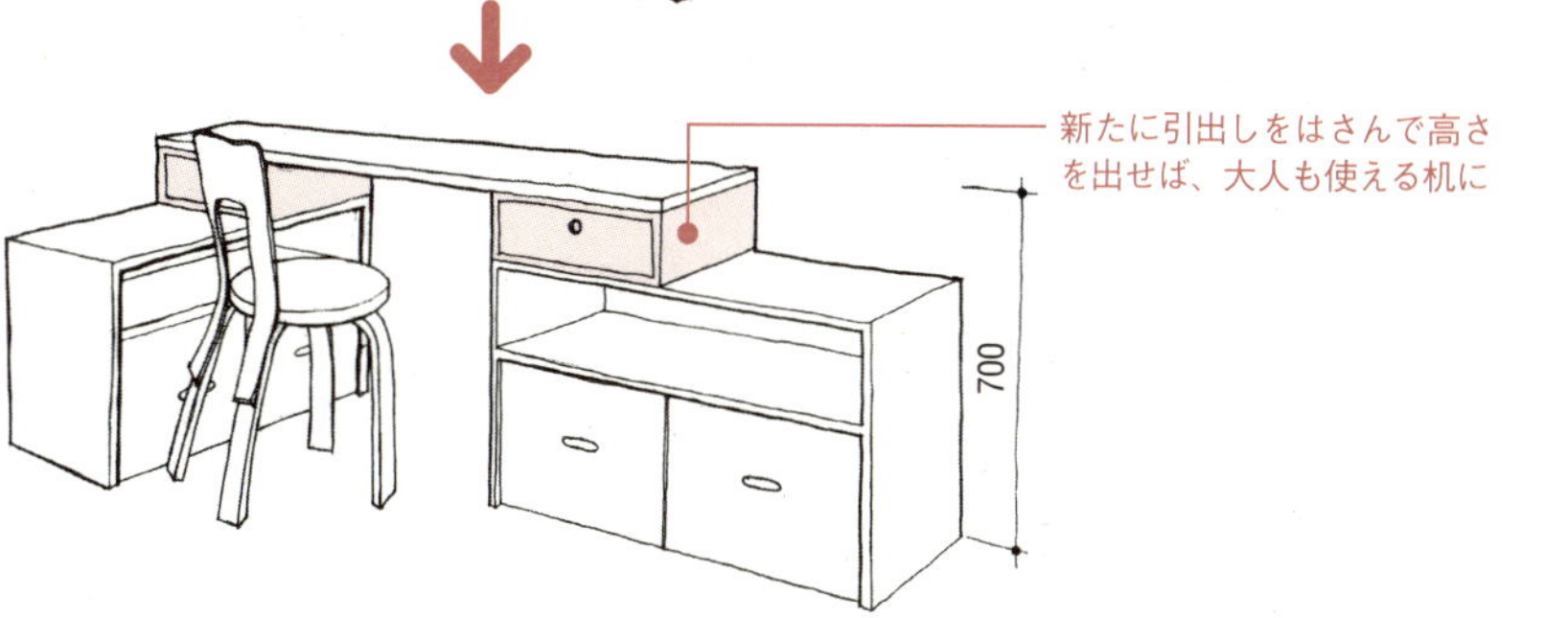

レイアウトもお好きなように

日本の住宅で使うにはサイズが大きめなので、このアイデアを応用する場合は平面的なサイズの検討が必要。

①おもちゃ箱として使う　②机として使う(レイアウトで必要寸法が異なる)

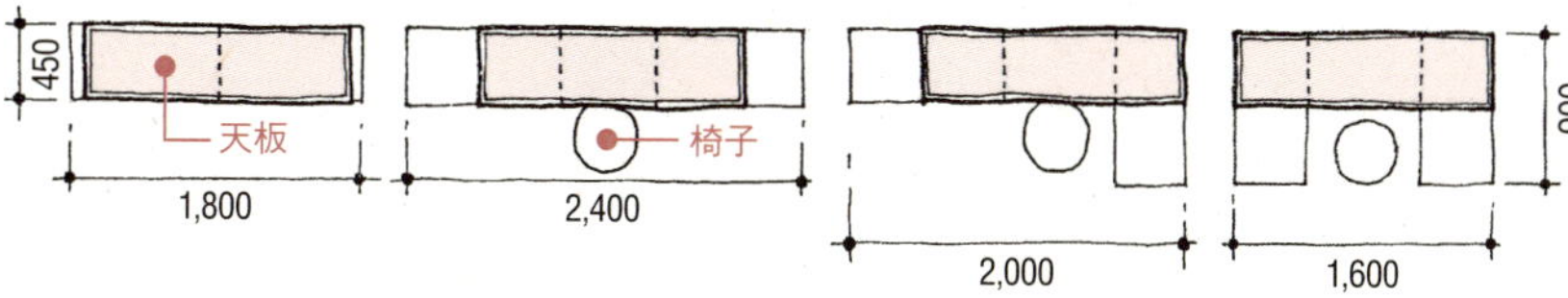

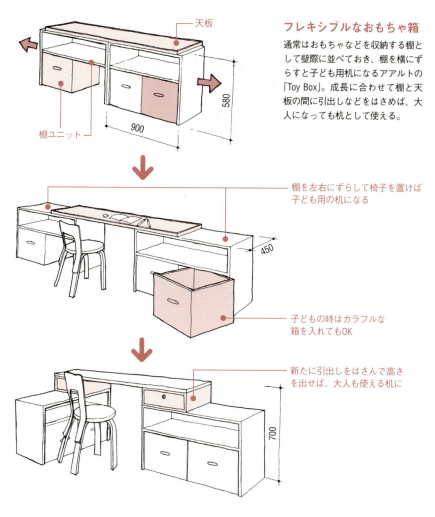

9

Column

バウハウスが生んだ女性デザイナー

アルマ・ブッシャー
Alma Buscher Siedhoff
（1899-1944）
➔138・142ページ

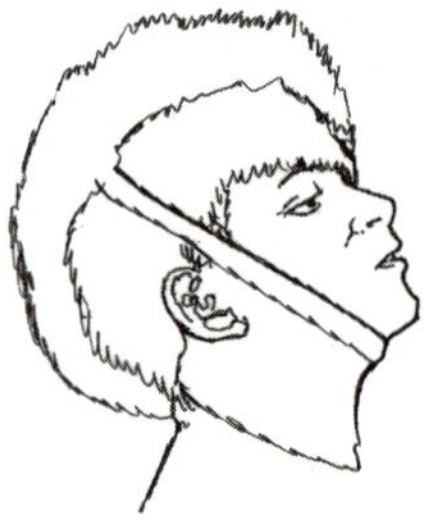

マリアンネ・ブラント
Marianne Brandt
（1893-1983）
➔92・132・152ページ

女性の壁を乗り越えて

バウハウスは女性にも門戸を開いたリベラルな芸術学校という印象がありますが、実際は織物工房にしか所属できませんでした。そんな「女性は2次元のデザインしかできない」という偏見を跳ね返して活躍したデザイナーを紹介します。

マリアンネ・ブラントは金属工房に入るため、バウハウスに来る前に絵画と彫刻を学んだ経験をアピール。類いまれなる造形センスで、金属工房の教授であったモホリ＝ナギに実力を認められ、彼が去った後の責任者に任命されました。一方、アルマ・ブッシャーは学長グロピウスに家具の製作がしたいと直訴。成果を試される展示会で発表した「子どものキャビネット」【↓138ページ】が大きな反響を呼び、家具工房に所属できることになりました（正式編入はその2年後）。

バウハウスで製作・販売されていたデザインの中でも、彼女たちのものは売れ行きもよく、商業的にも貢献したとのこと。実力で道を開いた2人のデザインは、バウハウスを代表する作品になりました。

デザイン用語集

バウハウス（Bauhaus）
1919年ドイツに設立された学校。美術と建築に関する総合的な教育を行った。

ヴァルター・グロピウス（Walter Gropius：1883-1969）
ル・コルビュジエ、フランク・ロイド・ライト、ミース・ファン・デル・ローエとともに近代建築の四大巨匠のうちの1人。「バウハウス」の創立者であり、初代校長（1919-1928）でもある。

4章

小さな空間は「ひと味」きかせて

玄関、水廻り、収納、間仕切

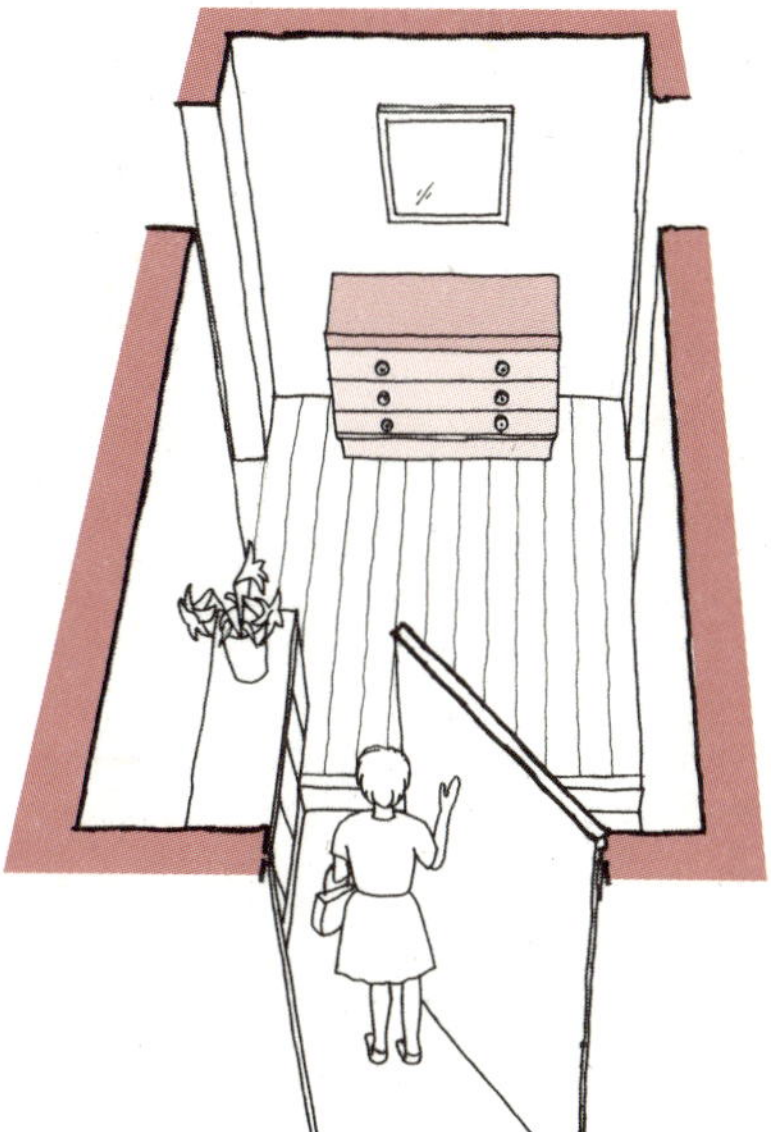

基本のはなし

光は見えれど、タマは見えず

照明器具は見えないのに、壁や天井が明るく照らされたホテルのロビー。ムードのある落ち着いた雰囲気になっていますよね。これは光源を直接視界に入らない部分に組み込んで間接照明の効果を得る、「建築化照明」という手法です。

建築化照明では、少しでも光源の存在を感じさせたら、興ざめです。計画時には、断面的に光源が見えてしまう方向がないようにチェックしましょう。特に階段廻りや吹抜けでは、思いがけない角度からの視点が成立するので注意が必要です。隠しきれない場合は、アクリル製のカバーをする方法もあります。

幕板は高さがある程度必要で、かつ、ランプ交換などのメンテナンスのためのスペースも確保しておかなければなりません。適切な幕板の高さは

タネ明かしはしない

光源は見せないのがコツ。予想外の角度から見えてしまわないようチェックすること。どうしても見える場合はアクリル板でカバーする。

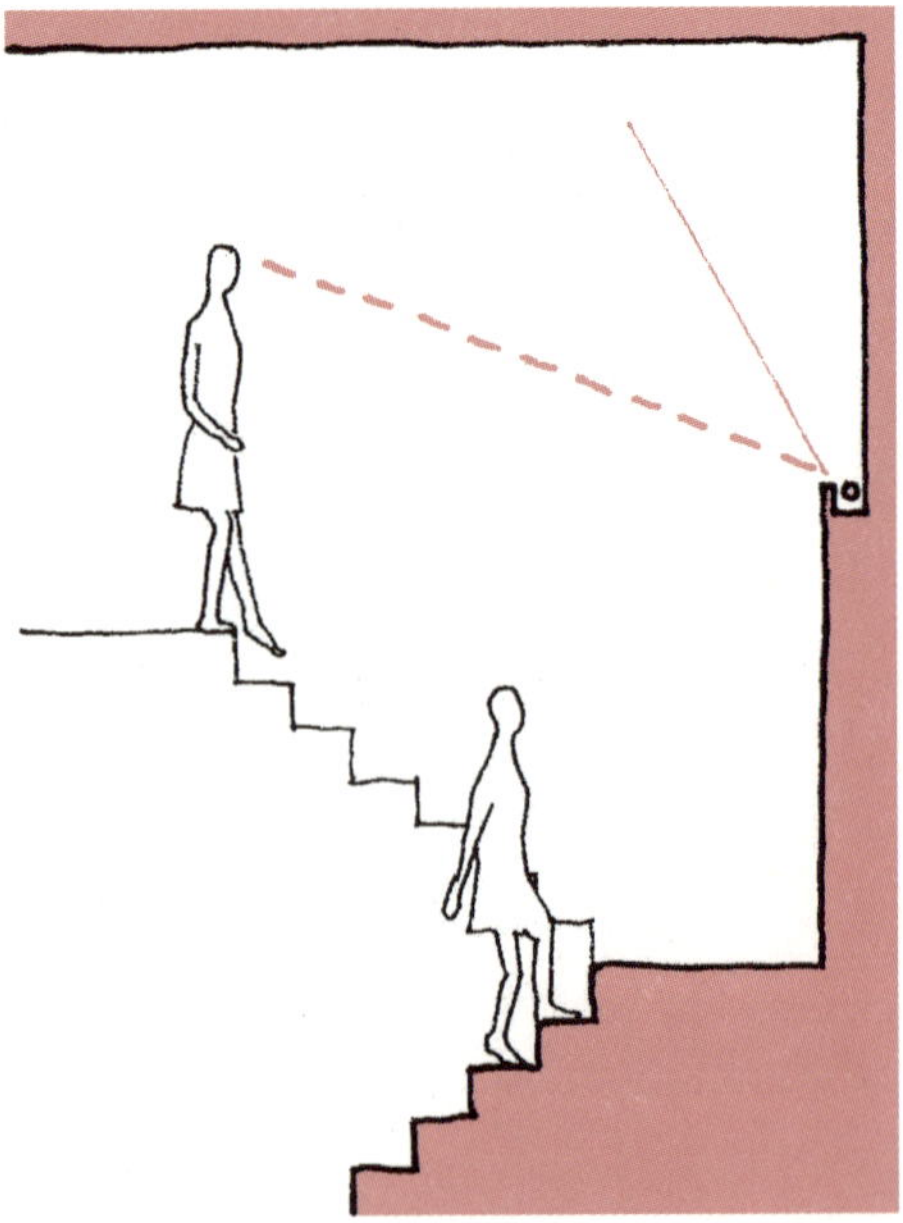

ランプの種類によって変わるので、器具自体の高さや、交換の仕方などの確認も必要。

光源は主に蛍光灯ですが、縦に並べた場合、光らないソケット部分で光が途切れ途切れになってしまいます。ソケット部分を重ねて並べるか、ソケットがないタイプの蛍光灯（シームレスライン）を使うなど、対策を立てましょう。

建築化照明は特に勾配天井やヴォールト天井にお薦め。その場合、低いほうにランプを置き、高いほうへと照らすようにすると、光が遠くまで届き広がりが生まれます。天井や壁面の内装材は、光を反射しやすい色や素材を選ぶと、間接照明の効果が高くなります。ただし、表面が平滑に仕上がっていないと、アラが大変目立つ結果にも【→MEMO】。

建築化照明はムードを出したいリビングや寝室、階段などに限定して使うと効果的です。光源は壁や天井に組み込むほか、家具やカーテンボックスの上部に入れるなど、応用可能。上手に光源を隠してきれいに光を出す、その場所に合った方法を考えたいですね。

建築化照明のポイント

反射板は白に

照明ボックスの中の光が反射する面を白くすると、照明効果が高まる。ただし、熱がこもるので、ビニルクロス張りは避けること。

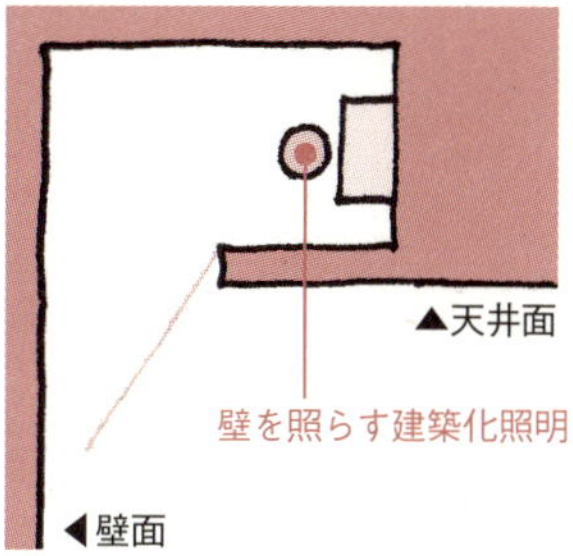

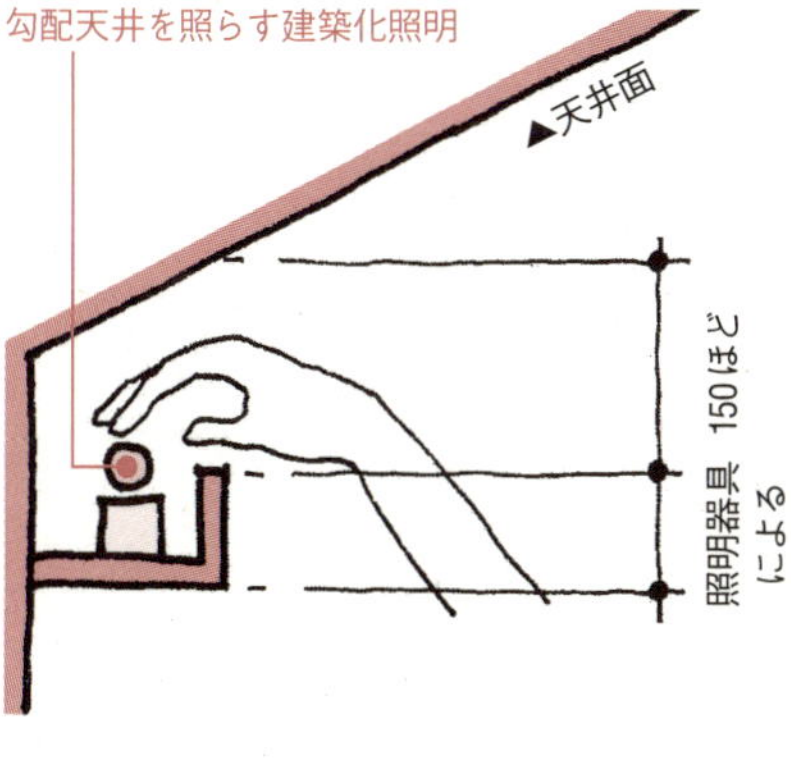

メンテナンスのスペースを忘れずに

ランプ交換などの際に手が入るよう、適度な間隔をあけておく。器具を設置する向きも交換のしやすさにかかわるので、よく検討する。

【MEMO】 天井はボードの目地に寒冷紗を張り、パテしごきの上に塗装をすると目地が目立たなくなる。間接照明で照らすことを事前に施工者に説明して、丁寧な仕事をお願いすること。

チェスト／アイリーン・グレイ

「いらっしゃい」と迎えてくれるチェスト

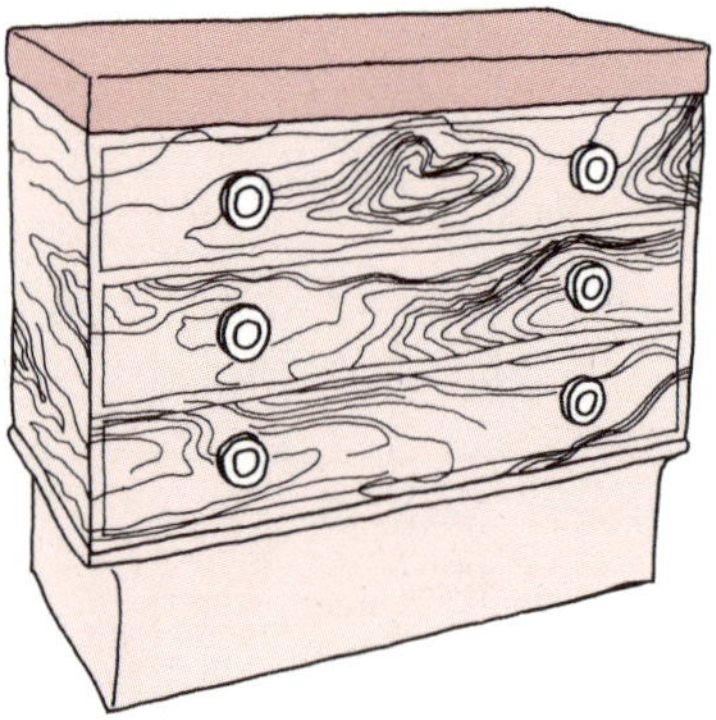

日本のうづくりの手法【→MEMO】でつくられたグレイのチェスト。引出し部分の木目のインパクトが強いため、シマウマ模様のチェストとも呼ばれる。天板は漆、取手は象牙製

ただいま、と玄関に立った時に、視線を受け止めてくれるものがあると落ち着きますよね。これは空間計画ではアイストップと呼ばれるもの。素敵な絵でも観葉植物でもよいのですが、実用を兼ねるとすると、個性的なチェストがお薦め。玄関廻りにある靴箱やクロゼットには納まらないけれど、置いておきたい小物類が、結構いろいろあるのです。

玄関のそばにあると便利なものは、たとえば出掛けるときに必要な鍵や小銭、エコバッグ。靴を履くときに伝線していることに気づく場合もあるので、予備のストッキングも置いておきたい。さらに便箋、封筒、切手などもあれば、出掛けにさっと手紙を書いて、すぐポストに出しに行けます。

グレイのデザインしたこのチェストは、小ぶりですが存在感があるので、アイストップに最適。これだけ個性があれば、上に花などを飾る必要もありません。玄関に置いた個性的なチェストやライティング・デスクに、お客様を迎えてもらいましょう。

実用的なアイストップとして

出掛けるときに必要な鍵、小銭、エコバッグや、もしもの場合に使うストッキング、バンドエイドなどを入れると便利

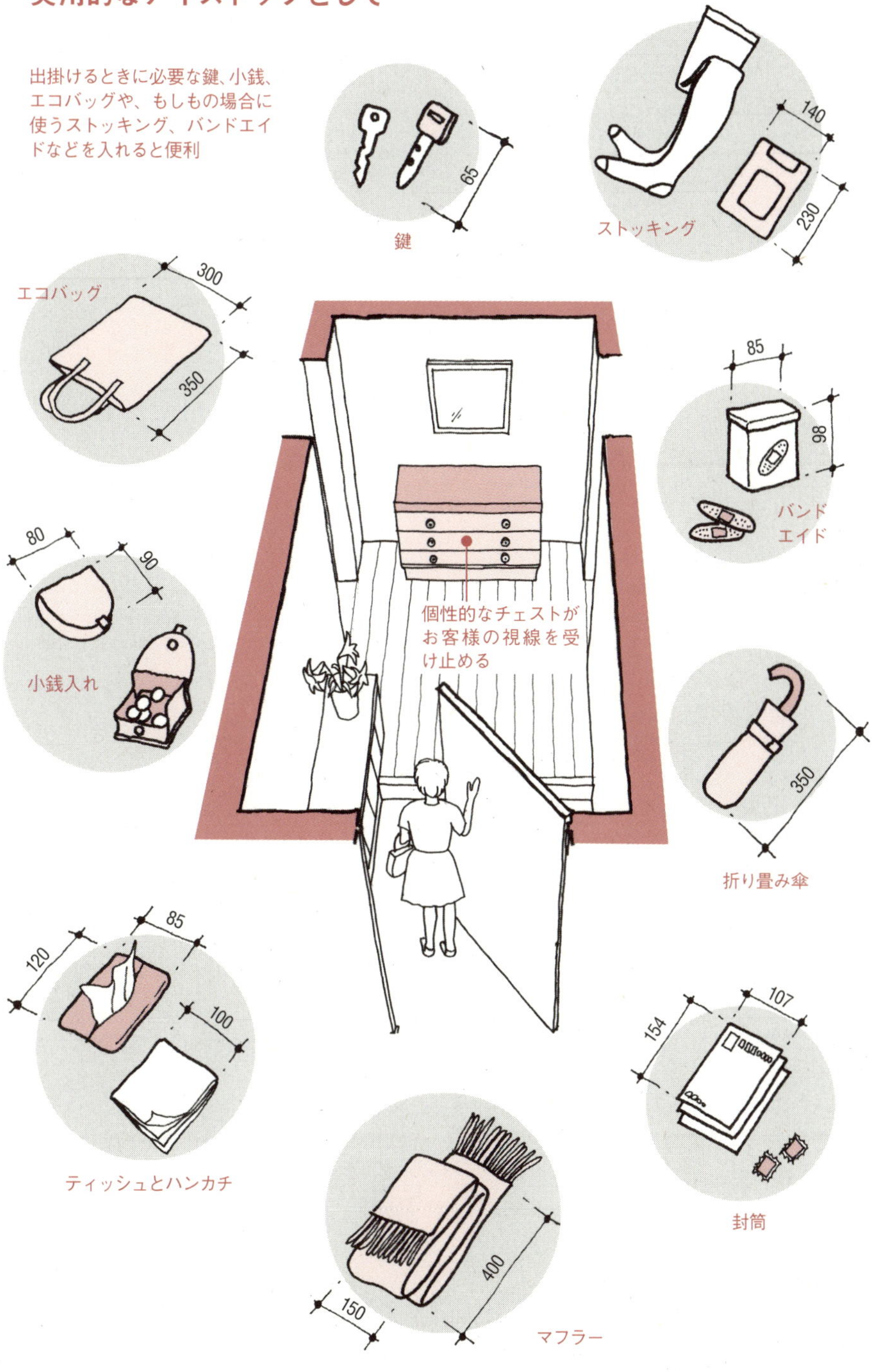

【MEMO】 木材の軟らかい部分を磨きながらそぎ落とし、木目を浮き上がらせる仕上げ。杉や桐など軟らかい木材が使われる。

灰皿／マリアンネ・ブラント

飾る灰皿

タバコを吸わなくなったら灰皿はどこへいく……？

最近は健康への志向が高まり、タバコを吸う人がすっかり減ってきました。禁煙は歓迎ですが、そうなると要らなくなるのが灰皿です。

灰皿は機能が単純なうえ、生活の中の「遊び」の要素だからなのか、高価な素材を使った優れたデザインのものが多くあります。これをお蔵入りさせるのはもったいない。バウハウスのデザインの中でも有名なブラントのこの灰皿、オリジナルは銀製でした【↓MEMO】。どっしりとした半球に丸い穴が開いているだけで、タバコを置く部分が付いていなければ、灰皿だとは分からないくらいシンプルなデザインです。

モノとして美しいなら、インテリアのオブジェとして活躍させましょう。ただ、灰皿は本来アート作品ではなく、生活用品として考えられたもの。飾り棚にしまって手を触れずに眺めるのでは、またもったいない。玄関廻りやデスクで使う小物入れにするなど、本来の機能とは違っても「使うモノ」としての美しさを、触れながら感じたいものです。

さりげない存在感を放つインテリアとして

小物入れに

小物を入れたり、署名用の、細いシガレットのような格好よいペンを置いたりすると便利。

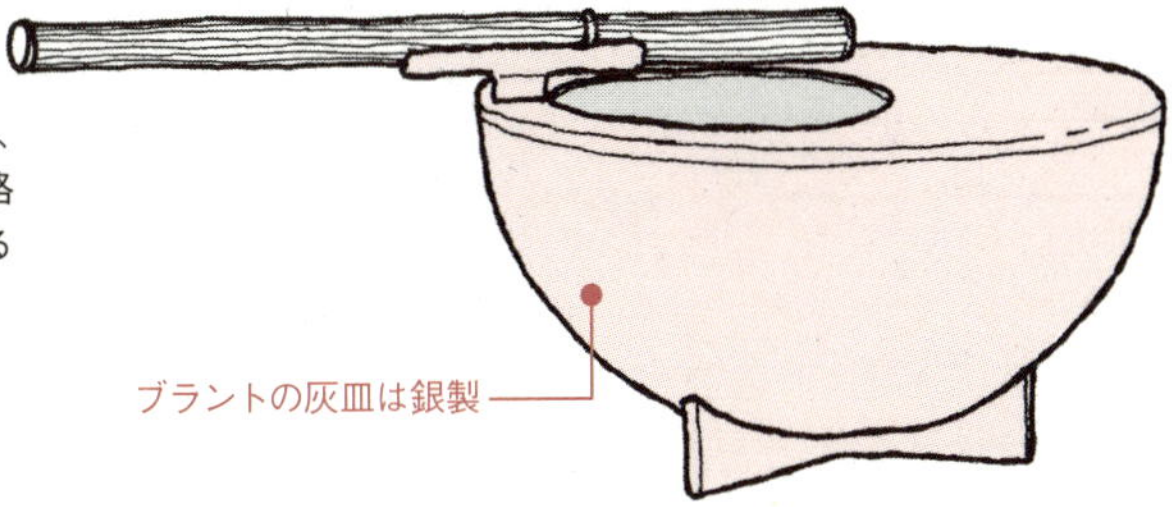

玄関の「使える」オブジェに

小包を受け取る際、印鑑がなかなか見つからず困った経験は誰にでもあるはず。玄関に置く印鑑入れや、花を生ける代わりのオブジェとしても使える。なかには一見灰皿と分からないようなデザインのものも。

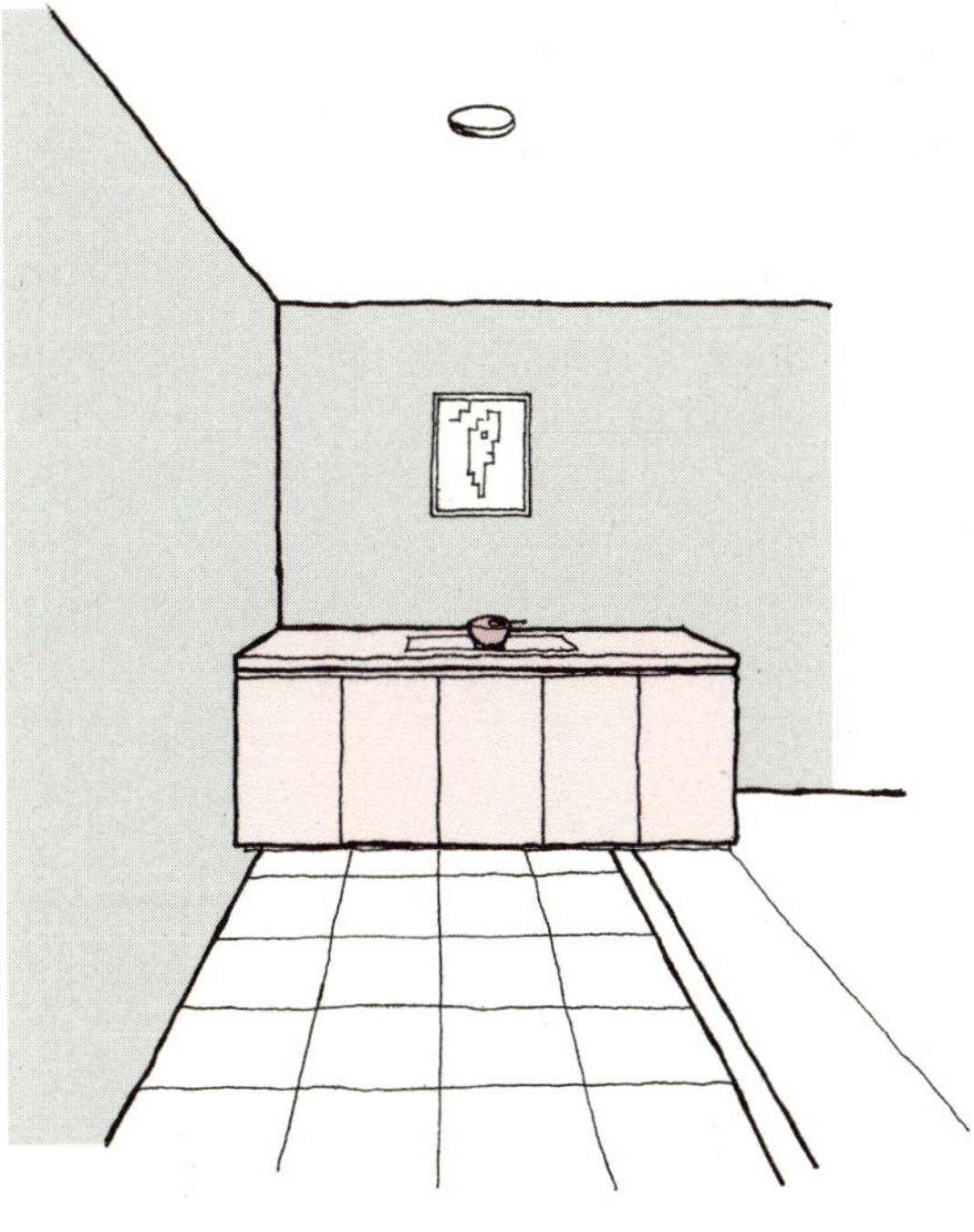

こんな灰皿も

ブラントは、バウハウスにいる間、さまざまなかたちの灰皿をデザインした。

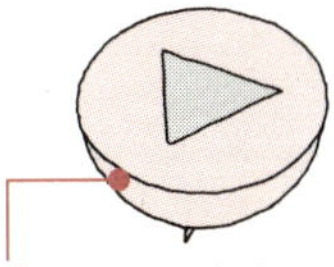
ブロンズ製の半球に三角形の穴があいた銀製のふたが付いた灰皿

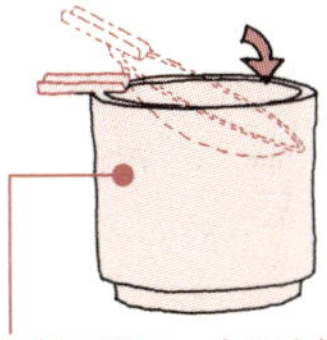
銀製の灰皿。上皿を傾けて灰を下に落とす仕組み

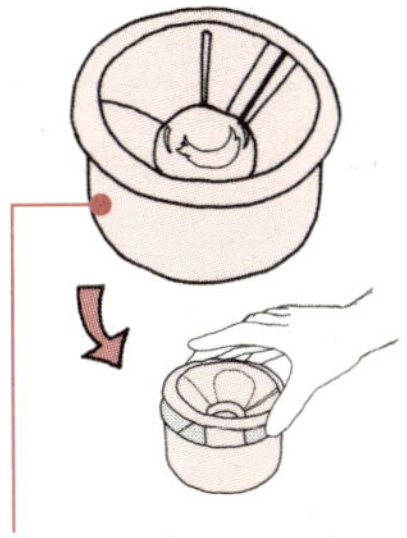
ふたを上げると真ん中にたまった灰が下に落ちるようになっている灰皿

【MEMO】 銀製品は空気に触れると硫化して黒ずんでくるので、定期的な手入れが欠かせない。使わないときは空気に触れないよう、ラップなどに包んでビニール袋に入れておくとよい。上図の灰皿も、アレッシィで復刻されたものはステンレス製になっている。

バースツール／アイリーン・グレイ

おしゃれ気分を盛り上げる椅子

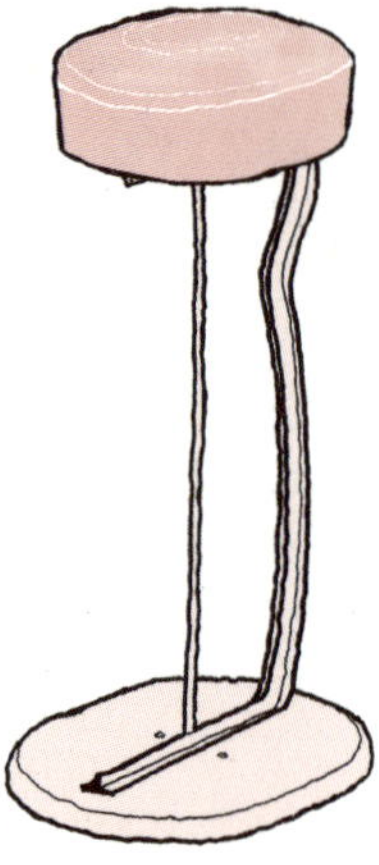

グレイのバースツール。座面は黒い革製で、白のステッチがアクセントに。脚は安定のため少しごついが、目立たないように白く塗装されている

お化粧はきれいになるための儀式なので、気持ちのよい環境でしたいもの。部屋で専用のドレッサーを使うのもよいのですが、水を使いたい場合もあります。洗面所はその点便利ですが、立って化粧をするのは落ち着かず、手元が狂いそう。座るにしても、テーブルより高い洗面台には普通の椅子は合わないし、高さが合っていても実用本位な格好悪い椅子では、お化粧の気分も盛り上がらない……。

グレイの洗面所に置いてあるのは、ちょっとコミカルでおしゃれなバースツール。通常、バーでお酒を飲んだりするのに使うものを住まいに転用してしまうところがグレイ流です。普通の椅子より高いバースツールは、スキンケアをしたり化粧をしたりする際に、ちょっと腰を掛けるのに最適。そのうえ格好もよいので、置いてあるだけで洗面台をドレッサーに格上げします。

意外な場所におしゃれなモノを置くことで、気持ちよく過ごせる場所が増える……そんな住まい方の提案です。

日常的な空間をおしゃれに

洗面台に普通の椅子だと低すぎる

高さは合っても格好悪い椅子だと
おしゃれする気分にならない

バースツールならちょっと腰を掛けるのにちょうどよい高さ。足は床に着けられるほうが、力が入ってお化粧しやすい。使っていないときも格好よいので、おしゃれ気分を高められるのがいい

風呂／シャルロット・ペリアン

お風呂はくつろぎの場

日本の住宅と外国の住宅で、大きな違いのあるお風呂。洗い場がない欧州のお風呂では、お湯につかるのも体を洗うのもバスタブの中ですし、通常バスタブはトイレや洗面と同じ部屋にあるので、横たわると便器が目に入り、部屋は広くてもちょっとせせこましい気分に。

日本のお風呂には洗い場があり、まず身体を洗ってから、ゆっくりお湯につかるという習慣があります。ペリアンは日本で生活するうちに、日本人の入浴とは「身体を洗う」という目的だけではなく、服を脱ぐところからお風呂から上がって身づくろいをするところまでが、リラックスのための「儀式」なのだと考えました。そこで彼女は、洗い場が分かれた日本式のお風呂に、脱衣所と風呂場が同じという欧州式を組み合わせ、儀式の流れを断ち切らずに入浴できるお風呂場をデザインしたのです【→MEMO】。

いつも忙しくてシャワーだけで済ませがちな方も、ペリアンが好きだった日本のお風呂のよさを見直してみませんか？

水廻りの一般的なレイアウト

日本の水廻り

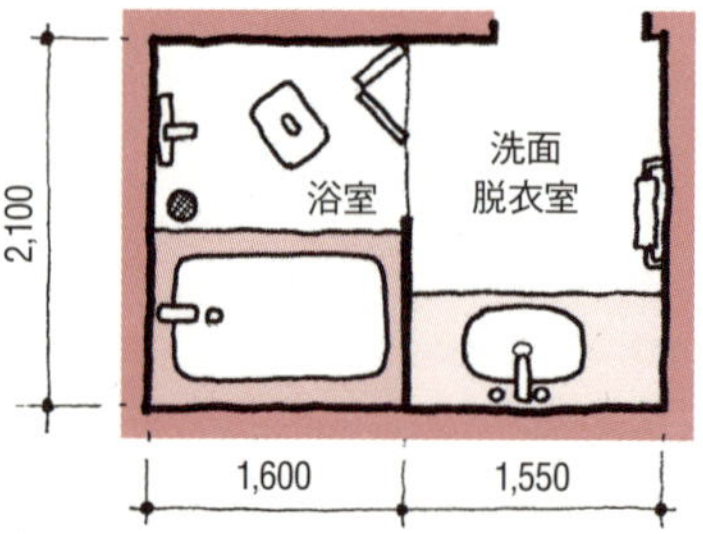

脱衣室と浴室は別の部屋に分かれているので、それぞれは狭くなりがち。トイレは別室にある

欧州の水廻り

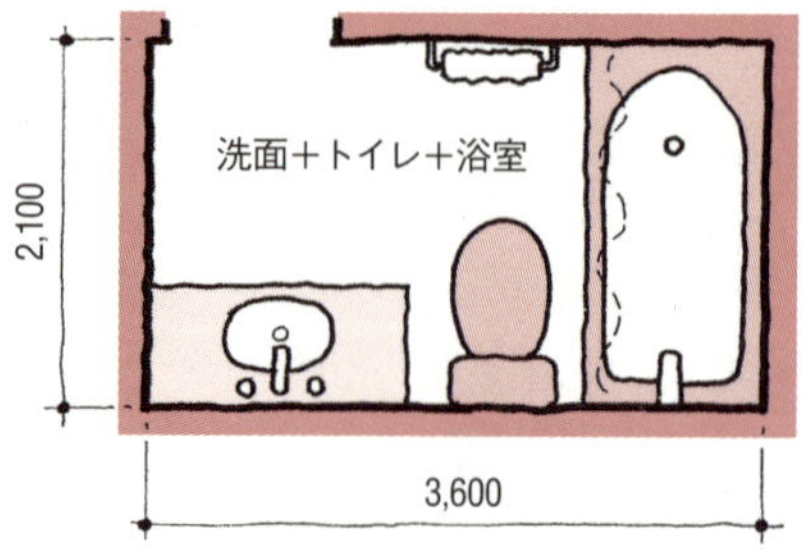

トイレと洗面が浴室と同じ部屋にあるので、便器を見ながらお風呂に入ることになるが、空間は広め

コンパクトさとゆとりを両立させたペリアンの浴室

日本と欧州のよさを融合

浴室と脱衣所（洗面所）を1部屋にコンパクトにまとめたことで、シャワーで身体を洗い、バスタブにつかってリラックスし、ゆっくりと座って身づくろいをする一連の流れが、スムーズに心地よく行えるようになっている。単に身体がきれいになればよいというのではなく、そのプロセスを大切にした空間。

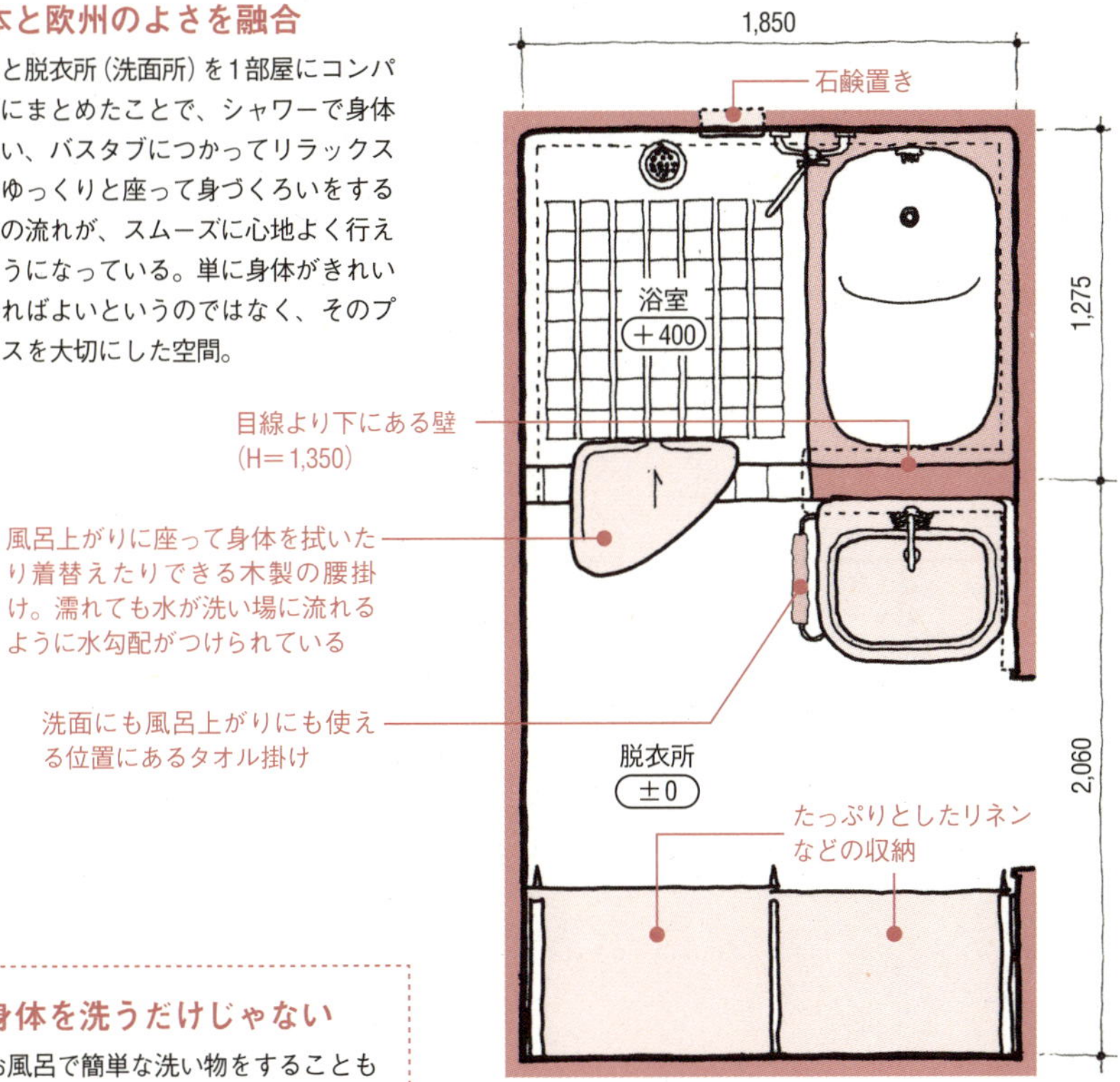

身体を洗うだけじゃない

お風呂で簡単な洗い物をすることもある。ペリアンはそのあたりも考えて、折り畳み式の物干しも付けた。リラックスするとき邪魔にならず、必要なときに出して使える、とても実用的なデザイン。

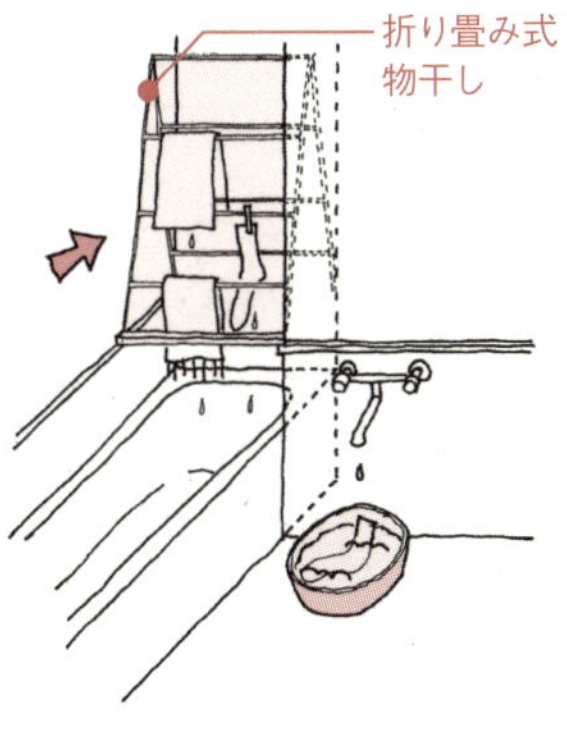

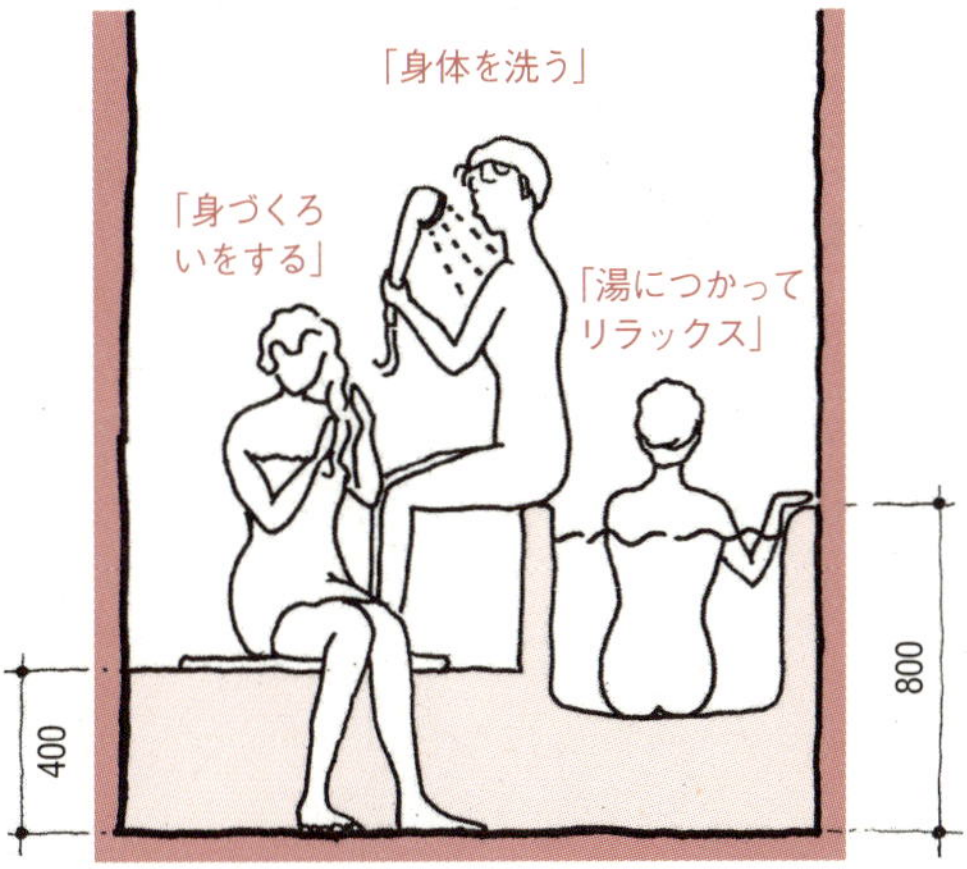

【MEMO】 浴室と脱衣所を同室にした場合は、特に換気を十分に行えるようにする。カビ防止のために機械換気以外にも換気できる窓面積を確保したい。窓は結露が起こりやすい部分なので、ペアガラスを使用するとよい。

壁掛けトイレ／シャルロット・ペリアン ＆ ジャン・ボロ

足元すっきりトイレ

便器の後ろはモップも届きにくく、掃除が面倒

最近人気が高まっているお掃除ロボット。隅々まできれいにしてくれる優れモノですが、当然ながら床に置いてあるモノを動かしてまで掃除はしてくれません。自分で掃除機をかけるときも、床にモノがあると邪魔ですが、特に家具は重くて持ち上げるのが面倒です。埃が溜まりやすい隅を減らすためにも、床から浮いている壁掛けタイプの家具が便利です【↓MEMO】。

トイレも床を掃除しにくい場所の1つ。最近はシンプルなかたちの便器が増えてきましたが、背後の床は狭くてモップなども届きにくい……それなら、壁から持ち出しにして浮かせばいい！ この生活者目線から、ペリアンは設備設計者のボロとともに壁掛けトイレを設計しました。この便利さは徐々に受け入れられ、今では西欧の多くの新しいトイレが壁掛けです。壁にかなりの加重がかかるからか、木造の多い日本の住宅ではあまり見掛けません。トイレも壁掛けになったら、お掃除ロボットの出番も増え、家事の負担がまた1つ減りそうです。

掃除しやすい「壁掛け」構造

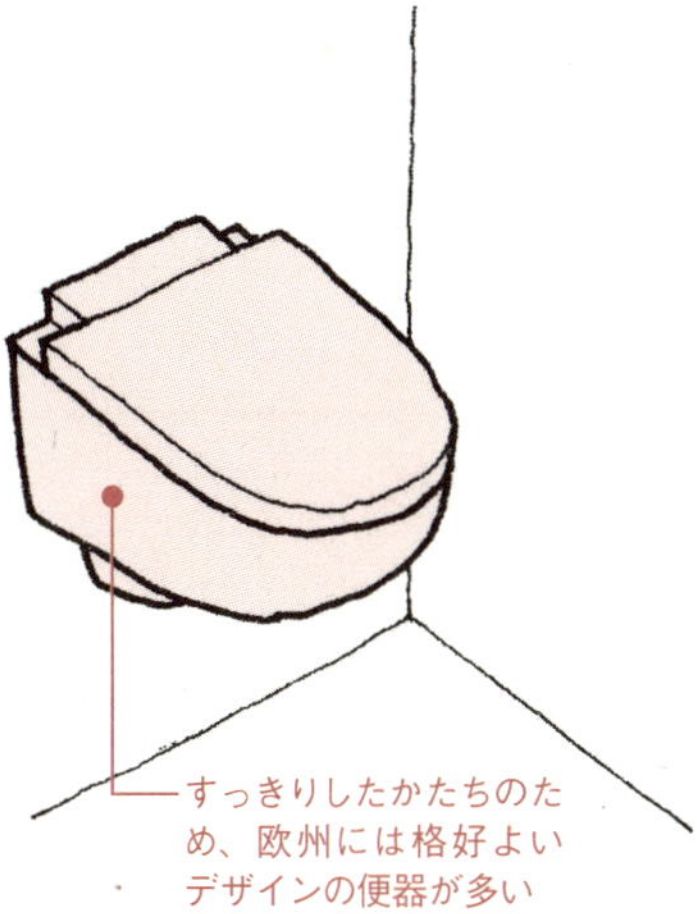

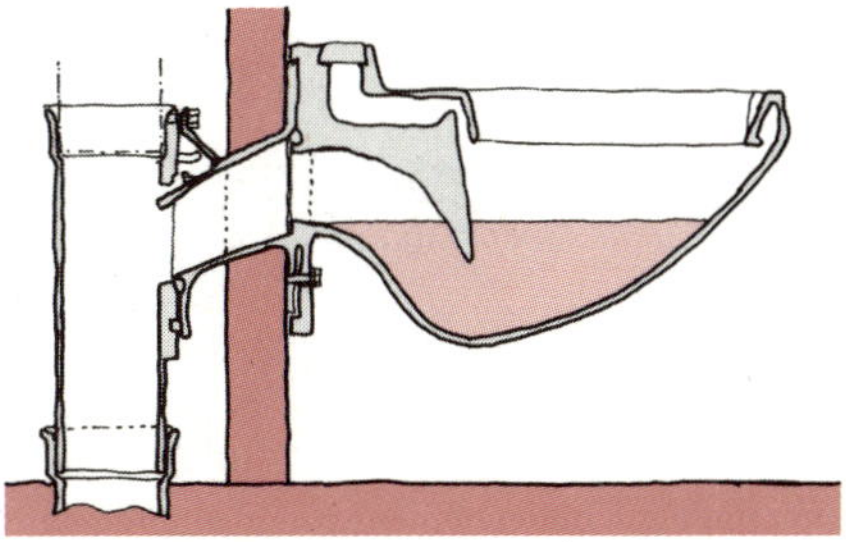

便器の後ろに埃溜まりをつくらない

ペリアンとボロが考案した壁掛け便器。排水を壁の後ろへもっていくことで、便器を浮かせた。

壁掛け家具で掃除しやすく

壁際にある家具は、壁から持ち出しにすると掃除しやすい。壁際にない家具も、床から浮かせたデザインのものを選べば掃除機もかけやすい。もちろんぴったり床に着いていて埃が入りにくい家具でもOK。

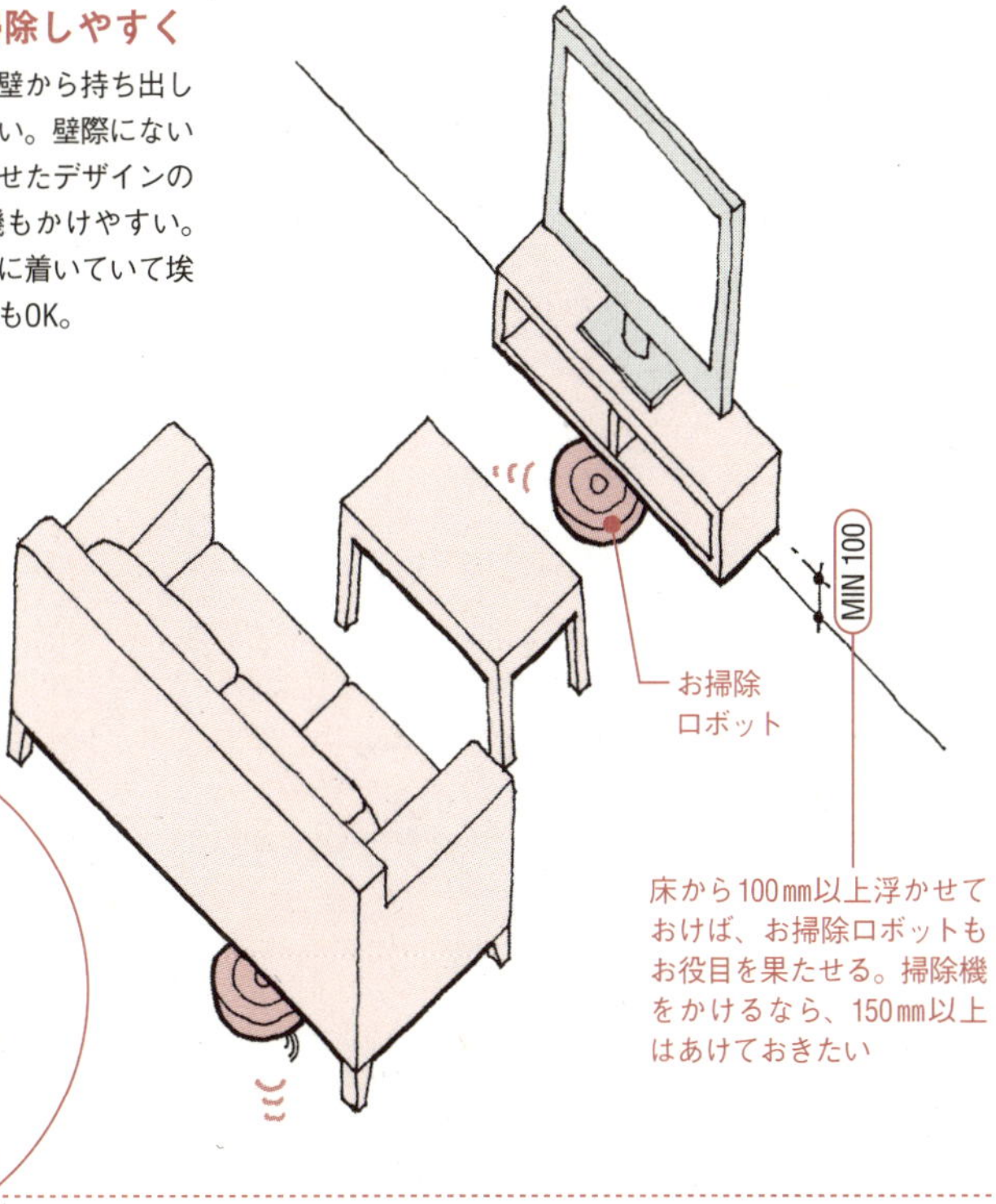

掃除機から壁を守る幅木は、お掃除ロボットの発達で不要になる？

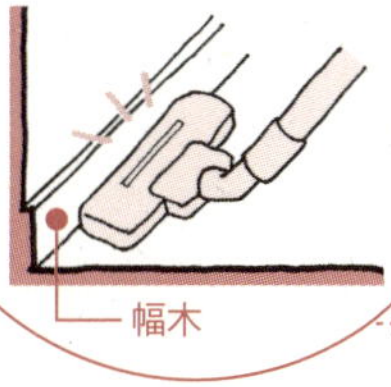

【MEMO】 壁掛けタイプは壁から持ち出しで荷重を支えるので、載せるモノの重量を想定して下地を十分に補強し、片持ち材としっかり接合する必要がある。アングルを下地にボルト締めする方法などがある。

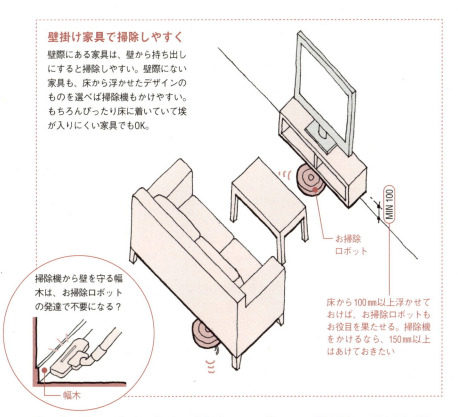

カステラーの家の収納、シャトーブリアン通りのアパートの収納
アイリーン・グレイ

死蔵厳禁！使える天井裏収納

天井裏や屋根裏には思わぬ収納スペースがあいていることも

季節モノの収納は結構場所を取るもの。たまにしか使わないからこそ、出し入れしづらい置き場所「開かずの収納」になりがちです。

天井裏は結構スペースがあいていることが多く、季節モノの収納には最適ですが、中のモノ1つ取り出すにも脚立や懐中電灯が必要になるのが面倒です。そこで、グレイは天井裏スペースを使いやすくする仕組みを考えました。1つは天井裏へのアクセス用に設けた、荷物を持ちながらでも「昇りやすい階段」。もう1つは、収納物が一目で分かる透明な棚の設置です。棚板を透明アクリルでつくれば、棚の上に置いたものを下から見透かせます。棚の奥行きは収納するものによって変わりますが、あまり深くすると手が届かなくなるので要注意です。もちろん、照明を取り付けることも忘れずに【→MEMO】。

開かずの収納にしないコツは、①物を出し入れしやすくすること、②収納物を見やすくすること。天井収納の特徴を押さえたグレイの工夫は、ほかの場所の収納を考えるうえでも参考になります。

使える天井裏収納のポイント

物を出し入れしやすくする

いちいち脚立を持ってこなくても天井裏収納に届きやすい仕組みをつくる。グレイは「カステラーの家の収納」において、階段を設けた。日本の住宅でもよく見かける天井収納はしごでは、荷物を持ちながらの昇り降りがキツイ。

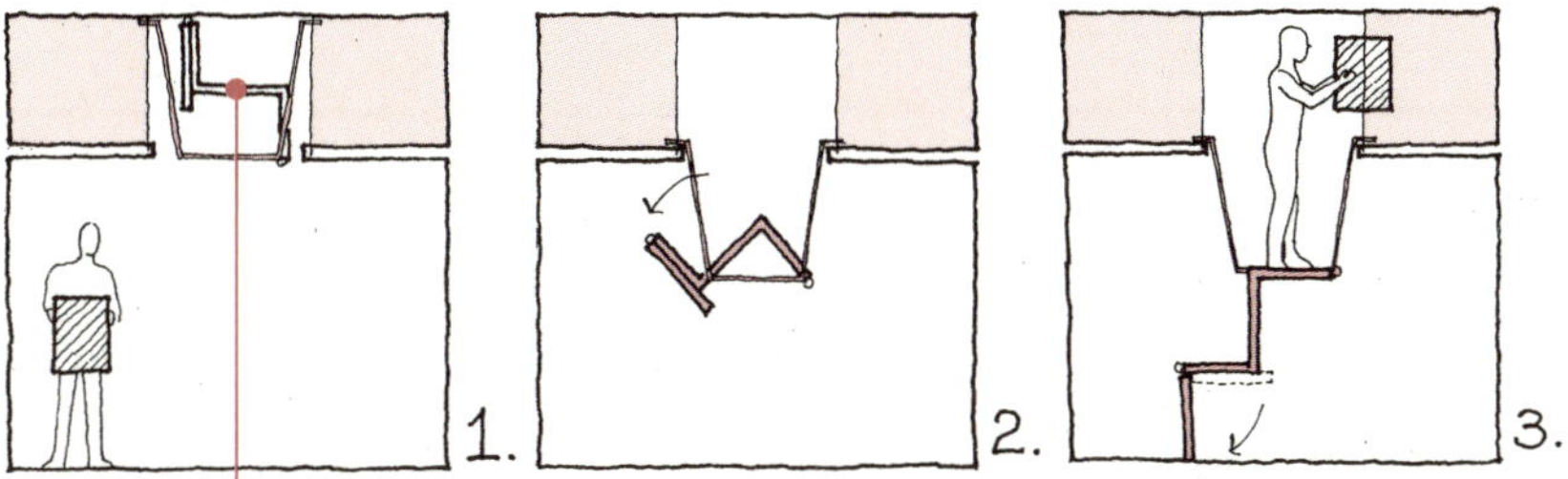

簡単な手順で階段が下りてくる

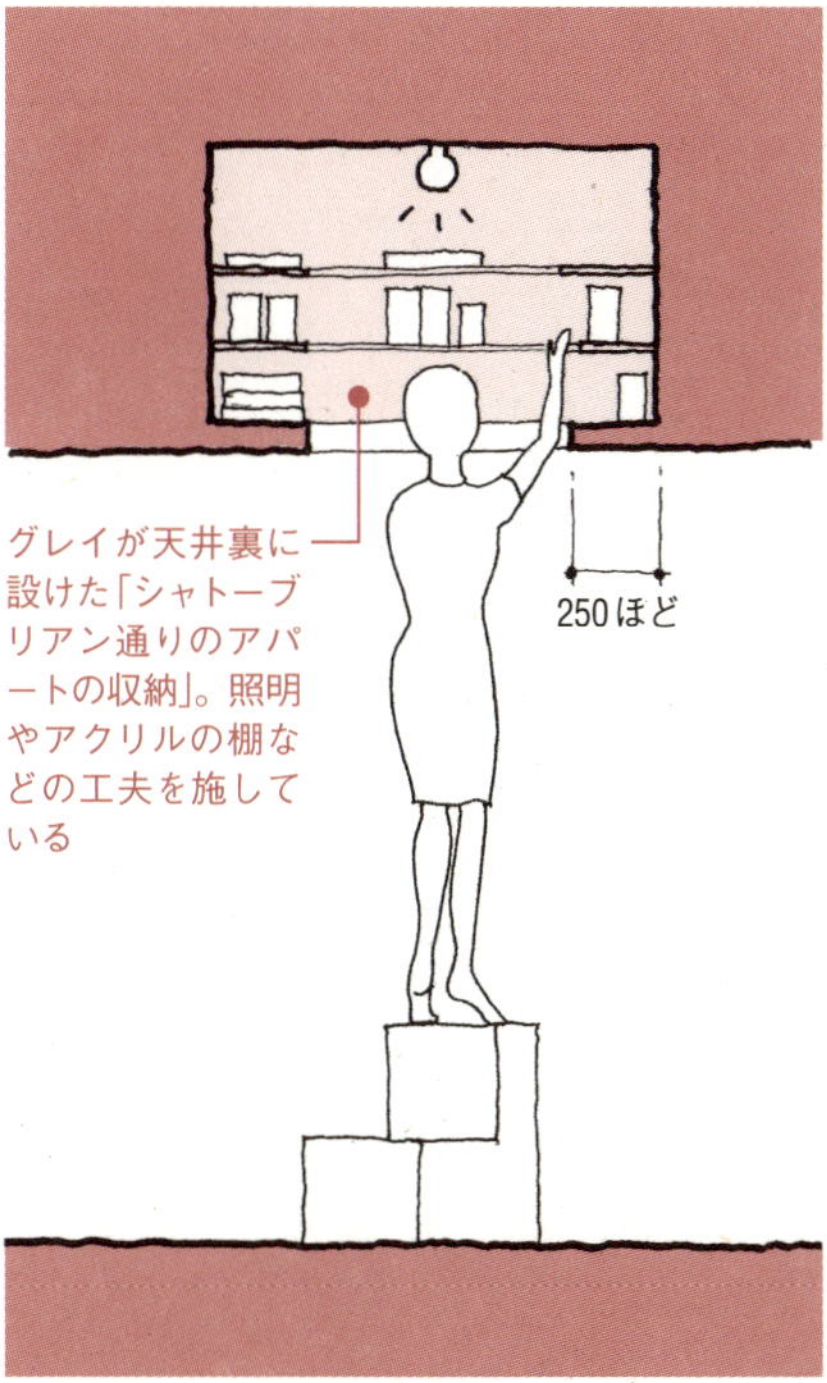

グレイが天井裏に設けた「シャトーブリアン通りのアパートの収納」。照明やアクリルの棚などの工夫を施している

収納物を見やすくする

しまったモノが見えなければ、無くなったも同然。一目で見やすい棚を設置する。棚の奥行きは深くしすぎず、手の届く範囲に抑える。使う人の背の高さなどにも関係するので、よく調査したほうがよい。照明も付けたほうがよいが、スイッチの位置も簡単に手が届くように配慮すること。

棚を透明アクリルにしておくと、下からでも何が入っているか見透かせる

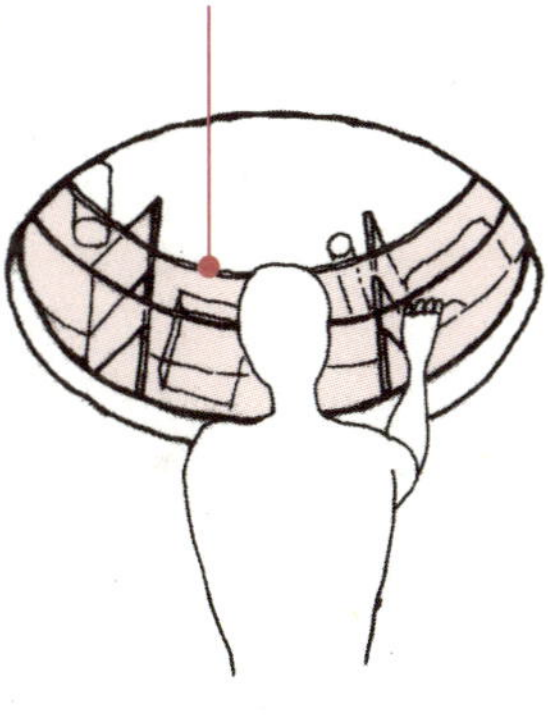

【MEMO】 天井裏には照明などのほか、換気も必要。普段は閉じている上図のケースでは、グレイはパンチングメタルでふたをつくって通気を確保している。下図のケースは常にオープンなので、地震などの際にモノが落ちてきても大丈夫なように、比較的軽いモノを収納する。

階段収納／シャルロット・ペリアン

しまえて、昇れる

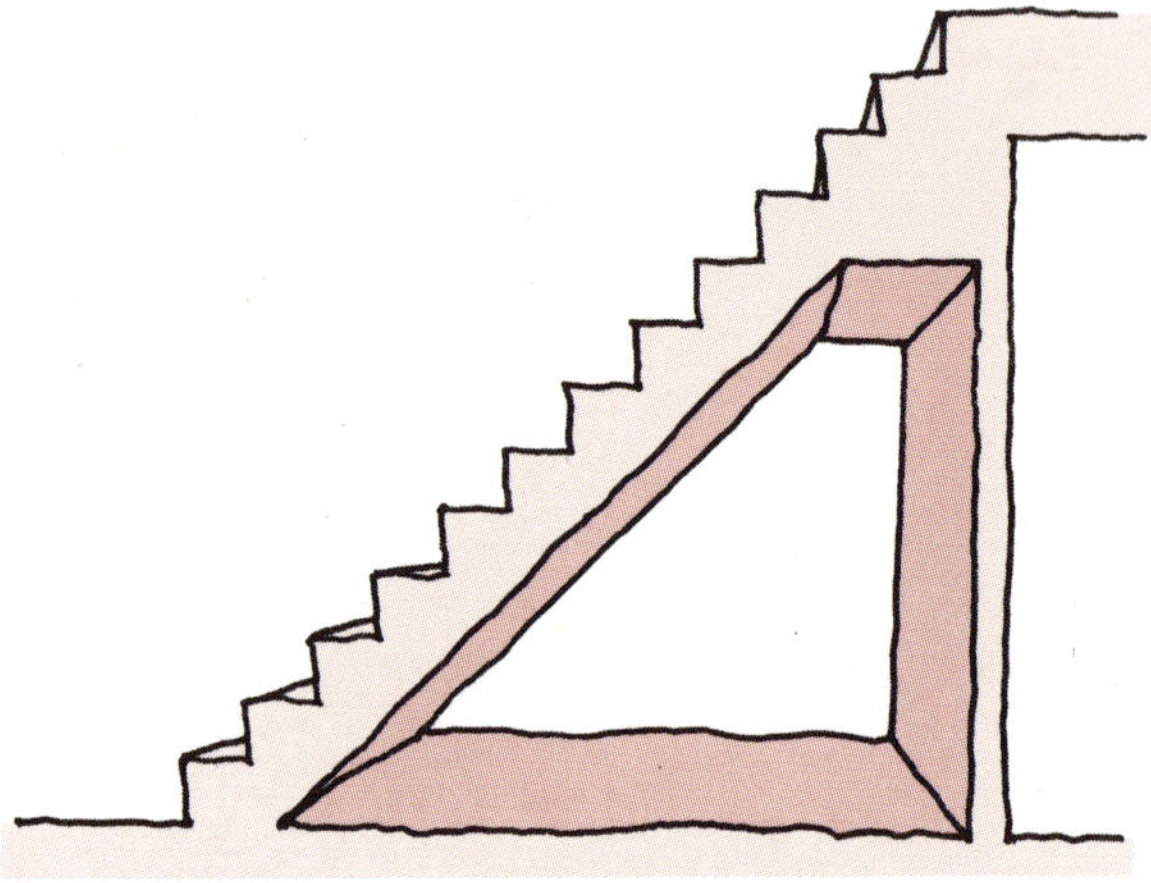

階段下のスペース。結構広いが、三角形でモノを収納しにくい

ほんの少しのスペースでも、収納に利用したい……ニッチな収納の代表格は階段下。でも、広さは十分ながら、三角形のスペースなので、そのままでは使いづらいことが多いのです。

日本の伝統的な狭い民家は、ニッチな収納アイデアの宝庫ですが、箱階段もその1つ。その名のごとく箱を並べて階段状にしたもので、階段下のスペースは余すことなく引出しや開き戸の収納になっています。ほとんどの収納は小分けになっていて、使い勝手もよさそうですが、上の引出しは脚立を持ってこないと使えないし、階段はかなり幅が狭く急勾配になり、手すりもないので、昇り降りが楽ではありません【→MEMO】。

30㎡足らずのロフト付き狭小マンションに、階段と収納を設けなくてはならないとき、ペリアンが思い出したのは日本の箱階段でした。上のほうが使いづらい、手すりがないといった箱階段の問題点を修正し、難問を解決したのが左ページ下の階段。まさに、昔の智恵を現代のデザインに昇華させた好例です。

いろいろな階段収納

日本の伝統的な箱階段

日本の狭い伝統的家屋で、たんすと階段の機能を兼ね備えた省スペース家具。移動が可能な置き家具的なものと、柱や壁と一体化した固定のものがあった。箱ばしごとも呼ばれるが、形態からするとはしご系ではなく、段が積み上げられている基壇系の階段。

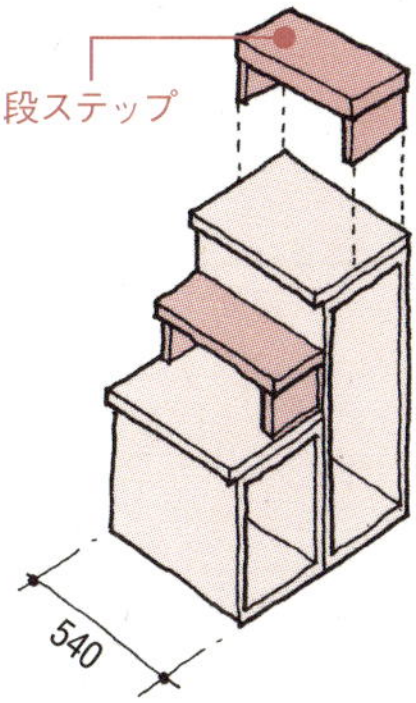

箱階段の進化形

狭小マンションの狭い廊下に日本の伝統的な箱階段を応用。2段分の奥行きの箱を並べ、間に1段ステップを置いたシンプルな構造だが、伝統的な箱階段には少ない、縦型の服が吊るせるような収納ができ、上部の物入れが使いにくい問題も解消した。

ペリアンの階段収納

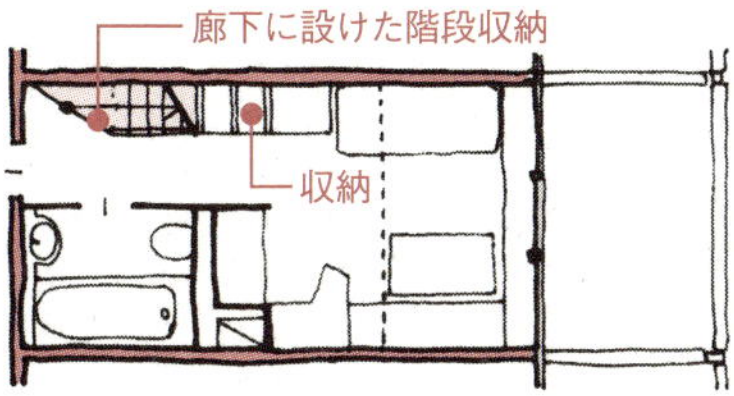

ロフトを入れても30㎡足らずという小さなマンション。ロフトに上がるための階段や収納をそれぞれ設けるにはスペースが足りない……。そこで生まれたのが、この階段収納だった。

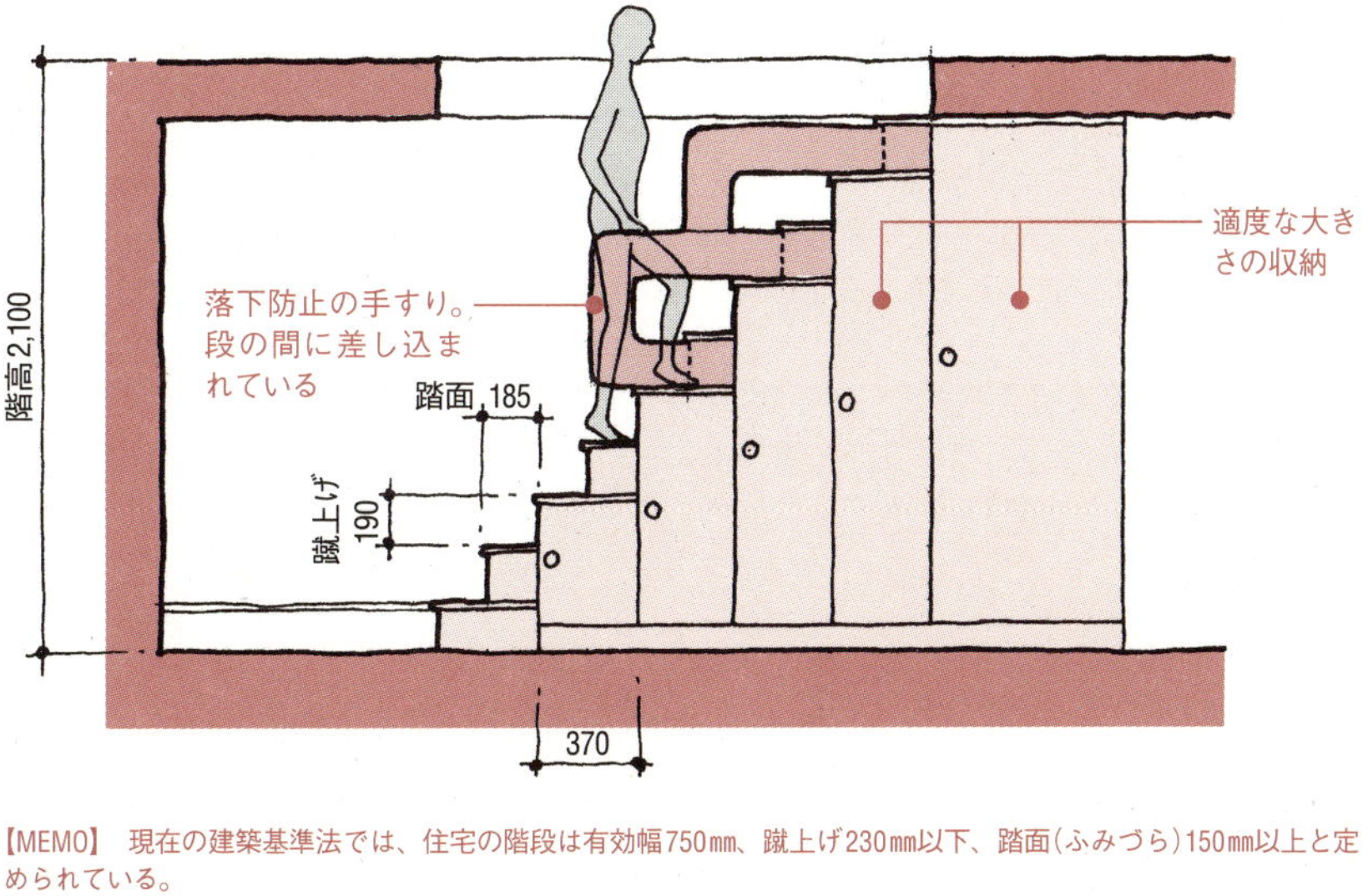

【MEMO】 現在の建築基準法では、住宅の階段は有効幅750㎜、蹴上げ230㎜以下、踏面（ふみづら）150㎜以上と定められている。

書類ケース／アイリーン・グレイ

モノにアドレスを付けよう

洗面の横の壁に取り付けられた小物置き。すぐ脇にフランス語で「小物」と書いてある。サインもフランス語だとサマになる

きれいに片付けたまではよかったけど、いざ取り出そうとすると、どこに入れたか分からない！　なんていうこと、ありますよね。そういうモノにはアドレスを付けましょう。

まず、モノの住所＝どこに収納するか、を確認。よく使う場所の近くに収納を設けること、切手と封筒など一緒に使うことが多いモノは同じ場所にまとめておくことなども重要です。また、モノのかたちや性質ごとに収納場所を選びましょう【→172ページ】。自然に見つけられる場所に収納することが一番です。

でも、書類などかたちが似ているものを、同じ引出しが並んでいるケースにしまったら、どこに何を入れたか覚えていられません。グレイは素直にラベルを付けることで対処しました。ラベルも、付け方によってはインテリアのデザインの一部になるのです。ここでのカギは「格好よく」ということ。文字はごちゃごちゃしていてうるさくなりがちなので、高さや量、色などを工夫しましょう【→MEMO】。

見やすいラベル付けのポイント

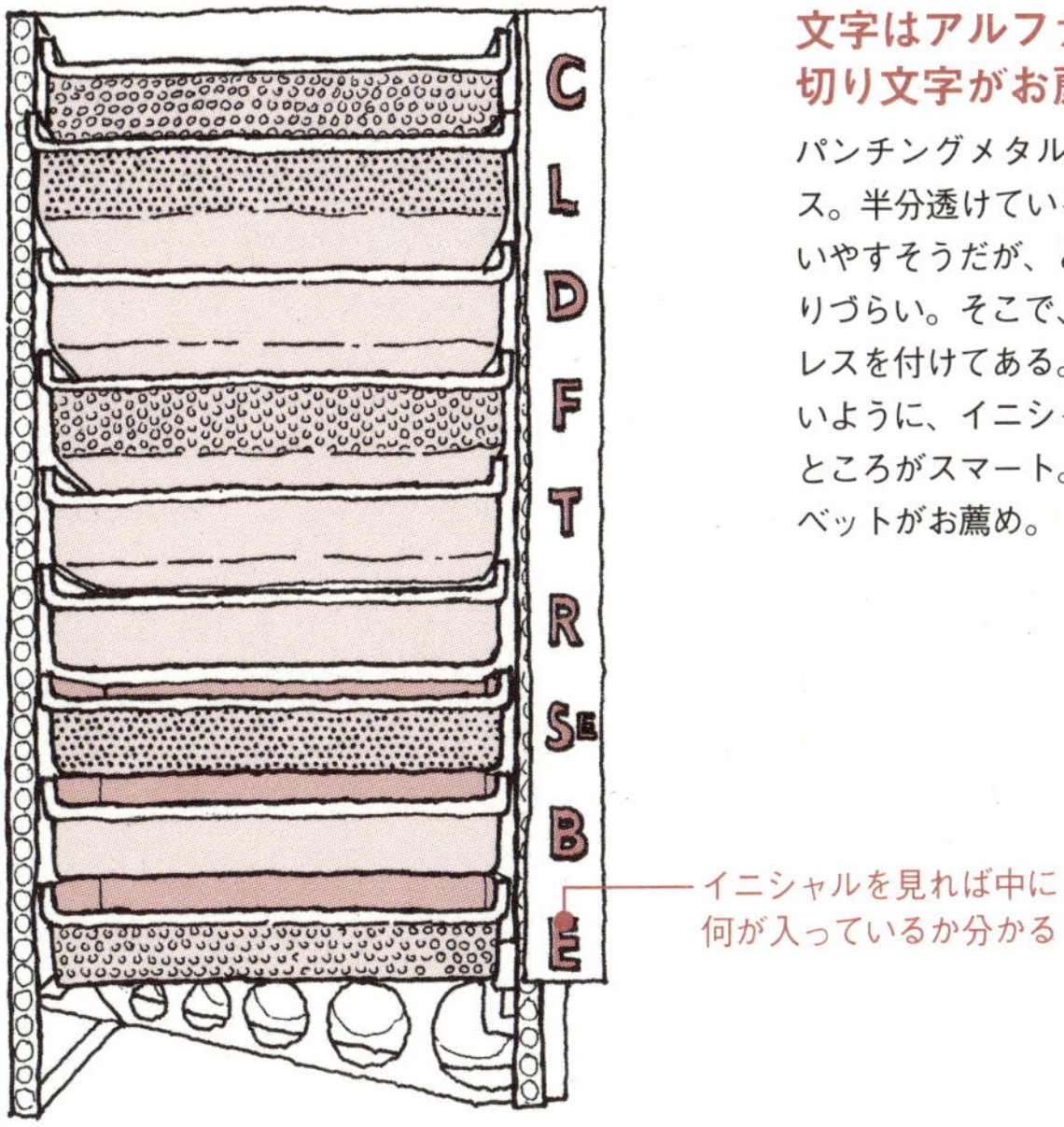

文字はアルファベット、切り文字がお薦め

パンチングメタルでつくられた書類ケース。半分透けている9段の浅い引出しは使いやすそうだが、どこに何を入れたか分かりづらい。そこで、右手に切り文字でアドレスを付けてある。文字がうるさくならないように、イニシャルだけに制限しているところがスマート。やはり文字はアルファベットがお薦め。

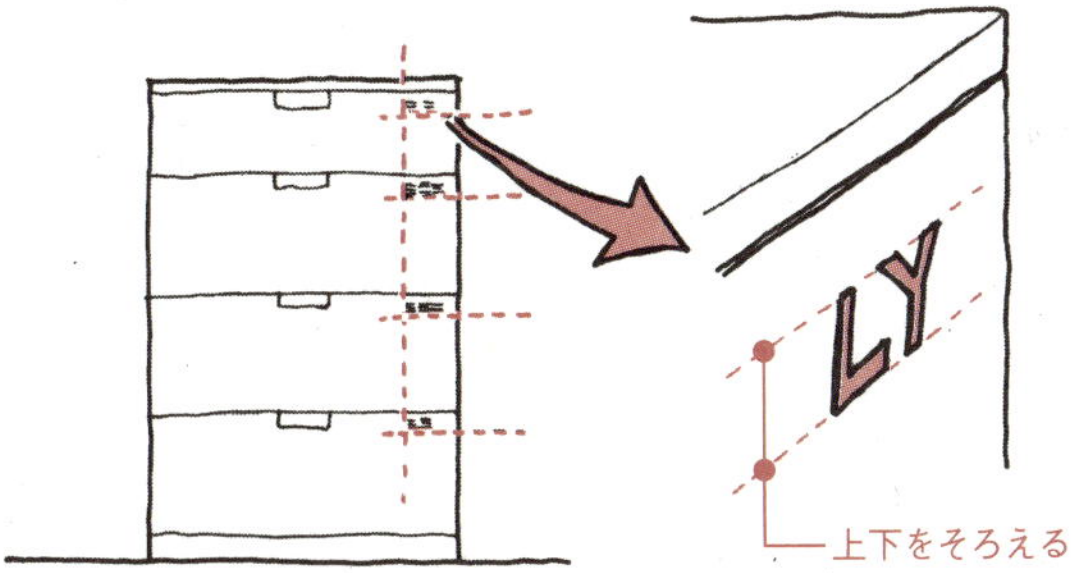

そろえる、が基本

ラベルを付けるときの基本は「そろえる」こと。高さ、幅、文字数などをそろえると、それだけでもすっきり見える。文字はラベルシートなどより、切り文字やステンシルを使うときれい。裏をこすると文字が写せるレタリング・シートもきれいに仕上がるが、摩擦で取れやすいので注意が必要。

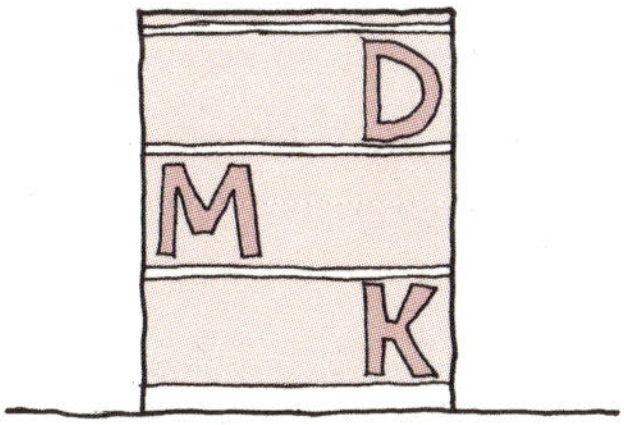

目立ちすぎない工夫を

文字はあまり大きくしないほうが上品だが、デザインとして思い切って大きく使うやり方もある。その場合は、色を背景の色に近づけて（たとえば白い引出しなら薄いグレーの文字など）あまり文字の印象が強烈にならないようにしたほうがよい。

【MEMO】 字体（フォント）は基本的に好きなものを選べばよいが、すっきりさせたい場合はセリフ（文字の線の端に付けられた飾り、「ひげ」）のないゴシック体系のフォント（ヘルベチカ、アリアルなど）がお薦め。グレイの使ったフォントは上級者向け。

Cube Chest／アイリーン・グレイ

一望できるチェスト

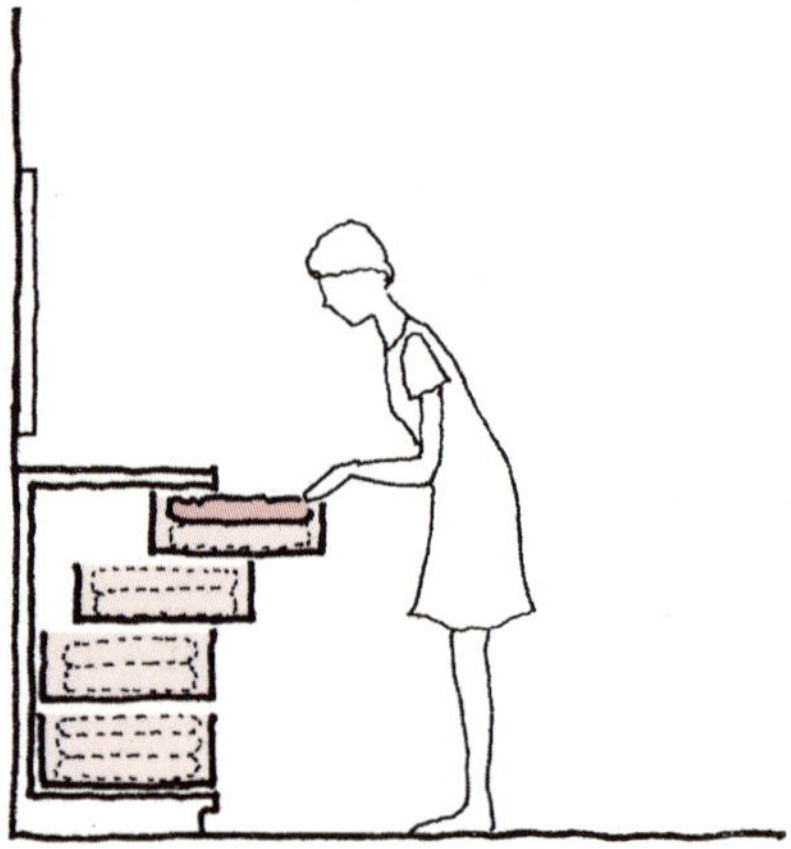

引出し状の衣装入れはよくあるが、引き出している段の服しか見えず、コーディネートには不便

衣替えの季節にクロゼットの奥を見たら、ずっと忘れていた服が出てきた……そんな経験はありませんか？　片付け術の本には、1年着なかった服は思い切って捨てなさいと書いてありますが、まだまだ使える服を捨てるのは惜しいもの。要は、クロゼットの見えない所に隠れてしまっているのが問題なのです【→MEMO】。着替えの際、持っている服が全部見られれば、コーディネートを考えやすくなり、引出しの上側で目に入ってくる服ばかりつい着てしまう、ということもなくなるでしょう。

ここで紹介するグレイのチェストは引出しが回り、一度に中身が見られる優れモノ。底板は透明アクリルで、下の段が見やすくなっています。ただ、問題は開くと結構場所を取ってしまうこと。そこで、小さいスペースでも見渡せるように工夫されている冷蔵庫も参考に、「一望できるクロゼット」を考えてみました。これをいくつか並べても、服が入り切らない場合は……「断捨離」を検討してください。

中身が見やすいクロゼットのアイデア

衣装が一度に見渡せるチェスト

グレイのチェスト。引出しが回るので、いっぺんにすべての段を見ることができる。ただし、開くと結構場所を取ってしまうのが難点。

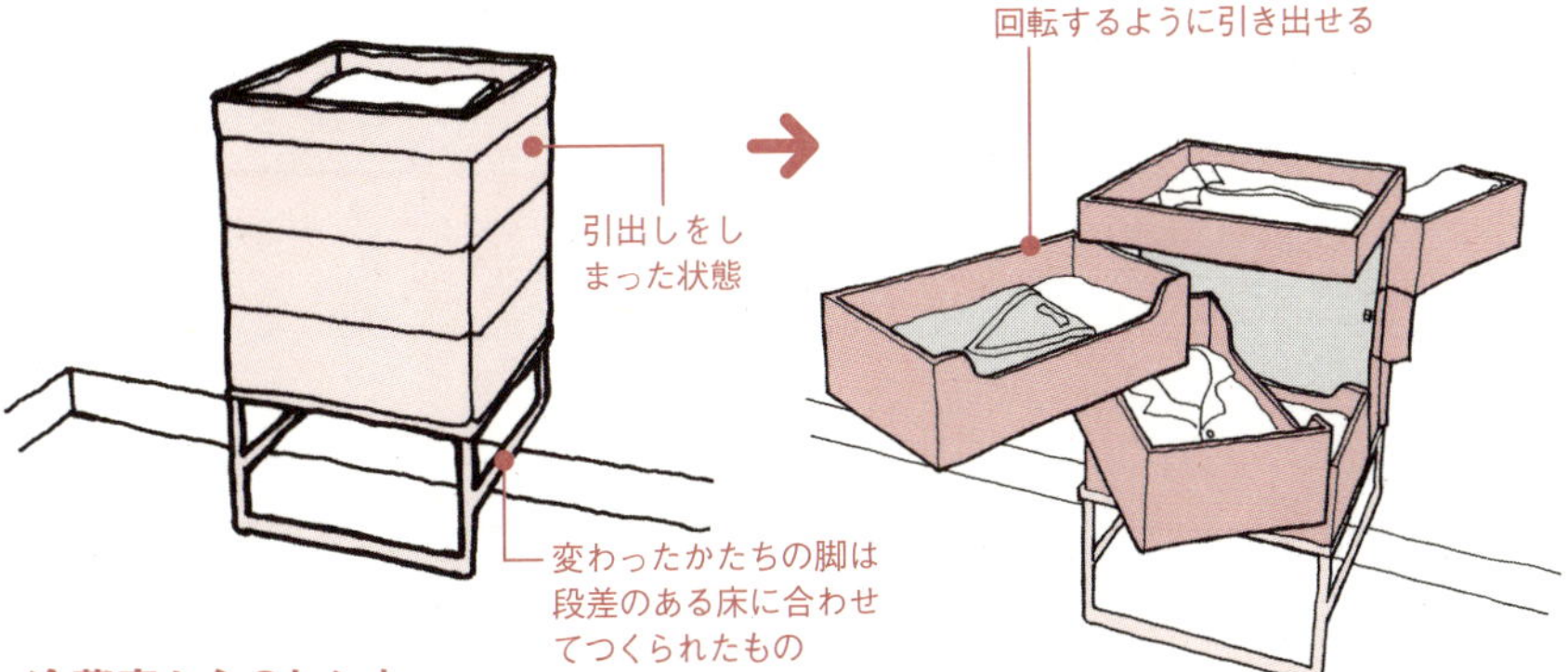

冷蔵庫からのヒント

身近なものでこの「見渡す」アイデアを使っているものは冷蔵庫。扉部分にも収納たっぷりで、開くと中が一望できる。これを応用した衣装入れが右図。

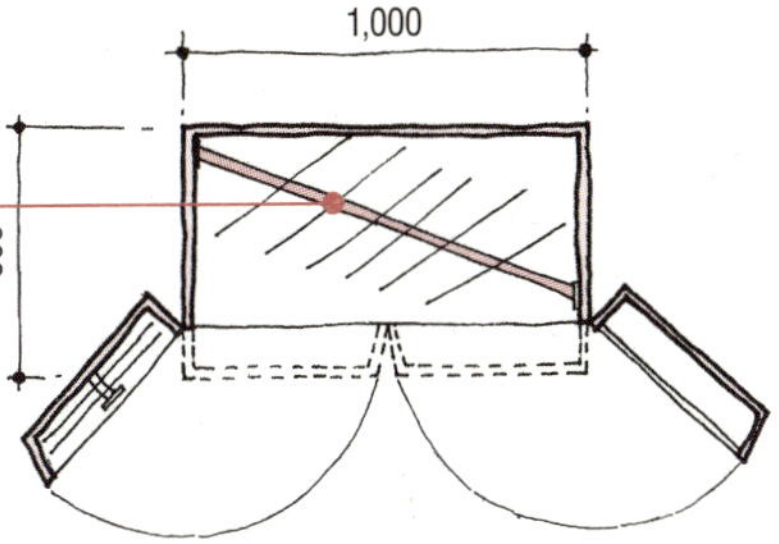

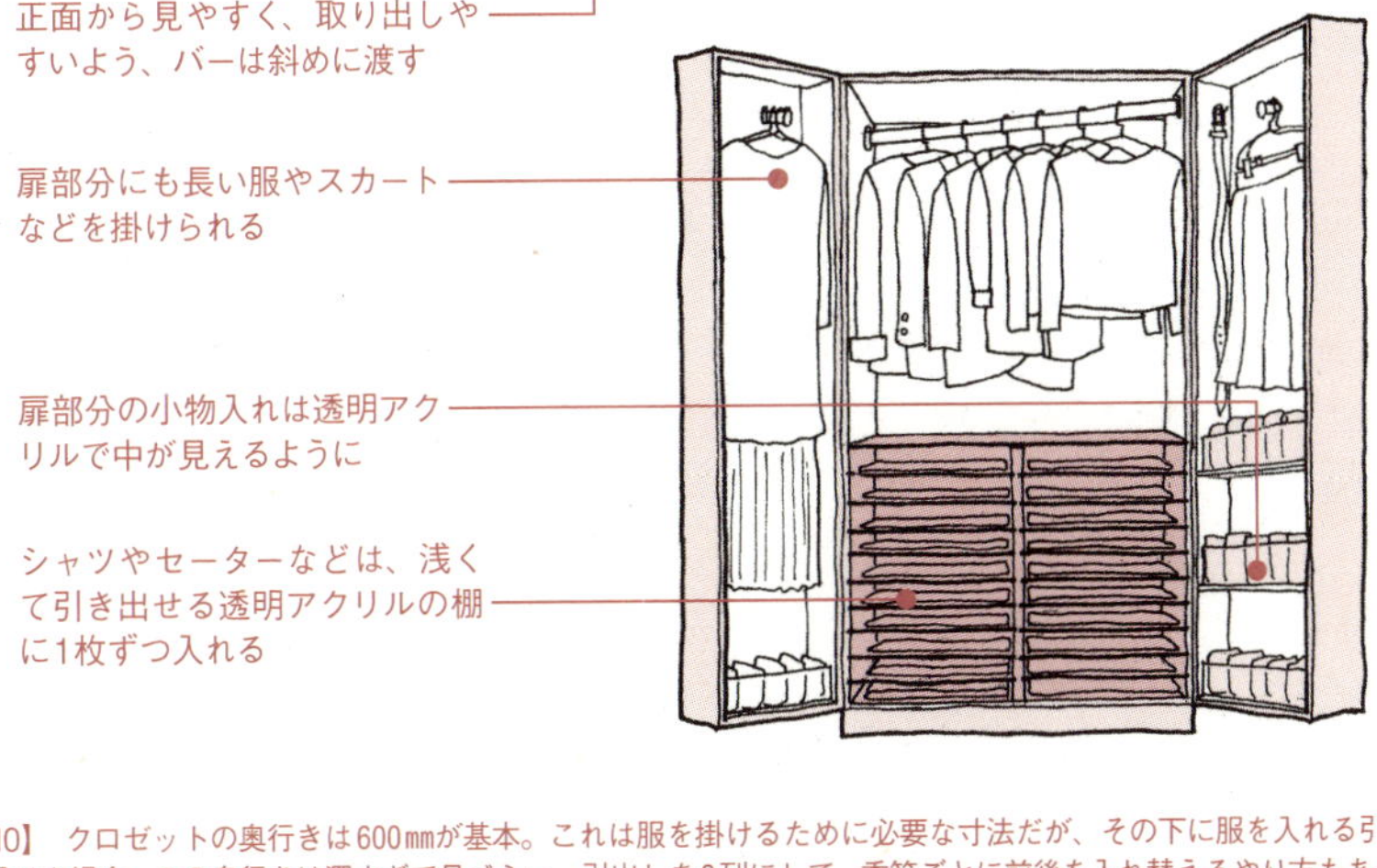

【MEMO】 クロゼットの奥行きは600㎜が基本。これは服を掛けるために必要な寸法だが、その下に服を入れる引出しを設けた場合、この奥行きは深すぎて見づらい。引出しを2列にして、季節ごとに前後を入れ替えるやり方もある。

ユニット収納／シャルロット・ペリアン

モノと建物 どちらのサイズに合わせるか

衣類や書類など、ある程度サイズが決まったものをしまうのに最適なユニット収納。サイズが規格化されており、置く場所に合わせたカスタマイズが可能なので、今や主流の収納家具となりました。

この収納を選ぶときに重要なのは、収納物の大きさとユニットの規格サイズが合っていること。ペリアンがコルビュジエの事務所で世界初ともいえるユニット収納（カジエ）の開発に携った際は、収納を間仕切のような建築の一部として考えました。そのため大きすぎて、実用には至りませんでした。そこで20年後、彼女は収納するモノの寸法からユニットの規格サイズを決めることを考えます。このアプローチは当たり、それ以降このデザインに似たユニット収納が至る所で見られるようになりました。

ただ現在は「収納する」ことばかりで、コルビュジエたちが考えた、空間の一部になるという側面は減ってきているかもしれません。その点では改良の余地があるでしょう。

建築に参加するユニット収納（カジエ）

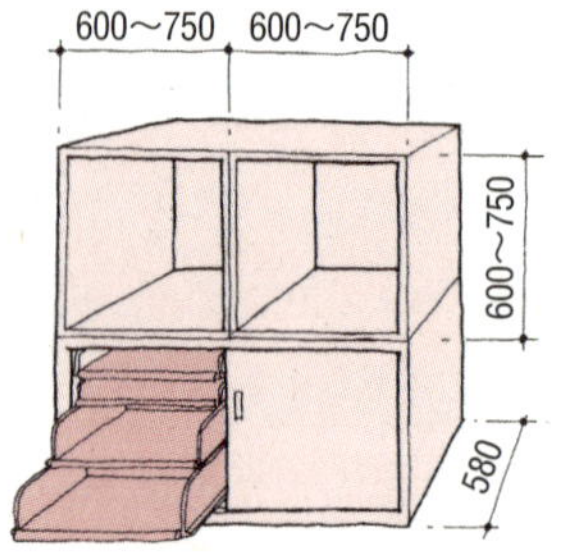

この図は1936年のスケッチで描かれたユニット収納（カジエ）の寸法。それまでの装飾的な一点モノの収納家具ではなく、建築の一部のように壁にはめ込んだり、間仕切として使えたりする収納としてデザインされた

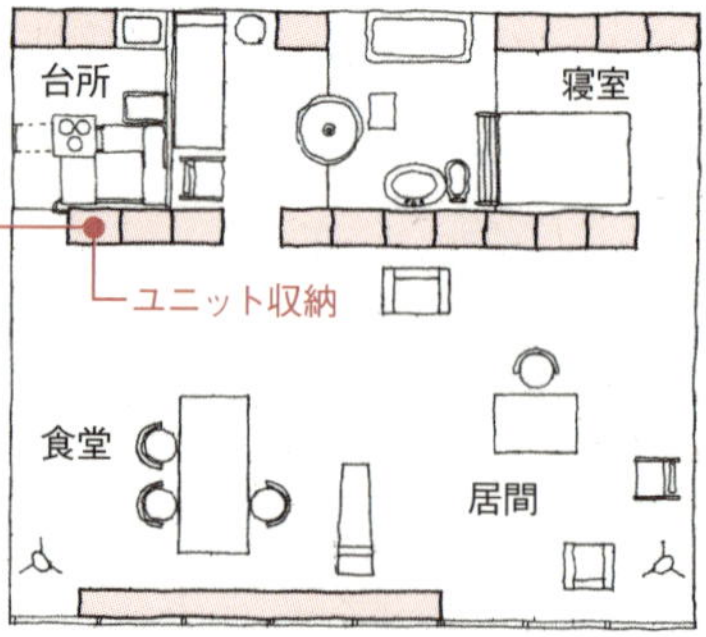

カジエのモジュール収納

コルビュジエの事務所が発表した、「住宅のインテリア設備」（1929年）の間仕切として使われているユニット収納。

モノとユニットのサイズを合わせる

ペリアンのユニット収納

木製の箱でつくられたペリアンのユニット収納。棚や引出しを自由に重ねたり、足したりして、同じ箱をさまざまなタイプの収納に使えるように考えられている。

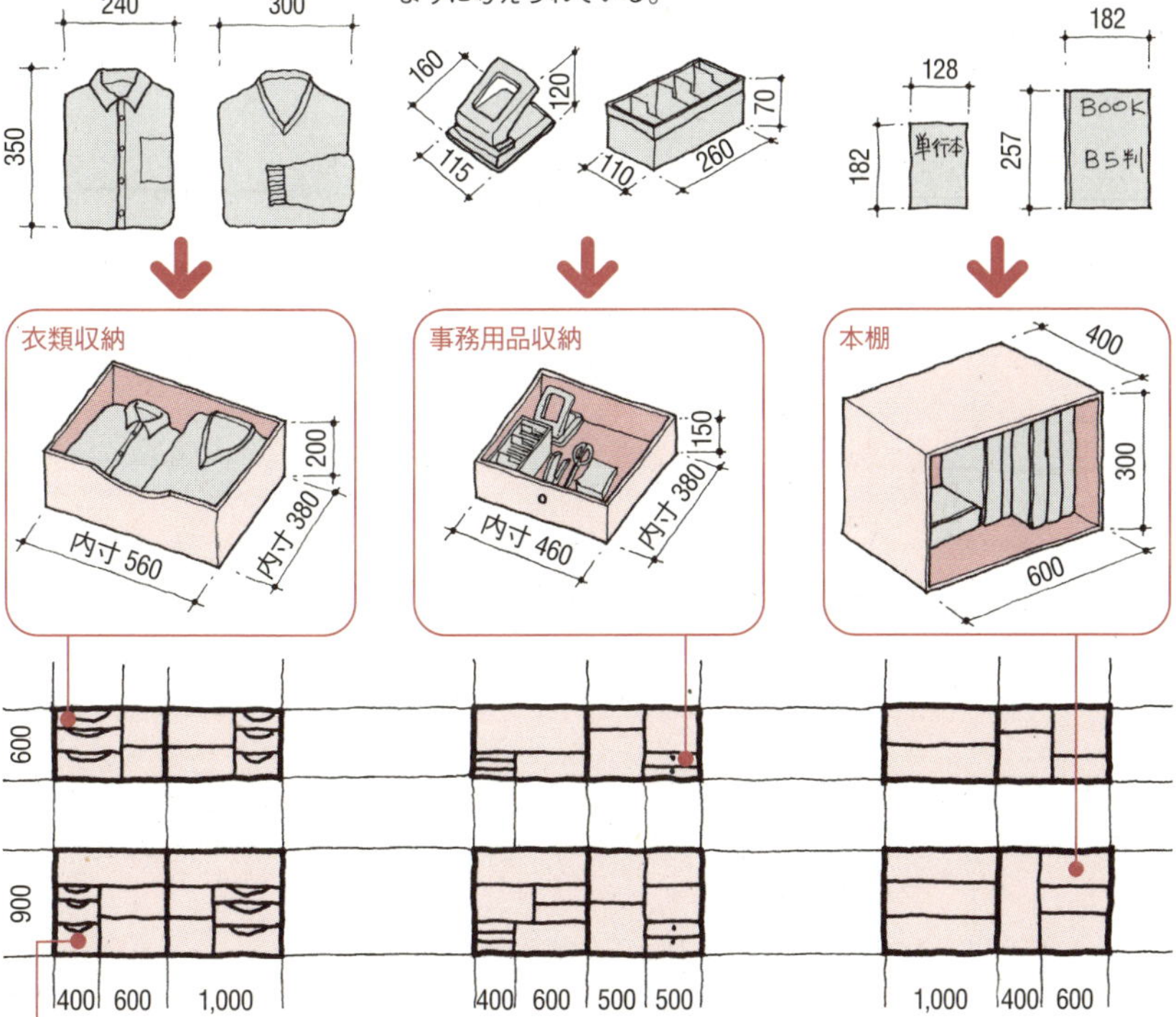

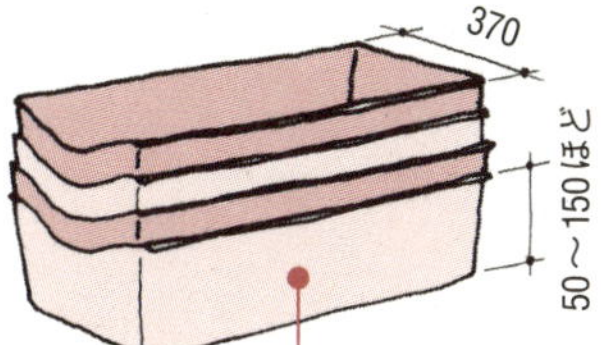

プラスチックでつくられた規格化された引出し。使わないときは重ねて置ける。これをユニット収納の木製の箱に納めて引出しとした

こんなユニット収納も

ペリアンはスチールフレームを使ったユニット家具もつくった。サイズも含めて似たようなものは、無印良品やイケアで現在販売されており、ペリアンの大量生産の夢は叶えられた。

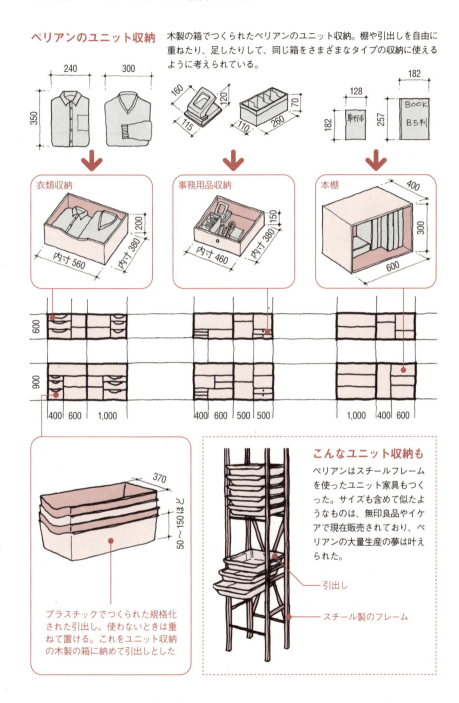

Hang it All ／チャールズ&レイ・イームズ

何でも掛けちゃえ！

モノは吊るせば簡単に整頓できる。玄関にもフックなどがあると便利

よく使うモノはいちいちしまうのが面倒で、つい出しっぱなしになってしまいがち。そういうときは吊る収納を活用しましょう。吊るしたいモノが決まっている場所は壁にフックを付け、そうでない場所はあらかじめ何でも手軽に吊ることができるようにしておくことがポイントです。

この「何でも吊れる」例としては、和室にある長押《なげし》という柱と柱をつなぐ部材。ちょうど手が届く高さにあるので、衣類を吊るすのによく使われています。

洋室で長押のように使えるものはピクチャーレール。新築時に設置しておけば目立たず、必要に応じてフックを増やせるので、使い方が変わる子供部屋などにもお薦め【↓MEMO】。また、イームズの“Hang it All”のように、アートのようなフックを付けるという手も。何を掛けようかと子どもの想像力を育《はぐく》み、あるだけで楽しげです。

吊る収納は子どもでも使いやすいので、片付けを習慣づける効果がありそうですね。

いろいろな「吊る収納」

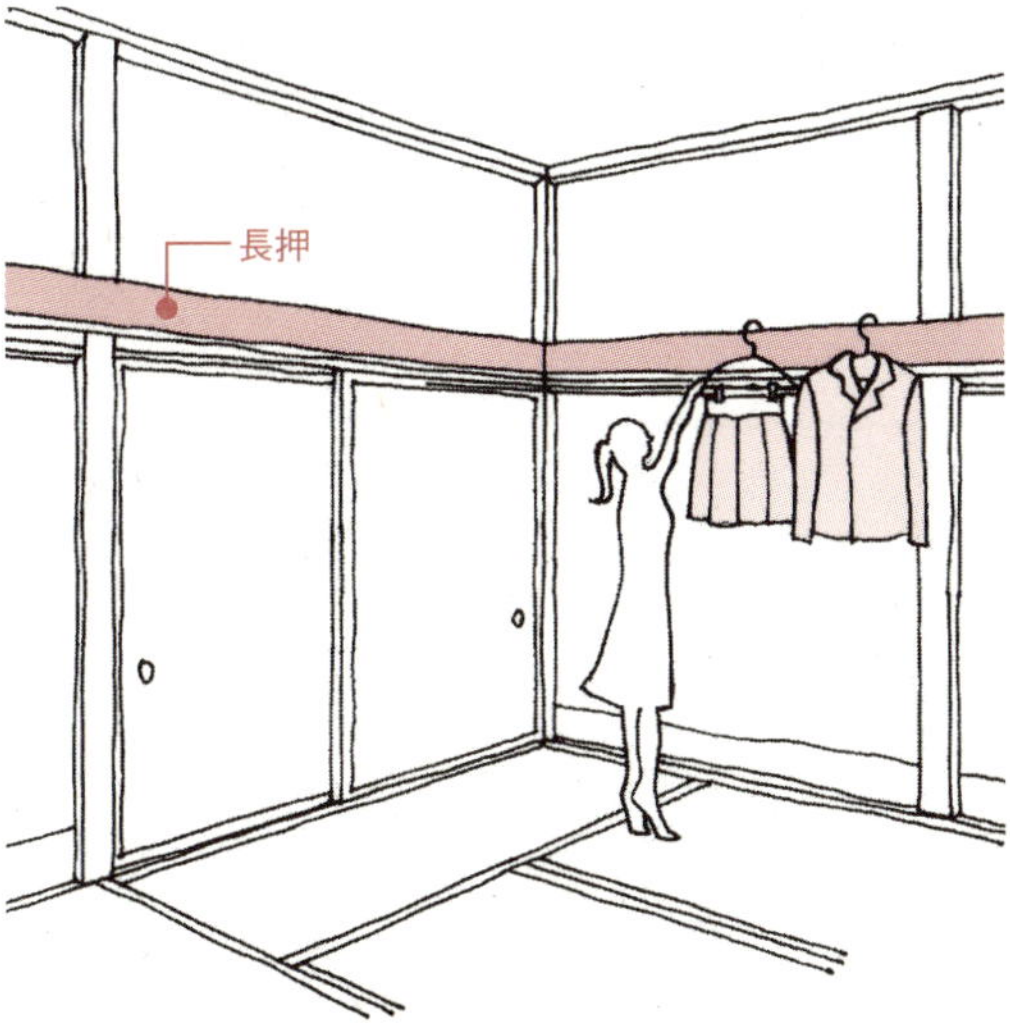

長押は床の間を除く和室のすべての壁面に回すので、気がつけばあちこちにハンガーが掛かっていることも……

元祖吊る収納、長押

かつてはれっきとした構造部材であった長押。今ではすっかり「ハンガーを掛ける所」という認識になっている。ちょっと位置が高めではあるが、いくらでも掛けられて、フックのように存在感をもたないのが◎。

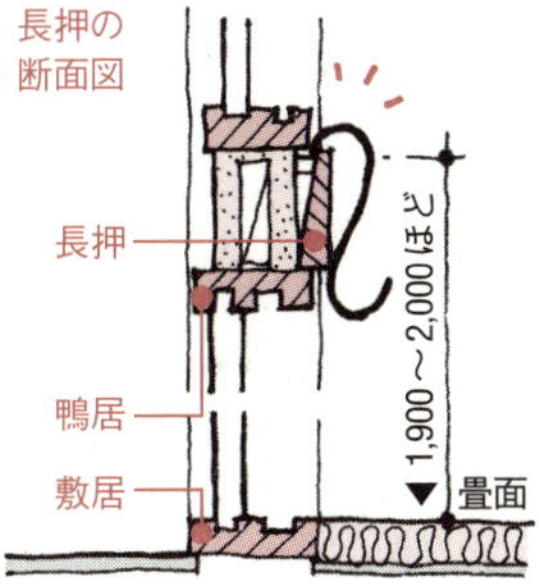

子ども部屋にお薦めのピクチャーレール

ピクチャーレールは1つの壁面いっぱいに取り付けるのがお薦め

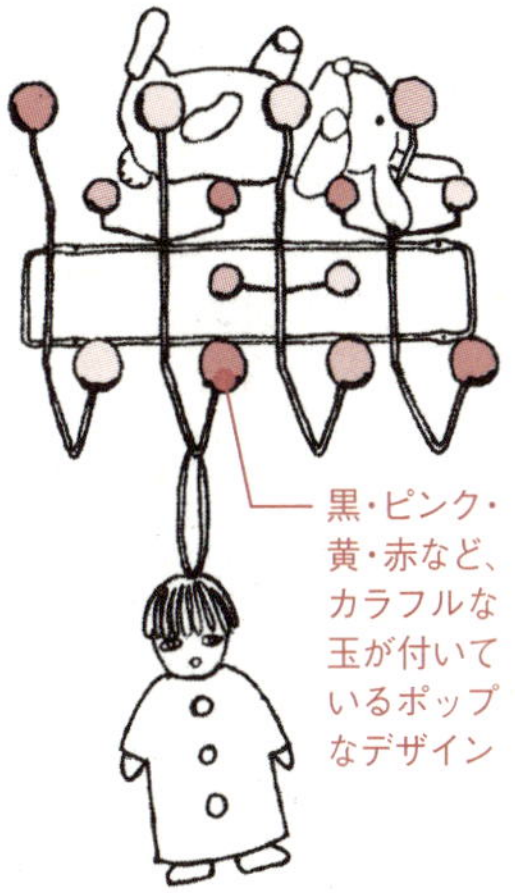

イームズの「Hang it All」

「何でも掛けちゃえ！」という名だけあり、吊るすだけでなく、上にモノを置くこともでき、いろいろな使い方を楽しめる。

【MEMO】 ピクチャーレールは後からでも付けられるが、天井と壁の取り合いに設ける廻り縁に組み込むと、レールが出っ張らずきれいに納まる。吊るすモノを想定してその荷重に合ったレールと部材を選定することが重要。

建築家のキャビネット／アイリーン・グレイ

モノに居場所を収納は楽しく

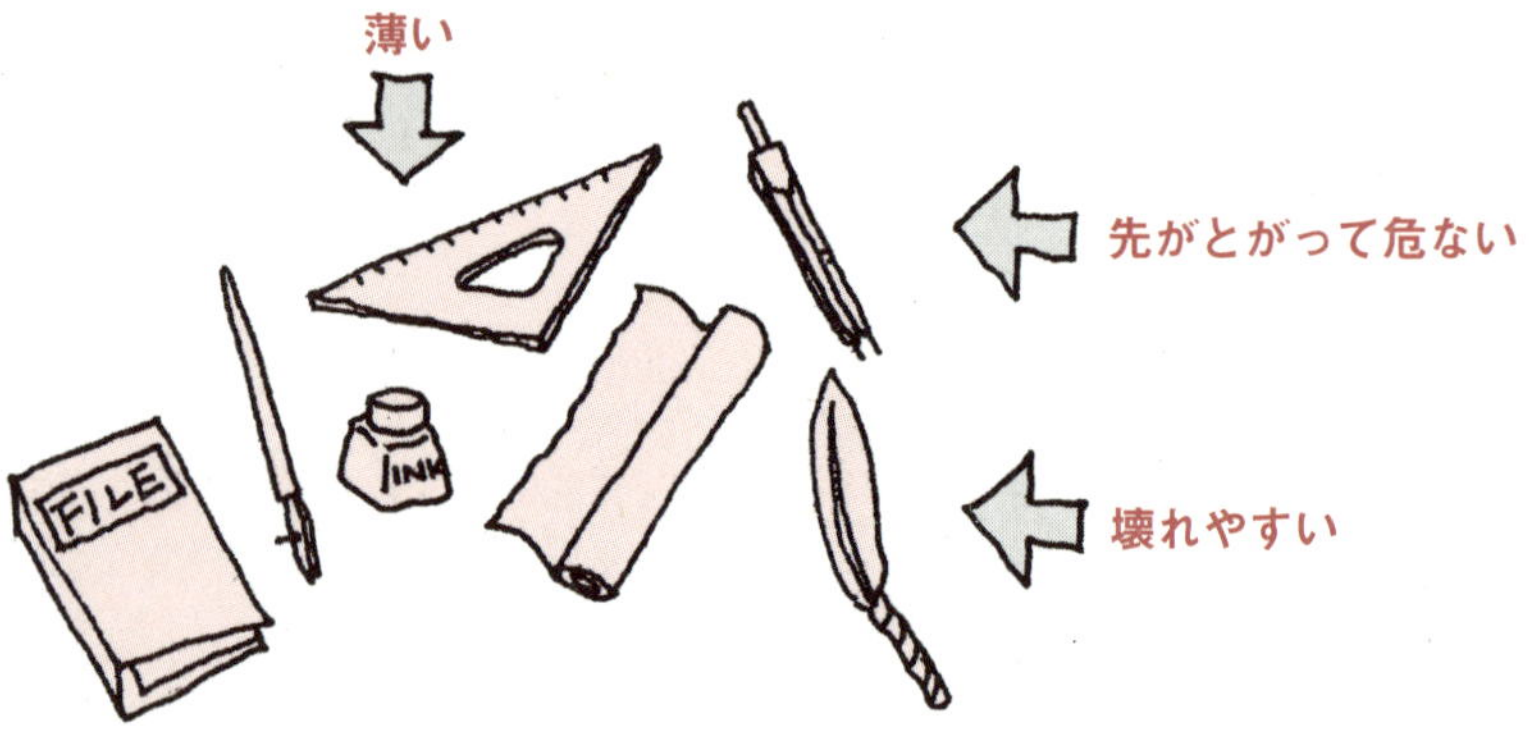

小物にはそれぞれ性質がある。それを見抜いたうえで、収納をつくりたい

片付けのコツは、「モノの居場所」をつくることだとよくいわれます。それはどういうことでしょうか？

家の中に散らかっている小物ですが、かたちや大きさ、重さや使われる頻度はさまざま。それらの性質を考えずに、ただ物入れに詰め込むと、重なって変形してしまうかもしれませんし、第一どこに何を入れたのか分からなくなってしまいます。

グレイの「建築家のキャビネット」は、モノに居場所を与えるデザインになっています。素晴らしい点は、多様なサイズのモノがぴったり納まるだけでなく、モノの性質に合わせた開き勝手になっているところ。たとえば、薄く軽いものは軽快に開く「回転引出し」に、大きく不定形なものは「開き戸」に、という具合です【→MEMO】。小物をきちんと元の居場所に戻したくなるこのキャビネット。コロンボによる「ボビーワゴン」も、同様な「収納する楽しさ」を受け継いでいるからこそ、ロングセラーになっているのではないでしょうか。

収納のかたちが片付けのヒントになる

グレイの「建築家のキャビネット」の収納は、ココにはコレをしまおう、と思わせるつくりになっている。

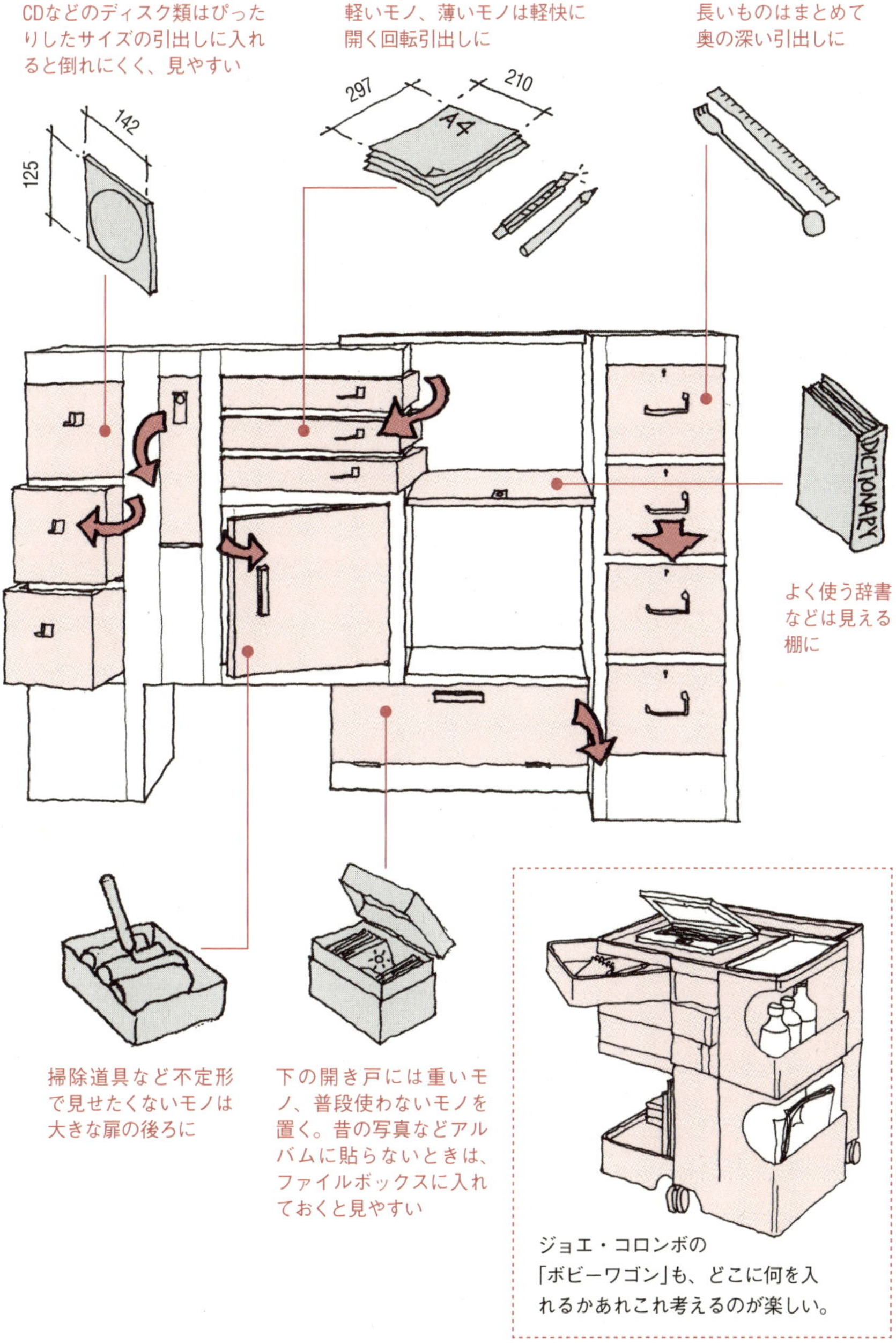

【MEMO】 モノの性質に合わせた開き勝手にするためには、それにふさわしい家具金物を選定することが重要。丁番にも、よく使われるスライド丁番のほかに、内部に丁番が出っ張らない隠し丁番、扉を開けたときに扉の裏面とキャビネット底板上面がフラットになるドロップ丁番など、いろいろな種類がある。

シュレーダー邸の1階
トゥルース・シュレーダー&ヘリット・リートフェルト

錯覚を利用して部屋を広く見せる

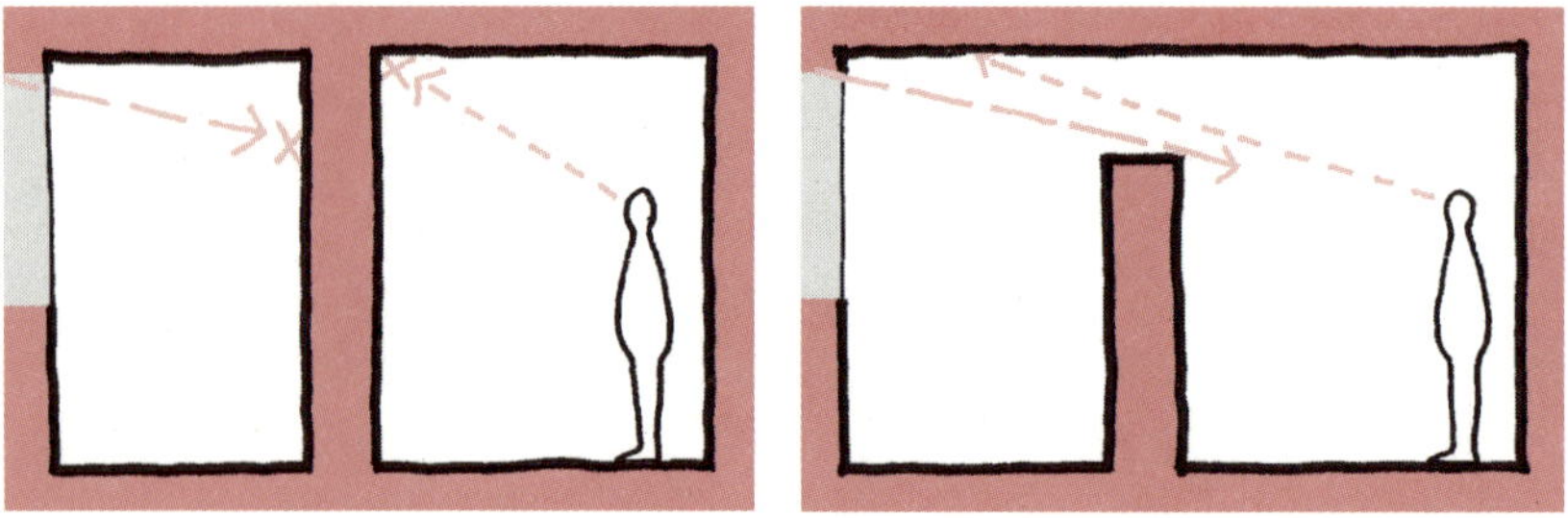

部屋の終点が見えると、狭さを感じてしまう

視線が抜け、天井がつながっているように見えるため、部屋に広がり感が生まれる。隣の部屋からの光も効果的

部屋を小さく分割してしまうと、壁に囲まれて窮屈に感じられる……。ゆるやかな間仕切【→58ページ】を使えば、空間のつながりを保てて、広がりが出ます。どうしても壁で仕切らなくてはならない場合には、せめて視線を逃がしましょう。

人は部屋の終点が見えないと、どこまでも空間が続いているように錯覚するもの。その習性を利用し、壁の一部をガラスにして視線の抜けをつくれば、開放感が生まれます。部屋ごとのプライバシー確保を考えると、抜けは上部に設けるのが効果的。つながって見える天井と隣室から差し込む光の効果で、奥行きが生まれます。

シュレーダー邸【→56・60ページ】の1階は、小さな部屋が並んでいるように見えますが、壁の上部に設けた窓により、部屋どうしのつながりが感じられるのです。可動間仕切が適さない書斎やスタジオのような部屋に、壁に囲まれていることによる落ち着きと広がり感を与えることができる間仕切の手法です。

空間を広く感じさせるポイント

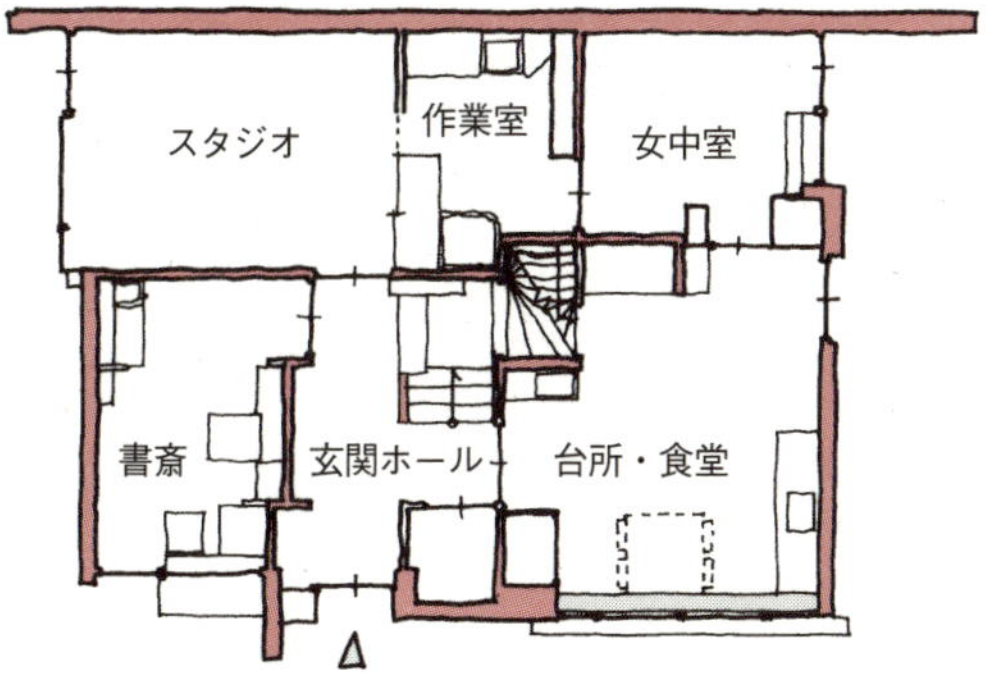

シュレーダー邸の1階

平面図上では、可動間仕切だけの開放的な2階（➔ 60ページ）とは違い、部屋が壁できっちり分割されているように見える。実は、扉の上部などがガラスになっていて、隣の部屋へ視線が抜けるため、狭さを感じさせない工夫がなされている。

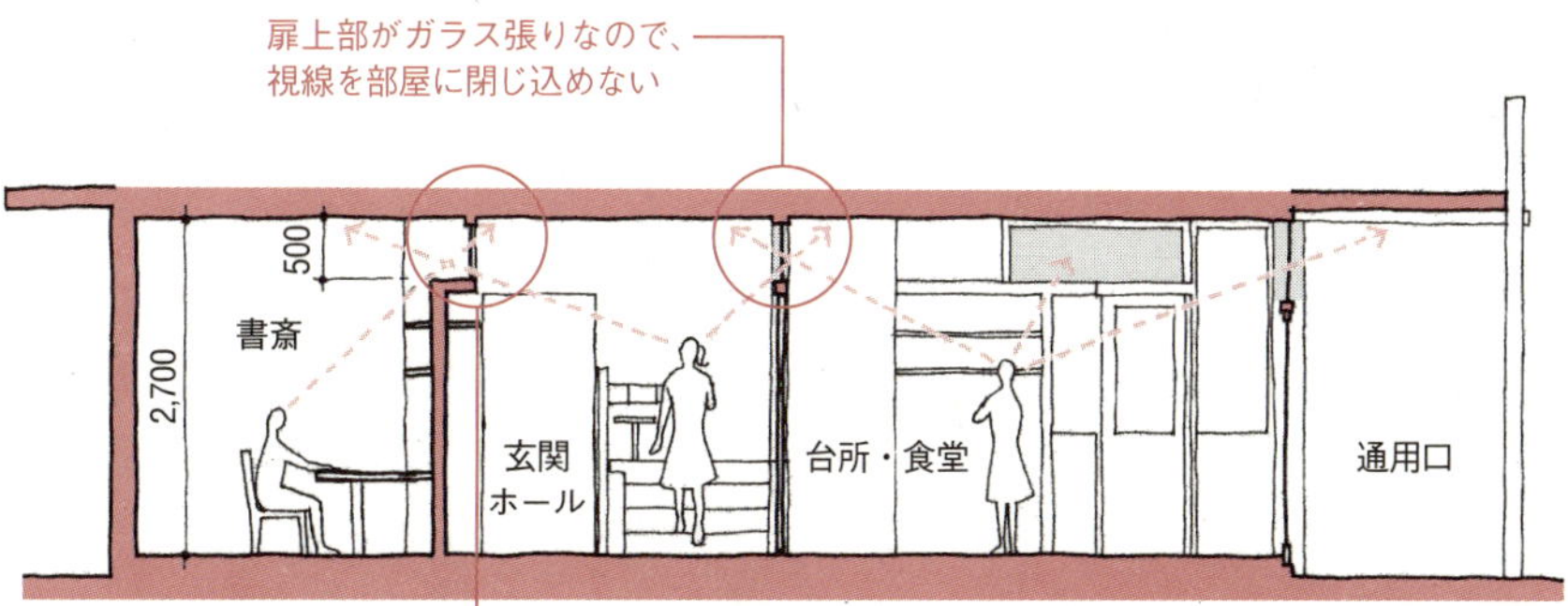

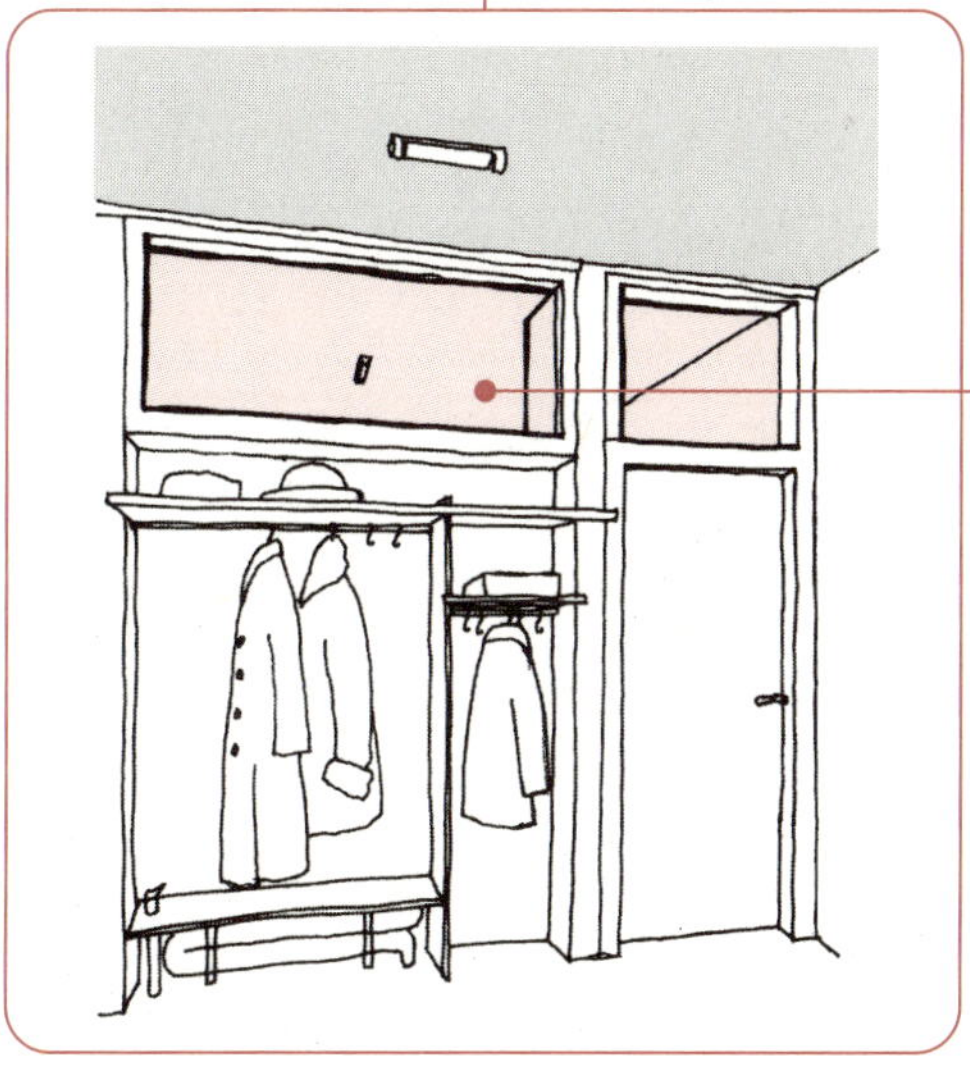

玄関ホールのコート掛けの上にも、書斎につながる窓が開いている。ホールは部屋に囲まれ、外に向いた窓がないので、明かり取りの役割もある

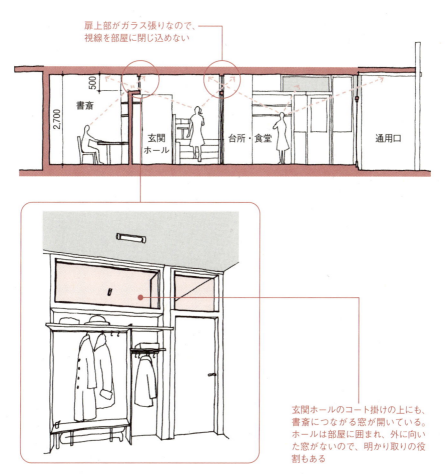

10
Column

コルビュジエが嫉妬した空間

アイリーン・グレイ
Eileen Gray
(1878-1976)

関連する作品

38・58・72・80・90・104・108・128・150・154・160・164・166・172ページ

巨匠が認めた才能

「アイリーン・グレイに敬意を表した最後の人がル・コルビュジエで、それも30年前のことだなんて、おかしいじゃないか。」この書き出しで始まる1968年の「ドムス」の特集記事が再評価のきっかけとなり、彼女は20世紀で最も有名な女性建築家の1人になりました。グレイは生涯で2件の住宅しか手掛けていないうえ、それらも原型をとどめていなかったので、コルビュジエが才能を認めたという事実は彼女の建築家としての評価の軸となっています。しかし、グレイと9歳年下の建築界の巨匠との関係は、生涯を通じて単純なものではありませんでした。

E-1027

アイルランドの貴族の娘として生まれたグレイは、パリで家具デザイナーとなり、一世を風靡しました。次第に家具から空間的なものに興味が移行し、付き合っていた14歳年下の建築批評家、ジャン・バドヴィッチに背中

デザイン用語集①

ドムス(Domus)
1928年に創刊されたイタリアの建築/デザイン雑誌。現在に至るまでデザイン界に大きな影響力を持つ。

ジャン・バドヴィッチ(Jean Badovici:1893-1956)
建築批評家。前衛建築家の作品を紹介したラルシテクチュール・ヴィヴァントゥ誌を編集した。

を押され、46歳から独学で建築の勉強を始めます。'20年代の初めにバドヴィッチの友人だったコルビュジエと知り合うと、彼の新しい建築の思想に共鳴し、熱心なファンになりました。彼女の処女作であるE-1027は、一見コルビュジエの設計と見誤るほど影響が見られます。しかしその中には、コルビュジエたちによって理論化されすぎた近代建築を、身体や感性に訴えるものに回帰させようとする彼女独自の信念も強く打ち出されています。

竣工後すぐに、コルビュジエはバドヴィッチからE-1027に招かれ、この住宅をとても気に入りました。尊敬する建築家から認められたことは、どんなにグレイを喜ばせたことでしょう。しかし、コルビュジエのグレイの建築への感情は屈折していました。彼女にE-1027を称賛する手紙を送った同じ年に、彼はこの住宅の白い壁の8カ所に壁画（それもヌード！）を描いています。グレイは自分の設計した建物に落書きされたことに腹を立て、E-1027に足を向けなくなりました。それでもコルビュジエの嫌がらせはエスカレートします。

カップマルタンの休暇小屋

戦後コルビュジエは休暇小屋を建てますが、その敷地はあろうことかE-1027のすぐ後ろでした。また、バドヴィッチの死後、E-1027は競売に掛けられますが、コルビュジエは友人に働きかけてこの住宅を買わせます。E-1027をグレイから引き離して、彼の支配下に置きたかったのでしょうか。その後、コルビュジエが休暇小屋から崖下の海へ泳ぎにいったまま帰らぬ人となったことで、人けがないところがグレイの気に入っていたカップマルタンは、建築界の聖地となってしまいます。彼女はその後98歳で亡くなるまで、再びE-1027を訪れることはありませんでした。それでも、グレイの残した数少ない書簡の中には、コルビュジエからの手紙が大切に保管されていたそうです。

デザイン用語集②

E-1027

1929年にフランス、カップマルタンのロクブルンヌに建てられた、グレイがバドヴィッチのために設計した別荘。謎めいた作品名は2人のイニシャルの番号を組み合わせたもの。現在は修復され、一般公開されている。

カップマルタンの休暇小屋

コルビュジエが1952年に建てたワンルームの小屋。モデュロールに従って設計されている。

	作品名	デザイナー名	発表年	ページ		備考※
	新聞＆マガジンラック	アイノ・アアルト	1938	2章 リビング	90	
	ソファ	フローレンス・ノール	1954	2章 リビング	62	★
た	ダイニング・チェア	アイノ・アアルト	1947	2章 リビング	90	
	小さい家の モデル・ルーム	アイノ・アアルト	1939	2章 リビング	96	
	チェスト	アイリーン・グレイ	1920's	4章 小空間―玄関	150	
	チューブ・ランプ	アイリーン・グレイ	1930's	2章 リビング	81	
	机	トゥルース・シュレーダー＆ヘリット・リートフェルト	1931	2章 リビング	98	
	テーブルスタンド	マリアンネ・ブラント＆ハインリッヒ・ブレデンディック	1927	3章 寝室・書斎	132	
	デイナ邸	フランク・ロイド・ライト＆マリオン・マホニー・グリフィン	1904	2章 リビング	96	
	デイベッド	リリー・ライヒ	1930	2章 リビング	74	
	独身者用アパートのキッチン	リリー・ライヒ	1931	1章 キッチン	28	
な	日光浴用くぼみ	アイリーン・グレイ	1929	2章 リビング	90	
は	バースツール	アイリーン・グレイ	1928	4章 小空間―水廻り	154	
	灰皿	マリアンネ・ブラント	1924	4章 小空間―玄関	152	
	はしご椅子	アルマ・ブッシャー	1923	3章 子ども部屋	142	
	パリのアパルトマン	シャルロット・ペリアン	1970	2章 リビング	94	
	バルセロナ・チェア	ミース・ファン・デル・ローエ＆リリー・ライヒ	1929	2章 椅子がつくる空間	110	★
	プラスチック・アーム・チェア	チャールズ＆レイ・イームズ	1950	2章 椅子がつくる空間	114	★

作品リスト【索引】

	作品名	デザイナー名	発表年	ページ		備考※
あ	アアルト家のキッチン	アイノ・アアルト	1935	1章 キッチン	20	
	アアルトの花	アルヴァ＆アイノ・アアルト	1939	2章 リビング	88	★
	アルク1600の縁側	シャルロット・ペリアン	1968	2章 リビング	84	
か	階段収納	シャルロット・ペリアン	1985	4章 小空間—収納	162	
	カステラーの家の収納	アイリーン・グレイ	1934	4章 小空間—収納	160	
	壁掛けトイレ	シャルロット・ペリアン＆ ジャン・ボロ	1952	4章 小空間—水廻り	158	
	軽井沢新スタジオ	アントニン＆ ノエミ・P.レーモンド	1962	2章 リビング	64	
	建築家のキャビネット	アイリーン・グレイ	1925	4章 小空間—収納	172	
	子どものキャビネット	アルマ・ブッシャー	1923	3章 子ども部屋	138	
さ	サーバー	マリオン・マホニー・グリフィン	1909	1章 ダイニング	48	
	最小限住宅用キッチン	アイノ・アアルト	1930	1章 キッチン	22	
	サヴォイ・ヴェース	アルヴァ＆アイノ・アアルト	1936	2章 リビング	88	★
	サハラのキッチン	シャルロット・ペリアン	1958	1章 キッチン	30	
	シーリングライト	マリアンネ・ブラント	1926	2章 リビング	92	
	シェーズ・ロング(LC4)	ル・コルビュジエ、 ピエール・ジャンヌレ、 シャルロット・ペリアン	1928	2章 椅子がつくる空間	104	★
	シャドー・チェア	シャルロット・ペリアン	1955	1章 ダイニング	50	
	シャトーブリアン通りの アパートの収納	アイリーン・グレイ	1931	4章 小空間—収納	160	
	シュレーダー邸	トゥルース・シュレーダー＆ ヘリット・リートフェルト	1924	2章 リビング 4章 小空間—間仕切	56・60 174	
	書類ケース	アイリーン・グレイ	1929	4章 小空間—収納	164	

	作品名	デザイナー名	発表年	ページ		備考※
B	Bolgeblick	アイノ・アアルト	1932	1章 ダイニング	44	★
C	Chaise	チャールズ&レイ・イームズ	1968	2章 椅子がつくる空間	116	★
	Circle Pattern	レイ・イームズ	1947	3章 寝室・書斎	130	
	Cube Chest	アイリーン・グレイ	1934	4章 小空間—収納	166	
D	Dot Pattern	レイ・イームズ	1947	3章 寝室・書斎	130	
	DCW	チャールズ&レイ・イームズ	1946	2章 リビング	71	★
E	E.1027テーブル	アイリーン・グレイ	1929	3章 寝室・書斎	128	★
	E.1027のリビング	アイリーン・グレイ	1929	2章 リビング	72	
F	Folding Stacking Chair	シャルロット・ペリアン	1936	2章 椅子がつくる空間	118	
H	Hang it All	チャールズ&レイ・イームズ	1953	4章 小空間—収納	170	★
	High & Low Table	アイリーン・グレイ	1934	1章 ダイニング	38	
I	Irving Desk	マリオン・マホニー・グリフィン	1909	2章 リビング	86	
L	La Chaise	チャールズ&レイ・イームズ	1948	2章 椅子がつくる空間	114	★
	LC2	ル・コルビュジエ、 ピエール・ジャンヌレ、 シャルロット・ペリアン	1928	2章 椅子がつくる空間	112	★
	LC7	ル・コルビュジエ、 ピエール・ジャンヌレ、 シャルロット・ペリアン	1927	1章 ダイニング	42	★
	LC8	ル・コルビュジエ、 ピエール・ジャンヌレ、 シャルロット・ペリアン	1927	1章 ダイニング	43	★
	LR36/103	リリー・ライヒ	1937	2章 椅子がつくる空間	106	
M	M.J.Muller邸の子ども部屋	トゥルース・シュレーダー& ヘリット・リートフェルト	1924	3章 子ども部屋	140	
	MRチェア	ミース・ファン・デル・ローエ	1927	2章 椅子がつくる空間	106	★
N	non-conformist chair	アイリーン・グレイ	1930	2章 椅子がつくる空間	108	
O	Ospite	シャルロット・ペリアン	1927	1章 ダイニング	40	
P	Plywood Coffee Table	チャールズ&レイ・イームズ	1946	2章 リビング	70	★
T	Toy Box	アイノ・アアルト	1940's	3章 子ども部屋	144	
	Transat Chair	アイリーン・グレイ	1927	2章 椅子がつくる空間	104	
W	Walnut Stool	チャールズ&レイ・イームズ	1960	2章 リビング	76	★

※：備考中の★印は、現在、新品を入手可能な作品を示す

	作品名	デザイナー名	発表年	ページ		備考※
は	プラスチック・サイド・チェア	チャールズ&レイ・イームズ	1953	2章 椅子がつくる空間	114	★
	フランクフルト・キッチン	マーガレット・リホツキー	1926	1章 キッチン	16・18	
	フリーフォーム・テーブル	シャルロット・ペリアン	1938	1章 ダイニング	36	
	ブリック・スクリーン	アイリーン・グレイ	1925	2章 リビング	58	
	風呂	シャルロット・ペリアン	1952	4章 小空間—水廻り	156	
	フロアランプ	アイリーン・グレイ	1920's	2章 リビング	80	
	ベッド・カウチ	アントニン&ノエミ・P.レーモンド	—	2章 リビング	66	
	ベッドサイドテーブル	トゥルース・シュレーダー&ヘリット・リートフェルト	1926	3章 寝室・書斎	126	
	ペンダントライト	アイノ・アアルト	1938	1章 ダイニング	46	
	ボビーワゴン	ジョエ・コロンボ	1969	4章 小空間—収納	172	★
ま	マイレア邸のリビング	アイノ・アアルト	1938	2章 リビング	82	
	メリベルの山荘	シャルロット・ペリアン	1960	3章 寝室・書斎	124	
や	ユニット収納	シャルロット・ペリアン	1948	4章 小空間—収納	168	
	ユニテのキッチン	シャルロット・ペリアン	1950	1章 キッチン	24・26	
ら	ラウンジ・チェア	アイノ・アアルト	1938	2章 リビング	78	

- 『自伝　アントニン・レーモンド［新装版］』Raymond, Antonin／三沢浩訳／鹿島出版会／2007年
- 『Crafting a Modern World: The Architecture and Design of Antonin and Noémi Raymond』Kurt Helfrich他／Princeton Architectural Press／2006年
- 『建築ライブラリー A・レーモンドの住宅物語』三沢浩／建築資料研究社／1999年
- 『Knoll Textiles』Yale University Press／2011年
- 「アントニン・レーモンド JA 33」／「JA The Japan Architect」新建築社／1999年

参考文献

- 『Eileen Gray―Architect Designer』Peter Adam／Thames & Hudson／改訂版／2000年
- 『Eileen Gray』フランドワ・ボド／堀内花子訳／光琳社／1998年
- 『Eileen Gray Design and Architecture』 Philippe Garner／Taschen／2006年
- 『シャルロット・ペリアン自伝』シャルロット・ペリアン／北代美和子訳／みすず書房／2009年
- 『Charlotte Perriand, An Art of Living』 Mary McLeoded／Harry N.Abrams,Inc.／2003年
- 『ル・コルビュジエの家具』レナード・デ・フスコ／横山正訳／A.D.A.Edita／1978年
- 『プレシジョン』ル・コルビュジエ／井田安弘・芝優子共訳／鹿島出版会／1984年
- 『The Le Corbusier Archive:Unite d'Habitation,Marseille-Michelet,Volume II』
  H.Allen Brooks,ed.／Garland Publishing／1991年
- 『Lilly Reich: Designer and Architect』 Matilda McQuaid／Museum of Modern Art, New York／1996年
- 『Ludwig Mies van der Rohe & Lilly Reich Furniture and Interiors』 Christiane Lange／Hatje Cantz／2007年
- 『評伝　ミース・ファン・デル・ローエ』フランツ・シュルツ／澤村明訳／鹿島出版会／1985年
- 『リートフェルトの家具』ダニエーレ・バローニ／石上申八郎訳／A.D.A.Edita／1979年
- 『リートフェルトの建築』奥佳弥／TOTO出版／2009年
- 『Gerrit Reitveld』Ida van Ziji／Phaidon／2010年
- 『リートフェルト・シュレーダー邸―夫人が語るユトレヒトの小住宅』
  イダ・ファン・ザイル＋ベルタス・ムルダー編著／田井幹夫訳／彰国社／2010年
- 『Aino Aalto』 Heikki Alanen 他／Alvar Aalto Museum／2004年
- 『白い机』ヨーラン・シュルツ／田中雅美・田中智子訳／鹿島出版会／1986年
- 『Frank Lloyd Wright Interiors and Furniture』Thomas A. Heinz／Ernst & Sohn／1994年
- 『Women in the Shadows』Charles S. Chiu／Peter Lang／1994年
- 『The Bauhaus』Hans M. Wingler／MIT Press／1978年
- 『ミサワホーム・バウハウス・コレクション図録』株式会社ミサワホーム／1991年
- 『近代ニッポンの水まわり』和田菜穂子／学芸出版社／2008年
- 『超実践的[住宅照明]マニュアル』福多佳子／小社刊／2011年
- 『住まいの解剖図鑑』増田奏／小社刊／2009年
- 『住宅インテリア究極ガイド【改訂版】』村上太一／小社刊／2010年
- 『Space Design Series 1 住宅』編集代表 船越徹／新日本法規出版株式会社／1994年
- 『建築資料集成　物品』日本建築学会編／丸善
- 『建築資料集成　建築―生活』日本建築学会編／丸善
- 「Art Vivant 5号　特集＝アイリーン・グレイ」西武美術館／1982年
- 「Japan Interior Design no.297 特集＝アイリーン・グレイ」／1983年12月号
- 「日常の中のル・コルビュジエ」シャルロット・ペリアン・インタビュー／
  「ユリイカ　臨時増刊vol.20-15」／1988年
- 「フランクフルトの台所」多木浩二／「へるめす　No. 19」／1989年
- 「戦線―『E1027』」ビアトリス・コロミーナ／「10＋1　No. 10」／1997年
- 「ペリアンを知っていますか？」／「ブルータス　10月15日号」／1998年
- 「天才デザイナー、イームズのすべて。」／「カーサ・ブルータス　特別編集」／2003年
- 「アルマ・ブッシャーの子供部屋」杣田佳穂／「住宅特集12月号」／2003年
- 「理想のキッチンのつくりかた。」／「カーサ・ブルータス3月号vol. 132」／2011年

Profile

松下希和（まつした・きわ）

1971年生まれ。ハーバード大学大学院デザイン・スクール 建築学部修了。槇総合計画事務所を経て、KMKa建築デザイン事務所 主宰（www.kmka.net/）。芝浦工業大学教授

〈著書〉

『Harvard Design School Guide to Shopping』（共著）／Taschen／2001年

『メタボリズムの未来都市』（共著）／新建築社／2011年

『建築ってなんだ？』（共著）／オーム社／2022年

『やさしく学ぶ建築製図 完全版』（共著）／小社刊／2022年

『世界で一番美しい名作住宅の解剖図鑑 増補改訂版』（共著）／小社刊／2022年

住宅・インテリアの解剖図鑑 第2版

2025年2月4日　初版第1刷発行

著者　松下希和

発行者　三輪浩之

発行所　株式会社エクスナレッジ
〒106-0032
東京都港区六本木7-2-26
https://www.xknowledge.co.jp/

問合せ先　編集　Tel：03-3403-1381
Fax：03-3403-1345
info@xknowledge.co.jp
販売　Tel：03-3403-1321
Fax：03-3403-1829